隆德年鉴

2023

中共隆德县委党史和地方志研究室　编

方志出版社
Publishing House of Local Records

图书在版编目(CIP)数据

隆德年鉴. 2023 / 中共隆德县委党史和地方志研究室编. — 北京 ：方志出版社, 2023.12
ISBN 978-7-5144-5915-9

Ⅰ. ①隆… Ⅱ. ①中… Ⅲ. ①隆德县—2023 —年鉴 Ⅳ. ①Z524. 34

中国国家版本馆 CIP 数据核字(2023)第 239294 号

责任编辑：王娜
责任校对：张玉霞
责任印制：梅中英
出 版 者：方志出版社
地　　址：北京市朝阳区潘家园东里 9 号(国家方志馆 4 层)
邮　　编：100021
网　　址：http://www.zgfzcb.cn
发　　行：方志出版社图书营销中心(010-67110500)
印　　刷：固原博奥彩色印刷有限公司
开　　本：889 毫米×1194 毫米　1/16
印　　张：16.25
字　　数：472 千字
版　　次：2023 年 12 月第 1 版
印　　次：2023 年 12 月第 1 次印刷
定　　价：218.00 元

《隆德年鉴（2023）》编辑部

编 辑 说 明

一、《隆德年鉴（2023）》是由隆德县政府主办，中共隆德县委党史和地方志研究室编纂的年度地情资料。

二、《隆德年鉴（2023）》坚持以马克思列宁主义、毛泽东思想、邓小平理论、“三个代表”重要思想、科学发展观、习近平新时代中国特色社会主义思想为指导，坚持辩证唯物主义和历史唯物主义的立场、观点和方法，全面、系统地记述和反映2022年度隆德县在政治、经济、文化、社会、生态文明建设的基本情况和发展变化，为社会各界了解、研究隆德县提供县情资料，为隆德县的发展积累史料。

三、《隆德年鉴（2023）》采用分类编辑法。以部类为单元，部类之下为分目，分目之下为条目，全书设专载、大事记、隆德概览、中共隆德县委员会、隆德县人大常委会、隆德县人民政府、政协隆德县委员会、中共隆德县纪律检查委员会、群众团体、法治、经济发展、综合经济管理、民生事业、表彰奖励、乡镇概览等内容。

四、《隆德年鉴（2023）》一般使用法定计量单位，个别遵从习惯，如农田土地面积用“亩”作为计量单位。

五、大事记所载大事，同日内发生的第三条及以上大事用“△”表示。

六、《隆德年鉴（2023）》所收录的《2022年隆德县国民经济和社会发展统计公报》由隆德县统计局提供，正文数据由各乡镇、各单位提供。因统计口径等原因，个别数据与统计资料中的数据不尽一致，引用时请以《2022年隆德县国民经济和社会发展统计公报》为准。领导任职情况，由隆德县委组织部提供资料。

七、《隆德年鉴（2023）》录入的文字、图片资料时间为2022年1月1日至12月31日，所列机关和部门按部类、分目编排，不分先后。录入的先进集体和个人以各供稿单位提供的资料为依据，获奖名录等排序不涉及职务。

2022 年 12 月 8 日,隆德县创建全国民族团结进步示范县暨铸牢中华民族共同体意识示范县讲解员大赛颁奖仪式举行,图为获奖人员合影　隆德县融媒体中心/提供

2022 年 10 月 25 日,联财镇联合村集体股份经济合作社收益分红暨新时代文明实践表彰大会举行,图为大会现场　联财镇政府/提供

2022 年 3 月，隆德县西北中药材科技有限公司采收中药材 隆德县融媒体中心/提供

2022 年 6 月，沙塘镇街道村村集体经济——草莓大棚 沙塘镇政府/提供

2022 年 8 月，杨河乡牧业发展有限公司饲养优质肉牛 杨河乡政府/提供

2022 年 5 月，渝河流域生态环境综合治理　隆德县文化旅游广电局/提供

2022 年 7 月，温堡乡盘龙山庄民宿　温堡乡政府/提供

2022 年 5 月，隆德县张程乡赵北孝村建成万亩梯田　张程乡政府/提供

2022 年 5 月 26,“隆德县举办喜迎二十大　永远跟党走　奋进新征程——奔跑吧·少年”中小学生田径运动会　隆德县教育体育局/提供

2022 年 6 月 1 日,隆德县第二小学开展“喜迎二十大　争做好队员”主题队日活动,共同欢庆第 72 个“六一”国际儿童节　隆德县教育体育局/提供

2022年2月23日，隆德县红崖社区举办隆德县2022年以“春风送岗位，就业暖民心”为主题的福建闽侯企业专场招聘会　隆德县人力资源和社会保障局/提供

2022年6月28日至7月2日，隆德县驻村第一书记巩固拓展脱贫攻坚成果同乡村振兴有效衔接专题培训班开班仪式举行　隆德县委党校/提供

2022 年 6 月，隆德县 2022 年城乡劳动力(帮扶家庭劳动力)观庄乡中式烹调师培训班开班　观庄乡政府/提供

2022 年 1 月，隆德县举办春节系列文化活动，图为社火表演踩高跷　隆德县文化旅游广电局/提供

宁夏隆德博物馆 隆德县文化旅游广电局/提供

李家沟地下党组织活动展览馆 隆德县文化旅游广电局/提供

隆德县笼竿城楼　隆德县文化旅游广电局/提供

凤岭乡李士村新貌　凤岭乡政府/提供

目 录

专 载

大 事 记

隆德概览

中共隆德县委员会

隆德县人大常委会

隆德县人民政府

政协隆德县委员会

中共隆德县纪律检查委员会

群众团体

法　治

经济发展

综合经济管理

民生事业

表彰奖励

乡镇概览

专　载

奋楫笃行担使命　勇毅前行向未来
矢志为奋力描绘全面建设社会主义现代化美丽新宁夏隆德壮丽画卷而团结奋斗

——在县委十五届五次全体会议上的报告
（2022年12月27日）

中共隆德县委书记　刘　斌

这次全会的主要任务是：认真学习宣传贯彻党的二十大精神，深入贯彻中央经济工作会议、中央农村工作会议精神，全面落实自治区第十三次党代会、自治区党委十三届二次、三次全会和市委五届五次、六次、七次全会精神，回顾总结2022年工作，科学谋划2023年工作，动员全县各级党组织、广大党员干部群众进一步坚定信心，踔厉奋发，勇毅前行，矢志为奋力描绘全面建设社会主义现代化美丽新宁夏隆德壮丽画卷而团结奋斗。

下面，我受县委常委会委托，向全会作工作报告。

一、深入学习宣传贯彻党的二十大精神，凝聚坚定信心跟党走的强大合力

2022年是极不寻常、极不平凡的一年。面对世界百年未有之大变局、世纪疫情之大挑战，党的二十大胜利召开，为世界经济复苏、人类和平发展带来了新的希望，为党和国家事业发展、为中华民族伟大复兴进一步指明了前进航向，吹响了全面建设社会主义现代化国家、全面推进中华民族伟大复兴的奋进号角。习近平总书记再次全票当选中共中央总书记，成为我们党团结奋斗的“主心骨”、成就伟业的“领路人”、砥砺前行的“定盘星”，是党心所向、民心所盼、众望所归，也是党之大幸、国之大幸、民之大幸、民族之大幸。

我们把学习宣传贯彻党的二十大精神作为首要政治任务，按照习近平总书记提出的“在全面学习、全面把握、全面落实上下功夫”的重要要求，第一时间召开县委全委会、县委常委会会议、县委理论学习中心组学习会，传达学习了党的二十大精神，制定《中共隆德县委员会关于学习宣传贯彻党的二十大精神的实施意见》，结合开展党的二十大和习近平总书记视察宁夏重要讲话指示批示精神“大学习、大讨论、大宣传、大实践”活动，迅速在全县掀起了学习宣传贯彻党的二十大精神高潮，广大党员干部深刻领悟“两个确立”的决定性意义，增强“四个意识”、坚定“四个自信”、做到“两个维护”，切实坚定了忠诚核心、拥护核心、追随核心、捍卫核心的政治自觉，坚定了实现中华民族伟大复兴的决心信心，坚定了社会主义、共产主义必胜的理想信念。

着力抓实大学习，把稳思想之舵。全县各级党组织严格落实理论学习中心组、“三会一课”、主题党日等“第一议题”制度，原原本本学原文，逐字逐句悟原理，真正做到学有所思、学有所悟、学有所得。将党的二十大精神作为党校培训教育主课，开展各类学习活动540余场次。组织开展“学原文铭初心践使命”知识竞赛活动，教育引导广大党员干部在持续学、深入学、反复学中不断增强“识势”之明、提高“布局”之能、掌握“干事”之道，自觉同党的政治路线对标对表，自觉以党的旗帜为旗帜、以党的方向为方向、以党的意志为意志。

着力抓好大讨论，厚植信心之基。创新建立县委班子理论晨学研讨“四个一”机制，举办党的二十大精神专题学习班，通过专题研讨、现场问答、打分测评等方式，促进领导干部“充电提能”。县委班子成员带头开展大调研活动，聚焦“五特五新五优”产业、“六权”改革等重点工作，研究提出推动高质量赶超式发展的新思路、好办法、实举措，形成调研报告39篇。组织开展“我来讲”理论政策业务学习研讨活动，带动全县各级党组织围绕习近平总书记“四个全面把握”的重要指示，主动学、专题学、研讨学，深刻领会党的二十大提出的一系列新思想新论断、新部署新要求，理解把握蕴含其中的深刻道理、深厚学理、深邃哲理，更加坚定高举中国特色社会主义伟大旗帜的政治定力和始终同党中央保持高度一致的政治自觉。

着力抓深大宣传，凝聚团结之力。统筹党内与党外、联通线上与线下、兼顾机关与基层，制定全县宣传宣讲工作方案，邀请党的二十大代表和区市宣讲团成员进行专题辅导，县级领导干部带头深入联系点和分管领域开展宣讲活动14场次。成立县乡村三级宣讲团，依托宣讲会、“板凳会”“微宣讲”，开展分众化、对象化、互动化宣传宣讲活动680余场次，切实把党的二十大精神和习近平总书记对隆德人民的深情大爱送到群众家门口、传到百姓心坎里。依托融媒体、新媒体、微传播等平台载体，开设专题专栏，多方位、多角度宣传阐释解读，努力营造学习宣传贯彻党的二十大精神、奋进新征程的良好社会氛围，引导广大干部群众一心向红日、紧跟领路人，心往一处想、劲往一处使，不断凝聚起守正创新、团结奋斗的强大合力，以更加昂扬的精神状态迈上新征程、建功新时代。

着力抓紧大实践，彰显实干之效。将学习宣传贯彻党的二十大精神与贯彻落实自治区第十三次党代会、自治区党委十三届二次、三次全会和市委五届五次、六次、七次全会精神结合起来，对标中国式现代化的“五个中国特色”与美丽新宁夏的“四个奋斗目标”，对标自治区第十三次党代会明确的“12345”总体思路和固原市“五个市”战略目标，科学谋划隆德高质量赶超式发展的新蓝图、作战图，确定了建设“高质量发展先行县、乡村全面振兴样板县、生态文旅特色县、铸牢中华民族共同体意识示范县”发展定位，标好坐标、找准路径、精准发力，把推进全面现代化隆德建设的“小小齿轮”嵌入全面建设社会主义现代化国家的“巍巍巨轮”，奋力吹响冲锋号，全力跑出加速度，确保党的二十大精神在隆德落地生根、开花结果。

二、坚持以先行区建设为统揽，2022年经济社会发展取得显著成效

一年来，县委常委会坚持以习近平新时代中国特色社会主义思想为指导，认真学习宣传贯彻党的二十大精神，深入学习贯彻习近平总书记视察宁夏重要讲话指示批示精神，全面落实中央和区市党委部署要求，坚持以先行区建设为统揽，以推进国家巩固衔接挂牌督办问题整改为抓手，团结带领全县各级党组织和广大党员干部群众，认真落实“疫情要防住、经济要稳住、发展要安全”的要求，攻坚克难，砥砺前行，特别是全县干部闻令而动、下沉一线，支持抗疫，白衣天使全员参战、连续奋战，专心抗疫，人民群众无私奉献、全力支持，配合抗疫，守住了疫情防控第一道防线，没有发生规模性疫情；举全县之力推进挂牌督办问题整改，县乡村干部尽锐出战促衔接、一门心思抓整改，县级领导分片包抓、深入一线抓落实保实效，干部群众并肩作战、携手同心抓增收促振兴，高质量通过自治区巩固衔接及摘牌销号评估验收，巩固成果群众认可度达到99.82%；坚持一月一研判一调度，清单管理抓项目，专班推进兴产业，跟踪督办促落实，各项经济指标顺利实现预期目标，预计全年完成地区生产总值40.8亿元，增长7.5%；完成全社会固定资产投资

25.3 亿元，增长 12%；完成规模以上工业增加值 8300 万元，增长 5%；社会消费品零售总额 11 亿元，增长 5%；地方一般公共预算收入 1 亿元，增长 9.1%；城乡居民人均可支配收入分别达到 30829 元、13974 元，增长 9%和 11%，荣获全国“绿水青山就是金山银山”实践创新基地、2022 美丽中国·深呼吸小城、自治区全域旅游示范县等荣誉，实现了经济增长和安全发展的双胜利，充分体现了干部担当作为和群众奋斗创业的新形象。

脱贫攻坚成果持续巩固。我们始终牢记习近平总书记“让脱贫基础更加稳固、成效更可持续”的殷殷嘱托，坚持把巩固脱贫成果作为全面推进乡村振兴的首要任务，围绕持续增加脱贫群众收入这一目标，严守不发生规模性返贫这一底线，聚力攻坚国家挂牌督办问题这一关键，凝聚 2400 余名县乡村干部合力，对全县脱贫户、监测户和一般户开展大起底、大排查，对重点人群和特殊群体开展“八必访”，建立行业部门防返贫筛查预警和联审联定联培机制，健全“社会保障+产业（就业）扶持”的“双兜底”帮扶机制，千方百计扶产业、稳就业、促增收，累计消除风险 284 户 1045 人，脱贫人口稳定就业率同比增长 10.46%，脱贫人口人均纯收入同比增长 16.5%，脱贫群众精神面貌焕然一新、自我发展能力明显增强。形成“345”联农带农机制等 15 条可复制、可推广的创新做法和典型经验，“七个一批”就业帮扶等工作机制得到自治区领导批示肯定，厦门大学建设隆德县康业扶贫产业园区案例入选全球减贫最佳案例，“托养+”残疾人帮扶新模式入选国家社会帮扶助力巩固有效衔接典型案例，有力增强推进乡村全面振兴的后劲活力。

现代产业体系逐步健全。我们矢志践行习近平总书记“立足特色资源，关注市场需求，发展优势产业，促进一二三产业融合发展”的重要要求，坚持把产业培育作为提升发展、带动增收的主攻点，以两头延链补链、填补空白建链、改造提升壮链为主导，创新发展“五特五新五优”产业。突出肉牛“出户入园”标准化示范养殖和高品质肉牛定位，规模化养殖率达到 35%，高品质良种率达到 95%；以“鲜菜入市”“净菜入超”为着力点，高品质蔬菜进入广州、福州等地区 20 余个大型农产品批发市场；农户种植、合作社初加工、企业精深加工、线上线下营销的中药材产加销一体化发展体系初步建立，中药材加工转化率达到 70%。落地铭祥地毯等工业企业 6 家，发展金誉生物等规上企业 3 家，闽宁中小企业创业孵化园入选“2022 年度国家小型微型企业创业创新示范基地”名单。提升优化 6 个全国乡村旅游重点村，打造杨家店林菌产品种植加工及红色旅游休闲观光示范基地，建成房车营地 13 处，发展特色民宿和农家乐 104 家，举办首届生态垂钓大赛、中医药养生大赛等品牌赛事活动，李士村被评为中国美丽休闲乡村。

人居发展环境不断优化。我们认真落实习近平总书记“持续开展农村人居环境整治行动，打造美丽乡村，为老百姓留住鸟语花香田园风光”的重要要求，把生态环境保护放在更加突出的位置，统筹城乡建设与管理，打造“升级版”宜居宜业幸福家园。坚持以品质化、绿色化和智慧化为主导方向，加快建设生态文旅特色县，实施 7 个老旧小区改造、5 个智慧社区建设项目，建成一批生态停车场，实现全城免费停车，全面开放“两河一湖”休闲垂钓，人民群众从宜居县城建设中收获更多的幸福感。编制 62 个“多规合一”实用性村庄建设规划，打造联财镇高标准重点小城镇和神林乡双村等 2 个高质量美丽宜居村庄，陈靳乡新和等 5 个村被列入第六批中国传统村落名录，乡村 5G 网络、照明路灯覆盖率分别达到 65%、100%，城乡“内涵”与“颜值”双提升。持续推进农村人居环境整治提升五年行动，打好厕所革命等“四场硬仗”，健全完善保洁责任“网格化”、垃圾分拣“积分制”等五项长效治理机制，改造提升卫生厕所 10261 户，农村生活污水、生活垃圾治理率分别达到 80%、100%，人居环境由“长效治”迈向“持久美”。坚持生态保护、生态建设、生态治理“三管齐下”，新增造林 15.39 万亩，全县森林覆盖率 39%，渝河国控断面水质稳定达到Ⅲ类以上标准，环境空气质量综合指数稳居全区第一，“绿色生态”成为展示隆德形象的“金名片”。建立“长藤结瓜式”

灌溉体系，新建高标准农田5万亩，新增高效节水灌溉2.48万亩，大力发展高效设施农业，所有工程当年建设、当年完工、当年见效，绿色发展基础进一步夯实。

民生社会事业全面进步。我们坚决落实习近平总书记“坚持以人民为中心的发展思想，扎实做好保障和改善民生工作，实实在在帮助群众解决实际困难，兜住民生底线”的重要要求，坚持将89%的财力用于民生事业，扎实推进“六大提升行动”，民生福祉显著增强。完成隆德一小综合楼等教育基础设施项目9个，为进城求学家庭提供保障住房150余套，建成县智能研修中心，四幼幼小衔接案例被推送给教育部。建成以红崖劳务市场为枢纽的县乡村三级就业服务体系，全县农村劳动力转移就业43089人，完成自治区下达任务的138.9%，新建老巷子创客园、龙泉苑夜市、暖锅一条街等创业就业基地，使县城有了更多“烟火气”。组建县医疗健康总院，建成投运县疾控中心实验楼，搭建县域医共体信息化平台，实现县乡村三级医疗机构与火箭军特色医学中心、厦门大学附属翔安医院等三甲医院联通，县域医疗服务能力显著提升，通过自治区健康县创建评估。完成沙塘社会福利院等养老服务机构改造提升，养老金发放标准位居全市首列，基本医保参保率达到98%。开展“送戏下乡”等文化惠民活动220场次，新和高台马社火入选“中国民间文化艺术之乡”建设典型案例和2022年中华体育文化优秀项目，“六盘山红色大讲堂”被列入《建设新时代文明实践中心工作方法100例》。

治理能力水平显著提升。我们深刻领会习近平总书记关于“坚持党的领导、人民当家作主、依法治国有机统一”的重要要求，坚决贯彻自治区党委“四防”工作部署，推动高质量发展和高水平安全良性互动。加强和改进新时代人大、政协工作，落实基层群众自治制度，深化法治政府建设示范创建，保障法院、检察院依法独立公正行使职权，大力支持群团组织在新征程中建功立业。推进国家安全、国防动员、媒体融合发展等体制机制改革，扎实开展维护政治安全“十大专项行动”、意识形态“正道”“新风”、涉诉信访“骨头”案件化解等攻坚战，高质量完成党的二十大期间安保维稳政治任务。创新开展“六项教育”，全国民族团结进步示范县创建已报请国家民委审核；坚持宗教中国化方向，深入持久开展“五进”宗教活动场所，保持宗教和顺局面。深化文明村镇创建，建立完善红白事“三书一表”制度，移风易俗树新风成效显著，马儿岔村张国珠零彩礼嫁女事迹被中国新闻网宣传报道。开展安全生产百日攻坚、全域食品药品示范创建等专项行动，平安建设连续5年未突破负面清单控制指标，连续三年命案零发生。推进基层治理“一网统管”、政务服务“一网通办”，党建引领基层治理“1+1+3”、诉前调解“1286”等治理机制被自治区确认为改革试点，“一窗”无差别受理率100%，企业创办时限缩小到3小时。启动用能权、碳排放权改革，发放首笔用水权质押贷款，村级集体经济“3355”运行管理模式在全区交流推广，7个村集体经济收入突破100万元，改革创新的绚丽之花在各行各业竞相绽放。

全面从严治党纵深发展。我们坚定践行习近平总书记关于“必须持之以恒推进全面从严治党，深入推进新时代党的建设新的伟大工程”的重要要求，坚持和加强党的全面领导，不断加强县委常委会自身建设，制定县委工作规则，修订县委常委会议事决策规则，定期听取人大、政府、政协、法院和检察院党组工作汇报，统筹推进经济建设、乡村振兴等各项事业高质量发展。严格执行重大事项请示报告制度，梳理贯彻落实习近平总书记重要讲话指示批示精神事项、区市党委重大决策、领导批示件，建立工作台账，逐一督办落实，全方位提升政治执行力，切实让“总书记怎么说、我们就怎么做”成为隆德最鲜明的政治底色。扎实推进基层党建“八项提升计划”，创新实施党建引领社区治理“1134”、红色美丽村庄建设“五创五建”、媒体问党建等经验做法，农村党员服务群众“挂联诺”、驻村帮扶“十个一”管理机制等创新做法得到自治区领导批示肯定，“一抓两整”示范村创建率达到85%，示范乡镇实现全覆盖，“五型”模范机关创建率达到80%，“隆德先锋”党建品牌鲜明树立。牢牢掌握意识形态工作主动权，扎实推进风险定期研判、舆情联动应对处置，拓展建好杨家店红军村、老巷子文明实践站等宣教阵地，唱响社会主义核心价值观主旋律。认真履行党管干部、党管人才职责，大力提拔重用基层一线干部、优秀年轻干部，出台人才引进“34条措施”，实施“九大人才”培养工程，促进各阶层、各领域优秀干部、专业人才脱颖而出，为新时代县域发展做贡献。坚持“两个永远在路上”，一体推进“三不腐”，创新实施“青廉计划”，开通“红廉专线”，持之以恒纠“四风”树新风；创新乡村振兴“专项监督+”隆德模式，深入推进工程建设政府采购、涉农资金等领域14项专项整治，持续深化政治巡察监督职能，全年处置问题线索157件，立案72件83人，留置审查1人，反腐败高压态势持续巩固，党风政风和干部作风持续好转。

成绩来之不易，奋斗尤为艰辛！成绩的取得，根本在于习近平总书记的掌舵领航，在于习近平新时代中国特色社会主义思想的正确指引，在于党中央和区市党委的坚强领导，也是全县各级党组织和广大党员干部群众团结一心、奋力拼搏的结果。在此，我代表县委常委会向全县广大党员干部群众以及社会各界人士表示衷心的感谢！

在总结成绩的同时，必须清醒认识到，我们的工作中还存在着一些困难和问题：一是县域经济基础依然薄弱，重点税源较少、新增税源缺乏，一般公共预算收入增长乏力，经济持续增长的后劲不足；二是产业发展层次仍然较低，到户产业基础薄弱，一产链条不完善、缺乏品牌效应，二产竞争能力弱、带动能力不强，三产层次低、质量效益不高；三是民生服务保障能力有待提高，教育、医疗等公共服务水平与群众期盼还有差距；四是社会治理体系不够健全完善，城乡基础设施存在短板，信息化、智慧化水平较低，疫情防控等应急处置能力有待持续提升；五是科技创新能力不强，R&D经费投入增长机制不健全，名医名师、产业人才等资源短缺，制约着高质量发展；六是一些党员干部斗争本领不强、实干精神不足，还不能完全适应新时代新形势新任务的要求，全面从严治党还需持续用力，等等。对这些问题，我们要高度重视，切实加以解决。

三、聚焦高质量赶超式发展主题，奋力开创全面现代化隆德建设新局面

2023年是全面贯彻党的二十大精神的开局之年，是隆德县加快高质量赶超式发展、推进全面现代化建设的关键一年，做好明年工作意义重大。县委常委会将对标党的二十大确定的总目标、总方向、总要求，对照区市绘制的新蓝图、路线图、作战图，团结带领全县上下坚定信心、鼓足干劲，绘好施工图、做好新答卷，集全县之志之智之力，奋力在贯彻党的二十大精神、推进全面现代化建设上走在前、出经验、作表率，以实实在在的发展成效，为一域高质量赶超式发展增光，为美丽新宁夏建设添彩，为全面建成社会主义现代化强国作贡献。

全县工作的总体要求是：坚持以习近平新时代中国特色社会主义思想为指导，深入学习宣传贯彻党的二十大精神，坚持以习近平总书记视察宁夏重要讲话指示批示精神为“纲”和“魂”，坚决贯彻中央经济工作会议精神，全面落实自治区第十三次党代会、自治区党委十三届二次、三次全会和市委五届五次、六次、七次全会精神，聚焦新时代新征程使命任务，坚持和加强党的全面领导，坚持稳中求进工作总基调，完整、准确、全面贯彻新发展理念，以建设黄河流域生态保护和高质量发展先行区为牵引，加快建设高质量发展先行县、乡村全面振兴样板县、生态文旅特色县、铸牢中华民族共同体意识示范县，坚定不移发展壮大县域经济，深入推进新时代党的建设新的伟大工程，在推动高质量赶超式发展上再创佳绩，在统筹发展和安全上再上台阶，在融入新发展格局上再出实招，在全面从严治党上再开新局，持续夯实共同富裕基础，不断凝聚团结奋进合力，引领全县广大党员干部群众坚定信心跟党走，改革创新促发展，顽强斗争防风险，真抓实干建新功，奋力开创全面现代化隆德建设新局面。

主要预期目标是：力争地区生产总值增长7.5%以上，固定资产投资增长12%以上，规模以上工业增加值增长8%以上，社会消费品零售总额增长6%以上，地方一般公共预算收入增长8%以上，城乡居民人均可支配收入分别增长9%、11%,完成区市下达的各项约束性指标。

之所以确定这样的发展目标指标,一是同过去两年平均经济增速相衔接,精准把握经济大盘企稳回升的良好态势,全力以赴促发展;二是同区市和我县经济潜在增长水平基本适应,同中央推动经济实现质的有效提升和量的合理增长客观需求相一致,同全面现代化建设部署要求相协调;三是体现"跳起来摘桃子"的实干导向、奋进姿态,最大限度激发潜能,引导发展预期,提振发展信心,贯彻好实现好高质量赶超式发展的定位导向。要抓好明年的工作,还要从以下四方面进一步深化认识、统一思想,凝聚合力、坚定笃行。

一要深刻认识中国式现代化的部署要求,坚定目标导向促赶超。党的二十大提出2035年基本实现现代化,人均国内生产总值迈上新的大台阶,达到中等发达国家水平。市委明确提出要锚定现代化建设和高质量赶超式发展目标,承压奋进。目前国际公认的中等发达国家人均GDP在2万美元以上,我县的人均GDP只有5293美元。对照2035年人均GDP达到2万美元以上的标准,按照"十四五"规划我县保持年均7.5%的经济增速要求,我们更需快马加鞭、奋进追赶。我县城镇化率只有38.14%,分别与全国、全区相差26个、27个百分点,全面现代化建设的任务更为繁重。为确保如期实现全面现代化宏伟目标,我们不但要坚持高质量发展主题不动摇,还必须保持"赶超式"战略步调不懈怠,始终维持较快的发展速度,严格按照总书记擘画的全面现代化美丽新宁夏蓝图,找准全面现代化建设的"最捷径",走好现代化隆德建设新路子,在全面现代化建设征程上奋起直追、迎头赶上。

二要深刻认识统筹发展和安全的现实挑战,确保行稳致远可持续。我县正处在加速发展带来的社会转型期,各类社会矛盾和问题易发多发,加之产业单一、经济基础薄弱,又是脱贫地区、甘宁两省区交界地区,民族宗教、政治安全等复杂形势丝毫不容忽视,返贫致贫风险和生态环境、财政金融等领域风险依然存在。特别是深居六盘山腹地等现代化基础设施体系尚不完善的不利形势下,抵御重大安全风险、自然灾害、疫情影响等方面的能力十分薄弱。高效统筹发展和安全,既是全县各级干部义不容辞的重大责任,也是建设现代化隆德、实现高质量赶超式发展的基本前提。对此我们有切身体会,2022年多地受到疫情冲击,对经济发展等造成严重影响,而我县由于防控措施到位,未发生规模性疫情,确保了经济持续健康发展,实现了社会大局安定。全县上下必须坚持政治安全、人民安全、国家利益至上有机统一,增强忧患意识,强化底线思维,发扬斗争精神,做到居安思危、未雨绸缪,有效防范各种"黑天鹅""灰犀牛"事件,以高水平安全保障高质量发展。

三要深刻认识我县发展面临的优劣态势,保持战略定力快发展。我县经济基础薄弱、发展不足、投资拉动的基本县情依然没有变,生产、消费等受疫情及全国大市场影响较大,交通运输、物流、供能等高成本影响招商成效,制约着高质量发展。我县的人均GDP分别是全国、全区平均水平的42%和55%,居民人均可支配收入分别是全国、全区平均水平的46%和57%,差距较大。但客观分析、辩证看待,我县经济仍然努力保持着较快增长态势,特色产业、绿色生态、文旅胜地等后发优势不断凸显。更要充分认识到我们最大的优势是民风淳朴,人民群众自觉跟党走,政令贯通,能干成事。纵观全国,经济增长长期向好的基本面没有变,中央经济工作会议明确坚持稳字当头、稳中求进,加大中央对地方的转移支付力度,充分发挥消费的基础作用和投资的关键作用,统筹推动经济运行整体好转;自治区提出明年把经济增速稳定在全国平均水平以上,固原市确定7%的经济增长目标,持续推进区域副中心城市建设、县域经济发展等重大战略,为我县继续保持较快发展惯性、推进高质量赶超式发展提供了有力保障和重大利好。山大沟深阻挡不了隆德奋进发展的强劲势头,一时的困难影响不了隆德人民追求幸福美好生活的强烈意愿,只要我们坚定信心,保持定力,紧紧扭住"首要任务"和"第一要务"不放松,坚持"三十年河东、三十年河西"的辩证思维大抓发展不懈怠,强化"用市场逻辑谋事、用资本力量干事”的先进理念创新发展不停步，一项一项把年度措施靠实、任务压实、目标落实，就能在高质量赶超式发展上出成绩，在全面现代化隆德建设上见实效。

四要深刻认识县域年度工作的着力点发力点，坚持大抓发展提质效。投资拉动仍然是我县稳增长的关键举措，产业升级则是推进县域经济高质量发展的根本所在，我们要坚决贯彻中央更好统筹经济质的有效提升和量的合理增长的战略部署，严格对标自治区把稳增长的基点放在扩大有效需求上，巩固投资好势头，把发展实体经济的着力点放在产业上，加快构建现代化产业体系的工作要求，切实把项目建设和产业升级作为明年工作的着力点和发力点，最大限度集中资源资金、人力精力，抓投资稳增长、抓产业提质效，在大抓发展、抓大发展、抓高质量发展，实现赶超式发展上争取实质性突破。要聚焦县域基础设施现代化的短板弱项，紧盯中央和区市投资重点、投资动向，不遗余力争项目，确保月月都有新项目批复入库、落地建设，推进固定资产投资稳定增长，带动就业活起来、消费火起来、税收大增长。要聚力产业高质量发展，在优化扶持引导政策、完善利益联结机制、促进企业与居民双赢共富上下功夫，抓实做强到户产业，促进居民收入稳定增长；在加大招商引资、强化龙头带动、推进县域产业大发展上下功夫，招商引育龙头企业，培育产业升级新动能，培植新税源，促成新的固定资产投资增长点。特别要紧盯百威啤酒等超强投资、超大产值、超高税收的全产业链大企业、大项目，全力以赴抓对接促落地、保开工促投产，加快扭转小打小闹、散乱弱小的产业发展窘境，推进县域经济步入高质量发展快车道。

为实现全年目标，重点做好八个方面的工作。

（一）聚焦凝心聚魂铸根基，开启高质量赶超式发展新征程。习近平总书记强调“党的二十大精神内容十分丰富，既有政治上的高瞻远瞩和理论上的深邃思考，也有目标上的科学设定和工作上的战略部署。”全县各级党组织和党员干部要把学习宣传贯彻党的二十大精神作为当前和今后一个时期的首要政治任务，重点围绕“七个牢牢把握”，持续深入学习宣传贯彻党的二十大精神，巩固深化“大学习、大讨论、大宣传、大实践”活动成效，自觉做习近平新时代中国特色社会主义思想的坚定信仰者、积极传播者、忠实实践者。

在深入学习中进一步夯实思想根基。坚持把党的二十大精神同习近平新时代中国特色社会主义思想、习近平总书记重要讲话和指示批示精神结合起来学、贯通起来悟，确保充分领会精髓内涵、实践要求。注重发挥领导干部“关键少数”作用，自觉领学、带学、促学，推动学习宣传贯彻向基层延伸、向全县党员干部群众覆盖。把学习党的二十大精神作为党员干部教育培训的主课，探索创新教学模式，积极利用“学习强国”等线上平台，创新搭建更多学习载体，引导广大党员干部常学常思常悟，学出信仰信念、学出使命担当、学出奋进动力。围绕“学习贯彻党的二十大精神，实现高质量赶超式发展”主题，组织开展知识竞赛、主题征文、演讲比赛等活动，打造一批学习活动特色品牌，推动学习教育走深走实，真正把新思想转化为锤炼党性、指导实践、推动工作的强大力量，戮力同心做好全面现代化隆德建设的时代答卷。

在交流研讨中进一步启迪智慧力量。持续深化县委班子理论晨学研讨制度，聚焦稳经济、防风险、促发展等重点工作和阶段任务，明确主题深化交流研讨，持续推进解放思想、拓展思维、启迪智慧，切实把党的二十大精神融汇成创新实践的强大思想武器。创新研讨方式，灵活运用“会上+会下”“自学+研讨”“体会+座谈”等形式，持续深化“六对照六查看”专题大研讨，引导党员干部广泛交流、互学互促，真正做到学懂弄通做实。围绕党的二十大提出的思想观点和战略举措，紧扣现代化产业体系建设、乡村全面振兴等重点工作，带着问题、带着主题、带着任务开展大调研，坚持将论文写在隆德大地上，形成一批具有全区全市影响力、隆德辨识度的理论作品，研究提出推动高质量发展的新思路、好办法、实举措，真正把学习成效转化为加快隆德高质量赶超式发展的理论创新成果和生动实践经验，以理论的大创新大飞跃推动全面现代化隆德建设大提速大提质。

在宣传宣讲中进一步凝聚奋进之志。创新新时代宣传思想工作机制方式，建立健全面向基层、面向群众的理论普及工作体系，坚持传统媒体和新兴媒体齐头并进、线上宣传和线下宣传同频共振、对内宣传和对外宣传统筹推进，始终保持宣传热度、持续拓展宣传广度，唱响隆德宣传最强音，为县域大发展加油喝彩。通过办好宣传实践专栏、开展基层调研采访、开设主题党课等形式，进行全景式、立体化、高频次宣传。依托"两中心一平台"、红色讲堂、志愿服务等活动，创新推进农民夜校、乡村大喇叭等宣教措施，结合"导师帮带制"开展分众化、差异化、精准化宣讲。依托文化大院、乡村文化广场等平台载体，把党的二十大精神融入群众喜闻乐见的文艺活动中，用"身边事"讲述"大变化"、用"地方话"讲出"大道理"，用"新目标"阐释"新生活"，让党的创新理论"传"入千家万户、"播"进百姓心头，凝聚团结奋进新征程的强大合力。

在坚定实践中进一步推动事业发展。全面建设社会主义现代化国家、全面推进中华民族伟大复兴，关键在党。要把党的二十大精神内化为坚决维护党中央权威和集中统一领导的坚强政治定力，深刻领悟"两个确立"的决定性意义，把总揽全局、协调各方的党的领导制度体系落实到隆德事业各领域各方面各环节。要坚持以习近平总书记视察宁夏重要讲话指示批示精神为根本遵循和行动指南，把全县广大党员干部群众思想和行动统一到总书记嘱托、党中央精神和区市县党委、政府决策部署上来。聚焦全面现代化要求，坚持"三区建设"战略目标和"红色固原、绿色发展"定位，坚定不移推进"四个县"建设取得新成效。对标对表稳经济、促投资、防风险、保民生等重点任务，合力推进"三个计划"、"五特五新五优"产业、"六大提升行动""六权"改革落地落实，不断培植发展新优势，优化县域经济新布局，加快融入新发展格局，以实实在在的工作成效，把党的二十大擘画的宏伟蓝图变成隆德生动鲜活的发展实景。

（二）聚焦巩固衔接促振兴，开创高质量赶超式发展新格局。坚决贯彻党的二十大"全面推进乡村振兴，巩固拓展脱贫攻坚成果，建设宜居宜业和美乡村"的战略决策，全面落实自治区"打造塞上乡村乐园"的安排部署，紧盯重点人员强帮扶、防返贫，锚定重点问题补短板、建机制，转向所有农民抓"造血"、促发展，坚决守好防止规模性返贫底线，一体推进五大振兴，加快建设乡村全面振兴样板县。

强化包抓帮扶增后劲。持续压实县乡村三级书记抓乡村振兴责任，强化县委农村工作领导小组牵头抓总、统筹协调职能，加强县委农办建设，完善运行机制，建立适应"三个转向"的工作体制机制，有效衔接乡村振兴。持续强化"领导包抓+专班推进"工作机制，完善提升驻村帮扶干部"十个一"管理机制，细化落实部门帮扶责任清单，保持工作力度不松劲，织密脱贫巩固网底，蓄力发力全面乡村振兴。

加强预警监测防返贫。设立防返贫致贫监测预警中心，用好用活全国防返贫监测信息系统、宁夏农村居民收入预警监测平台、人社一体化系统等管理平台，不断强化信息筛查比对共享，严格按时限精准落实帮扶干预措施。常态化开展"八必访"，巩固完善"三保障"和饮水安全保障摸底排查、监测预警、动态管理、动态清零四项机制，持续补齐弱项短板，保持政策强度不下降，确保群众认可度只增不减。

完善帮带机制促共富。聚焦共同富裕，对标"两个缩小"要求，用好自治区乡村振兴重点帮扶县政策，坚持衔接资金用于产业发展比重不低于60%，优先保障到人到户项目资金需求，优先扶持联农带农新型经营主体发展，确保整合资金投入力度不减。坚持以农业"三统三分"改革为牵引，优化补贴投向，完善拓展"保底收益+股份分红+经营获利"及产业联合体托管代养等帮带发展模式，大力培养发展一批能够带动乡村产业振兴、诚心帮助农民发展致富的新时代新型农业经营主体，稳步走好"农业经营体制改革+一二三产融合发展+全体农民增收致富"的发展新路子，争创全区村级集体经济发展示范县，大力提升特色产业对农民收入的贡献率，稳定实现“两个高于”目标。

突出示范带动强引领。坚持试点先行、示范带动，突出特色品牌，创建一批农业产业示范园区、农村三次产业融合发展样板，推进乡村产业发展；聚焦宜居宜业目标，坚持缺什么、补什么，提升乡村建设水平；围绕和美乡村主题，探索形成系列治理新经验、新模式，开创新时代具有隆德特色的乡村善治之路，打造联财、杨河、凤岭3个乡村振兴示范乡镇和张田、前庄等26个示范村。高质效推进闽宁协作、中央定点帮扶协议合作事项落实，全面提升帮扶资金使用效益，多渠道、全方位深化双向交流合作，不断拓展开放发展空间，打造许沟等4个闽宁示范村，形成一批校县合作发展典型案例。高质量编纂扶贫志，记录好、传承好数代隆德人民用智慧、心血和汗水凝练形成的伟大脱贫攻坚精神，激励全县人民在新征程中自信自强、勇毅前行，铸就共同富裕新辉煌。

*（三）聚焦产业发展提质效，打造高质量赶超式发展新引擎。*坚决贯彻党的二十大“建设现代化产业体系；把实施扩大内需战略同深化供给侧结构性改革有机结合起来”的战略决策，全面落实自治区“打造现代产业基地”的安排部署，以“接二连三”建设现代化产业体系为抓手，坚持把“五特五新五优”产业全链条赋能发展作为推动高质量发展的着力点，对标产业千亿倍增计划要求，实行产业链链长负责制，制定议事协调、工作推进、支撑服务和决策咨询等链长制工作体系，持续推动主导产业全环节提升、全链条增值，集群化、融合化发展。

延链强链、提档升级“五特”产业。坚持特色农业全产业链、全循环链、全价值链发展方向，大力发展肉牛、冷凉蔬菜、马铃薯、中药材、生态经济“五特”产业。坚持“优质+高端”定位，组建肉牛产业数字化管理中心，建设饲草配送中心，实施天津大洋万头规模肉牛养殖场项目，深入推进肉牛“出户入园”规模化示范养殖，加快西门塔尔等高品质肉牛品种改良，扶持培育农民合作社等现代农业经营服务主体，力争肉牛饲养量达到16万头。按照“设施主导、露地补充、订单种植、错季销售、绿色发展”思路，组建蔬菜产业联合体，大力发展设施农业，示范推广设施大棚多茬轮作，探索推进物联网、大数据、人工智能、智慧气象等现代信息技术与农业生产有效融合，形成规模化种植、工厂化管理、订单化生产、产业化经营的现代设施农业发展模式。以马铃薯种薯繁育体系建设为抓手，建设马铃薯种植示范基地5个，全县种植马铃薯10万亩，打造集种薯繁育、鲜薯外销、淀粉加工、主食开发于一体的马铃薯产业链。依托六盘山优质道地中药材种质资源及特色品牌，推广“公司+科技+农户+市场”发展模式，持续拓展建设林下中药材示范基地，发展各类中药材28万亩，推动中药材产业规模化、品牌化、市场化发展。坚持“生态建设产业化、产业发展生态化”，科学发展林下经济、生态旅游、森林康养、特色林果业等绿色富民新业态，引导农户大力发展林菌、林蜂等绿色致富产业，高水平打造国家级现代农业食用菌产业示范园区。在抓好农业发展的同时，严格落实粮食安全责任制，持续整治耕地“非粮化”“非农化”，确保粮食作物种植面积稳定在26.5万亩，粮食产量稳定在7.3万吨以上。

建链补链、提速增量“五新”产业。牢牢把握工业基础强产业、资源禀赋选产业、无中生有引产业“三大方向”，创新发展新型材料、清洁能源、轻工纺织、数字信息、装备制造“五新”产业。探索“飞地园”“园中园”等发展新模式，持续完善水、电、物流等公共配套，探索建立“管委会+互联网”模式，打造智慧园区平台，不断拓展园区功能、提高园区承载力。大力实施创新驱动战略，力争R&D强度达到0.77%，推动创新政策、创新资源向企业倾斜，拓展与福建闽侯等东部地区的交流协作，支持企业与科研院校深化合作，广泛开展技术创新、产品创新和品牌创新，不断延长产业链、打通供应链、提升价值链。大力推动中药材精深加工、农副产品开发生产、特色轻工设计制造三大特色加工业集群发展。广泛开展中药材趁鲜加工、饮片生产、成分提取、配方颗粒生产；依托六盘春牛羊肉等企业开展牛肉精细化分割、熟食开发，加大特色产品外销窗口建设，扩大区域公用品牌影响力和市场认可度。深化高质高效招商、精准招商、全民招商行动，真心实意、诚心诚意招商对接，力促隆德暖锅预制菜生产加工等项目落地，争取印刷线路板、电子显示屏等项目入园投产，大力发展天然气等新能源产业，培育全产业链竞争新动能新业态。

壮链稳链、提质扩容“五优”产业。坚持一手抓生活性服务促消费回流，一手抓生产性服务补发展短板，重点发展文化旅游、现代物流、健康养老、电子商务、特色餐饮“五优”产业。以创建国家全域旅游示范县、国家历史文化名城、全市精品民宿示范县为着力点，建成运营红二十五军革命遗址保护工程、杨家店红军村、老巷子“十三坊”，争取实施北象山红二十五军战斗遗址提升项目、红二十五军长征历史步道等规划项目，打造文化游、乡村游、避暑游、康养游、冬季游等特色品牌，争取杨家店、凤岭乡创建为全国乡村旅游重点村(镇)，举办全国生态垂钓大赛、春节民俗文化旅游月等推介活动，力争全年接待游客突破203万人次，实现旅游社会收入6.6亿元。健全城乡配送网络体系，加快智慧物流、绿色物流、冷链物流、应急物流建设，招商建设现代物流园区，建成县乡村三级物流配送网。探索发展健康养老、电子商务、特色餐饮等“填平补齐”新业态。大力发展“互联网+消费”，培育“一村一品一店”新型农村经济新业态，加大农产品外销电商企业、农村电商带头人培育，促进线上线下融合、城里城外贯通、城乡共荣发展。

(四)聚焦城乡建设塑形象，丰富高质量赶超式发展新内涵。坚决贯彻党的二十大“推进以县城为重要载体的城镇化建设；统筹乡村基础设施和公共服务布局；推动绿色发展，推进美丽中国建设”的战略决策，全面落实自治区“打造宜居宜业城镇”“打造绿色生态宝地”的安排部署，坚持城乡融合、建管并举、互动发展，同步提升城乡颜值，促进内涵式发展，绘好六盘山下隆德版“富春山居图”。

实施项目投资攻坚行动。坚持以高质量项目助推高质量发展，聚焦投资千亿倍增计划，接续推进项目谋划、争取、建设工作。开展冬比储备、春比开工、夏比进度、秋比成果、全年比质效“五比”活动，围绕生态保护、新能源利用等领域，千方百计谋划争取项目，力争农村污水管网等项目尽快立项批复，确保入库项目梯次跟进，加快106项已确定项目前期工作，力争3月底开工率达到80%。锲而不舍争取过境铁路、隆庄高速、黄草沟引水工程等重大项目，加快构建现代化基础设施体系。

实施基础设施建设行动。扎实推进城市更新行动和乡村建设行动，立足提升城市承载力，实施食苑小区等老旧小区、人民路东段等雨污分流改造项目，稳慎推进房地产开发。突出生态文化特色，改造提升文化城和人民路特色街区，提升清凉河等环城绿化景观体系，建设生态花园城市，争创国家森林城市。聚焦产业优势，突出特色文化、秀美田园风格，高标准建设杨河、联财重点小城镇和许沟等7个美丽宜居村庄，修缮保护杨家店等5个传统村落，努力把每个庄点打造成记载隆德乡愁的特色田园景点，争创国家传统村落集中连片保护与利用示范县。加快农村智慧电网、5G通讯等现代基础设施升级改造，建设交通强县，推动城乡基础设施互联互通、共建共享、一体发展。

实施治理管理升级行动。坚持以科学规划引领城乡建设，突出六盘山下区域特色、隆德历史文化风貌，编制完成《国土空间规划》，分类编好“多规合一”实用性村庄规划，探索推行农村建设规划许可制度。建立文明县城创建长效机制，加快构建智慧城市管理体系，全力解决住宅小区物业管理不规范等问题，深化户籍制度改革，全面提升城市管理现代化水平，力争城镇化率达到40%。持续深化农村人居环境整治提升行动，着力提升农村户厕改造质量，全面推行生活垃圾分类处置、分拣利用，巩固提升“门前三包”等管理机制，探索推进农村基础设施、环卫保洁等市场化、社会化、专业化管护，加快数字乡村建设，争创自治区塞上乡村乐园建设示范县、全国农村人居环境整治示范县。

实施生态环境保护行动。坚持山水林田湖草一体化保护和系统治理，同步推进植绿护绿，精准实施生态造林、村庄绿化、经济林建设，健全完善“林长+检察长+警长”等护林机制，力争森林覆盖率达到40%，坚决守护好六盘山生态安全屏障功能。科学推进治水用水，建成余家峡水库，统筹推进高标准农田与现代化生态高效节水灌区建设，力争高标准农田占比达到90.2%、灌溉水利用系数提高到0.76，争创全国现代化生态高效节水数字灌区示范县、全区现代化水网建设试点县。协同推进降碳减污，坚决杜绝发展涉污及高耗能项目，大力整治农村面源污染，依法推进“四尘”同治、“五水”共治、“六废”联治，实施农村清洁取暖等新能源项目，加快构建碳达峰碳中和战略推进和落实机制，确保各项环境质量指标稳居全区前列。

（五）聚焦改革赋能激活力，增强高质量赶超式发展新动能。坚决贯彻党的二十大“深入推进改革创新，坚定不移扩大开放，着力破解深层次体制机制障碍”的战略决策，全面落实自治区“打造改革开放热土”的安排部署，坚持以改革赋能发展、以试点带动全盘，把改革重点放在解决实际问题、见到实效上来，以改革先试带动全局先行，不断激活隆德高质量发展的“一池春水”。

推进“六权”改革建机制、见实效。聚焦确权登记颁证、资源融资转化、要素配置利用等难点、重点，完善各类指导、补充、保障等政策，建立完善节水奖励、以地换林、市场交易等机制，健全产权确认、市场准入、公平竞争等制度，积极开展水利项目收益权质押贷款、“林权质押+担保+贷款”等金融创新和服务，加快推进排污权、用水权、集体建设用地、林权等入市交易，推动生产要素、生态产品价值充分彰显。围绕“控能增产”“减碳增汇”，加快建立确权、定价、履约、监管机制，争取气候投融资试点，破题推进用能权、碳排放权改革，倒逼企业节能减排增效，全面融入全国、全区碳排放交易大市场，让丰硕的生态资源和绿色发展优势加快转化成助推高质量发展的现价资源。

推进试点改革出经验、树标杆。建立高效试点推进、定期跟踪督办、互观互学互评机制，高质量完成全国农民合作社质量提升整县推进、教育评价、肉牛产业联合体、“集中养老+腾退宅基地+新增建设用地”等17项国家及区市县四级改革试点，努力为全国全区创新发展提供隆德经验、创造隆德示范。敢于涉险滩、攻难关，掀浪花、争一流，围绕农业农村现代化、民生均等化、生态产业化、治理数字化等领域，特别在完善“高效节水灌溉+农业经营体制改革+一二三产融合发展”机制上，在创建渝河流域生态高效节水数字灌区和农业“三统三分”改革示范区上，在创新成立县水利、农业、能源开发公司，统筹农、林、水、能等资源开发利用上，找准改革着力点、突破口、创新点，积极谋划、争取和实施一批改革试点，更大力度创造发展机会、释放改革红利，努力以改革创新的涓涓细流，汇聚掀起赶超式发展的潮头浪花。

推进重点改革破瓶颈、增活力。围绕财政金融、科技创新、社会服务等重要领域和关键环节改革，争取更多实质性、突破性、系统性成果。以深化预算管理制度改革为重点，增强财政预算完整性、财政支出精准性、财政运行规范性和财源建设可持续性。以科技成果评价、科技激励机制、农业科技社会化服务为重点，加大科技创新改革力度。以满足民生新需求为重点，推进教育督导、“三医联动”、个人养老金等民生领域改革。以构建现代环境治理体系、国土空间规划体系、健全完善生态补偿机制为重点，深化生态文明体制改革。以全面推进“放管服”改革为抓手，延伸“163”政务服务模式到乡镇，提升“互联网+监管”覆盖率，营造宽松便捷、公平有序的发展环境。以六盘山工业园区体制机制改革为着力点，深化政银企合作，实行投资发展全周期、全流程、全要素保障，推动实施更大范围、更宽领域、更深层次的开放。

（六）聚焦着力保障改善民生，顺应高质量赶超式发展新期待。坚决贯彻党的二十大“增进民生福祉，提高人民生活品质”的战略决策，全面落实自治区“打造人民生活幸福地”的安排部署，坚持在发展中保障和改善民生，深入实施“六大提升行动”，着力解决好人民群众急难愁盼问题，用实实在在的举措和成效，让全县人民生活更有品质、更加幸福。

加快教育事业均衡发展。聚焦办好人民满意教育目标，加快推进教育强县建设，持续提升集团化办学水平，组建“一体型”“互建型”“协作型”教育集团，大力实施义务教育薄弱环节改善及能力提升等项目，打造联财、观庄等5个教育特色乡镇，推进“1+5强师”“四名一优”、学生行为习惯养成和家庭教育提升工程，大力提升教育教学质量。新建县第五幼儿园，健全完善幼小协同长效机制，争创全区幼小衔接试点县。充分发挥厦门大学附属科技中学托管帮扶隆德县高级中学优势，持续推进隆德中学教育集团多样化特色办学试点，优化职业教育“1拖4”办学模式，推进各类教育全面发展。

推动人民健康更有保障。聚焦建设更高水平“健康隆德”目标，加快建设紧密型县域医共体，建成城关社区卫生服务中心、县人民医院妇产科和麻醉科2个区级重点专科。依托县域医共体信息化平台，持续推进基层PACS系统、区域检验等功能模块信息化建设，深化京宁、闽宁、军地远程医疗互动，形成“基层检查+上级诊断+区域互认”服务模式，力争县域就诊率达到91%以上，为群众提供更多“家门口”优质健康服务。实施中医药特色人才培养、中医药服务能力提升、道地中药材质量提升工程，提升隆德特色中医药影响力，争创全国健康先进县和全区“互联网+医疗健康”示范县。

推进社保体系更加完善。坚持保基本兜底线、优服务促满意，持续推进全民参保计划，完善医疗保障乡级“30分钟服务圈”，构建基本医疗保险、大病保险、医疗救助三重综合保障体系。做好“一老一小”服务工作，实施500户困难家庭适老化改造项目，加强对失能、半失能老人的照护服务，确保96个农村“老年饭桌”不间断运行；新建托育综合服务中心，加大对留守儿童、困境儿童、孤儿等特殊群众关爱关怀力度。健全完善多层次社会救助体系，实施“阳光助残小康计划”，促进特困供养人员、低保对象等特殊困难群体动态清零，确保百姓基本生活不出问题。

促进居民收入稳定增长。坚持把稳定增收作为缔造幸福生活的重要基础，强化产业带动，创新共富发展机制，促进收入合理分配，推动肉牛、冷凉蔬菜、中药材等特色产业覆盖到户，鼓励发展电子商务、休闲农业、乡村民宿等新业态，提高居民经营性收入。坚持就业优先，落实就业扶持措施，全力做好高校毕业生、农民工、退役军人等重点群体就业，转移农村劳动力就业4万人以上，城镇调查失业率控制在5.5%以内，保障工资性收入。全面落实各项强农惠农政策，探索土地入股等新型经营模式，确保居民收入增长与经济发展同步、劳动报酬增长与劳动生产率提高同步。

（七）聚焦守正创新兴文化，激发高质量赶超式发展新活力。坚决贯彻党的二十大“推进文化自信自强，铸就社会主义文化新辉煌”的战略决策，全面落实自治区“打造文化兴盛沃土”的安排部署，坚持物质文明和精神文明一起抓，坚定文化自信，围绕举旗帜、聚民心、育新人、兴文化、展形象，全面提升文化软实力，加快推进传统文化大县向新时代文化强县转变。

打造意识形态高地。坚持马克思主义在意识形态领域的指导地位，牢牢掌握党对意识形态工作领导权，深入实施意识形态安全托底工程，持续开展“正道”“新风”“清朗”等行动，严密防范意识形态领域风险。坚持党对新闻舆论工作的统一领导，做强县融媒体中心，做优《走进隆德》、“水墨隆德”客户端等特色宣传栏目和载体，高质量建设“上接天线、下接地气”的全媒体传播体系，让主流媒体牢牢占据舆论引导、思想引领、文化传承、服务人民的传播制高点，构建网上网下一体、内宣外宣联动的强有力主流舆论格局，坚决守好县域意识形态一方净土。

创建道德建设典范。传承发扬隆德耕读传家、崇文尚教、和善淳朴的优良民风，深入实施文明素养提升行动。充分发挥县内红色教育资源作用，持续擦亮“六盘山红色讲堂”等新时代文明实践品牌，建好红色思政课教育品牌，广泛开展红色基因传承和爱国主义教育，让社会主义核心价值观的旗帜在隆德大地高高飘扬。大力实施文明创建扩面提质工程，创新开展精神文明建设先进典型达标评选活动，力争县级及以上文明村镇实现全覆盖。实施公民道德建设工程，挖掘选树一批凸显隆德文化底蕴、符合社会主义核心价值观的新时代道德模范典型，引导群众见贤思齐，争做时代新人。持续深化移风易俗，加强科普教育，坚决遏制大操大办等陈规陋习，让现代文明新风尚成为全县人民追求的新时尚。

树优文化隆德名片。推进长征和黄河两个国家文化公园(固原段)建设，积极协助创建六盘山国家级文化生态保护区、文化旅游融合产业发展示范区。深化文化体制改革，大力培育发展新型文化企业、文化业态、文化消费模式，推进公共文化服务云平台、乡镇数字影院、农家书屋数字化建设，高水平实施文化惠民工程，打造城区一刻钟和农村半小时文体服务圈。加强隆德优秀传统文化传承保护，扶持民间文化艺人、非遗传承人建设工作室，推进书法、剪纸、泥塑等非遗文化进校园、进景区，大力支持文化文艺工作者创新创作优秀作品，积极支持乡村"村晚"等群众文化活动，让老百姓走上舞台演绎新生活、歌唱新时代。鼓励支持走出去展示交流，在更广阔舞台展现隆德优秀传统文化特色魅力，重塑"文化隆德"新形象，打开开放发展新窗口。

（八）聚焦守好底线保安全，筑牢高质量赶超式发展新防线。坚决贯彻党的二十大"推进国家安全体系和能力现代化，坚决维护国家安全和社会稳定"的战略决策，全面落实自治区"树立大安全思维，构建大安全格局"的安排部署，强化底线思维，增强忧患意识，持续健全国家安全体系，增强维护国家安全能力，完善社会治理体系，真正以新安全格局保障新发展格局。

深入推进民主政治建设。准确把握新时代人大、政协工作新形势新任务，健全完善代表议案建议重点督办机制，探索创新协商平台和载体，持续深化"委员红色讲堂"作用，不断发展全过程人民民主。规范司法权力运行，促进社会公平正义。加强同民主党派、无党派人士合作共事，支持工商联更好履行职责，充分发挥工会、共青团、妇联等群团组织桥梁纽带作用，引领广大人民群众坚定不移听党话、感党恩、跟党走。健全基层党组织领导的基层群众自治机制，畅通和规范群众诉求表达、利益协调、权益保障渠道，更好保证人民当家作主。

扎实做好民族宗教工作。加快推进新时代民族工作高质量发展，积极推广民族工作"5585"创建模式，深入开展"六项教育"，全面提升民族事务治理水平，打造"统战·同心""网络统战"特色品牌，持续创建全国民族团结进步示范县，建设铸牢中华民族共同体意识示范县，为实现高质量赶超式发展汇聚团结奋斗的共识和力量。坚持党的宗教工作基本方针，依法管理宗教事务，全力防范化解宗教领域风险隐患，持续巩固宗教和顺、社会和谐、民族和睦良好局面。

切实筑牢国家安全防线。全面贯彻总体国家安全观，健全重大安全风险研判防控工作机制，持续深化"十大专项行动"，深入开展国家安全教育，严厉打击敌对势力渗透、破坏、颠覆行动，强化网络政治谣言和有害信息打击，严防经济金融风险向政治安全领域传导，全力维护和塑造国家安全。扎实开展安全隐患排查，紧盯森林草原防灭火、道路交通安全等重点领域，强化情报收集、风险化解、重点稳控、联合处突等举措落实，坚决保障社会和谐安定。完整准确全面把握党中央和区市关于疫情防控的决策部署，加强相关药品调度保障，加快做好疫苗接种工作，加快提升救治服务能力，全力以赴做好危重症病例救治工作，最大限度保障人民生命健康安全。深入推进全域创建"食品药品安全区"和国家食品安全示范城市，切实守护人民群众"舌尖上的安全"。

加快推进社会治理创新。健全共建共治共享的社会治理制度，巩固提升平安中国建设示范县成果，深化党建引领基层治理"1+1+3"工作机制，巩固提升"1286"诉前调解模式，推进社会治理和服务重心向基层下移。充分发挥县乡村三级综治中心作用，加快"雪亮工程"、数字乡村建设，巩固"互联网+监管"成果，构建一体化、跨部门、跨区域联动协同调度的综合指挥格局。强化社会治安整体防控，常态化推进扫黑除恶斗争，抓实信访积案和矛盾纠纷排查化解攻坚行动，严厉打击各类违法犯罪活动。全面落实行政执法"三项制度"，探索建立法治建设议事协调机构列席重点单位述法会议制度，加快推进智慧矫正中心建设，深化“八五”普法教育，努力使尊法学法守法用法在全社会蔚然成风。

四、坚定不移全面从严治党，为高质量赶超式发展提供坚强政治保证

习近平总书记强调，“全面从严治党永远在路上，党的自我革命永远在路上”。要深入贯彻新时代党的建设总要求，持之以恒推进全面从严治党，深入推进新时代党的建设新的伟大工程，切实以高质量党建引领保障高质量赶超式发展。

（一）坚定不移深化思想政治建设，铸牢绝对忠诚政治品格。始终胸怀“两个大局”、牢记“国之大者”，坚持和加强党的全面领导，创新和改进领导方式，充分发挥县委总揽全局、协调各方的领导作用，把方向、谋大局、定政策、促改革，确保总书记号令、党中央政令、区市党委部署在隆德畅通无阻。始终把党的思想政治建设摆在首位，坚持“第一议题”制度，深入实施干部政治能力和专业能力提升工程，坚持不懈用习近平新时代中国特色社会主义思想凝心铸魂，始终不渝践行“总书记怎么说、我们就怎么做”。坚持以党章为根本遵循，始终牢记“五个必须”，坚决防止“七个有之”，严格执行民主集中制、重大事项请示报告等制度，用好批评和自我批评武器，不断健全对“一把手”和领导班子监督体系，持续净化党内政治生态。坚持理论武装同常态化长效化开展党史学习教育相结合，传承建党精神，赓续红色血脉，让初心使命薪火相传。

（二）坚定不移推动基层组织建设，锻造坚强有力战斗堡垒。紧扣增强政治功能和组织功能，牢固树立“党建+”理念，扎实开展“基层党组织建设提质增效年”活动，大力实施“八项行动”，注重抓在日常，强化品牌创建，努力把全县基层党组织建设成为有效实现党的领导的坚强战斗堡垒。深入开展“一县一品牌、一乡一亮点、一村一特色、一行业一典型”“四个一”创建行动，丰富“隆德先锋”党建品牌内涵，巩固“挂联诺”成效，围绕引领基层治理、关爱弱势群体等，打造一批党建特色亮点和示范典型，让党建工作更有深度、有温度、有实效。以争创全区抓党建促乡村振兴样板村党组织为抓手，深化农村党建“一抓两整”示范县乡创建行动，持续整顿软弱涣散基层党组织，壮大“两个带头人”队伍，加强驻村第一书记和工作队管理，以高质量党建助力乡村振兴。提升“五型”模范机关创建质效，统筹抓好中小学校、公立医院、国企、非公经济组织和社会组织党建工作，补齐城市党建短板弱项，争创一批全区党建引领基层治理样板社区党组织。提高发展党员质量，开展党员档案、党籍规范化管理专项整治行动，下大气力解决流动党员管理宽松软问题，保持党员队伍先进性和纯洁性。

（三）坚定不移抓好干部队伍建设，打造堪当重任中流砥柱。树牢选人用人正确导向，落实好新时代好干部标准和“四个特别”政治标准，完善干部培养、识别、选拔、管理、激励“五项机制”，强化干部斗争精神和斗争本领养成，大力提升干部推动高质量发展本领、服务群众本领、防范化解风险本领。完善干部考核评价体系，落实“凡提四必”“三个区分开来”、职务与职级并行等各项制度措施，加强对干部全方位管理和经常性监督，形成能者上、优者奖、庸者下、劣者汰的良好局面，激励干部主动担当、激情奉献。落实“才聚宁夏1134行动”和“才聚固原4934”工程，开展积极高效的全职引才、灵活多样的柔性引才、多方位人才交流合作三项行动，落实人才公寓等服务保障措施，实施重点产业、科技领军等九项人才培养计划，引导园区骨干企业建设工程（技术）研发中心、企业技术中心等创新平台，做好自治区领军人才、青年拔尖人才和“塞上英才”“六盘名家”等培养推荐，加快构建“一中心、多支点”人才发展雁阵格局。

（四）坚定不移加强纪律作风建设，激发干事创业内生动力。坚持以严的基调强化正风肃纪，锲而不舍纠治“四风”问题，持之以恒加固中央八项规定及其实施细则精神堤坝，持续为基层减负增效，坚定不移转作风、提效能、促发展。不断健全作风建设常态长效机制，持续深化“干事创业提精神、担当作为树形象”教育活动，严格推行领导包抓、专班推进、清单管理、挂图作战、三察（查）一体等工作机制，确保各项工作条条落实、件件落地、事事见效，以高质效作风保障高质量发展。坚持把忠诚落实到行动上，把担当体现在工作中，发扬“事不过夜、马上就办”精神，树立“增强本领、解剖麻雀”意识，引导广大党员干部在改革发展稳定实践中大显身手、各尽其能、成就事业，努力营造知难而进、你追我赶、勇争第一的良好环境。

（五）坚定不移推进党风廉政建设，涵养风清气正政治生态。始终把纪律规矩挺在前面，加强新时代廉洁文化建设，发挥“红廉专线”警示教育作用，深入实施“青廉计划”，不断筑牢党员干部拒腐防变的思想堤坝。持续精准高效运用“专项监督+”隆德模式，不断深化政治巡察，做实做细日常监督，对党员干部存在的问题早发现、早提醒、早处置，教育引导党员干部特别是领导干部知敬畏、存戒惧、守底线。坚持不敢腐、不能腐、不想腐一体推进，以零容忍态度反腐惩恶，紧盯权力集中、资金密集、资源富集领域腐败问题，深化推进工程建设和政府采购等专项治理，扎实开展党员干部参与赌博、酒驾醉驾问题专项整治，坚决惩治群众身边的贪腐行为，持续营造风清气正的政治生态。

同志们，道阻且长，行则将至；行而不辍，未来可期。新时代是千帆竞发、百舸争流的时代，新征程是劈波斩浪、砥砺前行的远征。让我们更加紧密地团结在以习近平同志为核心的党中央周围，以党的二十大精神为引领，大力弘扬伟大建党精神，自信自强、守正创新，踔厉奋发、勇毅前行，在全面建设社会主义现代化美丽新宁夏中交出新时代让固原更加出彩的隆德答卷，为奋进现代化隆德建设新征程而团结奋斗！

政府工作报告

——2022年12月29日在隆德县第十八届人民代表大会第三次会议上

隆德县县长　朱红社

2022年工作回顾

2022年我们满怀喜悦迎来党的二十大胜利召开。县人民政府坚持以习近平新时代中国特色社会主义思想为指导，以学习宣传贯彻党的二十大精神为主题主线，深入贯彻党中央、国务院和区市党委、政府以及县委决策部署，坚持稳中求进工作总基调，统筹疫情防控和经济社会发展，统筹发展和安全，以非常之举应对非常之时，迎难而上、奋起直追，大抓发展、抓大发展、抓高质量发展，圆满完成了县十八届人大一次会议确定的主要目标任务，迈出了加快建设社会主义现代化美丽新宁夏隆德壮丽画卷的坚实步伐。

一年来，我们承压奋进，接续奋斗，经济实现赶超进位。扎实做好“六稳”工作、全面落实“六保”任务，加强对经济工作的科学分析研判，系统谋划制定一系列推进高质量发展的务实举措，推动中央和区市稳经济一揽子政策措施落地见效。建立“周分析、月调度”经济运行调度机制，抢抓国家适度超前开展基础设施建设、加大地方转移支付等重要机遇，全年谋划实施项目136个，预计全社会固定资产投资25.3亿元，增长12%；新增退税减税缓税降费4871户5987万元，减缓社保费12.5万元，新增各类市场主体763家；发放政府消费券180万元，拉动消费4980万元，实现社会消费品零售总额11亿元，增长5%。预计全年完成地区生产总值40.8亿元，增长7.5%；地方一般公共预算收入突破1亿元，增长9.1%；城乡居民人均可支配收入分别达到30829元和13974元，增长9%和11%。在疫情影响、经济下行双重压力下，整体经济实现逆势增长，主要指标好于预期、高于预期。

一年来，我们凝心聚力，全面推进，乡村振兴夯基提质。咬定国家考核评估挂牌督办问题，创新建立防返贫筛查预警和联审联定联培机制，动态消除返贫致贫风险284户1045人，为50273名脱贫人口、监测对象和农村60岁以上老人购买健康保，“三保障”和饮水安全持续巩固。整合各类资金2.96亿元，新增小额信贷2.05亿元，全链条发展壮大特色产业，产业覆盖75%的农户。创新建立“345”联农带农机制，将农民紧紧绑在产业链上，带动农民一起干、一起赚，农民成为产业发展最大受益者。出台强化稳就业促增收若干措施，建成红崖县级劳务市场，成立13个乡镇劳务公司，培育发展122名劳务经纪人，开发各类公益性岗位2626个，50个帮扶车间带动819名脱贫劳动力就近就地就业，农村劳动力转移就业43089人，形成了“户户有产业，家家无闲人”的乡村繁荣富足新局面，实现了“两个高于”目标。

一年来，我们挖潜培优，创新发展，产业富民成效显著。联合县内龙头企业、村集体合作社等140家综合竞争力强的新型经营主体，组建肉牛产业发展联合体，推动肉牛产业集约化、规模化、标准化发展，建成沙塘清泉、杨河串河 2 个千头规模和奠安景林等 11 个百头规模“出户入园”养殖园区，打造凤岭李士等 30 个肉牛养殖示范村，全县肉牛饲养量达到 11.5 万头，实现产值 4.5 亿元。建立“长藤结瓜式”灌溉体系，新建高标准农田 5 万亩，新增高效节水精量灌溉 2.48 万亩，用于发展高效设施农业，建成高标准设施蔬菜基地 1 万亩、永久性蔬菜基地 15 个，实现当年建设、当年种植、当年见效，示范推广设施大棚 2 茬、3 茬轮作，产出效益全面提升，冷凉蔬菜产值达到 5.6 亿元。发展高品质马铃薯种薯繁育 7 万亩，全县种植马铃薯 10 万亩，实现产值 3.2 亿元。打造神林观音等 7 个中药材规范化种植示范基地，带动大田种植中药材 3 万亩，全县中药材面积达到 25 万亩。积极推行产地初加工，开发药食同源健康养生产品 50 余种，中药材附加值显著提升，实现总产值 4.2 亿元。新建六盘春牛羊肉精深加工二期项目，完成理华毛纺等 15 家企业技改升级，金誉生物、华宇淀粉、浩德纸业晋级规上，黄土地和千峰兔业、兴宇粗粮分别被认定为国家和自治区高新技术企业，葆易圣、浩德纸业被认定为国家科技型中小企业，新型工业总产值达到 5.8 亿元。探索建立“红色文化+避暑观光+民俗体验+休闲农业+特色餐饮”现代化全域旅游发展模式，实施杨家店红军村、老巷子十三坊、红二十五军革命遗址保护利用等旅游重点项目，建成陈靳新和等 13 个房车营地，李士村被评为中国美丽休闲乡村，杨坡、齐岔等 5 个村入选第六批中国传统村落名录。高水准举办首届生态垂钓大赛、中医药养生大赛等精品赛事，扎实开展“两晒一促”等文旅活动 30 余场次，成功创建自治区全域旅游示范县，预计全年接待游客 184.06 万人次，实现文化旅游社会总收入 5.98 亿元。

一年来，我们内外兼修，精雕细琢，城乡面貌展焕新颜。改造提升中关村等 7 个老旧小区，建成党校片区城市小微游园，加强县城日常保洁和管理，整治提升人民路等重点街区，组建城区绿化管护队，专业化精细化养护街心小品、园艺花廊，新增城市绿地 2.87 万平方米，城市建成区绿地率达到 37%，县城基础设施更加完善，综合承载能力明显增强，常住人口城镇化率达到 38.14%。8 处商业停车场取消收费，17 个生态停车场建成使用，38 个单位 1387 个停车位全部开放，在全区率先实现全域免费停车。编制“多规合一”实用性村庄规划 62 个，有序推进联财重点小城镇建设，建成神林双村、辛平 2 个高质量美丽宜居村庄。新改建农村公路 63 千米，安装太阳能路灯 7920 盏。新建卫生厕所 500 户、改造提升 10261 户，农村卫生厕所普及率达到 91%。深入推进农村垃圾分类，垃圾无害化处理率达到 100%。全面推行环卫保洁“网格化”管理和农户门前“三包”，扎实开展“最美户”“红黑榜”“积分卡”等评促活动，农村人居环境持续改善。

一年来，我们质效并重，狠抓治理，生态优势愈发凸显。开展大规模国土绿化、森林质量提升等行动，实施南部水源涵养林等重点工程，植绿增绿 15.39 万亩，森林覆盖率提高到 39%、草原综合植被覆盖度达到 86.6%，分别高于全区 20.33 个百分点和 31.03 个百分点。实施北方地区冬季清洁能源取暖项目，完成煤改电 2549 户，空气优良天数比例达到 97%以上，获评“2022 美丽中国·深呼吸小城”。实施红堡小流域综合治理工程，新增治理面积 12 平方千米，全县水土流失治理程度达到 82.6%。从严落实河（湖）长制，渝河国控断面水质稳定达到Ⅲ类以上，地表水质达到或优于Ⅲ类水的比例达到 100%。扎实推进农业面源污染防治，畜禽粪污资源化利用率、残膜回收利用率、农作物秸秆综合利用率分别达到 97.96%、96%和 90.12%。积极探索生态富民新路径，引入社会资本投资发展“以林养林”新模式，大力发展林药、林菌、林蜂等“美丽经济”，实现生态价值转化增值，收益达到 1.8 亿元，成功创建全国“绿水青山就是金山银山”实践创新基地。

一年来，我们不忘初心，务实为民，社会事业蓬勃发展。千方百计扩大就业，发放创业担保贷款 2665 万元，全民创业带动就业 1466 人，城镇新增就业 1378 人，完成任务的 153%，零就业家庭动态清零，城镇调查失业率控制在 5.5%以内。坚持教育优先发展，学前教育毛入园率 91.3%，义务教育巩固率100%，高中阶段毛入学率94.8%。专递课堂、名师课堂和名校网络课堂全覆盖常态化普及应用，优质资源普惠共享，教育现代化水平持续提升。面向进城务工子女家庭低价公开租赁保障性住房156套，随班就读学生学习生活条件有效改善。深入推进县域医共体信息化建设，全面实现“基层检查，上级诊断”远程诊疗，健康服务能力全面提升，群众就医更加便捷，成功创建自治区健康县。开展“送戏下乡”等文化惠民活动220场次，群众精神文化生活日益丰富。发放各类救助金1.8亿元、残疾人“两项补贴”416.12万元，基本医疗保险参保率达到98%，年内5次提高城乡居民基础养老金标准，达到全市最高，保障能力全面提升，人民群众的幸福感、获得感持续攀升。

一年来，我们勇于突破，激发活力，改革创新行稳致远。“六权”改革扎实推进，发放首笔用水权质押贷款120万元，实现“以水换钱”新突破；3宗39.9亩农村集体经营性建设用地入市交易；核定13家企业初始排污权；推进集体山林地“三权分置”改革，全面完成林地确权，实现“山定权、树定根、人定心”。推行“政府+企业+村集体(合作社)+农户”发展模式，扭转了“政府拿钱、企业干、百姓看”的局面，避免了“富了老板，穷了老乡”的现象。健全完善村级集体经济“3355”运行管理模式，实现收入3372万元，分红149万元，凤岭李士等7个行政村集体经济收入突破100万元。深化“放管服”改革，“一门一窗一网”政务服务模式全面开启，202项事项实现“跨省通办”，最大限度利企便民，营商环境持续优化。DIP分值付费、药品及医用耗材带量采购等改革有序推进，广大人民群众成为改革最大受益者。

一年来，我们坚守底线，综合治理，社会大局稳定向好。深入贯彻党的民族政策和宗教工作基本方针，中华民族共同体意识不断增强，民族团结进步事业创新发展，宗教治理法治化纵深推进，各族群众共居共学共事共乐的生动局面进一步巩固。高效利用“三区三线”划定成果，加大耕地“非农化”、基本农田“非粮化”整治力度，有序腾退苗木4200亩，整治撂荒地1885亩，坚决守住粮食安全底线。拓展社会治理成效，创新推行“1+1+3”基层治理机制，深入开展“八五”法治宣传教育，“1286”诉前调解模式入选全区市域社会治理现代化试点。深入推进平安隆德建设，治安案件受理数、刑事案件发案数实现“双下降”，8类主要刑事案件破案率100%。高效开展全域“食品药品安全区”创建，群众饮食用药安全得到有效保障。扎实推进矿山、燃气、自建房、危化品、地质灾害等重点领域专项整治，安全形势稳定，群众安全感显著提升。妇女儿童、青少年、残疾人、红十字等事业取得新进步，国防动员、退役军人保障、双拥优抚、气象等工作实现新发展。

各位代表，过去的一年殊为不易，我们大力弘扬伟大抗疫精神，坚定不移坚持人民至上、生命至上，坚定不移落实“外防输入、内防反弹”总策略，坚定不移贯彻“动态清零”总方针，上下同心、众志成城，守望相助、共克时艰，最大程度保障了人民群众身体健康和生命安全，最大限度减少了疫情对经济社会发展的影响，交出了一份难中有为、稳中有进、干中有成、群众满意的答卷，隆德对外形象越来越好，发展势能越聚越足。这些成绩的取得，根本在于党中央、国务院和区市党委、政府以及县委的坚强领导、科学决策，得益于县人大、县政协的有力监督、鼎力支持，饱含着各级各部门和广大干部群众的心血和汗水，凝聚着福建对口协作和厦门大学以及社会各界人士的智慧和力量。在此，我代表县人民政府，向全县人民，向人大代表、政协委员，向各民主党派、工商联、人民团体和社会各界人士，向区市驻隆单位、武警官兵、公安干警、消防救援队伍指战员，向关心支持隆德发展的各界朋友，致以崇高的敬意和衷心的感谢！

在充分肯定成绩的同时，我们也清醒地认识到，全县经济社会发展还面临不少困难和问题：一是县域经济基础依然薄弱，体量不大、发展不足、质效不高，区位优势、特色优势更好转化为经济优势、发展优势的成效还不够显著；二是“五特五新五优”产业链条不全、结构不优、品牌不响，利益联结机制不够完善；三是支撑性、引领性强的大项目、好项目不多，政府投资逐年减少，社会投资乏力，新型财源增长点不多,民生保障等刚性支出有增无减,收支矛盾突出,经济增长后劲不足;四是民生领域还有短板,教育教学优势不优、医疗服务特色不特,养老保障水平不高,与群众期盼还有不少差距,改善民生还须付出更大努力;五是改革创新意识不强、动力不足,一些干部习惯于用老办法解决新问题,不想改、不敢改、不会改的问题依然存在;六是少数干部"懒散皮",工作缺乏激情,节奏迟缓、标准不高、作风不实,与赶超式发展要求不相适应,等等。对此,我们将高度重视,采取有效措施,全力予以解决。

2023年工作目标及任务

2023年是全面贯彻落实党的二十大精神、以中国式现代化全面推进中华民族伟大复兴的开局之年,是实施"十四五"规划、加快推进高质量"赶超式"发展的关键一年,做好明年工作,意义重大、影响深远。按照县委十五届五次全会部署,政府工作的总体要求是:坚持以习近平新时代中国特色社会主义思想为指导,深入学习宣传贯彻党的二十大精神,坚持以习近平总书记视察宁夏重要讲话指示批示精神为"纲"和"魂",坚决贯彻中央经济工作会议精神,全面落实自治区第十三次党代会、自治区党委十三届二次、三次全会和市委五届五次、六次、七次全会以及县委十五届三次、四次、五次全会精神,聚焦新时代新征程使命任务,坚持和加强党的全面领导,坚持稳中求进工作总基调,完整、准确、全面贯彻新发展理念,以黄河流域生态保护和高质量发展先行区建设为牵引,加快建设高质量发展先行县、乡村全面振兴样板县、生态文旅特色县、铸牢中华民族共同体意识示范县,坚定不移发展壮大县域经济,在推动高质量赶超式发展上再创佳绩,在统筹发展和安全上再上台阶,在融入新发展格局上再谱华章,在全面从严治党上再开新局,持续夯实共同富裕基础,不断凝聚团结奋进合力,引领全县广大党员干部群众坚定信心跟党走,改革创新促发展,顽强斗争防风险,真抓实干出成绩,奋力开创全面现代化隆德建设新局面。

主要预期目标是:力争地区生产总值增长7.5%以上,固定资产投资增长12%以上,规模以上工业增加值增长8%以上,社会消费品零售总额增长6%以上,地方一般公共预算收入增长8%以上,城乡居民人均可支配收入分别增长9%、11%,完成区市下达的各项约束性指标。

上述预期目标,综合考虑了宏观环境影响,充分估计了各方面机遇条件和有利因素,有效衔接了"十四五"规划目标和2022年发展情况,各项指标是符合实际、可行可及的。审视全局,党的二十大对全面建设社会主义现代化强国、实现第二个百年奋斗目标,以中国式现代化全面推进中华民族伟大复兴进行了战略部署,中央经济工作会议锚定了2023年经济工作新航向,一大批利好政策效应加快释放。对标方向,区市党委和政府作出的加快建设现代化产业体系、全面推进乡村振兴、建设美丽新宁夏交出更加出彩的固原答卷等一系列部署要求,为我们破解瓶颈、厚植发展优势指明了方向路径。立足自身,历经多年的发展,隆德综合实力不断增强,发展势能持续释放,广大干部群众人心思进,具备了高质量发展的坚实基础。我们必须笃定中国式现代化使命任务,强化"赶超发展"的政治担当,铆足"跳起摘桃"的干事劲头,发扬"一抓到底"的优良作风,奋力抢新机、开新局、创新绩。

一、坚持不懈兴产业、增效益,提升高质量赶超式发展水平

坚持以构建现代化产业体系为目标,对标固原市产业千亿倍增计划,推动"五特五新五优"全产业链、规模化、集聚式发展,不断提高产业质量效益和综合竞争力。

打好"五特"产业"提档升级牌"。立足海拔高、温差大、土壤有机质高等资源禀赋,结合产业基础、群众意愿、市场需求,制定出台《产业发展支持政策措施》,不断调优产业结构,实行"一乡一策"差异化发展,力争"五特"产业全产业链产值达到50亿元以上。肉牛产业,积极推进"出户入园",延伸拓展肉牛产业联合体服务半径,引导支持群众发展规模养殖,开工建设大洋高端肉牛全产业链项目,建成万头肉牛养殖园区1个、千头肉牛养殖园区3个，全县肉牛饲养量新增5万头，达到16万头。培育壮大中民恒丰、六盘春等企业，提升屠宰精深加工能力，精细分割销售牛肉1000吨以上，支持开发冷冻牛肉、休闲肉品等系列产品，积极对接北京、广州、福州、厦门等高端消费市场，打响品牌，提升附加值，实现全产业链产值26亿元。冷凉蔬菜产业，推进“拱棚+温室”基地建设，新建标准化蔬菜示范园3个，新增设施农业1万亩，全县种植冷凉蔬菜6.5万亩。积极引进优新品种，全面推广设施大棚2茬、3茬轮作，配套建设冷库冷链及蔬菜分拣加工车间，推动蔬菜产业向育苗、采摘、加工、储藏、保鲜、包装、配送全产业链延伸，实现全产业链产值8亿元。马铃薯产业，持续加强种薯繁育体系建设，集中连片建设马铃薯原种繁育基地3000亩、一级种繁育基地1万亩，打造千亩马铃薯种植示范基地5个，带动全县种植马铃薯10万亩，销售鲜薯15万吨以上，实现全产业链产值4.2亿元。中药材产业，采取“公司(合作社)+基地+农户”模式，新增大田中药材1.5万亩。积极开展GMP认证，支持六盘山中药、上药中药、西北药材等企业由产地初加工向中药饮片加工、配方颗粒剂制造、药膳保健食品研发等精深加工转变，促进中药材产业转型升级。建设中药材流通体系，高标准运营中药材交易市场，打造西北质量标准化、交易电商化、服务智慧化的现代中药材交易中心，实现全产业链产值8.8亿元。生态经济，实施生态产业提升项目，在沙塘、神林、凤岭等乡镇山台地、退耕还林地种植山桃、山杏1万亩。扩大杨家店特色林下菌菇、旧街沙棘产业基地林规模，新建山河、陈靳片区全产业链闽宁菌草产业园，培育林下经济示范点6个，力争全产业链产值超过3亿元。

打好“五新”产业“引育壮大牌”。大力实施工业强县战略，坚持传统产业与新兴产业两手齐抓，不断提升工业发展能级。修编六盘山工业园区规划，优化空间布局，推进园区“二次开发”，加快要素、项目、产业向园区集聚，有序清退僵尸企业、低效能企业，盘活闲置土地厂房，提升亩均效益。推进结构、绿色、智能、技术“四大改造”，开展中小企业“专精特新”培育行动，支持“个转企”“小升规”，新增规上企业3家以上，培育“专精特新”企业2家以上。围绕“五新”产业建链延链补链强链，积极构建“链主企业+骨干企业+高成长企业”的产业生态，“无中生有”招引电子产品制造、风电光伏、储能电站、纺织服装等项目，争取引进望家欢中央厨房、百威啤酒加工、汽车电子配件等“五新”产业项目10家以上，力争“五新”产业全产业链产值达到17亿元以上。

打好“五优”产业“扩容提质牌”。实施景区节点区域改造、道路修建、公共服务等提升工程，运营长征精神研学基地、游客服务中心，推进杨家店红军村、老巷子、上梁老街等景点提档升级，扶持盘龙山庄、神林山庄等发展高端精品民宿，打造全域游、红色游、四季游等高品质特色旅游线路。实施“引客入隆”行动，组织开展“回家过大年”“房车节”等系列文旅活动，接续举办生态垂钓大赛、中医药养生大赛等品牌赛事，持续扩大隆德知名度和影响力，让吃在隆德、住在隆德、玩在隆德成为新时尚。实施消费促进行动，大力发展夜间经济、网红经济，加强特色产品包装、设计和营销，促进香醋、蜂蜜、食用油等优质农产品销售，加大剪纸、刺绣、泥塑、砖雕等伴手礼策划研发，做大暖锅宴、药膳宴等特色餐饮，招商建设星级旅游酒店，打造“吃住行游购娱”一站式消费新体验，力争来隆德旅游人数突破203万人次，文化旅游社会总收入达到6.6亿元，直接性营业收入增长20%以上，争创全国全域旅游示范县。新建六盘山物流中心和联财毛家沟综合服务区，建设辐射西安、银川、兰州的物流枢纽。力争“五优”产业全产业链产值达到18亿元以上。

二、坚持不懈扩投资、稳增长，夯实高质量赶超式发展基础

发挥项目投资强引擎和硬支撑作用，对标固原市投资千亿倍增计划，铆足劲头大抓项目、抓大项目，不断夯实高质量赶超式发展基础。

高站位谋划项目。积极对接国家和自治区重大战略，围绕先行区建设、产业延链补链等，确定2023年建设项目106项（产业发展41项，城镇建设8项，基础设施建设17项，生态环境12项，乡村振兴

15项，社会民生13项），总投资79.05亿元，年度计划投资38.35亿元。聚焦高质量发展和培育经济新动能，适度超前谋划论证一批事关全局和长远、科技含量高、带动支撑作用强的大项目好项目，力争引洮入隆德等更多项目纳入国家和自治区大盘子，全力推动谋划储备的128项总投资44.05亿元的项目年内开工建设，争取中央和自治区预算内统筹投资增长12%以上。

高效率推进项目。坚持“一切围绕项目转、一切围绕项目干”，严格落实“六个一”包抓机制，加强全过程、全周期、全方位跟踪服务，为项目建设创造良好条件。严格落实“要素跟着项目走”的要求，强化要素统筹、资源保障，有效解决项目建设中存在的问题，“无冬闲”实施农田水利、道路交通等土建工程，实现在建一批、开工一批、储备一批、谋划一批的梯次格局，确保3月份开工率达到80%以上。

高标准管理项目。规范落实项目联审联批和政府投资项目管理办法，健全完善立项招标、施工监理、完工验收全过程动态监管，确保项目程序规范、资金安全、质量达标。组织开展冬比储备、春比开工、夏比进度、秋比成果、全年比质效“五比”活动，倒逼重点建设项目提速增效。

高质量招引项目。组建专业化招商队伍，围绕“五特五新五优”产业，编制产业链图谱，精准招商、以商招商、产业链招商，紧盯22个总投资61.32亿元集中签约招商项目，完善重大招商引资项目服务保障机制，力争全年落地管道天然气、集中式风电等亿元以上项目10个，电线电缆生产加工、4000万米织布等5000万元以上项目12个，为实现高质量赶超式发展积蓄后劲、拓展空间。

三、坚持不懈守成果、促振兴，筑牢高质量赶超式发展根基

坚持农业农村优先发展，聚焦“守底线、抓发展、促振兴”，持续巩固脱贫攻坚成果，接续推进乡村振兴，促进农业高质高效、农村宜居宜业、农民富裕富足，着力打造塞上乡村乐园。

巩固拓展脱贫成果。强化防返贫监测帮扶责任考核“四项机制”，常态化开展“四查四补”，精准落实“社会保障+产业（就业）扶持”“双兜底”等帮扶措施，持续巩固“三保障”和饮水安全成果，脱贫群众转移就业16700人、人均创收22200元，脱贫人口人均纯收入达到16766元，同比增长15%。深化闽宁协作、中央单位定点帮扶和社会帮扶，巩固提升沙塘许沟、陈靳新和等4个闽宁示范村和沙塘张树厦大定点帮扶村，打造红崖社区、沙塘清泉等5个移民致富提升示范点，确保脱贫基础更加稳固、成效更可持续。

夯实农业发展基础。深入实施藏粮于地、藏粮于技战略，坚决落实粮食安全和耕地保护主体责任，持续加大撂荒地整治力度，加快腾退占用耕地苗木，坚决遏制耕地“非农化”和基本农田“非粮化”。新建高标准农田2万亩、高效节水灌溉3.6万亩，复垦移民迁出区土地2万亩，建成10万亩籽粒玉米种植示范区，全县粮食作物种植面积稳定在26.5万亩、产量达到7.3万吨以上。抢抓资金投入关键期，衔接资金、整合资金支持优势特色产业发展的比例达到60%以上。深化“345”联农带农机制，推动产业顾问组与产业需求精准对接，通过政府补贴扶持、龙头企业带路、农户积极参与，发展到村到户产业，把更多农户吸附在产业链上，实现抱团发展、利益共享、增收致富。实施“引凤还巢”和“回归六盘”工程，挖掘培养一批带动能力强、有一技之长的“土专家”“田秀才”“乡创客”，吸引各类要素聚乡、人才入乡、能人留乡。

稳妥推进乡村建设。加快编制“多规合一”实用性村庄规划，实现应编尽编。按照人口、产业、经济等情况，扎实开展“一村一年一事”行动，分类分步推进乡村建设，推动市政公用设施向中心镇延伸，加快“数字乡村”建设，全面提升乡村水电路网等公共服务设施，建成联财重点小城镇、新建杨河重点小城镇和神林庞庄等7个高质量美丽宜居村庄，实施温堡杨坡等5个传统古村落保护工程，创建国家传统村落集中连片保护利用示范县。扎实推进农村人居环境整治提升，持续打好厕所革命、污水治理、生活垃圾治理、村容村貌提升“四场硬仗”，全面推进村庄面上清洁向庭院屋内拓展，争创全国农村人居环境整治示范县。建成联财、杨河、凤岭3个乡村振兴示范乡（镇）和观庄前庄等26个乡村振兴示范村，试点先行、以点带面，建设宜居宜业和美乡村。

四、坚持不懈强功能、提品质，优化高质量赶超式发展格局

加快以人为核心的新型城镇化，突出六盘山下区域特色，按照“东拓西延、产城融合”发展布局，实施县城老城区品质提升、东部文旅康养区一体开发、西部工业发展区全要素升级“三大行动”，着力打造区域影响力突出的现代化特色城市，擦靓“千年古县·文化隆德”城市名片。

推进高品质建设。坚持规划引领，实施城市更新和“城市双修”行动，高起点高水平修编完善县域城乡总体规划及城区控制性详规，传承历史文脉，优化空间结构，塑造城市特质，严格依规推进空间扩容与品质提升，坚决杜绝随意调规、违规建设。推进拆迁片区土地开发和综合利用，实施南凤C区、西门片区2个房地产开发项目。改造食苑小区等15个老旧小区，配建公共活动场地和公共绿地，推进社区适老化、适儿化改造，营造全龄友好、安全健康的生活环境。实施路网完善、管网提升项目，新建解放街、文化街、人民街雨污分流工程，打通六盘山大道等城区“断头路”，全面提升县城综合承载能力。启动城区背街小巷整治提升行动，配套建设公厕、停车场及小微游园，争取建设体育公园。改造提升文化城、人民路特色街区，大力扶持发展融合图书阅读、艺术展览、轻食餐饮等服务的“城市书房”“阅读岛”“文化驿站”等新型文化业态，在城市建设中注重融入砖雕、彩塑、书画等隆德非遗文化元素，建设“书香隆德”，凸显文化大县底蕴，打造历史文化名城，促进城市内涵式发展，让城市既有“面子”、更有“里子”。

推进高质效开发。坚持城景交融、统筹开发，沿清流河、312国道一线推进老城区与六盘山景区衔接贯通，打造东部文旅康养区。拓展提升沿线交通通达水平，实施清流河生态景观廊道工程，建成生态旅游步道，布局康养酒店、精品民宿，塑造城市发展新格局。坚持产城融合、产居衔接，以经营城市的理念发展工业园区，编制园区升级发展规划，同步推进园区企业引育、招工扩容、住房保障、教育医疗、休闲娱乐等工作，实施渝河园区段生态景观修复工程，建设保障性安置房200套，争取配套幼儿园、全民健身中心、文化体育设施，提升城关小学综合办学能力，让园区务工群众工作稳定、收入固定、生活安定。

推进高水平治理。数字化、精细化推进城市治理，扩大物业管理覆盖范围，对全县物业进行评星定级，接受群众监督，对无物业管理的小区实行托底服务，全面提升管理服务水平。按照优化协同高效原则，加强“数字城管”建设，整合市政公用、市容环卫、园林绿化、城市管理执法等职能，探索“网格化+智慧化”治理模式，引导群众主动参与城市管理，推进共治共管共享，塑造“干净、整洁、文明、有序”的城市新风貌，打造更具亲和力、舒适感的温度城市、品质城市、安全城市，积极争创全国文明城市。

五、坚持不懈抓生态、强治理，擦亮高质量赶超式发展底色

深入践行“两山”理念，厚植绿色底蕴，全面加强生态环境保护，精心描绘人与自然和谐共生新画卷。

全力筑牢生态屏障。统筹山水林田湖草一体化保护和系统治理，接续开展植绿补绿增绿行动，营造乔木林1万亩、补植补造8.5万亩、森林抚育2万亩、治理修复历史遗留废弃矿山2250亩，森林覆盖率达到40%。加快实施城区增绿添绿、美丽乡村绿化、景观廊道建设行动，打造有层次、有色彩、有厚度的城乡风景线。

推进环境污染治理。坚持精准治污、科学治污、依法治污，实施冬季清洁能源取暖项目，改造6250户农户供热设施。全面落实河（湖）长制，不断强化水生态保护及修复，实施渝河湿地保护修复、污水处理厂尾水人工湿地等工程，常态化开展“清四乱”专项行动，全力构建人水和谐的自然生态。加强农业面源污染防治，提高畜禽养殖废弃物资源化利用率。持续强化生态环境执法，高标准打好蓝天、碧水、净土保卫战，确保空气质量优良天数比例保持在97%以上，其他指标领跑全区。

六、坚持不懈抓改革、谋创新，释放高质量赶超式发展潜能

坚持以创新强引擎，以改革破难题，以开放拓空间，对内整合资源，对外扩大合作，加快汇聚高质量发展新动能。

突出创新赋能。抢抓国家“科技支宁”和东西部科技合作引领区建设机遇，持续加大科技投入，培育创新主体，加强与厦门大学等科研院校对接联系，建立产学研合作机制，建设创新平台2个，实施科技创新项目89个，引进转化成果9项，新认定自治区农业高新技术企业1家，自治区科技型中小企业5家，市级科技型企业4家。组建农业开发建设集团，按照“五统一”循环发展模式，探索“政府+企业+金融机构+村集体(合作社)+农户”运行机制，有效提升产业效益。

突出改革蓄能。发挥改革关键一招作用，加快推进“六权”改革，完成土地权等确权颁证，构建统一规范的权属交易管理体系，全面推进用水权、山林权等质押担保贷款、入市交易工作，加快碳汇储量调查、碳排放确权计量，积极争取气候投融资试点，打造渝河北塬等“三统三分”改革示范点，争创全国现代化生态高效节水数字灌区示范县。积极开展全国农民合作社质量提升整县推进等17项改革试点工作，争创全区基层政务服务标准化、规范化建设试点县，努力在“集中养老+腾退宅基地+新增建设用地指标”等新模式新机制上创造经验、形成示范。深化“放管服”、财税金融、农业农村、民生保障等重点领域改革，巩固拓展国企改革三年行动成果，加快“数字政府”建设，以改革的良好成效助推高质量发展。

突出开放聚能。把构建交通强县作为加快全县经济社会高质量发展的重要举措，力争隆庄高速、平定铁路隆德段项目早日启动，推进“四好农村路”建设，加速形成外通内联的交通路网。深化闽宁协作，探索建设“飞地园”“两地双园”模式，通过“福建技术+隆德转化”“福建市场+隆德产品”“福建企业+隆德资源”等形式，推动经济合作、产业对接、商贸往来互利共赢。

七、坚持不懈惠民生、增福祉，共享高质量赶超式发展成果

坚持在发展中保障和改善民生，保持民生支出只增不减，为群众办实事只增不减，让发展实绩更有温度。

全面提升教育质量。落实立德树人根本任务，强化学前教育普及普惠优质安全发展，新建隆德五幼，支持第三、第四幼儿园创建自治区级示范园。加快义务教育优质均衡发展和城乡一体化，稳妥推进农村相对集中办学，创建全区城乡教育协同发展示范县。加强职业教育“双师型”教师队伍建设，深化校企合作，推进产教融合。创新教育教学管理，积极主动对接会宁等教育强县，争取建立结对合作关系。完善名优骨干教师培养和激励机制，实施“四名一优”工程，扩展“互联网+教育”建设和应用水平，将县一小、二小打造成自治区示范性小学，二中打造成高质量、有特色、充满活力的现代化学校，县中学教育集团打造为全区具有一定影响力的教育集团，职业技术学校打造成自治区级“双优”示范校，加快建设教育质量强县，努力办好人民满意的教育。

加快健康隆德建设。树立大卫生大健康理念，推动以治病为中心向以健康为中心转变，为群众提供全方位全周期健康服务。促进医疗机构差异化发展，将县医院打造成综合性医疗救治中心，积极创建三级乙等医院；中医院建成集中医药特色、康复理疗于一体的优势医院；支持妇幼保健院探索开展妇幼延伸服务。深化公立医院改革和县域综合医改，持续推广“互联网+医疗健康”模式，深化京宁、闽宁、军地、校地医疗合作，通过远程会诊、专家带教坐诊和选派优秀医师外出进修、短期培训，全面提升医疗服务能力，让老百姓在家门口享受优质医疗服务，广泛开展爱国卫生运动和全民健身活动，倡导文明健康生活方式，全力创建全区“互联网+医疗健康”示范县和全国健康促进县。

全面推进就业创业。实施就业收入“双增工程”，完善“县级劳务市场+乡镇劳务公司+村劳务工作站”三级劳务服务体系，分层次开展订单、定岗、定向精准技能培训2000人次，实施特色产业基础设施建设等以工代赈项目,农村劳动力转移就业 4 万人以上,创收 8 亿元以上。提升闽宁中小企业创业孵化园等孵化功能,发放创业担保贷款 2000 万元、就业奖补 200 万元以上,鼓励支持退役军人等重点群体返乡创业,引导高校毕业生到基层、非公企业和社会组织就业,城镇新增就业 900 人,城镇调查失业率控制在 5.5%以内。

持续优化公共服务供给。实施“一老一小”幸福养育工程,建成县托育综合服务中心和社区卫生服务中心,不断完善养老服务设施,社会化运营老年康复服务中心,办好普惠托育服务。全面推进城乡低保、残疾人补贴等扩面提标,巩固拓展全民参保成果,持续加大特困人员、残疾人、留守儿童等特殊群体救助力度,坚决兜牢兜实民生底线。整合综合文化服务中心、农家书屋、文化广场等场地资源,打造城区一刻钟和农村半小时文体服务圈。创新实施文化惠民、传统文化振兴工程,大力扶持开展民间文化艺人牵头创作、群众广泛参与、极具隆德特色的文娱活动,推动书法、剪纸、社火等非遗文化进校园、进景区,鼓励支持本土文化企业、文化文艺创作者、非遗传承人等走出去,向全国展示隆德优秀传统文化的特色魅力。

八、坚持不懈防风险、保安全,守牢高质量赶超式发展底线

深入贯彻总体国家安全观,扎实做好防风险、除隐患、保安全、护稳定各项工作,实现高质量发展和高水平安全良性互动。

防范化解重大风险隐患。加强政府性债务管理,规范政府举债行为,妥善处置化解存量债务。加强预算执行,强化绩效管理,切实把有限的资金用到发展最急需、群众最愁盼的地方。协同联动开展防范和处置非法集资工作,强化国有企业债务风险防范,牢牢守住不发生区域性、系统性金融风险底线。

提高公共安全治理水平。以“时时放心不下”的责任感和“睁着眼睛睡觉”的警觉,严格落实安全生产责任制,持续推进重点领域安全生产专项整治,加强应急管理体系和能力建设,坚决防范和遏制重特大事故发生。高质量通过全域“食品药品安全区”验收,积极创建国家食品安全示范城市。

纵深推进平安隆德建设。坚持和发展新时代“枫桥经验”,全面推行基层治理“1+1+3”、诉前调解“1286”等机制,健全完善基层治理体系,加强和改进人民信访工作。深入开展“八五”法治宣传教育,常态化推进扫黑除恶,严厉打击各类违法犯罪活动。牢牢把握铸牢中华民族共同体意识这条主线,持续推进民族团结,依法加强宗教事务管理,推动社会治理体系和治理能力现代化。

各位代表,发展是时代的强音,民心是最大的政治。我们要坚持以习近平新时代中国特色社会主义思想为指导,深入学习贯彻党的二十大精神,始终牢记“三个务必”,以时不我待的紧迫感、舍我其谁的使命感,自我加压、拼搏奋进,坚决把决策变为实践、把任务变为行动、把目标变为现实,努力建设人民满意的服务政府、责任政府、法治政府、廉洁政府。

牢记绝对忠诚第一要求。始终坚持把党的领导作为做好政府工作的根本保证,深刻领悟“两个确立”的决定性意义,增强“四个意识”、坚定“四个自信”、做到“两个维护”,始终在政治立场、政治方向、政治原则、政治道路上同以习近平同志为核心的党中央保持高度一致,认真落实区市党委、政府和县委决策部署,做到精神第一时间贯彻、决策第一时间落实、难题第一时间破解,以坚如磐石的政治定力书写对党和人民的绝对忠诚。

坚持依法行政第一准则。深入学习贯彻习近平法治思想,一体推进法治隆德、法治政府、法治社会建设。常态化落实政府常务会议会前学法制度,健全完善法律顾问、行政规范性文件合法性审查、重大事项集体讨论决定等制度,做好行政复议、行政应诉,不断提高依法行政水平。依法接受人大及其常委会监督,自觉接受政协民主监督,主动接受法律监督、监察监督、社会舆论监督和人民监督。

强化担当作为第一导向。坚持把狠抓落实作为政府工作的生命线,牢固树立实干为先、落实为要的鲜明导向,走好新时代党的群众路线,紧盯事关发展的大事要事,抓住群众关心的实事难事,大力弘扬“三种精神”,认真践行“严细深实勤俭廉+快”

工作作风，保持争先进位状态，树牢无功就是过、平庸便是错的理念，不断提高政府系统执行力和落实力，确保定一件、干一件、成一件。

严守清正廉洁第一底线。坚决落实全面从严治党要求，认真履行党风廉政建设主体责任和“一岗双责”，深入推进政府系统党风廉政建设和反腐败斗争。持续深化政务公开，让权力在阳光下运行。锲而不舍落实中央八项规定及其实施细则精神，严格执行区市县有关规定精神，驰而不息纠治形式主义、官僚主义，促进干部清正、政府清廉、政治清明。

各位代表，行者方致远，奋斗路正长。让我们更加紧密地团结在以习近平同志为核心的党中央周围，坚定不移沿着习近平总书记指引的方向前进，在区市党委、政府和县委的坚强领导下，坚定信心、同心同德，踔厉奋发、勇毅前行，奋力谱写全面建设社会主义现代化美丽新宁夏隆德新篇章！

隆德县2022年国民经济运行情况

2022年迎来党的二十大胜利召开。隆德县委、县政府坚持以习近平新时代中国特色社会主义思想为指导，以学习宣传贯彻党的二十大精神为主题主线，深入贯彻党中央、国务院和区市党委、政府决策部署，坚持稳中求进工作总基调，迎难而上、奋起直追，开拓创新、锐意进取，全县经济在困境中取得了较好成绩。

根据地区生产总值统一核算结果，2022年，全县地区生产总值402102万元，按不变价计算，比上年增长5.5%。其中，第一产业增加值78774万元，增长6%；第二产业增加值82707万元，增长10.7%；第三产业增加值240621万元，增长3.8%。

1.粮食和畜牧业。全年全县粮食总产量73628吨，增长3.5%。其中，夏粮产量6240吨，下降17.9%；秋粮产量67388吨，增长6.1%。年末，生猪存栏11380头，下降20.1%，出栏18004头，下降35.3%；牛存栏68783头，增长8.4%，出栏28824头，增长15.4%；羊存栏22397只，下降9.8%，出栏26382只，增长23.2%；家禽存栏82036只，增长12.9%，出栏83552只，增长214.4%。

2.工业。全年全县规模以上工业企业增加值同比增长2.8%。

3. 服务业。全年全县服务业增加值同比增长3.8%。其中，信息传输、软件和信息技术服务业增加值、金融业增加值分别增长12%、2.4%。

4.固定资产投资。全年全县固定资产投资(不含农户)比上年增长13.2%。其中，县内500万元以上项目投资增长16%；房地产开发投资是上年的5.36倍。

5.消费品市场。全年全县社会消费品零售总额105852万元，比上年下降0.5%。按行业分，批发业31902万元，增长0.7%；零售业60679万元，下降1.1%；住宿业652万元，下降16.3%，餐饮业12620万元，增长0.6%。

6.居民消费价格温和工业生产者价格。全年居民消费价格总水平(CPI)比上年上涨1.5%，工业生产者出厂价格(PPI)比上年上涨11.1%。

7.居民收入。全年全县居民可支配收入17181元，比上年增长7.5%。按常住地分，城镇居民人均可支配收入30019元，增长6.1%；农村居民人均可支配收入13637.6元，增长8.3%。

8. 财政收支。全年全县财政一般预算收入10032万元，同口径增长15%；财政一般预算支出332856万元，同比下降2.3%。

9.金融市场。截至年底，全县金融机构各项存款余额680979万元，同比增长5.1%；各项贷款余额394192万元，同比增长7.4%。

总的来看，2022年，全县经济总体运行平稳，产业发展相对协调。下一阶段，要坚持以习近平新时代中国特色社会主义思想为指导，全面贯彻落实党的二十大精神、中央经济工作会议精神，稳中求进，完整、准确、全面贯彻新发展理念，加快构建新发展格局，推动高质量发展，科学统筹疫情防控和经济社会发展，继续做好“六稳”“六保”工作，着力稳定宏观经济大盘，确保经济发展稳中有进。

大事记

1月

1日，水利部公布2021年度国家水土保持示范名单，隆德县获"国家水土保持示范县"荣誉称号。

2日，市委副书记、市长冼国义带领调研组到隆德县调研疫情防控工作。

4日，隆德县举办2021年农村中蜂养殖实用人才培训班，旨在培养一批高素质农民，壮大农村实用人才队伍，为隆德县现代农业发展和全面巩固拓展脱贫攻坚成果同乡村振兴有效衔接提供人才支撑。

6日，县人大常委会主任张佐主持召开县第十八届人大常委会第一次会议，传达学习中共十九届六中全会和市五届人大一次会议精神；听取和审议有关工作报告；表决通过相关人事任免议案。

是日，县人民法院沙塘人民法庭被最高人民法院授予"全国法院先进集体"称号。

7日，市委宣讲团深入隆德县各乡镇、部门（单位）宣讲中共十九届六中全会精神。

8日，隆德县在该县分会场参加自治区党史学习教育总结会议。自治区党委书记、党史学习教育领导小组组长陈润儿出席会议并讲话，陈润儿深刻阐明"为何学党史、党史学什么、怎样学党史"的重大问题，把对党的历史认识提升到新高度。

10日，全县科级领导干部深入学习贯彻中共十九届六中全会精神和自治区党委十二届十四次全会精神专题培训班开班。县委副书记、政法委书记兰秀全出席开班式并讲话。

11日，县政协党组书记、主席李国英主持召开县政协十二届三次党组（扩大）会议，传达学习中央、区、市有关会议精神，研究讨论和审议县政协近期有关工作安排。

12日，县委书记刘斌主持召开十五届县委2022年第一次常委会（扩大）会议，传达学习习近平总书记近期讲话和有关文件、通知精神，听取相关工作汇报，安排部署当前重点工作。马天峡、张佐、李国英等县级领导参加会议。

13日，中国共产党隆德县第十五届委员会第二次全体会议在县行政中心召开。

17日，隆德县召开党史学习教育总结大会，传达学习习近平总书记关于党史学习教育重要指示精神和中央、区、市党史学习教育总结会议精神。市委党史学习教育第三巡回指导组组长呼延俊杰、副组长杨冬青到会指导。县委书记、县委党史学习教育领导小组组长刘斌出席会议并讲话，县委副书记、政法委书记兰秀全等在家县级领导参加会议。

19日，团县委举办的"党建带团建"创新创业青年电商人才培训班开班，进一步提升全县青年创业就业能力，引导他们为乡村振兴贡献青年力量。

20日，隆德县召开2022年征兵工作会议。

25日，隆德县在红崖老巷子民俗文化村举行庆祝隆德县"中国现代民间绘画画乡"三十周年、"中国民间文化艺术之乡"十周年暨"我们的中国梦"文化进万家年俗系列活动启动仪式。启动仪式上，县委常委、组织部部长、宣传部部长徐虎等县领导为庆祝中国共产党成立100周年闽宁协作全国摄影大赛获奖作者进行颁奖。

是日，隆德县第一届花灯艺术展在红崖老巷子开展。

△ 隆德县全面开展电动车登记挂牌工作。

28日，固原市人大常委会主任李志达一行代表固原市委、人大、政府、政协四套班子到隆德县开展走访慰问活动，给困难企业、困难群众及敬老院老人送去党和政府的关怀与温暖。县委副书记、县长马天峡，县人大常委会主任张佐等陪同慰问。

是日，中国共产党隆德县第十五届纪律检查委员会第二次全体会议在县行政中心召开。

29日，县委书记、县规划委员会主任刘斌主持召开2022年第一次县城乡规划设计方案审查专题会议。

2月

9日，由县人社局、工会、妇联、乡村振兴局等部门联合主办的2022年春风行动暨福建闽侯企业现场招聘会在城关镇红崖社区举行。

10日，隆德县供电公司实施的35千伏恒光变10千伏配出工程被国家电网公司授予“2021年百佳工程”称号。

11日，县图书馆先后引进瀑布流荐书机、朗读亭、书法机、VR(虚拟现实)体验机、数字阅读舱、少儿学习一体机及AI(人工智能)光影阅读机等数字化设施，使读者通过高科技阅读方式，感受阅读“新视界”。

是日，自治区卫健委副主任阮越盛带领自治区党委第三督查组督查隆德县“四大提升行动”工作，通过听取汇报、查阅资料、个别谈话、实地查看等方式，详细了解隆德县在“四大提升行动”工作中的经验、做法。

15日，县委副书记、县长马天峡带领财政、发改、自然资源等部门负责人，调研城市建设工作。他强调，要坚持以人民为中心的发展思想，合理规划空间布局，完善城市功能，提升城市品质。

16日，县残联联合固原市红十字会和宁夏义工志愿服务联合会，到帮扶村观庄乡观堡村开展“大走访摸排送温暖”救助帮扶活动。

18日，县委书记刘斌主持召开十五届县委2022年第三次常委会(扩大)会议，传达学习习近平总书记近期讲话和中共中央、自治区有关文件精神，研究贯彻意见；听取相关工作汇报，安排部署当前重点工作。

19—20日，县委书记刘斌调研隆德县巩固拓展脱贫攻坚成果同乡村振兴有效衔接工作时强调，要不断夯实产业发展基础，切实发挥肉牛养殖等特色产业在巩固拓展脱贫攻坚成果过程中的重要作用。同时要加强基层党组织建设，以团结干事赢得群众信任，带领群众过好日子。

21日，县委书记刘斌调研全县中药材产业发展情况。

是日，隆德县“扫黄打非”办组织网信、公安、文广、市监等部门(单位)对县城中小学校园及周边文化市场开展专项整治。

22日，隆德县召开十五届县委第一轮巡察动员部署会。

23日，县人大常委会主任张佐，带领部分县人大代表检查隆德县《中华人民共和国食品安全法》《中华人民共和国土地管理法》《宁夏回族自治区促进民族团结进步工作条例》贯彻落实情况，视察市场监督、民族团结等工作。

是日，城关镇红崖老巷子民俗文化村举办大型篝火晚会，体验不一样的“燎疳节”民俗文化。

24日，县委常委刘君彬邀请厦门大学嘉庚学院环境科学与工程学院党支部书记、副教授金亮到山河乡开展土壤改良专题讲座，帮助村民们改善土壤环境，提升农作物产量和质量。

是日，隆德县首个知识产权保护警务工作站在隆德县四兴醋业有限公司挂牌成立。

24—26日，福建省闽侯县委副书记林国晃带领党政代表团到隆德县考察对口帮扶、产业发展和文化旅游等工作。县委副书记、政法委书记兰秀全等县领导陪同考察。

25日，县妇联联合县妇幼保健计划生育服务中心举办女性健康知识讲座，旨在使广大妇女掌握健康保健知识，增强自我保健意识和预防妇科疾病的能力。

27日，隆德县2022年冬春季农民科技大培训在联财镇赵楼村启动。

3月

1日，自治区政协副主席、自治区党委第四督查调研组组长冯志强带领自治区党委第四督查调研组到隆德县，督查调研隆德县贯彻中央和自治区党委政协工作会议精神落实情况。市县领导余剑雄、李国英、兰秀全等陪同督查调研。

2 日，隆德县“春晓行动闽宁协作羊肚菌示范种植”项目正式启动。

4 日，福建省第十二批援宁工作队第四次会议在隆德县召开。

9 日，福建省政府副秘书长、一级巡视员林依钦带领调研组到隆德县就闽宁协作工作开展情况进行调研。

是日，自治区副主席刘可为带领有关厅局负责人到隆德县，调研隆德县美丽乡村建设、国土空间生态修复和集中式饮用水水源地规范化建设等工作。

10 日，自治区党委常委、组织部部长石岱和自治区副主席王道席带领调研组调研隆德县“四大提升行动”落实情况。

是日，自治区政协委员、人口资源环境委员会专职副主任杨学林一行到隆德县，就生态环境综合治理和生态保护领域人才队伍建设情况进行调研。

15 日，县委副书记、政府县长候选人朱红社带领卫健、公安等部门负责人，就全县疫情防控工作进行调研。

是日，宁夏兴达沥青混凝土制品有限公司沥青拌和站在六盘山工业园区开工建设。

17 日，隆德县参加固原市举办的“12345”政务服务便民热线平台操作应用线上培训会。

18 日，县第十八届人大常委会召开第二次会议，传达学习十三届全国人大五次会议精神；听取和审议有关工作报告，并对会议审议的专项工作报告进行满意度测评；表决通过相关人事任免议案。县人大常委会主任张佐主持会议并讲话。会议应到常委会组成人员 30 名，实到 25 名，符合法律规定。

18 日，副市长杨生俊到隆德县调研农业产业发展和移民致富提升工作。县委副书记、政法委书记兰秀全陪同调研。

21 日，县委书记刘斌主持召开县委农村工作领导小组暨实施乡村振兴战略领导小组 2022 年第二次会议。

24 日，隆德县召开领导干部廉政警示教育暨廉政教育专题学习大会，县委书记刘斌出席会议并讲话。

是日，隆德县 Y206 线三杨公路改建工程正式开工。该工程是自治区交通运输厅 2022 年农村公路车购税“以奖代补”资金投资建设的工程，全长 16.330 千米，概算投资 2964 万元。

28 日，隆德县召开“干事创业提精神·担当作为树形象”教育活动推进会。

是日，隆德县召开“青廉计划”暨选派年轻干部到县纪委监委实践锻炼专项活动启动会。

29 日，自治区安委会第四巡查督查组组长陈钧带领巡查督查组到隆德县开展安全生产巡查督查工作。

30 日，隆德县召开 2022 年民兵组织整顿暨国防潜力调查任务部署会。

31 日，自治区工商联党组成员、副主席尤文涛带领调研组一行到隆德县调研民营企业经济发展情况。

是日，隆德县召开 2022 年禁毒工作会议。

4 月

1 日，固原市人大常委会副主任李建平、师淑莲带领执法检查组和专题调研组，到隆德县开展《中华人民共和国食品安全法》、《中华人民共和国药品管理法》和医疗卫生机构医疗废弃物收集处理专题调研。县人大常委会主任张佐及市监局、卫健局相关负责人陪同调研。

是日，县税务局开展以“税收优惠促发展　惠企利民向未来”为主题的减税退税送政策暨第 31 个税收宣传月启动仪式。

2 日，隆德县在城关镇峰台社区开展新时代文明实践志愿服务活动。

是日，固原市疫情防控督导检查组深入隆德县督查疫情防控工作。

3日，隆德县全面开展老旧小区改造提升项目，计划总投资7651.28万元，涉及住宅楼47栋，受益1456人。

6日，隆德县沙塘镇“非粮化”整治取得阶段性成果，完成“非粮化”整治面积439亩。

7日，团县委组织开展“疫情防控·志愿同行”文明劝导志愿服务活动。

8日，县人大常委会副主任毕世喜带领调研组调研隆德县法治政府建设和稳就业保就业工作。

13日，市人大常委会副主任吴璞带领调研组一行调研隆德县移民增收致富工作，杨生俊、张佐等市、县领导陪同调研。

14日，县委书记刘斌主持召开县委全面深化改革委员会第十二次会议。

15日，隆德县召开迎接国务院安全生产和消防工作巡查考核安排部署会。

20日，县委书记刘斌调研城关镇杨店村红色美丽村庄建设工作。

是日，隆德县举办“百年梨园红色讲堂”志愿服务活动，拓展全县新时代文明实践建设工作，发挥红色资源优势，做好新时代文明实践红色基因的践行者。

21日，新华社宁夏分社党组副书记、副社长王永前带队到隆德县开展调研采访活动。

22日，隆德县举行用水权证颁证仪式。

是日，隆德县教育系统召开首届基础教育校(园)长办学思想主题论坛。

24日，隆德县红崖农贸市场正式开业。

是日，隆德县召开国家食品安全示范城市创建启动会暨全域创建“食品药品安全区”工作推进会。

△ 隆德县开展创建铸牢中华民族共同体意识示范县互观互检活动。

26日，隆德县举办2022年肉牛养殖“出户入园”股份合作暨联农带农启动仪式，引导肉牛散养户出户入园，加快全县肉牛产业转型升级、绿色发展，实现肉牛良种化、养殖规模化、防疫制度化、粪污无害化的科学养殖模式。

27日，隆德县召开创建全域旅游示范县初步验收工作汇报会。

28日，县委书记刘斌主持召开2022年第二次县城乡规划设计方案审查专题会议。

是日，隆德县召开全县驻村工作领导小组暨第一书记和驻村工作队工作推进会。

△ 县红十字会第二次全县会员代表大会在行政中心召开。会议选举产生县红十字会新一届理事会。

29日，隆德县在分会场参加自治区2021年度巩固拓展脱贫攻坚成果同乡村振兴有效衔接考核评估发现问题整改工作部署会。

是日，隆德县应对新冠疫情工作指挥部召开全县疫情防控调度会。

5月

2日，隆德县首届“渝清杯”垂钓大赛在沙塘镇垂钓中心举行。

3日，隆德县希望公益服务中心秘书长李琨荣获“全国优秀共青团员”称号。

是日，隆德县举行“阅读红色经典、传承红色基因”主题朗诵比赛。

6日，县委书记刘斌主持召开县党的建设领导小组2022年第一次会议，审定2021年度全县基层党组织星级评定结果，审议《隆德县党的建设领导小组2022年工作要点》。

是日，隆德县召开扶持壮大村级集体经济暨驻村帮扶工作推进会。

7日，隆德县召开2022年电商帮扶工作推进培训会。

是日，隆德县希望公益服务中心联合县教育体育局、厦门大学，开展以“关爱少年儿童”为主题的“圆梦蒲公英凤凰花班”系列活动。

8日，隆德县沙塘社会福利院改造项目建设动工。该项目总投资3000万元，维修改造总面积8500平方米，设计床位200张。

9日，县委书记刘斌主持召开县委全面依法治县委员会第五次会议，审议《中共隆德县委全面依法治县委员会2022年工作要点》，听取县法治政府建设工作情况汇报。

10日，福建省青年建筑师协会调研组到隆德县就闽宁协作和文化旅游等工作进行调研。

11日，市人大常委会主任李志达带领调研组一行到隆德县调研人大工作开展情况。

是日，县人武部开展“铸牢中华民族共同体意识”专题教育活动。

12日，市委常委、组织部部长杨继宏一行到隆德县调研基层党建和换届后县乡村领导班子运行情况。

13日，自治区党委常委、组织部部长石岱到隆德县，调研指导隆德县2021年巩固拓展脱贫攻坚成果同乡村振兴有效衔接考核评估反馈问题整改工作。

15日，隆德县残疾人康复中心正式投入运营。该中心由隆德福利医院以政府购买社会公共服务的方式承接运营，设康复区、运动训练区、文体活动区、办公及培训区等。

16日，全县召开挂牌督办问题整改工作推进会，就2021年隆德县巩固拓展脱贫攻坚成果同乡村振兴有效衔接考核评估反馈及国家挂牌督办的问题整改落实情况进行研究部署。

是日，隆德县召开第十八届人大常委会第三次会议。

18日，市委书记冼国义到隆德县调研民族团结示范创建工作。

是日，平罗县政协主席任学成一行到隆德县考察农村人居环境整治工作。县政协主席李国英陪同考察。

20日，隆德县老巷子创客园正式揭牌运营。

23日，自治区乡村振兴局社会扶贫处带领全区2022年第二期驻村干部示范培训班全体学员到隆德县开展现场教学活动。

24—25日，厦门大学调研组一行到隆德县开展调研帮扶工作。

26日，自治区人大常委会副主任杨玉经带领执法检查组，对隆德县贯彻落实《宁夏回族自治区促进民族团结进步工作条例》情况开展执法检查。

是日，隆德县开展“走进科技　你我同行”主题科普宣传活动。

27日，在全县范围内开展防止返贫动态监测帮扶集中排查活动。

28日，县妇联举行“守护女童　绽放未来”关爱女童幸福包发放仪式。

29日，隆德县举办乡（镇）领导班子巩固拓展脱贫攻坚成果同乡村振兴有效衔接专题培训班。

30日，隆德县召开民营企业助力乡村振兴工作座谈会。

31日，固原市企业家创业精神培育培训班在隆德县举办。

6月

1日，隆德县召开2022年第一次会议暨创建全国民族团结进步示范县推进会。

2日，全区扶持壮大村级集体经济观摩培训班在隆德县举办。

是日，隆德县余家峡水库管网连通工程正式开工，总长度1210米。

3日，福建援隆支教队在隆德县开展爱心助学活动。

5日，自治区人力资源和社会保障厅副厅长肖生勤带领自治区督导组一行到隆德县督导稳经济保增长促发展政策措施落实情况并召开座谈会，县委书记刘斌，县委副书记、政府代县长朱红社等县领导参加座谈会。

6日，隆德县在杨河乡串河村村集体牛场召开推行乡土人才帮带机制强化技能培训启动会。

是日，自治区全域旅游示范县创建验收组验收隆德县全域旅游示范县创建工作。

8日，自治区文化和旅游厅带领调研组一行到隆德县调研文化和旅游产业发展情况。

9日，市人大常委会副主任马有芳带领检查组一行检查隆德县《中华人民共和国工会法》实施情况。县人大常委会主任张佐等陪同检查。

是日，中国流动科技馆区域换展(第三轮)宁夏隆德站在县博物馆启动。

10日，隆德县举行首笔大额“政采贷”发放仪式，为中小企业提供融资支持。

13日，隆德县在沙塘镇举办从厦门大学引进的新型高产胡萝卜种植技术培训班。

14日，自治区卫健委调研组调研隆德县健康细胞创建工作。

15日，隆德县联合多部门开展节能减排，反电信诈骗宣传活动。

16日，县委书记刘斌主持召开隆德县与厦门大学开展全方位合作专题会议，就隆德县与厦门大学全方位合作工作进行研究部署。

是日，县委书记刘斌主持召开杨家店红军村建设专题会，安排部署项目实施情况。

17日，隆德县文明委召开2022年第一次全体会议。

21日，市人大常委会副主任童全成带领调研组到隆德县，开展工业经济发展和优化营商环境专题调研，县人大常委会主任张佐陪同调研。

是日，隆德县召开政府消费券投放工作推进会。

△ 自治区退役军人事务厅党组书记、厅长范锐君一行到隆德县调研退役军人工作。县委书记刘斌陪同调研。

22日，石嘴山市政协主席魏和清带领考察团到隆德县，考察智慧乡村建设、渝河治理和文化旅游工作。

24日，隆德县在城关镇红崖农贸市场举办“清凉隆德　乐购优品”农产品宣传推介促消费活动。

25日，隆德县召开十五届县委第二轮常规巡察工作动员部署会。

27日，隆德县第十八届人民代表大会第二次会议胜利闭幕。会议应出席代表178名，实到会代表160名，符合法定人数。会议全票选举朱红社为隆德县人民政府县长。

28日，隆德县举行县委党校(行政学校)揭牌仪式。

是日，隆德县政协十二届二次常委会会议召开，县政协主席李国英主持会议。

29日，市委书记冼国义到隆德县督导调研巩固拓展脱贫攻坚成果同乡村振兴有效衔接考核评估问题整改工作。

是日，泾源县政协主席李光明带领考察组到隆德县考察学习文化旅游、委员红色讲堂和红色美丽村庄建设工作。县领导李国英等陪同考察。

30日，山东省青岛市崂山区人大常委会考察团到隆德县考察乡村振兴、特色产业发展、人居环境整治等工作。

7月

1日，隆德县举行2022年家庭教育培训班，旨在构建家庭、学校、社会三位一体的教育网络，实现学校、家庭、社会“协同育人”新格局。

6日，西吉县政协主席马保师带领考察团到隆德县，考察隆德县村集体经济发展、渝河流域综合治理等工作经验、做法。县政协主席李国英等县领导陪同考察。

7日，湖北省政协副主席张维国带领湖北省政协考察调研组到隆德县，围绕“加强历史文化名城名镇名村的保护和利用情况”主题，开展专题考察调研。市县领导剡小平、刘斌、李国英等陪同。

是日，隆德县召开迎接自治区复评“健康县建设”暨迎接自治区验收“健康细胞”工作推进会。

△ 宁夏工商职业技术学院书法、美术协会美育教育实践基地挂牌仪式在隆德书院举行，宁夏工商职业技术学院党委书记陈晓军，县委常委、宣传部部长田云出席挂牌仪式并为美育教育实践基地授牌。

9日，厦门大学党委书记张荣一行到隆德县高级中学调研县域普通高中托管帮扶工作，并对定点帮扶村沙塘镇张树村产业发展情况进行调研。

10日，晚10时20分，在隆德县温堡乡张杜沟村一组发现深度为5厘米、边长25厘米左右的等边三角形陨石坠落坑，陨石散落在周围。

16日，由固原市委宣传部、市文化旅游广电局和隆德县委宣传部主办，以“喜迎二十大　奋进新征程”为主题的固原市第十届群众广场舞大赛（决赛）在本县龙泉苑广场举办。

是日，县委书记刘斌深入城关镇、观庄乡、沙塘镇等地，调研指导生态绿化建设和文旅融合发展等工作。

19 日，“奔跑吧·少年”儿童青少年主题健身活动暨固原市教育体育系统第三届中学生田径运动会在隆德县开幕。

是日，隆德县 2022 年党政人才培训暨科级领导干部深入学习贯彻自治区第十三次党代会精神专题班在县委党校开班。

20 日，市人大常委会副主任袁秉和督查隆德县市人大代表重点建议办理情况和代表活动开展情况。

21 日，县级党校（行政学校）办学质量评估结果反馈会在隆德县行政中心召开。自治区党委党校副校长马国君反馈县级党校（行政学校）办学质量评估结果，隆德县委党校被评估为优秀等次。

是日，县人社局在县委党校举办劳务经纪人业务提升培训班。

△ 奠安乡梁堡村举办第四届文化艺术节暨新时代文明实践活动。

23 日，隆德县首届以“中医养生　健康隆德”为主题的中医药养生大赛在红崖老巷子民俗文化村启动。

是日，自治区文旅厅验收组验收隆德县省级旅游度假区及老巷子 AAAA 级景区创建工作。

26 日，市委宣讲团到隆德县宣讲自治区第十三次党代会精神。

27 日，国家林业和草原局生态保护修复司副司长吴秀丽一行到隆德县调研生态建设工作。

是日，市人大常委会主任李志达带领调研组到隆德县调研重点项目建设和村级集体经济发展情况。

29 日，隆德县–闽侯县 2022 年闽宁协作工作联席会议在县行政中心召开。

29—30 日，闽侯县考察团到隆德县考察闽宁协作对口帮扶工作。

8月

2 日，县委书记刘斌主持召开巩固拓展脱贫攻坚成果同乡村振兴有效衔接考核评估挂牌督办问题整改专题汇报会。

3 日，隆德县餐饮业协会成立。

是日，隆德县召开中长期青年发展规划联席会议第二次全体会议。

4 日，福建省科技厅党组成员、副厅长黄舒一行到隆德县调研闽宁科技合作和相关企业发展情况，自治区科技厅二级巡视员徐万仁及市、县相关领导陪同调研。

是日，自然资源部国土整治中心主任范树印带领调研组一行到隆德县调研土地整治工程和生态保护修复情况。

9 日，固原市督导隆德县巩固拓展脱贫攻坚成果同乡村振兴有效衔接反馈问题整改和挂牌督办会议在县行政中心召开。

是日，自治区统战部副部长、区民族事务委员会党组副书记、主任陈建龙带领调研组到隆德县调研统战工作。

10 日，隆德县第十五届委员会第三次全体会议在县行政中心召开。

11 日，隆德县被自治区农业农村厅列入宁夏六盘山牛肉地理标志保护工程重点产区。

12 日，市政协主席余剑雄在联系村吴山村宣讲自治区第十三次党代会和市委五届五次全会精神。

14—15 日，友成企业家扶贫基金会理事长助理、副秘书长、东西部协作专家委员会执行主任冯宇坤带领调研组到隆德县调研闽宁协作工作开展情况。县委书记刘斌，县委副书记、政法委书记兰秀全等县领导陪同调研。

15 日，县红十字会组织开展心肺复苏急救培训班。

16 日，自治区生态环境厅发布 2022 年前 7 个月全区城市环境空气质量状况排名，隆德县综合指数排名全区第一,县级城市地表水环境质量状况也位居首位。

18日,自治区残联党组书记、理事长马如林带领调研组到隆德县开展调研慰问活动,实地了解隆德县残疾人托养、康复、就业创业、扶残助残政策落实等工作开展情况。县委书记刘斌等县领导陪同调研。

20日,由国家体育总局群体司、中华全国体育总会群体部、自治区体育局、固原市政府主办,各县(区)政府、固原市教育体育局、宁夏社会体育服务中心承办的主题为“喜迎二十大　奋进新征程　建设美丽新固原”2022年全国“全民健身日”主题示范活动暨固原市第六届六盘山登山节系列活动在六盘山红军长征景区举行。

是日,“大地循环杯”2022年隆德县首届生态垂钓大赛在三里店水库开幕。

21日,市委书记冼国义带领调研组调研隆德县防汛抗旱和地质灾害排查整治等工作。

23日,隆德县召开生态环境保护专题会议。

24日,隆德县召开学习贯彻自治区第十三次党代会精神自治区宣讲团宣讲报告会。

是日,自治区水利厅党委书记、厅长朱云带领调研组调研隆德县水利工作。

25日,隆德县组织百名小学生赴银川宁夏科技馆、宁夏大学重点实验室、葡萄酒产业科普基地进行“蒲公英”科教育苗行动科普研学活动。

26日,县工商联第九届(民间商会第三届)执行委员会第二次会议召开,选举产生新的县工商联主席。

28日,隆德县开展基层党建和新时代文明实践中心建设互观互学活动。

是日,自治区党委常委、统战部部长马汉成带队调研隆德县民族团结进步创建工作。

29—30日,福州市仓山区委副书记黄翔带领福州市闽侯县、仓山区、晋安区党政考察团到隆德县调研闽宁协作工作。

30日,隆德县召开基层党建工作推进会。

9月

1日,隆德县召开扶贫志编纂工作推进会。

5日,隆德县开展网络安全宣传活动。

是日,厦门大学附属医院专家医疗队到隆德县人民医院开展义诊活动。

△ 泾源县政协考察组到隆德县考察学习医疗共同体信息化建设工作。

11日,县长朱红社带领自然资源局、水务局等单位负责人调研隆德县“六权”改革工作。

12日,凤岭乡李士村党支部书记齐永新当选中国共产党第二十次全国代表大会代表。

13日,隆德县中医院国医堂正式开业。

14日,闽侯县政协主席陈祥波带领调研组到隆德县调研闽宁协作和企业发展情况。

15日,隆德县首笔用水权质押贷款签约发放仪式在县水务局举行。签约仪式上六盘山村镇银行向隆德县国孝牧业有限公司发放首笔用水权质押贷款120万元。

是日,隆德县香醋产业协会正式成立并召开第一次会员大会,旨在打造“隆德香醋”区域公用品牌、促进隆德香醋产业高质量发展。

△ 隆德县召开2022年下半年新兵欢送大会,欢送新兵光荣入伍。

17日,正大集团农牧食品企业(中国)资深副董事长、正大置地有限公司副董事长兼CEO邢继宪带领考察组考察隆德县产业发展和文化旅游工作。

18日,自治区文化和旅游厅资源开发处副处长何曼丽带领验收组一行到隆德县验收全域旅游创建工作。

20日,全县实现太阳能路灯99个行政村全覆盖,安装太阳能路灯18559盏。

是日,自治区督查组督查隆德县推进使用正版软件工作问题反馈会召开。

23日,县委书记刘斌督查全县疫情防控工作。

25日,隆德县二中建立劳动教育基地,开设独具特色的劳动教育实践课程。让学生体验劳动、感受劳动、学习科学，培养他们团结协作的精神和热爱劳动、崇尚劳动的理念。

29日，县委书记刘斌主持召开2022年第4次县城乡规划设计方案审查专题会议。

10月

6—7日，隆德县组织各乡镇、各部门(单位)帮扶责任人、驻村第一书记、帮扶队员等开展巩固拓展脱贫攻坚成果同乡村振兴有效衔接应知应会知识考试。

10日，隆德县对县域内文化出版场所、印刷企业、新闻媒体从业机构开展安全生产集中检查，净化文化市场环境，确保中共二十大期间文化市场行业安全稳定。

是日，市长杨青龙带领相关部门负责人督导检查隆德县疫情防控、安全生产、森林草原防灭火、信访问题化解等工作。

11日，县政协十二届三次常委会会议召开。县政协主席李国英主持会议并讲话。

15日，隆德县召开巩固脱贫攻坚成果后评估暨挂牌督办县摘牌验收动员部署会。

是日，隆德县召开县委人才工作会议，深入学习贯彻习近平总书记关于新时代人才工作的新理念新战略新举措，安排部署当前和今后一个时期全县人才工作。

16日，隆德县组织全体干部职工及社会各界群众通过电视、广播、手机客户端等多种形式收听收看中国共产党第二十次全国代表大会开幕会直播盛况，认真聆听习近平总书记代表十九届中央委员会所作的报告。

21日，县委书记刘斌主持召开全县疫情防控暨安全生产工作部署会议。

是日，县长朱红社主持召开全县森林草原防灭火工作推进会。

22日，山河乡举办2022年度村级集体经济收益分红暨移风易俗先进典型表彰大会。

23日，全县精神文明建设暨新时代文明实践站建设工作现场观摩推进会在杨野河召开。

24日，住房和城乡建设部村镇建设司发布第六批中国传统村落名录村落名单，隆德县城关镇杨店村、风岭乡齐岔村、陈靳乡新和村、温堡乡杨坡村、凤岭乡于河村5个村落上榜，列入第六批中国传统村落名录村落名单。

是日，隆德县出席中共二十大代表、凤岭乡李士村党支部书记齐永新履职归来。刘斌、朱红社、兰秀全、张毅、田云等县领导在县行政中心迎接。

25日，全县开展2022年人口抽样调查工作。

26日，县政协调研全县生态文明体系建设情况。

26日，县文明委召开2022年第二次全体会议。传达学习《中国共产党宣传工作条例》，审议拟推荐2022年县级文明单位、文明村镇、文明校园、文明家庭名单和拟推荐2022年民风建设示范村（社区）、移风易俗模范户、道德模范、最美人物、十星级文明户、好公婆、好儿媳名单。

31日，县委书记刘斌主持召开县委农村工作领导小组暨实施乡村振兴战略领导小组会议。

11月

1日，文化和旅游部联合共青团中央推出“乡村四时好风光——稻花香里说丰年”全国乡村旅游精品线路，隆德县老巷子景区名列其中。

7日，自治区党委第一巡视组延伸巡视隆德县巩固拓展脱贫攻坚成果同乡村振兴有效衔接工作座谈会在县行政中心召开。

9日，中国共产党隆德县第十五届委员会第四次全体会议在县行政中心召开。

10日，县委常委、人武部政委到城关镇峰台社区，为在部队荣立二等功的现役军人王勇辉家属送上喜报和奖励金。

12日，由中国文化和旅游产业研究院亚太国际休闲文化北京中心和旅游休闲杂志社共同研发的“深呼吸健康旅游发展指数”及“康养旅游百强县”入围名单发布，隆德县上榜“2022美丽中国·深呼吸小城”。

14日，县残联在县残疾人康复中心举行残疾人辅助器械发放仪式。

是日，隆德县举行三宗集体经营性建设用地拍卖会。拍卖土地分别位于城关镇杨店村、联财镇联财村、沙塘镇和平村，土地用途为工业用地。盘活农村土地资源，增加村集体和农民收入。

15日，十五届县委第三轮巡察工作动员部署会召开。

是日，中国人民解放军某部队向隆德县城关镇中心小学捐资助学暨“海军爱民学校”揭牌仪式在城关镇中心小学举行。

△ 凤岭乡冯碑村村民王海生“零彩礼”嫁女，成为新时代移风易俗的楷模。

16日，天津大洋农牧科技集团有限公司总经理李峰带领公司高层到隆德县考察项目投资事宜并召开座谈会，刘斌、朱红社等县领导陪同。

是日，县市场监督管理局对假冒伪劣商品进行集中销毁。主要涉及饮用食品、化妆品、灶具、安全帽等22类。

18日，隆德县学习贯彻中共二十大精神宣讲报告会在县委党校举行，邀请中共二十大代表自治区党委组织部常务副部长杜银杰、凤岭乡李士村党支部书记齐永新为隆德县广大党员干部就党的二十大精神进行宣讲解读。

是日，“山海偕行石榴红”闽侯县、厦门大学、隆德县三地书画交流展在县文化馆启动。

△ 县人民政府与天津大洋农牧科技集团有限公司举行合作协议签约仪式，县委书记刘斌出席签约仪式并讲话。

21日，隆德县成功入选第六批“绿水青山就是金山银山”实践创新基地名单。

22日，县长朱红社带队调研企业生产运营情况。

23日，区残联慰问组到隆德县开展“大走访大慰问”活动。

24日，“隆德高台马社火蹚出文旅融合长效之路”被文化和旅游部公共服务司列入“中国民间文化艺术之乡”建设典型案例名单。

25日，厦门大学继续教育学院和沙塘镇张树村联合举办“联学党的二十大精神·共话美丽乡村建设”活动。

26日，市委书记冼国义到隆德县调研疫情防控工作开展情况。县委书记刘斌、县长朱红社等陪同调研。

29日，七旬老党员万明雄主动请缨上“疫”线，用自己的实际行动诠释着一名共产党员的初心和使命。

30日，县安委会召开2022年第四次全体（扩大）会议，通报近期全县安全生产工作情况，分析研判当前安全生产形势，安排部署下一阶段安全生产工作。

12月

1日，县委书记刘斌带领县委组织部、乡村振兴、农业农村等部门负责人，围绕基层党建、疫情防控、闽宁协作、巩固拓展脱贫攻坚成果同乡村振兴有效衔接反馈问题整改等工作进行调研。县人大常委会主任张佐、县政协主席李国英等陪同调研。

5日，县委书记刘斌主持召开县委全面深化改革委员会第十四次会议，安排部署全县全面深化改革工作。

8日，隆德县开展G22线青兰高速六盘山特长隧道应急演练活动。

9日，县教体局举行第七届“教育圆梦”奖学金颁奖大会。

是日，隆德县将高血压、糖尿病“两病”门诊大病办理权限延伸到乡镇卫生院，实现了基层群众就地就近就医。

10日，隆德县闽宁中小企业创业孵化园入选“国家小型微型企业创业创新示范基地”。

11日，隆德县陈靳乡新和村高台马社火入选“2022中华体育文化优秀项目”。

12日，隆德县农业农村局荣获“全国农村集体产权制度改革工作先进集体”称号。

14日，隆德县举办以“推动移风易俗　助力乡村振兴”为主题的移风易俗文化文艺节目大赛，旨在引导广大群众崇尚文明、摒弃陋习，弘扬勤俭节约、艰苦奋斗的优良传统，遏制高价彩礼、人情攀比、厚葬薄养、铺张浪费等陈规陋习，形成婚事新办、丧事简办、孝老爱亲、勤俭节约新风尚。

15日，福建省福州市为隆德县联财中学捐赠1000余套床单、棉被等床上用品。

18日，自治区乡村振兴局局长赵晓东调研隆德县巩固拓展脱贫攻坚成果同乡村振兴有效衔接工作。

20日，隆德县集中观看学习由国家档案局档案干部教育中心举办的档案信息化建设公益大讲堂线上活动，各乡镇、县直各部门（单位）负责档案工作的业务人员集体参加培训。

21日，隆德县正式创建成功为第二批自治区级全域旅游示范区。

是日，县市场监督管理局开展药品价格监督检查，规范药品经营者价格行为，维护消费者合法权益。

26日，县长朱红社主持召开县人民政府第26次常务会议，传达学习中央农村工作会议精神，听取和审议《隆德县人民政府工作报告》《县十八届人民代表大会第一次会议代表议案办理情况的报告》《县政协十二届一次会议提案和建议办理情况的通报》《隆德县2022年国民经济和社会发展计划执行情况与2023年国民经济和社会发展计划（草案）》等工作情况，安排部署当前重点工作。

是日，隆德县全面开展第四针新冠疫苗接种工作。

27日，中国共产党隆德县第十五届委员会第五次全体会议在县行政中心召开。

是日，政协隆德县第十二届委员会第五次常委会会议召开。

28日，中国人民政治协商会议隆德县第十二届委员会第二次会议在县行政中心开幕。县委书记刘斌，县长朱红社，县人大常委会主任张佐，县政协主席李国英，县政法委书记兰秀全，政协副主席许学军、董玉科、吕霄及其他县级领导出席开幕会并在主席台就座。政协副主席许学军主持会议。大会应出席委员157人，实到会委员109人，符合《中国人民政治协商会议章程》规定。

29日，隆德县第十八届人民代表大会第三次会议在县行政中心开幕。会议由县委书记刘斌主持。大会执行主席朱红社、张佐、李国英、兰秀全、张毅、田云、胡巧琴、毕世喜、任小红、党锁锁、陈作彬在主席台前排就座。在主席台就座的还有不是主席团成员的在职县级领导和大会主席团其他成员。会议应出席代表179名，实到会代表146名，符合法律规定。隆德县第十八届人民代表大会第三次会议举行第二次全体会议，听取县人大常委会、县人民法院和县人民检察院工作报告。中国人民政治协商会议隆德县第十二届委员会第二次会议召开第二次全体会议。表彰优秀提案、提案办理先进单位和先进工作者，委员们作交流发言。

30日，隆德县第十八届人民代表大会第三次会议胜利闭幕。

是日，中国人民政治协商会议隆德县第十二届委员会第二次会议胜利闭幕。

隆德概览

综　述

【概况】 隆德县位于六盘山西麓、宁南边陲。隶属宁夏回族自治区固原市。地处北纬35°21′~35°47′、东经105°48′~106°15′。南北长47千米，东西宽41千米，全县行政区域面积991平方千米。

【行政区划】 全县下辖13个乡镇、98个行政村、10个社区，452个村民小组。

【人口】 2022年末，隆德县共有户籍人口48978户151806人，常住人口4.0万户10.9万人，其中男性常住人口5.5万人，占50.46%；女性常住人口5.4万人，占49.54%，性别比(以女性为100)为101.85。全县常住人口中居住在城镇的人口为4.3万人，占39.45%；居住在乡村的人口为6.6万人，占60.55%。全县常住民族有汉族、回族、满族、藏族、蒙古族、壮族、苗族、土家族等。

【气温】 2022年隆德县年平均气温为6.4℃，较历年平均(6.1℃)偏高0.3℃；2月、12月气温较历年同期平均偏低，其余月份均偏高；年极端最高气温为29.4℃，出现在7月7日；年极端最低气温为-22.3℃，出现在12月17日。隆德县各乡镇气温总体呈东低西高分布，极端最高气温36.4℃，7月8日出现在神林乡；极端最低气温-27.2℃，12月17日出现在山河乡。

【降水】 2022年总降水量为332.4毫米，较历年平均（513.1毫米）偏少180.7毫米（偏少35.2%）；2月、10月、11月降水量较历年同期平均偏多，其余月份均偏少。一日最大降水量为20.4毫米，出现在7月15日。年总降水日数147天，首场透雨出现在6月20—22日，过程降水量12.4毫米，较2021年推迟了82天；第一场雪出现在10月31日，较2021年推迟21天。全县各乡镇年累计降水量在324.7~532.8毫米之间，最大降水量出现在六盘山沿山，最小降水量出现在沙塘镇。累计降水量400毫米以上的乡镇有好水、杨河、观庄、山河等乡镇。

【日照】 2022年日照时数为2094.1小时，比历年平均(2338.3小时)偏少244.2小时。

【动植物资源】 隆德县境内植物共93科788种，其中药用90科618种。国家重点保护的稀有植物桃儿七、黄芪2种，造林树种及经济植物45种，油料植物50种，淀粉植物14种，纤维植物20种，单宁植物36种，牧草24种，花卉观赏植物18种，食用菌、藻类21种，野生果菜类29种。境内六盘山自然保护区有华山松、糙皮桦、沙棘灌丛等耐寒、耐旱、耐贫瘠的优良树种。动物34种，禽类81种，其中国家保护动物有金钱豹、麝、红腹锦鸡、勺鸡、金雕5种；豺被列入《濒危野生动植物国际贸易公约》附录Ⅰ、附录Ⅱ和附录Ⅲ，花豹被列入《世界自然保护联盟濒危物种红色名录》；被列入《中日候鸟保护协定》的鸟有草鹭、燕隼等36种。实齿蟾为六盘山独有动物，为中国特有珍稀动物品目之一。

【矿产资源】 隆德县内已知的矿藏有油页岩、泥岩、铜、石英砂岩、砂砾岩、砖瓦黏土、泥灰岩和石膏8种。截至年底已开发利用的有砖瓦黏土、石英砂岩、砂砾石、泥炭岩及石膏。

【国民经济与社会发展】 根据地区生产总值统一

核算结果，2022年，全县地区生产总值402102万元，按不变价计算，比上年增长5.5%。其中，第一产业增加值78774万元，增长6%；第二产业增加值82707万元，增长10.7%；第三产业增加值240621万元，增长3.8%。全年全县财政一般预算收入10032万元，同口径增长15%；财政一般预算支出332856万元，同比下降2.3%。全年全县固定资产投资(不含农户)比上年增长13.2%。其中，县内500万元以上项目投资增长16%；房地产开发投资是2021年的5.36倍。全年全县社会消费品零售总额105852万元，比上年下降0.5%。按行业分，批发业31902万元，增长0.7%；零售业60679万元，下降1.1%；住宿业652万元，下降16.3%，餐饮业12620万元，增长0.6%。全年全县居民可支配收入17181元，比上年增长7.5%。按常住地分，城镇居民人均可支配收入30019元，增长6.1%；农村居民人均可支配收入13637.6元，增长8.3%。

【文化旅游】 新增造林15.39万亩，全县森林覆盖率37.97%，渝河国控断面水质稳定达到Ⅱ类以上标准，环境空气质量综合指数稳居自治区前列，“绿色生态”成为展示隆德形象的“金名片”。2022年隆德县创建自治区全域旅游示范县，获评“2022美丽中国·深呼吸小城”，创建全国“绿水青山就是金山银山”实践创新基地，创建自治区健康县，获评《中国国家旅游》2022年度臻选“乡村振兴旅游目的地”。厦门大学建设隆德县康业扶贫产业园区案例入选全球减贫最佳案例，“托养+”残疾人帮扶新模式入选国家社会帮扶助力巩固有效衔接典型案例。新和高台马社火入选“中国民间文化艺术之乡”建设典型案例和2022年中华体育文化优秀项目，“六盘山红色大讲堂”被列入《建设新时代文明实践中心工作方法100例》。李士村被评为中国美丽休闲乡村，杨坡、齐岔等5个村入选第六批中国传统村落名录。

中共隆德县委员会

机构组成

书　记　　　刘　斌
副书记（县长）　马天峡（回族 2022 年 3 月离任）
　　　　　　朱红社（2022 年 3 月任职）
副书记（政法委书记）
　　　　　　兰秀全（回族）
常　委（人武部部长）
　　　　　　赵　敬（2022 年 11 月离任）
　　　　　　张延民（2022 年 11 月任职）
常　委（副县长）
　　　　　　刘君彬（挂职）
　　　　　　陈　昊
　　　　　　叶建彪（挂职）
常　委（组织部部长）
　　　　　　徐　虎（2022 年 4 月离任）
　　　　　　张　毅（2022 年 4 月任职）
常　委（纪委书记、监委主任）
　　　　　　胡巧琴（女）
常　委（统战部部长）
　　　　　　赵文福（回族 2022 年 11 月离任）
　　　　　　张敬华（2022 年 11 月任职）
常　委（宣传部部长）
　　　　　　田　云（回族）

重要会议

【中国共产党隆德县第十五届委员会第三次全体会议】 2022 年 8 月 10 日在隆德县行政中心召开。出席这次全会的有县委委员 26 人、候补委员 7 人。县纪委委员、有关方面负责人，在隆德党的部分自治区第十三次党代会代表、市第五次党代会代表和县第十五次党代会代表列席会议。全会由县委常委会主持。全会审议通过了《中共隆德县委员会贯彻落实自治区第十三次党代会和市委五届五次全会精神主要任务分工落实方案》。

会议指出了之后五年隆德县工作总体要求是：坚持以习近平新时代中国特色社会主义思想为指导，以习近平总书记视察宁夏重要讲话和重要指示批示精神为“纲”和“魂”，全面贯彻中共十九大和十九届历次全会精神，认真学习宣传贯彻落实党的二十大和自治区第十三次党代会、市委五届五次全会精神，坚持和加强党的全面领导，深入推进新时代党的建设新的伟大工程，坚持稳中求进工作总基调，完整准确全面贯彻新发展理念，积极服务和融入新发展格局，以建设黄河流域生态保护和高质量发展先行区为牵引，统筹发展和安全，紧扣“三区建设”“四新任务”“五大战略”，以建设高质量发展先行县、乡村全面振兴样板县、生态文旅特色县、铸牢中华民族共同体意识示范县为带动，以建设更高水平平安隆德为保障，坚定不移发展壮大县域经济，大抓发展、抓大发展、抓高质量发展、实现赶超式发展，奋力展现全面建设经济繁荣、民族团结、环境优美、人民富裕的社会主义现代化美丽新宁夏的隆德作为。

全会根据《中国共产党章程》和《中国共产党地方委员会工作条例》相关规定，决定批准何冬华、刘旭升、王浩辞去中共隆德县第十五届委员会委员职务，递补县委候补委员马国林、王东海、王峰同志为中共隆德县第十五届委员会委员。

【中国共产党隆德县第十五届委员会第四次全体会议】 2022 年 11 月 9 日召开。出席这次全会的有县委委员 29 人、候补委员 5 人。不是县委委员、候补委员的在职县级领导,县纪委常委、有关方面负责同志,在隆德的部分自治区第十三次党代会代表、市第五次党代会代表和县第十五次党代会代表列席会议。全会由县委常委会主持。全会审议通过了《中共隆德县委员会关于学习宣传贯彻党的二十大精神的实施意见》。

全会指出,学习宣传贯彻中共二十大精神是当前和今后一个时期的首要政治任务。全县各级党组织和广大党员干部要深刻领悟"两个确立"的决定性意义,坚持"整体把握、全面系统,突出重点、抓住关键"原则,紧紧围绕"七个聚焦",结合中共二十大和习近平总书记视察宁夏重要讲话指示批示精神"大学习、大讨论、大宣传、大实践"活动,推动广大党员干部群众深入理解内涵、精准把握外延,不断激发不忘初心跟党走、砥砺奋进新征程、勇毅建功新时代的强劲动力。要抓好学习培训,做到入脑入心,坚持领导干部带头学、党员干部示范学、理论实际结合学,将中共二十大精神作为第一堂党课、第一堂政治必修课,纳入"三会一课"和主题党日学习内容,深入开展重大理论问题、重大实践问题、重大社会思潮等研究阐释,认真开展"大调研"活动,确保学出对党忠诚的政治品格、舍我其谁的使命担当、干事创业的过硬本领。要开展集中宣讲,做到见行见效,坚持"宣讲团+宣讲""新媒体+宣讲""文艺活动+宣讲",组建县乡村三级宣讲团,深入企业、农村、机关、校园、社区进行宣讲,制作推出一批接地气、动人心的宣讲短视频,引导广大党员干部群众坚定信心、同心同德,埋头苦干、奋勇前进。要精心组织宣传,做到凝心聚力,坚持"线上"宣传强化正面舆论,"线下"宣传营造浓厚氛围,开设党的二十大精神学习专栏,建立层层送学制度,党员干部深入乡村、社区一线讲政策、谈想法、聊发展,引导群众真心实意感党恩、听党话、跟党走,为幸福生活努力奋斗。

【中国共产党隆德县第十五届委员会第五次全体会议】 2022 年 12 月 27 日召开。出席这次全会的有县委委员 28 人、候补委员 4 人。不是县委委员、候补委员的在职县级领导,县纪委常委,有关方面负责人,在隆德的部分自治区第十三次党代会代表、市第五次党代会代表和县第十五次党代会代表列席会议。全会由县委常委会主持。县委书记刘斌受县委常委会委托,向全会报告一年来的工作,安排部署明年工作。

全会强调,要聚焦凝心聚魂铸根基,坚持把学习宣传贯彻中共二十大精神作为当前和今后一个时期的首要政治任务,在深入学习中进一步夯实思想根基,在交流研讨中进一步启迪智慧力量,在宣传宣讲中进一步凝聚奋进之志,在坚定实践中进一步推动事业发展,开启高质量赶超式发展新征程。要聚焦巩固衔接促振兴,强化包抓帮扶增后劲,加强预警监测防返贫,完善帮带机制促共富,突出示范带动强引领,开创高质量赶超式发展新格局。要聚焦产业发展提质效,延链强链、提档升级"五特"产业,建链补链、提速增量"五新"产业,壮链稳链、提质扩容"五优"产业,打造高质量赶超式发展新引擎。要聚焦城乡建设塑形象,实施项目投资攻坚、基础设施建设、治理管理升级、生态环境保护"四大行动",丰富高质量赶超式发展新内涵。要聚焦改革赋能激活力,推进"六权"改革建机制、见实效,推进试点改革出经验、树标杆,推进重点改革破瓶颈、增活力,增强高质量赶超式发展新动能。要聚焦着力保障改善民生,深入实施"六大提升行动",加快教育事业均衡发展,推动人民健康更有保障,推进社保体系更加完善,促进居民收入稳定增长,顺应高质量赶超式发展新期待。要聚焦守正创新兴文化,打造意识形态高地,创建道德建设典范,树优文化隆德名片,激发高质量赶超式发展新活力。要聚焦守好底线保安全,深入推进民主政治建设,扎实做好民族宗教工作,切实筑牢国家安全防线,加快推进社会治理创新,筑牢高质量赶超式发展新防线。

【中国共产党隆德县第十五届委员会常务委员会会议】 十五届县委 2022 年第二次常委会(扩大)会议于 1 月 27 日召开,传达学习 1 月 24 日中共中央政治局会议精神,习近平总书记在中共中央政治局第三十六次集体学习时的重要讲话等有关会议和文件、通知精神，听取相关工作汇报，并安排部署当前重点工作。

十五届县委2022年第三次常委会(扩大)会议于2月18日晚召开，传达学习习近平总书记在山西考察时的重要讲话和关于粮食安全重要指示批示精神、全区组织部长会议和自治区党委人才工作会议精神等，研究隆德县贯彻意见；听取2021年县委巡察工作情况暨2022年巡察工作计划汇报，研究《县委常委会2022年工作要点》。

十五届县委2022年第十一次常委会(扩大)会议4月6日召开，传达学习3月21日中共中央政治局常务委员会会议和习近平总书记参加首都义务植树活动时重要讲话精神；传达学习自治区党委书记梁言顺同志调研固原时讲话精神和市委常委会贯彻要求，研究隆德县贯彻意见；听取近期疫情防控、安全生产及应急等工作情况汇报，并就近期重点工作进行安排部署。

十五届县委2022年第十四次常委会(扩大)会议5月10日召开，传达学习习近平总书记对湖南长沙居民自建房倒塌事故作出的重要指示批示，贯彻落实全国、全区、全市自建房安全专项整治电视电话会议部署要求，安排全面深入排查整治隆德县居民自建房安全隐患工作。

十五届县委2022年第十九次常委会(扩大)会议6月15日晚召开，专题传达学习自治区第十三次党代会精神。

十五届县委2022年第二十次常委会(扩大)会议6月17日召开，传达学习习近平总书记近期重要讲话、重要指示批示精神和中共中央办公厅、国务院办公厅、区市相关会议、文件精神。研究《隆德县2022年软弱涣散村党组织整顿实施方案（送审稿）》《关于隆德县2022年“大干40天、奋战200日”支持扩大消费实施方案的请示》等事宜。

十五届县委2022年第二十三次常委会(扩大)会议7月27日晚召开，传达学习习近平总书记近期重要讲话、重要指示批示精神及中共中央、国务院和区市相关会议、文件精神，听取全县经济运行、招商引资等工作情况汇报，安排部署当前重点工作。会议还研究了其他事宜。

十五届县委2022年第二十四次常委会(扩大)会议8月5日召开，传达学习了习近平总书记在中央统战工作会议上的重要讲话精神、全区乡村建设暨巩固拓展脱贫攻坚成果同乡村振兴有效衔接考核评估问题整改工作推进会精神和市委人才工作会议精神，研究隆德县贯彻意见。审议通过了中共隆德县委十五届三次全体会议相关文件，研究了其他事宜。

十五届县委2022年第二十八次常委会(扩大)会议8月22日召开，传达学习习近平总书记近期重要讲话、重要指示批示精神及中共中央、国务院和区市相关会议、文件精神，安排部署巩固拓展脱贫攻坚成果同乡村振兴有效衔接考核评估问题整改工作。

十五届县委2022年第三十一次常委会(扩大)会议9月25日召开，传达学习了9月9日中共中央政治局会议精神，习近平总书记对四川甘孜泸定县6.8级地震作出的重要指示、向全国广大农民和工作在“三农”战线上的同志们致以节日祝贺和诚挚慰问、向第七届中国—亚欧博览会致贺信、向产业链供应链韧性与稳定国际论坛致贺信精神，研究了隆德县人才引进实施意见和实施办法，城乡居民基本养老保险县级基础养老金调增、集体经营性建设用地使用权出让等事宜。

十五届县委2022年第三十二次常委会(扩大)会议10月8日召开，传达学习习近平总书记近期重要讲话精神和区市相关会议、文件精神，听取全县经济运行、招商引资、安全生产、巩固拓展脱贫攻坚成果同乡村振兴有效衔接反馈问题整改等工作汇报，并就相关工作进行再安排、再部署。会议还研究了其他事宜。

十五届县委2022年第三十三次常委会(扩大)会议10月27日召开，传达学习中国共产党第二十次全国代表大会精神及习近平总书记在参加中共二十大广西代表团讨论时的重要讲话、中国共产党第二十次全国代表大会闭幕时的重要讲话精神等，听取全县2023年度基本建设项目谋划推进等情况汇报，并就相关工作进行安排部署。会议还研究了其他事宜。

十五届县委2022年第三十五次常委会(扩大)会议11月8日召开，传达学习习近平总书记在二十届中共中央政治局会议，带领中央政治局常委瞻仰延安革命纪念地、在陕西延安和河南安阳考察时的重要讲话精神，《中共中央关于认真学习宣传贯彻党的二十大精神的决定》，研究隆德县贯彻意见。会议还研究了其他事宜。

十五届县委2022年第三十八次常委会(扩大)会议11月20日召开，传达学习习近平总书记在11月10日中共中央政治局常务委员会会议上的重要讲话精神、全国新冠肺炎疫情防控工作电视电话会议、十三届自治区党委2022年第二十一次常委会会议精神，研究隆德县贯彻意见。

十五届县委2022年第三十九次常委会(扩大)会议12月2日召开，传达学习了习近平总书记对河南安阳市凯信达商贸有限公司火灾事故的重要指示、向发展中国家科学院第16届学术大会暨第30届院士大会致的贺信、向"杂交水稻援外与世界粮食安全"国际论坛书面致辞、给中国航空工业集团沈飞"罗阳青年突击队"队员们的回信精神，及《中共中央办公厅　国务院办公厅印发〈关于深化农村集体经营性建设用地入市试点工作的意见〉的通知》《自治区党委印发〈自治区党委常委会关于坚定维护以习近平同志为核心的党中央集中统一领导的若干规定〉的通知》等。安排隆德县近期安全生产工作，会上还研究了其他事宜。

十五届县委2022年第四十次常委会(扩大)会议12月13日召开，听取了全县2022年全面从严治党、意识形态、巩固拓展脱贫攻坚成果同乡村振兴有效衔接、东西部协作和中央定点帮扶、县委党校和群团组织工作情况汇报。

十五届县委2022年第四十三次常委会(扩大)会议12月26日召开，传达学习中央经济工作会议精神及习近平总书记在党外人士座谈会上的重要讲话精神、中央农村工作会议精神、固原市五届人大三次会议、市政协五届二次会议精神。会上，听取了元旦、春节期间安全生产和全县近期疫情防控工作情况汇报；审议了《关于召开中国共产党隆德县第十五届委员会第五次全体会议的请示》、在县委十五届五次全体会议上的报告(讨论稿)；研究全县两会事宜。

【党史学习教育总结大会】 1月17日，隆德县召开党史学习教育总结大会，传达学习习近平总书记关于党史学习教育重要指示精神和中央、区、市党史学习教育总结会议精神。市委党史学习教育第三巡回指导组组长呼延俊杰、副组长杨冬青到会指导。县委书记、县委党史学习教育领导小组组长刘斌出席会议并讲话，县委副书记、政法委书记兰秀全等县级领导参加会议。

刘斌在讲话时指出，一年来，在市委第三巡回指导组的有力指导下，县委把开展党史学习教育作为贯彻全年的重大政治任务，认真贯彻落实中央和区市党委安排部署，紧紧围绕学史明理、学史增信、学史崇德、学史力行的要求，细化目标任务，严格落实"规定动作"，创新开展"自选动作"，全县党史学习教育扎实有效开展，党员干部受到了一次深刻的政治教育、思想淬炼、精神洗礼，历史自信更加坚定，理论自觉明显提高，政治意识不断强化，宗旨意识持续增强，革命精神大力弘扬，各级党组织的创造力、凝聚力、战斗力不断提升，达到了学党史、悟思想、办实事、开新局的预期目的，取得了显著成效。

刘斌要求，全县各级党组织和广大党员干部要以党的政治建设为统领，持之以恒坚定政治立场，严肃政治生活，提高政治能力，持续在强化基层党组织建设上发力，为实现黄河流域生态保护和高质量发展先行区建设隆德新篇章提供坚强的政治保证；要始终把学习习近平新时代中国特色社会主义思想作为一项长期政治任务来抓，深入学习贯彻中共十九届六中全会精神，持续在学深悟透做实、深化消化转化上下功夫，更好地用习近平新时代中国特色社会主义思想武装头脑、指导实践、推动工作；

要从党的百年党史中体悟初心，感悟使命，牢记习近平总书记“民之所忧，我必念之；民之所盼，我必行之”的谆谆教导，深入践行以人民为中心的发展思想，努力使人民群众获得感成色更足，幸福感更可持续，安全感更有保障；要认真学习、深刻领会，以永不懈怠的精神状态和一往无前的奋斗姿态走好新的赶考之路，始终牢记习近平总书记赋予我们推进先行区建设的时代使命，牢牢把责任使命扛在肩上，创造出经得起实践、人民、历史检验的新业绩。要从党的历史中汲取经验和智慧，始终保持“赶考”的清醒，坚持全面从严治党永远在路上，努力营造风清气正的政治生态。

【2022 年疫情防控工作推进会】 2 月 9 日召开 2022 年疫情防控工作推进会，通报近期疫情情况，安排部署全县 2022 年疫情防控工作。

会议指出，各乡镇、各部门(单位)要进一步提高政治站位，始终绷紧疫情防控这根弦，统筹做好常态化疫情防控工作和现阶段业务工作。全县领导干部和职工要坚决克服麻痹思想，带头落实疫情防控各项措施，引导家人朋友积极配合当前防疫政策。要按照属地管理和谁主管、谁负责的原则，抓好属地和行业疫情防控工作，坚决杜绝疫情发生，守护住全县人民群众的生命健康安全。

会议强调，要紧盯重点防控环节。县、乡镇、村(社区)三级网格要积极主动，密切协作，强化哨点监测，扎实做好以“外防输入”为重点的疫情防控工作，紧盯境外返隆德人员、外出返乡人员、返校师生等重点人群，全面开展摸底排查，确保疫情发生地、中高风险地区来隆德人员闭环管理。要从严落实“人物同防”各项措施，落实落细入隆德通道查验措施。紧盯跨境物流、冷链食品等，杜绝“物传”疫情输入风险。各相关单位要积极稳妥做好新冠病毒疫苗接种工作，确保有序接种、安全接种、应接尽接。要持续宣传、引导广大群众落实好个人防护措施，养成良好卫生习惯和生活方式，最大限度降低个体感染风险。

【2022 年第 1 次经济形势分析暨项目推进会】 2 月 18 日，县委书记刘斌主持召开隆德县经济形势分析暨项目推进会，总结分析当前全县经济形势，安排部署下一阶段工作。会上，听取了发改、财政、统计等部门当前经济指标运行监测情况和全县基本建设项目进展情况，以及“五大特色产业”推进情况汇报。

【全县基层党建工作推进会议】 8 月 30 日，县委书记刘斌主持召开全县基层党建工作推进会议，深入学习贯彻习近平新时代中国特色社会主义思想，全面贯彻落实新时代党的建设总要求和新时代党的组织路线及自治区第十三次党代会精神，安排部署下半年基层党建重点工作，进一步完善上下贯通、执行有力的组织体系，逐步构建基层党建工作新格局，为推动巩固拓展脱贫攻坚成果同乡村振兴有效衔接反馈问题整改和全县经济社会高质量发展提供坚强组织保障。

会上，传达学习了自治区 2022 年组织工作重点任务推进会精神；城关镇、神林乡、凤岭乡主要负责同志分别作了交流发言。

会议强调，全县各级党组织要进一步深化思想认识、提高政治站位，认真落实好“百名干部进百家”联户帮扶和党员服务群众“挂联诺”机制，创新联农带农新机制，汇聚起巩固拓展脱贫攻坚成果同乡村振兴有效衔接的强大合力。要进一步聚焦工作要求、把握关键环节，抓好“六盘先锋”基层党建品牌创建，充分体现新时代特征，拓宽创新路径，提升服务能力，努力打造“一乡一品牌、一村一特色、一行业(领域)一典型”品牌架构，加大宣传力度，增强“六盘先锋”党建品牌知名度和影响力。要认真履职尽责、弘扬务实作风，进一步强化抓基层党建的责任担当，强化责任抓党建、改进作风抓党建、督导问责抓党建，全力推动隆德县基层党建工作上台阶、上水平，为开启建设黄河流域生态保护和高质量发展先行区隆德新篇章提供坚强组织保证，推动自治区十三次党代会确定的路线图和任务书落地见效，以优异成绩迎接中共二十大胜利召开。

【“五特五新五优”产业工作专班推进会】 9月6日，县委书记刘斌主持召开“五特五新五优”产业工作专班推进会。

会议要求，相关部门(单位)要提高政治站位，高度重视，认真对照任务指标，紧扣自治区“六新六特六优”和固原市“五特五新五优”产业布局，针对性开展谋划工作，切实增强经济工作的前瞻性、科学性、针对性。

会议强调，要科学精准施策，深入分析研判，强化企业对接协调，确保相关意向项目早日落地。要全面落实好各项针对性对策举措，加大助企纾困力度，推进各项惠企政策落实落地，持续扩大招商引资，助力项目建设、企业发展。

【县委农村工作领导小组2022年会议】 1月6日，县委副书记、县长、县委农村工作领导小组副组长马天峡主持召开县委农村工作领导小组2022年第1次会议。刘斌、张佐、李国英、兰秀全等全体在家县级领导，各乡镇党委书记、县直各部门(单位)主要负责人在县主会场参加会议，各乡镇党政班子成员、干部职工、村“两委”干部、驻村第一书记、工作队员在乡镇(村)分会场参加会议。会上，传达学习了习近平总书记对“三农”工作作出的重要指示精神，李克强总理对“三农”工作提出的要求，中央农村工作会议等精神。听取了国家巩固脱贫成果后评估(第三方评估)协调等工作情况汇报。

3月21日，县委书记、县委农村工作领导小组组长、县委实施乡村振兴战略领导小组组长刘斌主持召开县委农村工作领导小组暨实施乡村振兴战略领导小组2022年第2次会议，深入学习贯彻党中央以及区市相关文件、重要会议精神，听取相关工作汇报，审议相关工作方案，安排部署各项工作任务，确保全县巩固拓展脱贫攻坚成果、全面推进乡村振兴等重点工作开好头、起好步，取得良好工作成效。

5月16日，县委书记刘斌主持召开县委农村工作领导小组暨实施乡村振兴战略领导小组2022年第4次会议，听取各县级领导包抓乡镇巩固拓展脱贫攻坚成果同乡村振兴有效衔接考核评估问题整改情况及乡镇、部门干部履职情况汇报，分析全县在反馈问题整改工作中存在的问题，推动巩固脱贫成果上台阶、乡村振兴开新局。朱红社、张佐、李国英、兰秀全等县级领导和各乡镇、相关部门单位负责人参加会议。

7月27日晚，县委书记、县委农村工作领导小组组长、县委实施乡村振兴战略领导小组组长刘斌主持召开县委农村工作领导小组暨实施乡村振兴战略领导小组2022年第6次会议，传达学习相关会议、文件精神，听取隆德县考核评估问题整改工作进展情况汇报，并就当前重点工作进行再安排、再部署。朱红社、张佐、李国英、兰秀全等县级领导参加会议。

9月5日晚，县委书记、县委农村工作领导小组组长、县委实施乡村振兴战略领导小组组长刘斌主持召开县委农村工作领导小组暨实施乡村振兴战略领导小组2022年第7次会议。会上，审议通过了《隆德县学习贯彻习近平总书记关于“三农”工作的重要论述工作实施方案》《隆德县2022年度实施乡村振兴战略综合考评方案》《隆德县贯彻落实国家乡村振兴局调研组到宁调研工作要求分工方案》。

10月31日，县委书记、县委农村工作领导小组组长、实施乡村振兴战略领导小组组长刘斌主持召开县委农村工作领导小组暨实施乡村振兴战略领导小组2022年第11次会议。会议指出，各乡镇、各部门(单位)要统一思想，以高度的政治自觉、思想自觉和行动自觉，以百倍的细心、百倍的尽心、百倍的努力抓好各项整改工作落实，确保考核验收零问题，全力以赴打赢“摘牌”翻身仗，创造巩固拓展脱贫攻坚成果同乡村振兴有效衔接可推广的“隆德经验”。

11月20日，县委农村工作领导小组暨实施乡村振兴战略领导小组召开2022年第12次会议，传达学习习近平总书记在陕西延安、河南安阳考察时的重要讲话精神和《中华人民共和国乡村振兴促进法》等，听取全县考核评估验收反馈问题整改工作汇报，并就相关工作进行再安排、再部署。

组织工作

【理论学习】 落实“第一议题”制度，深入实施“习近平新时代中国特色社会主义思想教育培训计划”，创新“四个一”晨学机制，县委常委会带头开展中心组理论学习、晨学研讨47次，开展弘扬伟大建党精神和深化“四史”教育、“六个一”党性锻炼活动1700场次，先后举办全县科级领导干部学习贯彻中共十九届六中全会精神、中青年干部培训班等理论学习培训班8期2400余人次，进一步教育引导广大党员干部深刻领悟“两个确立”的决定性意义、增强“四个意识”、坚定“四个自信”、做到“两个维护”。

【学习教育】 紧扣学习宣传贯彻中共二十大和自治区第十三次党代会精神这条主线，持续加强党的创新理论武装。组织党员、干部通过电视、网络媒体等平台收听收看大会盛况2.9万余人次，通过集中培训、专题研讨、辅导讲座、在线学习等多种形式加强学习，组织宣讲团开展中共二十大精神和自治区十三次党代会精神集中宣讲900余场次，组织各基层党组织讲党课1186场次，开展专题研讨268场次。用好用活3个乡镇党校资源优势，采取集中授课、视频教学、现场教学、案例教学、送学上门等相结合的方式积极开展“订单式”“点单式”培训、宣讲活动38场次。切实教育引导广大党员干部以大会精神为指导，奋斗新时代、奋进新征程。

【实施干部政治能力和专业能力提升“两大工程”】 贯彻落实《2019—2023年全县干部教育培训规划》，坚持以党性教育、理论教育、正确政绩观教育为重点，围绕乡村振兴、特色产业发展、基层治理等内容，精准实施驻村第一书记巩固拓展脱贫攻坚成果同乡村振兴有效衔接、政法系统党员干部、选调生素质能力提升、村（社区）干部乡村振兴能力提升等专题培训项目12个，培训县乡村干部3398人次，高质量完成干部“网络学院”线上培训，切实用新思想教育干部，用新要求培养干部。县委政治理论晨学研讨得到自治区党委组织部的肯定，基层“板凳会”宣讲教育做法被中央媒体报道。

【培养选拔优秀年轻干部】 扎实推进“5123”〔由自治区党委组织部重点直接掌握50名左右副厅级或相当职务层次、100名左右处级或相当职务层次（其中正处级40名左右、副处级60名左右），200名左右和科级或相当职务层次的优秀年轻干部，300名左右优秀选调生，作为全区各级领导班子建设重点培养对象〕工程，做好百名优秀年轻干部培育工程，积极组织参与“上下互挂”，先后选派5名优秀年轻干部挂职锻炼，提拔重用35岁以下优秀年轻干部33人，其中30岁以下9人，选调生3人；选派136名优秀年轻干部担任驻村第一书记和工作队员；新招录选调生5名，公务员30名，坚持“择优而调”原则，转任交流68人，切实推动公务员上下左右流动起来。

【激励干部担当作为】 突出实干导向选用干部，大力提拔重用一线表现突出、担当负责的干部，推荐4名县处级领导干部晋升三级调研员，3名科级领导干部提拔任市直部门副处级干部，1名乡党委书记晋升四级调研员。调整科级领导干部158人，对174名2021年度考核优秀人员给予嘉奖，对27名连续三年考核优秀公务员记三等功，为187名干部晋升职级，1人荣获全区“人民满意公务员”称号，1个乡镇荣获“人民满意公务员集体”称号。落实“三个区分开来”，对50名曾受党纪政务处分的干部进行回访教育，对8名受问责和处分后表现优秀的干部提拔使用或晋升职级。对符合条件的680名公务员工资晋级晋档，营造事业为上、以事择人的选人用人氛围。

【从严管理监督干部】 强化政治监督，坚持严字当头，抓好干部日常监督管理。围绕换届后乡村班子运行和领导干部履职情况开展调研，成立调研组深入13个乡（镇）和108个村（社区）进行了专项考察。畅通“12380”举报机制，持续加强与纪检监察、政法、信访、审计等部门联系沟通，动态化完善领导干部负面清单。组织70名新调整交流的领导干部召开新任职干部集体谈话会议，经济责任审计2名，调整交流1名。开展“干事创业提精神、担当作为树形象”教育活动，在全县范围内开展了机关事业单位干部职工“在编不在岗”清理排查工作，清理1人，降级1人。不断完善管思想、管工作、管作风、管纪律的从严管理制度，做到真管真严、敢管敢严、常管常严。

【基层党建规范建设】 推行基层党建“3322”〔通过县、乡、村(社区)三级书记带头抓党建，防止党建虚化、弱化、边缘化三类问题；采取项目化管理重点工作，规范化建设党支部两项措施，推动党组织战斗堡垒和党员先锋模范两个作用充分发挥〕机制，压实三级书记责任，县委常委会研究部署党建工作18次、召开推进会4次，县委书记调研基层党建18次，研究解决党建引领乡村振兴和基层治理等方面问题35个，落实保障资金4000余万元。建立县级领导联系包抓乡镇党建、“媒体问党建”“百名书记谈党建”、党建与业务互融共促、月督季推半年考核和跟踪巡回问效、与干部调整使用挂钩等制度机制25项。对标增强党组织政治功能和组织功能的要求，起底各级巡视巡察督导反馈的925个问题，结合后评估反馈问题整改，对账销号，实行“一事一办结、一事一清零”和“领导包抓+专人推进+清单管理”工作机制，反馈问题全面完成整改并长期坚持。整顿7个软弱涣散村党组织，开展清查整治突出问题规范党务工作，县级包抓领导帮助解决联系点党建突出问题32个，约谈履责不力“一把手”15人，提醒谈话70人，推动基层党组织全面进步全面过硬取得新进步。

【基层党建引领发展】 紧扣落实党中央和区市党委决策部署、中心任务，聚焦发挥政治功能和组织功能，制定出台“五特五新五优”(肉牛、冷凉蔬菜、马铃薯、中药材、生态经济“五特”产业；新型材料、清洁能源、轻工纺织、数字信息、装备制造“五新”产业；文化旅游、现代物流、健康养老、电子商务、特色餐饮“五优”产业)产业发展、急需紧缺人才引进等政策文件16个，培育乡村振兴、基层治理、文化旅游、特色产业发展等党建示范点26个；巩固提升“平安中国建设示范县”成果，落细党建引领基层治理“1+1+3”(平安建设功能型党支部引领，综治中心协调推动，问题、责任、考核“三张清单”督促落实)工作机制，被自治区列为市县级改革试点项目。落实驻村帮扶资金3700万元，“十个一”驻村帮扶做法在自治区后评估第三方验收中被充分肯定，驻村干部满意度99.82%、驻村帮扶满意度98.82%，位居全区前列。

【基层党建提升工程】 聚焦“红色六盘”党建品牌创建，实施“八项提升计划”和抓党建促乡村振兴“四项工程”，打造“隆德先锋”党建品牌。围绕产业发展、联农带农、村级治理、关爱特殊群体等，打造农村党员服务群众“挂联诺”(党员户挂牌、党员联系农户、党员承诺践诺)、红色美丽村庄“五创五建”等乡级示范点15个，打造“十大百小”暖民心、“红色物业”、种好“党员责任田”等村级亮点工作52个，将党建品牌创建到群众最需要的地方去。全县村集体经济实现收益1024万元，分红149.86万元，7个村收益在100万元以上，“3355”〔“三级书记主抓主推”(县乡村三级党组织书记主抓主推)、“三类经营模式”(自主经营、联村经营、村企联营)、“五种发展类型”(产业经营、资产收益、服务创收、加工增值、乡村旅游)、“五项管理机制”(考评激励、资金管理、收益分配、监督管理、责任追究)〕运营管理机制的经验做法在全区推进会上作了交流发言；新培育“两个带头人”150名，李士村党支部书记齐永新光荣当选中共二十大代表。深化“一抓两整”(抓乡促村、整乡推进、整县提升)示范创建，创建示范村85个、五星级党组织15个。创新提升各领域党建工作，建立城市党建引领社区治理“1134”〔建强一座堡垒“引”，探索一体化发展路径“推”，实行三张清单“促”(需求、资源、项目)，编织四张网络“治”(共建共治网强治理、创业就业网惠民生、公益服务网促和谐、文化娱乐网树新风)〕机制，为社区治理赋能增效；深化“三强九严”〔“三强”即强化党组(党委)书记领导责任、机关党委书记直接责任、党支部书记主体责任；“九严” 即严格落实党组织设置规定、严格落实“三会一课”、组织生活、民主评议党员、谈心谈话、“主题党日”、党员组织关系和党费管理规定、党组织星级评定办法、换届规定〕工程，“五型”(着力打造政治型、服务型、实干型、文明型、廉洁型机关)模范机关创建率达到80%；健全党组织领导下的院(校)长负责制，培育教师党支部书记“双带头人”(建强村党组织带头人队伍，壮大农村致富带头人队伍)22名；非公有制企业和社会组织党统实现“两个覆盖”(指党的组织覆盖和党的工作覆盖)，建立“六有”(有场所、有标识、有设施、有资料、有制度、有载体)国企党建示范点1个，成立“小个专”(小微企业、个体工商户、专业市场)综合党委；制定党员教育管理十项机制，建成智慧党建平台，推动党员教育管理制度化、规范化。

【人才建设】 贯彻落实中央和区市党委人才工作会议精神，持续完善人才政策体系，健全人才培养、引进、使用、评价、激励、服务等保障制度，激发全县人才队伍活力。坚持党政统筹“管”。坚持党管人才原则，成立县委人才工作领导小组，配强人才工作力量，做到人才工作有人管、有人抓。以“才聚宁夏1134行动”和“才聚固原4934工程”为统揽，制定出台《隆德县新时代人才强县战略主要任务分工方案》《隆德县急需紧缺人才引进办法(试行)》等重要政策文件，明确人才引进“34条措施”。深化各领域专技人才管理、评价、使用、流动等制度改革，推荐一线专技人才优先评聘中高级职称82名，为2000多名中高级专技人才减负松绑，有效激发人才干事创业的热情和信心。通过“请进来”“走出去”方式，培养各领域高技能人才300多人，“六盘名校长”“六盘名师”23名，建成名师、名医工作室13个，安排人才专项资金210万元培训各领域人才500余人次，投入30万元建成张树村人才工作站，围绕特色产业培育新型经营主体56家，培育专业营销人才300余人建成“文化名家”工作室4个，形成“农旅+文旅+学旅”生态文化旅游产业链。坚持全职引进和柔性引进相结合，围绕全县中心工作和产业发展，引进西北农林科技大学、厦门大学等高校高端科技人才38人，推动完成科技成果转化2项，新注册“隆珍杰”“塞上六盘”等中药材商标21个，取得专利82件，黄芪、秦艽两类中药材通过国家地理标志认证。培育国家高新技术企业2家、国家科技型企业2家、自治区科技型中小企业13家，柔性引进福建200多名专家学者为隆德发展贡献力量。实施隆德籍在外人才“资智回乡”活动，摸排隆德籍双一流高校在读大学生247人，多措并举引进一批回乡创业人才，不断凝聚发展智力。坚持事业留人、感情留人、待遇留人，做好各类人才推荐、评选、表彰工作，集中宣传26名优秀人才典型，努力营造更加浓厚的识才爱才、敬才用才氛围。加大引进人才落户安置，子女入学、配偶就业、医疗保障、工作生活等方面优惠政策和精准服务力度，建成并装修使用“人才公寓”50套，规范用3年时间建成六盘山工业园区企业研发创新中心，推动中药材、装备制造、现代物流等一批“五特五新五优”产业延链补链。

宣传工作

【县委晨学“四个一”机制】 隆德县坚持将学习宣传贯彻习近平总书记视察宁夏重要讲话和重要指示批示精神和中共二十大精神作为首要政治任务，建立县委常态化学习制度，每次指定1名乡镇党委书记、1名驻村第一书记、1名村党支部书记和1名联村包抓部门主要负责人参加学习，并结合学习情况作交流发言，现场接受县委班子成员提问和点评，有力激发各级干部学习和工作的主动性、积极性、实效性，促进领导干部“充电蓄能”。共开展学习24场次、交流发言91人次。

【新时代文明实践建设】 2022年，改造提升新时代文明实践所6个、实践站15个，挂牌成立老巷子等10个新时代文明实践基地，打造“六盘山红色讲堂”

“我们的节日”“服务群众面对面”等10项新时代文明实践品牌项目，持续擦亮“六盘山红色讲堂”品牌项目，举办第二届学雷锋志愿服务项目大赛，打造具有隆德特色的新时代文明实践志愿服务项目品牌。广泛开展“年画进万家”“雷锋在身边”“书香进万家”“梨园家风颂”“罐罐茶制作大赛”等志愿服务活动900余场次，通过志愿服务活动更好地助力巩固拓展脱贫攻坚与乡村振兴有效衔接考核评估反馈问题整改，获得自治区验收组的好评。

【媒体深度融合发展】 推进媒体深度融合，以“水墨隆德”客户端为主，延伸开通“隆德县融媒体中心”微信公众号、微博、今日头条、抖音、快手、视频号6个新媒体平台，累计覆盖各类受众近13万人，编辑发布新闻和各类信息6255条，总浏览量突破1000万余人次。积极向“学习强国”学习平台供稿454篇，采用103篇，策划拍摄制作的《千年古县文化隆德》成功入选新华社新闻信息中心、音视频部举办的《千城胜景》视频展映活动。

【理论学习安排】 制定《县委理论学习中心组2022年专题学习计划》《2022年全县党委（党组）理论学习中心组专题学习重点内容安排》，组织县委理论学习中心组集体学习13次，研讨10次，培训班22期，受众2万余人次。深入开展中共二十大和习近平总书记视察宁夏重要讲话指示批示精神“大学习、大讨论、大宣传、大实践”活动，组建县级宣讲团，各乡镇、相关部门成立宣讲队伍及青年志愿者宣讲小分队，深入村组、社区、企业等，开展对象化、分众化、互动化宣讲380场次，推动党的创新理论“飞入寻常百姓家”。

【意识形态工作责任制落实】 印发《全县意识形态工作要点》，县委常委会听取全县意识形态工作汇报2次，专题研究意识形态工作。定期召开意识形态联席会议，听取各乡镇、各部门（单位）工作汇报3次，研究分析意识形态领域存在的风险点，制定防范措施，常态化开展意识形态工作责任制专项检查。加强对全县各类讲座、培训班审批备案和融媒体中心编审单的审核。开展“扫黄打非”各项任务，坚决打击各类非法有害出版物及信息，依法依规及时处置网络有害信息，确保全县意识形态领域安全稳定。

【舆论宣传】 密切联系中央和区、市主流媒体，以宣传隆德县经济社会发展取得的成就为重点，在中央及区、市主流媒体刊发新闻稿件1000余篇（条），其中，《宁夏隆德百年梨园家风诵》《宁夏隆德坚持创新志愿服务机制　拓展新时代文明实践建设工作》等稿件被《人民日报》、新华社等报道。

【网络管理】 完善舆情联动应对机制，转办涉隆德网络舆情82件，办结率100%。处置网络安全事件40起，约谈违规主播5名，开展舆情应对实战演练，对全县33家重点涉网单位开展网络安全检查，约谈涉网单位负责人8人。

【信息化建设】 发挥统筹协调作用，加快数字基础设施建设，持续实施电信普遍服务，2022年已完成130个5G基站建设，加快第五代移动通信网络覆盖步伐。持续推进城市农村“同网同速”，优化提升宽带网络质量，提升农村及偏远地区学校、医院网络接入水平和质量。统筹推进城关镇东关、临泉、南风、西苑、红崖5个“智慧社区”、凤岭李士、神林辛平、沙塘清泉3个“数字乡村”建设，有效推动社会治理精准化、公共服务便捷化、城市管理智慧化，着力打造高效便捷的服务型政府。加强全县70个农村电商服务站建设，发展网络运营、定制消费、体验消费等消费新业态新模式。持续推进“互联网+”教育、医疗健康、城乡供水、交通等建设应用，不断深化互联网信息便民惠民服务。

【文明创建提质扩面】 巩固提升自治区文明城市创建成效，组织开展新一批县级文明乡村镇创建工作，加强对到届的3个自治区文明村镇进行复查验收，2022年新命名文明村镇12个、文明单位8个、文明校园14个，文明家庭24个。选树移风易俗模范户、十星级文明户、道德模范、最美人物等各类先进典型173人，用身边人身边事教育引导群众崇德向善、见贤思齐，营造学习模范、崇尚模范、争当模范的浓厚氛围。

【移风易俗】 巩固拓展脱贫攻坚成果同乡村振兴有效衔接考核评估问题整改，制定《隆德县推动移风易俗整治高价彩礼助力乡村振兴实施方案》，建立完善婚事“三书一表”制度，对婚事彩礼进行规范，13个乡镇全部签订“推动移风易俗整治高价彩礼责任书”，通过举办全县移风易俗培训班、移风易俗节目会演、制作移风易俗彩铃、发放移风易俗倡议书、组织移风易俗知识问答等多种形式广泛宣传，推动文明理念深入人心。全年共发放移风易俗各类宣传资料4万余份，制作宣传栏50多个、移风易俗墙画300多平方米。张程乡马儿岔村张国珠零彩礼嫁女儿典型事迹被宁夏新闻网、中新网、学习强国宣传报道。

【群众精神文化生活】 开展“强国复兴有我”群众性主题宣传教育活动，深化“中华优秀传统文化进基层”“我们的中国梦　文化进万家”“隆德文艺志愿者在行动”等活动。承办固原市广场舞大赛、中小学生运动会，举办花灯展、摄影展、秦腔大赛等群体性文体活动。围绕文化节庆活动，成功举办首届罐罐茶大赛、首届生态钓鱼大赛、首届中医药养生大赛、非遗进景区等大型文旅活动，不断满足群众精神文化需求，推动中华优秀传统文化繁荣发展。

统战工作

【概况】 县委高度重视统一战线工作，县委常委会带头传达学习中央统战工作会议、全国全区统战部长及全国民委主任会议、自治区党委统战工作会议和全区宗教工作会议精神等，研究全县贯彻意见。县委常委会、县委理论学习中心组、县委班子晨学研讨班、政府常务会议累计传达学习统一战线相关会议、理论政策21次。将统一战线工作纳入效能目标管理考核和全县督查检查考核计划，切实夯实统一战线工作责任。成立并适时调整了以县委书记为组长，县委副书记、统战部部长和政府分管副县长为副组长，19个部门主要领导为成员的统一战线工作领导小组，召开统一战线工作领导小组会议2次，召开民族工作联席会议3次，宗教工作联席会议2次，常态化推动工作落实。结合换届选举工作，选优配强统战系统领导班子和主要负责人，13个乡（镇）配齐了统战委员，配备兼职民族宗教干事，不断推进统战工作制度化规范化科学化。

【主题宣讲】 集中开展“统一战线喜迎二十大”主题宣传教育、铸牢中华民族共同体意识主题宣讲、马克思主义“五观”“百场万人”大宣讲等一系列活动，分行业领域、乡镇区域开展“五观”“百场万人”大宣讲系列活动100余场次，受众1.1万余人次，使党的民族宗教政策和铸牢中华民族共同体意识更加深入人心。

【人才培训】 举办全县统战干部“铸牢中华民族共同体意识”专题培训班1期、全县宗教界人士“三定”学习培训班8期、全县民营经济人士（厦门大学）高级研修班1期，在宗教界持续开展“四史”学习教育和“爱党爱国爱社会主义”主题教育，引导统一战线成员不断夯实共同思想政治基础。

【民族团结进步创建】 坚持把铸牢中华民族共同体意识作为民族团结进步创建工作的指导思想、主要任务，贯穿创建工作全过程各方面，强化宣传教育，深挖红色资源，传承爱国主义精神，创建全国民族团结进步示范县。构建“党委统一领导、党政齐抓共管、统战部门综合协调、各部门密切配合”的组织领导体制。先后召开3次全县民族团结进步创建工作推进会，制定《关于以铸牢中华民族共同体意识为主线推进新时代党的民族工作高质量发展的实施方案》《隆德县2022年创建全国民族团结进步示范县暨铸牢中华民族共同体意识示范县活动安排》

等文件，指导具体创建工作落细落实。各乡（镇）、各部门（单位）对辖区内宣传标语、大型户外广告牌、电子屏等内容予以更换。县融媒体中心开辟“民族团结进步创建暨铸牢中华民族共同体意识”专栏，推送民族团结进步创建工作信息，已推送视频号30期、专题新闻报道19期、公众号文章50篇。《宁夏日报》专版对民族团结进步创建进行宣传报道2次，移动客户端发送民族团结进步和铸牢中华民族共同体意识短信4万余条。开展铸牢中华民族共同体意识网络知识竞赛，参与人数3.7万余人次，全方位多层次展示民族团结进步暨铸牢中华民族共同体意识创建成果。按照“三统一提升”（统一要求、统一步调、统一口径，全面提升创建质量）要求，以6个自治区创建示范单位为引领，在每个乡（镇）打造2个以上的示范点，将创建工作拓展到各个领域，做到常态化规范化全覆盖。以开展铸牢中华民族共同体意识主题党团队日、县直机关年轻干部铸牢中华民族共同体意识演讲比赛、社区邻里节等系列活动为牵引，深入推动“民族团结进步月”活动，促进各民族交往交流交融。

【民族宗教事务】 利用“国家宪法日”“国家安全教育日”等节点，向群众发放《宁夏回族自治区促进民族团结进步创建工作条例》《宁夏回族自治区清真食品管理条例》《宗教事务条例》读本1.2万余份，切实提升群众法治意识，夯实依法治理思想基础。举办了优秀传统文化进宗教活动场所捐赠仪式，向各宗教活动场所捐赠中华优秀传统书画作品156幅，持续用中华优秀传统文化浸润宗教。组织开展教职人员和寺管会成员“三定”（定时间、定地点、定内容）学习8场次，参与人数360余人。深入持久开展“五进”（习近平新时代中国特色社会主义思想、国旗、宪法和法律法规、社会主义核心价值观、中华优秀传统文化进宗教场所）活动，促进“五进”活动与政治建设、法治建设、文化建设、民族团结、制度建设相结合，提升政治引领水平、遵规守法水平、文化传承水平、团结共进水平和规范管理水平，引导宗教与社会主义社会相适应。

【非公有制经济发展】 对非公有制企业继续坚持困难与思想“两关注”，鼓励支持与教育引导“两手抓”，力促非公有制经济“两个健康”发展。开展“万企兴万村”活动，10家企业结对10个行政村，共助农增收209.7万元，受益群众318户。引导企业参与“光彩事业”，动员民营企业捐款63.1万元。县工商联民营企业调查点工作综合排名全区第七、固原市第一，获得“2022年度全国民营企业调查点工作先进示范单位”荣誉称号。

机构编制

【规范机构编制】 找准机构编制部门在服务经济社会发展中的职能定位，积极践行坚持以人民为中心的工作理念，立足全县改革发展大局，推动机构编制工作科学化管理，及时动态调整交通、民政、卫健、发改等部门职责任务清单，厘清部门间职责边界。

【盘活编制资源配置】 对公安、发改、卫健、乡村振兴等部门机构设置、职能配置、编制配备进行了调整，为全县各项事业发展提供编制保障。实行机构编制业务办理“一次性告知制”和“限时办结制”，规范事业单位法人登记管理流程，进一步加强了事业单位事前事中事后的规范化管理。

【机构编制法规学习】 学习宣传贯彻《中国共产党机构编制工作条例》及配套法规制度。将学习宣传作为贯彻《中国共产党机构编制工作条例》及配套法规制度的重要举措，坚持分类施策、聚焦重点、靶向发力，力求常做常新，把《中国共产党机构编制工作条例》及配套法规制度纳入县委理论学习中心组和县委编委会、县委党校主体班次教学课程学习内容，发放《中国共产党机构编制工作条例》500余份，促进各级领导干部真正学深悟透《中国共产党机构编制工作条例》及配套法规制度精神实质和内涵要求，提升机构编制事项决策水平；采取轮流领学、集中研讨、内部交流等方式组织编办干部重点学习，坚持学用结合，提升服务能力和水平；开展学习大讨论，推动各级党员干部贯彻编制就是法制的要求，用法治思维和法治方式维护机构编制的权威性和严肃性。

【执行机构编制法规】 落实党中央和区市党委、编委有关决策部署，贯彻执行机构编制法规制度，遵守机构编制管理权限及程序。县编委及编办议事、办事规则制度健全，程序规范，上级机构编制管理各项规定得到严格执行。认真执行机构编制管理“三个一”（凡涉及机构的设立、撤销、合并等事宜，须报由市机构编制委员会及其办事机构一个部门受理承办，由主管机构编制工作的领导“一支笔”审批，由机构编制委员会及其办事机构一家行文）和“五不准”（一是不准超编进人；二是不准擅自设立内设机构和提高内设机构的级别；三是不准违反领导职数配备的有关规定；四是不准越权审批机构编制；五是不准上级业务部门干预下级的机构编制）制度，严守机构编制管理程序。凡按规定需报上级批准的重大改革方案和机构编制事项，均按管理权限上报区市委编办审批，在没有得到正式批复之前，坚持按规定不予实施。

【巩固机构改革成果】 按照《隆德县机构改革方案》，共设置党政机构34个。在深入调研评估的基础上，加强对部门职责履行情况的调研评估，加强对部门职责分工、内设机构设置的动态调整，加强对部门“三定”规定落实情况的监督检查，确保机构运行顺畅，改革持续深入。为做好全县事业单位改革工作，对标中央、区、市机构改革总体要求，做好全县深化事业单位调研评估前期准备工作，认真开展摸底调研，梳理全县事业单位情况，摸清底数、建立台账，为全面推动事业单位改革打下坚实基础。

【“五大领域”综合行政执法体制改革】 按照中央、区、市关于综合行政执法改革的部署要求，制定出台全县“五大领域”综合执法改革实施方案，进一步整合行政执法队伍，推进执法重心下移，组建隆德县市场监管、农业综合执法、交通运输综合执法、文化市场综合执法大队，锁定人员编制，规范了执法机构，保持了综合执法的衔接性和稳定性。

【“放管服”改革工作】 巩固推进基层整合审批服务执法力量改革成果。持续做好统筹优化乡镇机构设置，规范政务审批服务质量，推进基层综合行政执法，整合网格管理和信息平台建设等工作，不断提高基层治理能力和水平。深化相对集中行政许可权改革，加强跟踪调研，配合相关部门做好审批服务便民化工作，持续优化审批服务运行机制，提升审批服务效率，方便企业群众办事。优化工业园区管理体制机制，为强化园区科技创新、招商引资、产业集聚功能提供体制机制保障，推动园区高质量发展。

【编制资源优化配置】 坚持“严控总量、统筹使用、有减有增、动态平衡、保证重点、服务发展”的思路，继续从严从紧控制机构编制，强化刚性约束。做到“瘦身”与“健身”相结合，创新管理，挖潜增效，优化结构，动态调整，科学合理配置机构编制资源，提升机构编制资源使用效益。针对全县公务员结构不合理、年龄偏大的现状，不断解放思想、转变观念，用活机构编制资源，提前掌握有关单位人员断层、退休等实际情况，在确保不超编的前提下，为部分任务较重的单位通过招录、调动等方式，及时提供人员补充和编制保障。2022年公务员统一招考20名，补录9名，公安招考6名、检察院招考2名、法院招考6名，招考选调生5名；事业单位招考120名。

【机构编制监督检查】 查处各类机构编制违纪违规问题，严格落实机构编制问题整改和审批联动机制，推动机构编制问题整改。健全完善与纪检监察、组织、人社、财政、审计等部门协作联动机制，充分运用巡视监督、审计监督等监督方式，提升监督检查工作效能。建立机构编制评估机制，开展评估工作。压实党委（党组）日常管理监督责任，巩固“在编不在岗”清理工作成果。

党校工作

【培训概况】 依据《2019—2023年全县干部教育培训规划》，制订教育培训计划，设置教育培训课程，落实党性教育和理论教育目标任务。聚焦习近平新时代中国特色社会主义思想、中共十九届六中全会、中共二十大精神、自治区第十三次党代会精神等专题，突出主业主课，扎实举办培训班次，截至年底共举办各类培训班29期，培训人数近2600人次。

【县内培训】 举办县内专题培训班10个班次16期2114人次。其中，全县科级领导干部深入学习贯彻中共十九届六中全会精神和自治区党委十二届十四次全会精神专题培训班2期547人、全县乡(镇)领导班子巩固拓展脱贫攻坚成果同乡村振兴有效衔接专题培训班2期123人、全县乡(镇)人大主席和人大工作者专题培训班1期35人、2022年全县驻村第一书记巩固拓展脱贫攻坚成果同乡村振兴有效衔接专题培训班1期99人、隆德县2022年党政人才培训暨科级领导干部深入学习贯彻自治区第十三次党代会精神专题班3期454人、2022年中青年干部班1期44人、2022年政法系统整治轮训班2期279人、2022年全县村(社区)干部巩固拓展脱贫攻坚成果同乡村振兴有效衔接专题培训班2期535人、全县2022年选调生素质能力提升培训班1期36人、全国/区新任公务员培训班1期52人。

【县外培训】 参加县外培训班13期472人次。其中，银川律师行业“重走长征路，奋进新征程”主题教育培训班2期84人、石嘴山市大武口区检察院“重走长征路　奋进新征程”党性教育培训班1期26人、自治区电信系统1期40人、银川市行政审批局“喜迎党的二十大、我为党旗添光彩”红色主题教育实践活动暨党务干部能力提升培训班1期50人、宁煤枣泉煤矿“赓续红色血脉，凝聚实干力量”理想信念培训班3期150人、厦门大学党委党校基层党委(党总支)书记政治能力提升班和“双带头人”教师党支部书记“海誓山盟·乡村振兴”志合示范班1期32人、银川能源学院教学管理人员研修班1期22人、国家能源集团宁夏煤业公司矿机分公司“建功新时代　喜迎二十大”红色教育活动培训班2期100人。

【网络培训】 2022年全县“宁夏干部网络学院”参学人数947人次。其中处级干部31人，科级干部472人，一般干部454人。采取“月通报、月督促、月提醒”机制，定期督促参训人员及时参加网络培训。2022年参学率100%，结业率100%。

【理论宣讲】 发挥党校在宣传思想工作中的主力军、主渠道作用，以“大学习、大讨论、大宣传、大实践”学习教育活动为契机，围绕学习贯彻习近平新时代中国特色社会主义思想，党校3名教师通过参加县委宣讲团，扎实开展了习近平总书记视察宁夏重要讲话精神、《习近平谈治国理政》第四卷、铸牢中华民族共同体意识、自治区第十三次党代会及党的二十大精神专题宣讲，切实以党的创新理论武装党员干部，切实发挥干部培训和思想引领的主阵地作用，推动新思想新理念在隆德落地生根。

(徐甜甜)

党史档案

【党史编纂】 全面启动隆德党史编撰工作，编写《中国共产党隆德历史(1921—1949)》第一卷，准确记载和反映新民主主义革命时期和中华人民共和国成立后社会主义建设初期，党在隆德的伟大历史和辉煌成绩，全面、系统、科学、准确地阐述党领导隆德人民建设美好家园的历史进程、历史成就和经验教训，为隆德经济社会发展提供历史借鉴和启示，已完成20万字初稿。完成2022年《中国共产党隆德历史大事记》的征集、整理、编辑工作，每年1月启动，6月底完成初稿，12月定稿。

【文献资料征编】 征集新民主主义革命时期、社会主义革命和建设时期党史资料，重点开展改革开放和社会主义现代化建设新时期党史资料征集工作，征集整理隆德重大建设重要工程的决策和建设资料，编辑具有史料价值的文献资料，形成隆德党史基础性的重要资料文库。

【红色资源保护】 充分挖掘红色遗址的旅游资源价值，按照隆德县全域旅游发展总体部署，找准党史工作的切入点，配合宣传旅游部门搞好红色旅游的宣传推介工作，充分发挥红色遗址遗迹和纪念场馆，在深化党史学习教育中传承红色基因、建设红色文化、推动红色旅游等方面的重要作用。

【档案法律法规学习】 统一发放《中华人民共和国档案法》读本，印发学习《习近平关于档案工作、历史学习与研究、文化遗产保护重要论述摘编》资料，确保理论学习有进步，政治素养大提升。集体学习与个人自学相结合，每周开展一次干部理论学习、每两周开展一次党员集中学习，撰写心得体会，不断加深习近平总书记对档案工作的重要指示批示精神的重大意义、丰富内涵的理解。发挥线上学习优势，运用学习强国平台、“宁夏干部培训教育网络学院”平台，深化对专业理论学习的掌握，切实把学习成果转化为武装头脑、指导工作、推动实践的行动自觉。

【档案宣传】 做好《中华人民共和国档案法》学习宣传和贯彻实施工作，确保新修订档案法在全社会得到有效实施。利用广播、电视、网络等媒介和“6·9”国际档案日等时间节点，深入乡镇、社区，张贴宣传标语，发放档案法宣传册，面向全社会开展有针对性的档案法宣传解读，提高人民群众的档案意识。组织馆内工作人员参加“6·9”国际档案日线上培训讲座，提高档案馆工作人员对档案法和“十四五”档案发展规划的理解认识深度，形成知悉、遵守、运用档案法的良好氛围。

【档案查阅利用服务】 档案馆以档案查阅利用服务为平台，不断改进档案查询接待流程，规范查档环节，建立信息登记簿，及时调整档案利用工作重点，对近期查档动态进行利用需求预测，提前做好准备。疫情期间按上级要求，采取电话预约、单人进馆、窗口提供等方式，为查询人员提供服务，严禁多人一次进入库房，同时配备专人进行安全管理和监督。2022年共接待查询单位和个人235人次，提供档案893卷件(次)，复制档案2176页，充分发挥档案便民利民作用，得到了查档人员的普遍好评。

【重点档案整理移交】 做好脱贫攻坚档案整理移交。完成全县13个乡镇14个部门纸质档案整理移交工作，共完成综合类、精准识别类、精准施策类、精准脱贫类档案资料5910卷12027件，其中乡村振兴局1990盒6465件3879卷。统筹推进疫情防控档案整理移交工作。档案馆严格按照《自治区党委办公厅关于做好新冠肺炎疫情防控期间档案工作的通知》文件要求，认真做好疫情防控工作各类文件材料的归档指导、接收整理工作，积极主动联系县疫情防控指挥部，严格按照自治区疫情防控档案归档要求，常态化开展业务指导。全年指导整理2020年度防疫档案共计77盒，其中，决策部署类13盒，防治措施类8盒，群防群治类17盒，组织纪检类1盒，物资生产保障类1盒，其他类37盒。做好党史学习教育档案整理移交，完成县委宣传部党史学习教育档案的整理归档工作，共计19盒，170件。按照县委《关于征集接收荣誉档案的通知》，征集接收全县33个单位及个人新中国成立以来获得国家级、自治区级、市委市政府级荣誉奖状、奖杯、奖牌等荣誉档案416件。

【常规档案整理移交】 2022年共接收城关镇自成立以来(1984—2011年)文书档案49盒402件；接收总工会(1995—2014年)文书档案56盒558件；接收自然资源局(1969—2020年)文书档案180盒4096件；接收妇联(2013—2020年)文书档案50盒613件。对存放的1890册非在职干部档案重新整理装盒，对档号规范排列、索引认真检查填写。整理后查阅便捷、条目清楚、排列整齐美观。

【档案数字信息化建设】 推进档案数字化扫描，完成脱贫攻坚档案数字化档案扫描工作。推进档案馆际共享服务系统建设，通过理论学习、实际操作、数据库信息录入，现在馆际共享系统平台，隆德县模块中共开放档案条目121条1892页，初步具备向社会提供服务的条件，自正式上线运行后查阅90次。

【档案设备更新】 根据档案存放的实际需要，争取财政资金采购智能档案密集架共30列150组，每列5组，约190立方米。并安装智能档案密集架管理系统，可通过电脑和密集架触摸屏对存放档案进行操作，管理系统还具有语音识别，客户端软件、档案二维码定位，通道人员保护等功能，不仅大大提升了档案存放空间，而且存取便捷，提升了档案查阅利用的整体服务水平。

隆德县人大常委会

机构组成

隆德县第十八届人大常委会组成人员

主　任　　　张　佐

副主任　　　毕世喜(回族)　任小红　党锁锁

　　　　　　陈作彬

委　员(26 名,排名不分先后):

　　　　　　张　佐　毕世喜　任小红　党锁锁

　　　　　　陈作彬　车怀文　刘　伟　蒲旭明

　　　　　　张志宏　柳陇西　沈镇隆　王志强

　　　　　　彭军娥　田　野　马存真　王昌盛

　　　　　　柳沛林　陈小明　摆世军　鲍彪虎

　　　　　　张毅龙　魏红霞(女)　陈婉君(女)

　　　　　　刘变过(女)　王春花(女)

　　　　　　李绿琴(女)

办公室主任　魏先学

办公室副主任

　　　　　　卜　军

法制工作委员会主任

　　　　　　柳志刚

财政经济工作委员会主任

　　　　　　刘　伟

教科文卫工作委员会主任

　　　　　　蒲旭明

代表联络与选举工作委员会主任

　　　　　　刘变过(女)

重要会议

【隆德县第十八届人民代表大会第二次会议】 隆德县第十八届人民代表大会第二次会议于 2022 年 6 月 27 日在县行政中心召开,会期 1 天。会议应出席代表 178 名,实到会代表 161 名,符合法律规定参加会议总人数。大会选举朱红社为县人民政府县长,并举行宪法宣誓仪式。

【隆德县第十八届人民代表大会第三次会议】 隆德县第十八届人民代表大会第三次会议于 2022 年 12 月 28 日在县行政中心召开,会期 1 天。会议应出席代表 178 名,实到会代表 161 名,符合法律规定参加会议总人数。

县第十八届人民代表大会第一次会议期间,人大代表围绕全县经济社会发展大局积极履行职责、建言献策,提出并经审查确定议案建议 42 件,其中议案 5 件、重点建议 19 件、代表建议 18 件。截至年底,42 件人大代表议案建议已全部办结并答复代表,办复率 100%。其中,已经解决或基本解决的 39 件,占 93%;解决中或列入规划逐步解决的 3 件,占 7%。从反馈意见看,代表们对办理工作均表示满意和理解。

【隆德县第十八届人大常委会会议】 1 月 6 日,县人大常委会主任张佐主持召开县第十八届人大常委会第一次会议,传达学习中共十九届六中全会和市五届人大一次会议精神;听取和审议有关工作报告;表决通过相关人事任免议案。会上,听取和审议了县人民政府关于审计整改落实情况、2021 年第四批新增地方债券资金安排事宜的报告;审议通过了隆德县人大常委会 2022 年工作要点、设立隆德县第十八届人民代表大会常务委员会代表资格审查委员会的决定和人事任免议案。

3 月 18 日,隆德县第十八届常委会召开第二次会议。一、传达学习十三届全国人大五次会议精神;会上听取和审议县人民政府关于“七五”法治宣传教育决议贯彻落实情况的报告、人民政府关于贯彻执行《中华人民共和国个人信息保护法》及电信诈骗侦查工作情况的报告、县人民政府关于贯彻执行《中华人民共和国土地管理法》及土地权改革工作情况的报告、县人民政府关于贯彻执行《中华人民共和国食品安全法》及市场监督管理工作情况的报告、县人民政府关于贯彻执行《宁夏回族自治区促进民族团结进步工作条例》及民族宗教工作情况的报告、《隆德县人民政府关于提请审议〈关于深入开展第八个五年法治宣传教育的决议（草案）〉的议案》，对会议审议的专项工作报告进行满意度测评；并通过相关人事任免议案。

5月16日，隆德县第十八届常委会召开第三次会议。会上，听取和审议了县人民政府关于法治政府建设、绿色食品和肉牛产业发展、科技创新、重大慢性病机会性筛选干预管理及卫生健康、稳就业保就业等工作情况报告，对会议审议的专项工作报告进行了满意度测评，审议通过了县人大常委会新制定、修订的相关制度（草案）。

5月23日，隆德县第十八届常委会召开第四次会议。会上传达学习了自治区第十二届人大六次会议精神，作出了关于补选县十八届人民代表大会代表的决定，根据《中华人民共和国地方人民代表大会和地方各级人民政府组织法》和《隆德县人大常委会人事任免办法》的有关规定，依法补选了固原市第五届人民代表大会代表。

6月15日，隆德县第十八届常委会召开第五次会议，会议应到常委会组成人员30名，实到21名，符合法律规定。会上听取和审议了县人民政府关于2022年第一批新增政府一般债券资金使用安排事宜的报告；通过了关于召开隆德县第十八届人民代表大会第二次会议的决定（草案）；听取和审议了县十八届人大一次会议以来代表变动及补选代表资格审查情况的报告和县十八届人民代表大会第二次会议有关事项；表决通过了有关人事任免议案。

7月28日，隆德县第十八届常委会召开第六次会议。会议听取和审议了《关于城乡基础设施建设情况的报告》《关于城市管理工作情况的报告》《关于社区建设及民政工作情况的报告》《关于用水权改革及水务工作情况的报告》《关于山林权改革及自然资源管理工作情况的报告》，开展满意度测评，通过相关人事任免议案。

9月2日，隆德县第十八届常委会召开第七次会议，会上听取和审议县监察委员会关于开展廉政教育工作情况的报告、县人民法院关于审判执行及上半年工作情况的报告、县人民检察院关于公益诉讼检察及上半年工作情况的报告、县人民政府关于贯彻执行《中华人民共和国社区矫正法》及司法行政工作情况的报告、县人大常委会执法检查组关于《中华人民共和国社区矫正法》贯彻实施情况的执法检查报告、县人民政府关于优化营商环境工作情况的报告、县人民政府关于全县中药材产业发展情况的报告、县人大常委会调研组关于全县中药材产业发展情况的调研报告、县人民政府关于2022年上半年国民经济和社会发展计划执行情况的报告、县人民政府关于2021年全县财政决算和2022年上半年财政预算执行及下半年预算调整（草案）的报告、县人民政府关于2021年度县本级预算执行和其他财政财务收支的审计工作报告、县人民政府关于重点项目建设情况的报告、县人民政府关于企业国有资产管理情况的报告、县人大常委会调研组关于企业国有资产管理情况的调研报告、审议县人民政府关于2022年第二批新增政府一般债券资金安排事宜的报告，对会上听取和审议的专项工作报告开展满意度测评工作，通过了相关人事任免议案。

11月14日，隆德县第十八届常委会召开第八次会议，会议应到常委会组成人员27名，实到24名，符合法律规定。会上，传达学习中国共产党第二十次全国代表大会精神，听取和审议了贯彻执行《中华人民共和国乡村振兴促进法》及2021年度国家考核评估问题整改工作情况的报告；贯彻执行《中华人民共和国教育促进法》及教育质量提升工作情况的报告；关于全域旅游示范县创建工作的情况的报告，关于县十八届人大一次会议代表议案、建议办理情况的报告以及关于规范性文件备案审查工作情况的报告；表决通过有关人事任免议案，并对全县基础教育工作开展专题询问。

12月7日，隆德县第十八届常委会召开第九次会议，会议应到常委会组成人员26名，实到21名，符合法律规定。会上，听取和审议县人民政府关于交通运输、医疗保障、应急管理、排污权改革及环境状况和环境保护目标完成情况的报告；听取和审议县人民政府、县监察委员会、县人民法院、县人民检察院关于县十八届人大常委会意见办理情况的报告，并对会议审议的专项报告和常委会审议意见办理情况进行了满意度测评。会议批准了调整2021年第四批新增地方债券资金安排的决议和调整2022年地方财政一般公共预算收入的决议。会议同意接受赵敬辞去固原市第五届人民代表大会代表职务，补选张延民、关泰宏为固原市第五届人民代表大会代表。

12月27日，隆德县第十八届常委会召开第十次会议，会议应到常委会组成人员26名，实到18名，符合法律规定。会上，听取和审议了县人民政府关于2021年度县本级预算执行和其他财政收入审计查出问题整改情况的报告、县人民政府关于2022年第二批新增政府专项债券资金安排事宜的报告；会议批准了2022年第二批新增政府专项债券资金使用安排；会议通过隆德县第十八届人民代表大会第三次会议的决定。会议同意接受梁龙祥、赵敬、赵文福、张立红因工作调离等原因辞去隆德县第十八届人民代表大会代表职务；会议同意接受丁玉柱因病去世自然终止代表资格；补选吴毅、陈鹏、张锐峰、张延民、柳志刚、张劲华为隆德县第十八届代表大会代表。

【议案办理】 议案5件，全部办结。

1.杨志义等代表提出的"关于实施甘渭河流域库坝连通及高效节水灌溉工程的议案"。投资7224.24万元，实施甘渭河流域库坝连通及高效节水灌溉工程，铺设输水干管20.03千米、田间支管管道147.92千米，连通管道5.48千米，新建管道建筑物863座，完成灌溉面积1.6万亩，惠及温堡吴沟、杜堡等13个行政村，有效推动农业发展提质增效。

2.赵忠宁等代表提出的"关于对全县重点村进行美丽村庄建设的议案"。投资400万元，实施神林乡双村和辛平村高质量美丽宜居村庄建设项目，新建混凝土成品工艺护栏3000米，铺设面包砖1000平方米、硬化村庄巷道5520平方米、修建护坡600平方米、修建U形排水渠1500米、安装6米高太阳能路灯20套，有效提升农村人居环境。

3.马存真等代表提出的"关于进一步加快二小等学校基础设施建设，改善办学条件的议案"。总投资1920万元，新建二小实验楼、张程小学综合教学楼、杨河中学和中心小学教师周转宿舍6500平方米，有效提升教育教学质量，巩固教育发展根基。

4.杜春玲等代表提出的"关于对县城部分老旧小区进行改造的议案"。投资3759万元，对东关村、中关村、隆中家属楼等7个小区进行了综合改造提升，改造建筑外墙、屋面、坡道8.9万平方米，新建污水、雨水等管网8198米，维修粉刷楼梯间内墙、窗户3万平方米，维修及刷漆栏杆扶手297米，更换单元门92套，安装智能快递柜7组、配电箱92个、吸顶灯和声控开关各460个，有效改善了老旧小区人居环境。

5.张军望等代表提出的"关于推进畜禽散养户'出户入园'工作的议案"。制定《隆德县肉牛产业联合体实施方案》和《隆德县2022年肉牛"出户入园"实施方案》，整合补贴资金3040万元，撬动社会资金8685万元，按照"统一品种、统一防疫、统一饲喂、统一标准和人畜分离、品种分离、育繁分离、犊母分离"的"四统一、四分离"肉牛养殖标准，建成"出户入园"肉牛养殖园区13家，其中千头养殖园区3家，500头以上的6家，300头以上的4家，累计建成标准化圈舍10.03万平方米、青贮池5.59万立方米，补栏肉牛3734头，入园养殖户229户，推动肉牛产业向集约化、科技化、现代化、融合化全方位发展。

【重点建议办理情况】 已经解决或基本解决的建议18条。

1.马贵芳等代表提出的"关于对杨河乡杨河村、

穆沟村至好水乡中台村、庙湾村乡级公路进行改建的建议”。投资2963万元,实施好水三星村经穆家沟至杨河乡公路改建项目,公路全长16.3千米,按四级公路标准建设,设计路基宽6.5米、路面宽5米、两侧路肩宽0.75米,路面总厚度57厘米,于3月份完成招投标并开工建设,陆续完成路基工程施工、沥青混凝土路面铺设、边沟清理整修等工作,目前已建成通车,有效改善了沿线居民的出行条件。

2.柳余余等代表提出的“关于对甘渭河南侧山台地实施高标准农田建设的建议”。投资3660万元,实施甘渭河南侧山台地高标准农田建设项目,平整土地2.6万亩,修筑田坎、田埂56.95万立方米,深耕、耙地、土壤培肥改良土地26万亩,改建田间道路99条80.46千米,改建生产路186条61.37千米,新建田间防护林带17.2千米,有效提高土地蓄水保墒能力和耕地地力,确保稳产增产。

3.罗永长等代表提出的“关于对城关镇南河、星火、竹林等7个村(社区)拓宽硬化巷道、修建护坡、配套排水渠的建议”。总投资361万元,为南河社区新建浆砌石挡土墙750平方米、修建混凝土现浇矩形排水沟1.3千米、硬化巷道2.88千米、敷设DN300管道65米;为峰台社区新建浆砌石挡土墙600平方米,修建混凝土现浇矩形排水沟1.65千米,硬化巷道、广场3000平方米,敷设DN300管道48米;为竹林社区硬化巷道1.58千米;为星火社区硬化巷道1.3千米、敷设DN300管道15米;为三合村新建浆砌石挡土墙550平方米,有效改善村容村貌,提升居民生活环境。

4.刘变过等代表提出的“关于加强全县中小学幼儿园学校食堂管理的建议”。落实2022年全县营养改善计划资金994.98万元,严把“六个关口”,确保食品和资金“两个安全”,科学合理采购肉类和蔬菜,公布学生餐带量食谱,进一步提高学生膳食营养水平,惠及学生1.7万人次。全面实行学校食堂所需物品公开招标采购,从源头上强化学校食品安全管控,确保食材原料可靠、过程可控、源头可溯。同时,对食品配送、食堂操作规程、食品餐具消毒和保管等进行监督检查,确保学校食堂安全。对相关从业人员定期进行专业培训,通过技能鉴定考试后凭证上岗,进一步提高了从业人员整体素质和职业道德水平。实行校长陪餐制,监督操作人员卫生和饭菜质量,让“陪”和“监”形成合力,守护好学生“舌尖上的安全”。

5.牟发旺等代表提出的“关于实施城关镇杨家店红色美丽村庄后期建设的建议”。投资971万元,实施杨家店红色美丽村庄后期建设工程,新建红色主题广场,修缮院落18户,维修窑洞外立面5146平方米,新建修建人行步道1.4千米,修建公厕1个,配套停车场1个。新建民宿7家,提质升级农家乐2家,改造提升村级组织活动场所和红色庭院5户,改造运营红色民宿和红色农家乐2户用于发展村级集体经济。

6.彭军林等代表提出的“关于为神林乡庞庄、辛平村、双村3个村铺设排污管网的建议”。总投资387万元,实施神林乡庞庄村、辛平村、双村3个村污水管网敷设工程。在沿村庄主要道路铺设入户管7560米、排水主管2130米,沿村庄次干道铺设排水支管1.1万米、新建排水检查井637座、建设玻璃钢成品化粪池二座、维修村组道路1.3万米,有效改善群众生活环境。

7.其他关于推进美丽村庄建设、实施综合环境整治提升工程等12条重点建议也按照代表的意见,保质保量完成了办理任务。

正在解决或列入规划逐步解决的1件。具体为:“关于对竹林社区铺设污水管网的建议”。该项目于2022年3月立项批复,5月初上报自治区生态环境厅土壤处,5月底报生态环境部项目库,生态环境部分别于9月初和10月初对项目进行了第一次和第二次专家评审。

【建议办理情况】 已经解决或基本解决的15件。如:张志宏等代表提出的“关于对观庄乡大庄、红堡村低压管道进行维修的建议”。投资150万元,为观庄乡大庄村、红堡村马铃薯基地铺设低压管道2820米,进一步增加了土地利用率,有效缩短灌水周期。王根选等代表提出的“关于改造提升神林乡循环设施农业示范园的建议”。投资284.4万元,在神林乡设施农业示范园建成全钢架大拱棚123栋168亩,用于发展特色种养业,实现全钢架设施大拱棚集中连片发展,规模化种植、标准化生产、品牌化营销,促进了一、二、三产业融合发展。赵强胜等代表提出的“关于对奠安乡马坪村人居环境和基础设施进行改造提升的建议”。投资232.12万元，对奠安乡马坪村人居环境和基础设施进行改造提升,新建工艺护栏1600米、维修水泥路面120平方米、房前屋后散水820平方米、修建排水渠280米、建成村庄体育活动广场1600平方米、硬化村委会院坪1600平方米、修建村庄拦水坝760立方米、建成公厕1座。在村庄周围种植月季绿篱120平方米、海棠70株、丁香80株、榆叶梅60株,有效改善村容村貌,提升群众幸福感获得感。田云等代表提出的“关于对奠安乡梁堡村人居环境进行整治提升的建议”。投资108万元,在奠安乡梁堡村修建垃圾分拣中心,占地90平方米,设有废纸、纺织、塑料玻璃、金属等4类分拣区,推进农村垃圾减量化、资源化、无害化处理。同时,建成文化广场,丰富群众文体生活,提高群众生活质量。侯相相等代表提出的“关于加快凤岭乡‘蜂旅融合’发展的建议”。在齐岔村养殖中蜂1000箱,种植蜜粉源植物500亩,兑付中蜂补贴资金54.88万元。投资100万元,将蜂业与民宿旅游发展相结合,改造民宿31间,打造特色“甜蜜”民宿,让游客感受“蜂情小镇”。投资200万元,打造全市“蜂旅融合”示范基地,改造蜂蜜加工车间800平方米,建成蜂蜜展馆,吸引游客前来参观的同时带动蜂蜜销售。彭军林等代表提出的“关于建设神林乡体育广场的建议”。投资251万元,实施神林乡体育广场建设工程,建成体育广场3350平方米,内含笼式篮球运动场1个、羽毛球运动场1个、室外乒乓球场地3个、儿童乐园及老年人棋牌场地1个和健身驿站1个,已交付使用,为周边群众提供了良好的休闲健身场所。其他关于完善产业示范园区基础设施、提升群众生活质量等9条建议均已按照代表的意见,高质高效完成了办理任务。

解决中或列入规划逐步解决的2件。分别为:王春花等代表提出的“关于对联财镇太联村拓宽村主干道的建议”。已将该项目申报为2023年通村公路建设项目,并积极向自治区相关厅局申报争取项目和资金支持。刘江龙等代表提出的“关于改造提升沙塘镇街道村污水处理管网的建议”。该项目于2022年3月立项批复,5月初上报自治区生态环境厅土壤处,5月底报生态环境部项目库,生态环境部分别于9月初和10月初对项目进行了第一次和第二次专家评审,待生态环境部批复。

【视察活动】 2月23日,县人大常委会主任张佐带领县人大常委会组成人员及部分县人大代表,先后深入隆泉社区、宁夏西北药材科技有限公司、宁夏兴宇绿色粗粮加工有限公司、沙塘派出所、张程乡桃园村、观庄乡马铃薯高新科技示范园,通过实地查看、听取汇报等方式,对《中华人民共和国个人信息保护法》《中华人民共和国食品安全法》《中华人民共和国知识产权法》《中华人民共和国土地管理法》《宁夏回族自治区促进民族团结进步工作条例》贯彻落实情况进行检查,并对反电信网络诈骗及公安工作、市场监督、民族团结进步示范县创建、土地权改革等工作进行视察。

4月8日,县人大常委会副主任毕世喜带领调研组先后深入到县司法局、农业农村局、千峰兔业有限公司、宁夏益农坊电子商务有限公司、沙塘镇张树村等地,通过召开座谈会、听取汇报、实地察看等方式调研全县法治政府建设和稳就业保就业工作。

4月14日,县人大常委会副主任任小红带领调研组,对全县科技创新、重大慢性病机会性筛查干预管理及卫生健康工作进行调研。

4月21日,县人大常委会主任张佐带领调研组前往隆德县彦会养牛专业合作社、沙塘镇清泉养殖园区、神林千亩冷凉蔬菜基地、杜堡蔬菜示范园区,通过实地察看、听取汇报等方式,调研全县绿色食品和肉牛产业发展情况。

7月5日,县人大常委会副主任陈作彬带领部分人大常委会组成人员、县人大代表,对全县水权改革、山林权改革进展及全县国有自然资源管理情况进行调研；县人大常委会副主任党锁锁带领部分人大常委会组成人员和县人大代表组成调研组，对全县城乡基础设施建设、城市管理、社区建设及民政工作进行调研。

8月17日，县人大常委会办公室组织部分县人大常委会委员和县人大代表，对隆德县《中华人民共和国社区矫正法》的实施、重点项目建设、中药材产业发展和企业国有资产管理等情况进行执法检查和视察调研。

10月10日，县人大常委会执法检查组前往好水乡张银村、宁夏杨河牧业发展有限公司、神林乡辛平村、温堡乡杜沟村，通过实地察看、观看视频、听取汇报等方式，检查《中华人民共和国乡村振兴促进法》实施情况，并视察调研了2021年度国家考核评估反馈问题整改工作及全县重点村进行美丽村庄建设的议案、甘渭河南侧山台地实施高标准农田建设的建议办理情况。

隆德县人民政府

机构组成

党组书记、县长　马天峡(回族,2022 年 3 月离任)
　　朱红社(2022 年 3 月任职)
副县长　刘君彬(挂职)
　　陈　昊
　　叶建彪(挂职)
　　柳春梅(女)
　　金宝文(回族)
　　李龙君
副县长(公安局局长)
　　何冬华(2022 年 6 月离任)
　　吴　毅(2022 年 6 任职)
工业园区　刘　勇

综　述

【经济发展】 2022 年，实现地区生产总值 40.2 亿元，增长 5.5%；完成地方一般公共预算收入 1 亿元,增长 15%;全年谋划实施项目 135 个,全社会固定资产投资 25.5 亿元,增长 13.2%;实现社会消费品零售总额 10.6 亿元;城乡居民人均可支配收入分别达到 30019 元和 13637.6 元,增长 6.1%和 8.3%。

【乡村振兴】 动态消除返贫致贫风险 284 户 1045 人,“三保障”和饮水安全持续巩固,全面实现“两个高于”目标。整合各类资金 2.96 亿元,新增小额信贷 2.05 亿元,创新建立“345”(三种组织形式、四项工作机制、五类服务方式)联农带农机制,全链条发展壮大特色产业,产业覆盖 75%的农户。建成红崖县级劳务市场，成立 13 个乡镇劳务公司,开发各类公益性岗位 2626 个,50 个帮扶车间带动 819 名脱贫劳动力就近就地就业,农村劳动力转移就业 43089 人。

【产业富民】 组建肉牛产业发展联合体,推动肉牛产业集约化、规模化、标准化发展,全县肉牛饲养量达到 11.5 万头,实现产值 4.5 亿元。建成高标准设施蔬菜基地 1 万亩、永久性蔬菜基地 15 个,冷凉蔬菜产值达到 5.6 亿元。马铃薯种植面积 10 万亩,实现产值 3.2 亿元。中药材种植总面积达到 25 万亩,实现产值 4.2 亿元。新建六盘春牛羊肉精深加工二期项目,完成理华毛纺等 15 家企业技改升级,新型工业总产值达到 5.8 亿元。实施杨家店红军村、老巷子十三坊、红二十五军革命遗址保护利用等旅游重点项目,高水准举办首届生态垂钓大赛、中医药养生大赛等精品赛事,成功创建自治区全域旅游示范县,全年接待游客 184.06 万人次,实现文化旅游社会总收入 5.98 亿元。

【城乡基础设施建设】 改造提升中关村等 7 个老旧小区,新增城市绿地 2.87 万平方米,城市建成区绿地率达到 37%,常住人口城镇化率达到 38.14%,在全区率先实现全域免费停车。编制“多规合一”实用性村庄规划 62 个，有序推进联财重点小城镇建设,建成神林双村、辛平 2 个高质量美丽宜居村庄。新改建农村公路 63 千米，安装太阳能路灯 7920 盏。新建卫生厕所 500 户、改造提升 10261 户,农村卫生厕所普及率达到 91%,垃圾无害化处理率达到 100%。农村人居环境持续改善。

【生态建设】 实施南部水源涵养林等重点工程,植绿增绿 15.39 万亩,森林覆盖率提高到 39%、草原综合植被覆盖度达到 86.6%。完成煤改电 2549 户,空气优良天数比例达到97%以上，获评“2022美丽中国·深呼吸小城”。新增小流域综合治理面积12平方千米，全县水土流失治理程度达到82.6%，渝河国控断面水质稳定达到Ⅲ类以上，地表水质达到或优于Ⅲ类水的比例达到100%。大力发展林药、林菌、林蜂等“美丽经济”，实现生态价值转化收益1.8亿元，成功创建全国“绿水青山就是金山银山”实践创新基地。

【社会事业】 学前教育毛入园率91.3%，义务教育巩固率100%，高中阶段毛入学率94.8%。专递课堂、名师课堂和名校网络课堂全覆盖常态化普及应用，面向进城务工子女家庭低价公开租赁保障性住房156套。深入推进县域医共体信息化建设，全面实现“基层检查，上级诊断”远程诊疗，成功创建自治区健康县。发放创业担保贷款2665万元，全民创业带动就业1466人，城镇新增就业1378人，零就业家庭动态清零，城镇调查失业率控制在5.5%以内。发放各类救助金1.8亿元、残疾人“两项补贴”416.12万元，基本医疗保险参保率达到98%，年内5次提高城乡居民基础养老金标准，保障水平全市最高。开展“送戏下乡”等文化惠民活动220场次，人民群众的幸福感、获得感持续攀升。

【改革创新】 发放首笔用水权质押贷款120万元；3宗39.9亩农村集体经营性建设用地入市交易；核定13家企业初始排污权；推进集体山林地“三权分置”改革，全面完成林地确权，实现“山定权、树定根、人定心”。全县村级集体经济实现收入3372万元，分红149万元，凤岭李士等7个行政村集体经济收入突破100万元。“一门一窗一网”政务服务模式全面开启，202项事项实现“跨省通办”，营商环境持续优化。

【社会治理】 有序腾退苗木4200亩，整治撂荒地1885亩。创新推行“1+1+3”（平安建设功能型党支部引领，综治中心协调推动，问题、责任、考核“三张清单”督促落实）基层治理机制，“1286”（“1”即建强一支人民调解队伍。主要聚焦政治、法治、说辩、心理和身体五项素能，严把选聘入口、教育培训、全程监督三个关口，建立一支高素质的诉前调解队伍。“2”即搭建两个平台。一个线下调解平台，即规范建成诉前人民调解室；一个线上调解平台，包括“多元调解”微信小程序、远程音视频调解平台，对当事人不能及时到达现场的矛盾纠纷即时进行线上调解，开展在线确认。“8”即推行八项制度。分别是“一站式”受理制度、分类定级制度、专人负责制度、限时调解制度、司法确认制度、激励保障机制、以下访止上访制度和回访制度。“6”即运用六种调解方法。分别是天平对称调解法、求同存异调解法、刚柔并济调解法、情感换位调解法、矛盾缓冲调解法、背对背式调解法）诉前调解模式入选全区市域社会治理现代化试点，全年治安案件受理数、刑事案件发案数实现“双下降”，8类主要刑事案件破案率100%。高效开展全域“食品药品安全区”创建工作，扎实推进矿山、燃气、自建房、危化品、地质灾害等重点领域专项整治，人民群众安全感显著提升。

（梁　雷）

隆德县十八届人民政府常务会议

【隆德县第三次常务会议】 2022年1月10日，县长马天峡主持召开了县十八届人民政府第三次常务会议。会议传达学习了习近平总书记对“三农”工作作出的重要指示精神、李克强总理对“三农”工作部署要求和中央农村工作会议精神，《中共中央　国务院关于做好2022年全面推进乡村振兴重点工作的意见》，自治区《关于深入推进“四大提升行动”的若干措施》，固原市五届人大一次会议、市政协五届一次会议精神，自治区应对新冠肺炎疫情工作指挥部办公室关于进一步加强疫情防控工作的紧急通知》《固原市应对新冠肺炎疫情工作指挥部关于近期新冠肺炎疫情防控相关问题的通报》，并安排部署我县相关工作；总结国家巩固拓展脱贫攻坚成果后评估、中央衔接资金使用绩效评价工作，部署相关问题整改工作；研究通过《关于深入开展第八个五年法治宣传教育的决议（草案）》《隆德县全面推行林长制实施方案（送审稿）》《隆德县“十四五”用水权管控指标方案（送审稿）》《隆德县教育事业发展“十四五”规划（送审稿）》，以及隆德县“用水权”确权水量、划拨国有建设用地、收回国有建设用地、隆德县2021年工业企业技术改造及稳增长综合奖补资金兑付事宜。

【隆德县第四次常务会议】 2022年1月17日，县长马天峡主持召开了县人民政府第四次常务会议。会议传达学习《市委巡察工作领导小组关于印发〈市委涉粮问题专项巡察隆德县委政府的反馈意见〉的通知》精神，全市扩大有效投资狠抓项目建设动员大会精神，安排部署相关工作；听取全县信访工作情况、春节期间安全生产和市场保供工作汇报，并研究部署相关工作；审定《隆德县关于市委涉粮问题专项巡察反馈问题整改工作方案》；研究通过《隆德县2022年“两节”走访慰问活动及困难群众基本生活保障实施方案（送审稿）》以及资金支出事宜。

【隆德县第五次常务会议】 2022年2月9日，县长马天峡主持召开了县人民政府第五次常务会议。会议传达学习《中共中央办公厅　国务院办公厅〈地方党委和政府领导班子及其成员粮食安全责任制规定〉》，全国、全区安全生产电视电话会议精神，自治区十二届人大五次会议、政协十一届五次会议精神，自治区党委农村工作会议精神，咸辉在自治区人民政府第六次全体（扩大）会议上的讲话精神及《自治区人民政府办公厅关于2022年自治区政府工作报告任务分工的通知》，自治区党委农办《2021巩固脱贫成果后评估发现问题整改方案》，《宁夏回族自治区招商引资政策若干规定》；安排部署“四大提升行动”相关工作；听取全县近期经济运行形势情况汇报，安排部署相关工作；研究通过《隆德县巩固拓展脱贫攻坚成果同乡村振兴有效衔接“十四五”规划（送审稿）》《隆德县2022年巩固拓展脱贫攻坚成果工作方案（送审稿）》《隆德县2022年强化易地搬迁后续扶持实施移民致富提升行动实施方案（送审稿）》《隆德县2022年肉牛和绿色食品产业振兴工作方案（送审稿）》《隆德县创建食醋区域公用品牌实施方案（送审稿）》《隆德县贯彻落实国家重要农产品保障战略的任务分工方案（送审稿）》《隆德县2022年国土绿化项目实施方案（送审稿）》，以及国有建设用地使用权出让、隆德县2013—2020年扶贫项目资产确权、颁证、移交、2021—2022年度县城集中供暖期燃煤差价补贴资金、2021年黄河宁夏段干支流及重点入黄排水沟上下游横向生态保护补偿资金分配及资金支出事宜。

【隆德县第六次常务会议】 2022年3月22日，县人民政府代县长朱红社主持召开了县人民政府第六次常务会议。会议听取全县2022年第一季度经济运行情况汇报、全县2022年项目谋划工作情况汇报、全县2022年农业产业工作情况及近期全县安全生产工作情况汇报，安排部署相关工作；研究通过《隆德县2022年玉米大豆带状复合种植项目实施方案（送审稿）》《隆德县解决粮油购销公司企业改制遗留问题实施方案（送审稿）》，以及划拨国有建设用地、国有建设用地改变土地用途、确定集体建设用地使用权、隆德县兴安花园小区和兴盛小区固定资产处置及资金支出事宜。

【隆德县第七次常务会议】 2022年4月2日，县人民政府代县长朱红社主持召开县人民政府第七次常务会议。会议传达学习3月17日中共中央政治局常委会、自治区党委2022年第九次常委会、全市新冠肺炎疫情防控工作视频会议精神、自治区党委书记梁言顺调研银川市疫情防控工作座谈会会议精神和《关于做好2022年清明节假期新冠肺炎疫情防控工作的通知》（宁疫指办发〔2022〕197号）、《关于转发〈自治区应对新冠肺炎疫情工作指挥部办公室关于做好2022年清明节假期新冠肺炎疫情防控工作的通知〉的通知》（固疫指办发〔2022〕46号）文件精神，中央第四生态环境保护督察组督察宁夏问题反馈会精神，《中共中央办公厅印发〈关于推动党史学习教育常态化长效化的意见〉》精神，习近平总书记关于安全生产重要指示精神和全国、全区、全市安全生产电视电话会议及市森防工作警示教育会精神，自治区党委常委会2021年度领导干部经济责任审计查出问题整改推进会精神，自治区专项治理工作领导小组第三次会议精神；听取全县2022年专项治理工作开展情况汇报；研究通过《隆德县创建全域旅游示范县实施方案（送审稿）》《隆德县2022年农村人居环境整治提升工作方案（送审稿）》《隆德县农村低收入群体住房安全保障工作实施方案（送审稿）》《隆德县2022年政策性农业保险实施方案（送审稿）》《隆德县“绿水青山就是金山银山”实践创新基地建设工作方案（送审稿）》以及新建县委党校设施设备采购及资金支出事宜。

【隆德县第八次常务会议】 2022年4月9日，县人民政府代县长朱红社主持召开了县人民政府第八次常务会议。会议传达学习自治区党委书记梁言顺同志调研全区安全生产和社会稳定工作以及在固原市调研时的讲话精神，自治区党委书记梁言顺，固原市委书记冼国义，固原市委常委、政府副市长任立新在隆德县两起火情信息上的批示精神，《自治区信访工作联席会议办公室　信访局关于深入学习贯彻习近平总书记重要指示精神的通知》，自治区党委应对新冠肺炎疫情工作领导小组第23、24次会议和自治区政府第116次常务会议精神；研究通过《隆德县深入开展安全生产专项整治行动工作方案（送审稿）》《隆德县安全生产举报奖励实施办法（送审稿）》《隆德县绿色食品产业化集群发展实施方案（送审稿）》《隆德县肉牛产业联合体实施方案（送审稿）》《隆德县2022年肉牛养殖“出户入园”实施方案（送审稿）》《关于组建县城园林绿化养护队方案（送审稿）》，以及增加农村环卫网格化保洁人员、补足全县疫情防控隔离点用房、城市公共服务中心招聘城市协管人员、2022年中央财政衔接推进乡村振兴资金及自治区财政衔接推进乡村振兴资金安排及资金支出事宜。

【隆德县第九次常务会议】 2022年5月5日，县人民政府代县长朱红社主持召开了县人民政府第九次常务会议。传达学习习近平总书记在中央政治局常委会会议听取2021年度巩固拓展脱贫攻坚成果同乡村振兴有效衔接考核评估情况汇报时的重要讲话精神和中央农村工作领导小组办公室、国家乡村振兴局2021年度巩固拓展脱贫攻坚成果同乡村振兴有效衔接考核评估约谈提醒会议精神、国家2021年度巩固拓展脱贫攻坚成果同乡村振兴有效衔接考核评估发现问题整改工作电视电话会议精神以及县委农村工作领导小组暨乡村振兴战略小组2022年第3次会议、全县2021年度巩固拓展脱贫攻坚成果同乡村振兴有效衔接考核评估发现问题整改工作部署电视电话会议精神，国务院、自治区政府廉政工作电视电话会议精神，全区、全市一季度经济形势分析会议精神和《关于全市一季度项目建设推进及固定资产投资完成情况的通报》，全区扶持壮大村级集体经济暨驻村帮扶工作推进会议精神，自治区党委副书记、自治区主席咸辉同志在自治区审计厅《关于14个县（区）易地搬迁专项审计调查情况的报告》上的批示精神，固原市委书记冼国义在《关于隆德县2起火情调查处置情况的报告》上的批示精神，《自治区纪委办公厅关于银川闽宁会议中心和丝路明珠塔项目违纪违法问题的剖析报告》《自治区森林草原防灭火指挥部办公室关于违反会风会纪情况的通报》，全国“五一”假期安全防范暨重点地区地震灾害应对准备工作视频会议精神；听取全县一季度经济运行情况汇报、“五一”假期期间全县安全生产、疫情防控工作情况汇报、固原市委涉粮问题专项巡察隆德县委政府反馈问题整改情况、隆德县国企改革三年行动进展情况、中央第四生态环保督察组信访转办件办理情况汇报，安排部署政府系统廉政建设等相关工作；研究通过《隆德县2021年度巩固拓展脱贫攻坚成果同乡村振兴有效衔接考核评估挂牌督办问题专项整改方案（送审稿）》《隆德县争项目争资金考核奖励暂行办法（送审稿）》《隆德县2022年乡村振兴健康保实施方案（送审稿）》《隆德县开展乡镇村消防力量规范化建设试点工作实施方案（送审稿）》《隆德县公共租赁住房管理实施办法(试行)(送审稿)》《隆德县公共租赁住房转租出借等行为举报奖励实施办法(试行)(送审稿)》,以及国有建设用地划拨、2022年退休(退职)人员民族团结进步奖及行政事业单位在职人员住房公积金等补贴发放和其他资金支出事宜。

【隆德县第十次常务会议】 2022年5月28日,县人民政府代县长朱红社主持召开了县人民政府第十次常务会会议。会议传达学习《李克强总理关于一季度经济形势和做好下一步经济工作的讲话》精神、全国稳住经济大盘电视电话会议精神和区市稳经济保增长促发展电视电话会议精神、自治区党委常委会会议精神、自治区领导在“六稳”“六保”专题会议上的讲话精神,《李克强总理在农业农村部考察并主持召开座谈会时的讲话》精神,全国以及区市自建房安全专项整治电视电话会议精神,自治区党委应对新冠肺炎疫情工作领导小组第二十八次会议精神,陈雍在全区2021年度巩固拓展脱贫攻坚成果同乡村振兴有效衔接考核评估发现问题整改工作部署会议上的讲话精神和区市《2021年度巩固拓展脱贫攻坚成果同乡村振兴有效衔接考核评估问题整改方案》精神,自治区防范和化解拖欠中小企业账款专项行动电视电话会议精神,《自治区安委会办公室 应急管理指挥部办公室 抗震救灾指挥部办公室关于落实全国全区安全防范视频会议精神和自治区领导批示要求的通知》和《中共固原市委办公室 市人民政府办公室关于印发〈固原市贯彻落实国务院安全生产15条硬措施和自治区进一步加强安全生产工作若干措施的实施方案〉的通知》精神;听取全县自建房专项整治工作进展情况汇报、全县2022年工程建设政府采购专项治理“回头看”及卫生健康等领域专项整治工作开展情况汇报、县委和县政府原任主要领导经济责任审计反馈问题整改情况汇报、全县困难群众救助补助资金问题整改落实情况汇报,安排部署相关工作;研究通过《隆德县贯彻落实国务院安全生产15条硬措施和自治区进一步加强安全生产工作若干措施的实施方案(送审稿)》《隆德县稳经济保增长促发展“大干40天,奋战200日”行动实施方案(送审稿)》《关于开展法治政府建设示范创建活动工作方案(送审稿)》《隆德县2022年促进电子商务发展资金实施细则(送审稿)》《隆德县强化稳就业促增收若干措施(送审稿)》《隆德县招商引资优惠政策(送审稿)》《隆德县招商引资奖励实施办法(试行)(送审稿)》《关于国家审计署西安特派审计组反馈隆德县住房公积金和住宅专项维修资金问题整改工作方案(送审稿)》,以及变更张程乡马儿岔小学等12所学校办学类型和注销神林乡辛平小学等26所学校、挂牌出让国有建设用地使用权、2022年革命老区资金安排、2022年新增地方政府一般债券资金(第一批)、中央衔接资金调整和其他资金支出事宜。

【隆德县第十一次常务会议】 2022年6月3日,县人民政府代县长朱红社主持召开了县人民政府第十一次常务会议。会议传达学习《宁夏回族自治区闽宁协作资金管理办法》《隆德县“大干40天 奋战200日”精准扩大有效投资行动实施方案》;研究通过《隆德县重点产业精准招商专项行动方案》《隆德县2022年“大干40天 奋战200日”支持扩大消费实施方案》《隆德县“大干40天 奋战200日”推动民营经济健康稳定发展行动实施方案》《隆德县“大干40天 奋战200日”推动粮食和物资储备安全工作实施方案》《隆德县打好稳经济保增长促发展财政政策落实战实施方案》《隆德县促进房地产市场平稳健康发展若干措施》。

【隆德县第十二次常务会议】 2022年6月16日,县人民政府代县长朱红社主持召开了县人民政府第十二次常务会议。会议听取全县2022年1—5月经济运行情况汇报、隆德县全域创建“食品药品安全区”工作进展情况汇报,安排部署相关工作;研究通过《隆德县中药材产业专班工作方案(送审稿)》《隆德县2022年中药材产业发展实施方案(送审稿)》《隆德县中药材新型经营主体规范化发展扶持方案(送审稿)》《隆德县市场监督管理局公开招聘政府购买服务人员方案(送审稿)》及闽宁资金分配事宜。

【隆德县第十三次常务会议】 2022 年 6 月 18 日,县人民政府代县长朱红社主持召开了县人民政府第十三次常务会议。会议研究通过《隆德县文化旅游产业工作专班方案(送审稿)》《隆德县文化旅游产业扶持发展奖补方案(送审稿)》《隆德县脱贫群众(监测对象)发展产业促进就业奖补实施方案(试行)》。

【隆德县第十四次常务会议】 2022 年 7 月 1 日,朱红社县长主持召开了县人民政府第十四次常务会议。会议传达学习自治区党委黄河流域生态保护和高质量发展先行区推进会精神,《关于印发〈宁夏回族自治区人民政府工作规则〉的通知》精神;听取全县安全生产工作汇报、全县人居环境整治工作进展情况汇报,安排部署相关工作;研究通过《六盘山工业园区体制机制改革和高质量发展实施方案(送审稿)》及资金支出事宜。

【隆德县第十五次常务会议】 2022 年 7 月 28 日,县长朱红社主持召开了县人民政府第十五次常务会议。会议传达学习全国、全区安全生产电视电话会议精神和张雨浦在自治区安委会 2022 年第三次全体(扩大)会议暨安全生产"百日专项整治行动"动员部署会上的讲话精神、习近平总书记关于气象工作重要指示精神和《气象高质量发展纲要(2022—2035 年)》精神、全区上半年经济形势分析会议和市政府常务会议精神,研究通过《隆德县政府投资项目评审与投资控制管理规定(试行)》《隆德县巩固拓展脱贫攻坚成果同乡村振兴有效衔接考核评估问题整改工作互观互评工作方案(送审稿)》《隆德县纪念建军 95 周年暨庆"八一"双拥系列活动方案(送审稿)》《隆德县关于自治区党委涉粮问题专项巡视反馈问题整改工作方案(送审稿)》《隆德县兴盛花园房屋出租方案(送审稿)》,以及公开拍卖燃油公交车辆事宜。

【隆德县第十六次常务会议】 2022 年 8 月 5 日,县长朱红社主持召开了县人民政府第十六次常务会议。会议听取全县巩固拓展脱贫攻坚成果同乡村振兴有效衔接考核评估问题整改工作互观互评情况汇报、全县综治信访工作汇报,安排部署相关工作;研究通过《隆德县贯彻落实第二轮中央生态环境保护督察报告整改方案(送审稿)》《隆德县 2022 年大气、水、土壤、固体废物与化学品污染防治和应对气候变化重点工作方案(送审稿)》《隆德县深入打好污染防治攻坚战实施方案(送审稿)》《隆德县山体保护管理办法(试行)(送审稿)》《关于深化农业经营体制改革推进农业产业现代化发展实施方案(送审稿)》《隆德县推动公立医院高质量发展实施方案(送审稿)》《隆德县中小学教师"县管校聘"改革实施意见(试行)(送审稿)》,以及细化县委和政府及有关部门生态环境保护责任、转让国有建设用地使用权及资金支出事宜。

【隆德县第十七次常务会议】 2022 年 8 月 16 日,县长朱红社主持召开了县人民政府第十七次常务会议。会议传达学习李克强总理关于二季度上半年经济形势和做好下一步经济工作的讲话精神、自治区人民政府第 129 次常务会议精神、全区重大项目建设观摩推进会精神和冼国义在《关于全市 1—6 月建设项目推进及固定资产投资完成情况的通报》上的批示精神、全区乡村建设暨巩固拓展脱贫攻坚成果同乡村振兴有效衔接考核评估问题整改工作推进会精神;听取市督导组督导巩固拓展脱贫攻坚成果同乡村振兴有效衔接反馈问题整改工作情况和脱贫人口小额信贷工作完成情况汇报、全县在建项目进展情况及 2023 年项目谋划情况汇报、全县 1—7 月经济运行情况汇报,安排部署相关工作;研究通过《隆德县妇女发展规划(2021—2030 年)(送审稿)》《隆德县儿童发展规划(2021—2030 年)(送审稿)》《隆德县农村人居环境整治提升五年行动实施方案(2021—2025 年)(送审稿)》《隆德县农村水冲式厕所运行维护管理办法(试行)(送审稿)》《隆德县 2022 年"学前教师""城乡社区""司法协理"等基层服务专项计划工作实施方案（送审稿）》《隆德县宁安路房屋、院落征收与补偿实施方案（送审稿）》，以及2022年第二批自治区财政衔接推进乡村振兴补助资金分配、将扶贫产业助贷基金（风险补偿金）及利息收入转入乡村振兴担保基金专户和2022年第二批新增地方债券资金安排事宜。

【隆德县第十八次常务会议】 2022年9月2日，县长朱红社主持召开了县人民政府第十八次常务会议。会议传达学习习近平总书记重要指示批示精神，梁言顺、张雨浦带队暗访检查生态环保问题有关情况及自治区党委第十二次常委会扩大会议精神，自治区人民政府第一百三十次、第一百三十一次常务会议精神，五届市委2022年第28次常委会会议精神，市政府第十四次常务会议精神，自治区《关于迅速开展生态环境保护问题排查整治专项行动的通知》精神，8月30日自治区应对新型冠状病毒感染肺炎疫情工作指挥部专题会议精神，固原市国企改革三年行动推进会暨国有企业作风建设大提升活动启动会和市普惠金融服务乡村振兴试验区建设调研专题座谈会精神；听取和审议有关工作报告；听取全县生态环保问题排查整治专项行动进展情况汇报、全县1—8月招商引资和全县困难群众救助补助资金审计问题整改及专项治理进展情况汇报；研究通过《隆德县人民政府工作规则（送审稿）》，以及转让国有建设用地使用权、中药材交易市场建设项目土地使用权转让金和2022年项目前期费用事宜。

【隆德县第十九次常务会议】 2022年9月16日，县长朱红社主持召开了县人民政府第十九次常务会议。会议传达学习全国、全区深化“放管服”改革持续优化营商环境电视电话会议精神，《自治区党委　人民政府印发〈关于贯彻落实自治区第十三次党代会精神继续推进全面深化改革的实施意见〉的通知》和全区“六权”改革推进会精神，自治区党委专题会议精神和自治区安委会2022年第四次全体（扩大）会议及自治区移民致富提升行动工作会议精神；听取全县移民致富提升行动进展情况及全县前三季度安全生产情况汇报，安排部署有关工作。研究通过《隆德县残疾人保障和发展“十四五”规划（送审稿）》《隆德县乡村建设实施方案（送审稿）》，以及城乡居民基本养老保险县级基础养老金调增、安置房拍卖、集体经营性建设用地使用权出让、县粮食局原办公楼及附属房产拍卖、调整县公安局警务辅助人员薪酬待遇保障标准及资金支出事宜。

【隆德县第二十次常务会议】 2022年9月23日，县长朱红社主持召开了县人民政府第二十次常务会议。会议传达学习全国北方采暖地区今冬明春城镇供热采暖工作视频会议精神；听取全县冬季供暖准备情况汇报；研究通过《隆德县森林草原火灾应急预案（送审稿）》等6部县级专项应急预案和《隆德县集中供热应急预案（送审稿）》。

【隆德县第二十一次常务会议】 2022年9月30日，县人民政府县长朱红社主持召开了县人民政府第二十一次常务会议。会议传达学习习近平经济思想和习近平总书记关于做好经济工作的重要讲话精神、自治区党委2022年第十四次常委会会议精神、《自治区党委办公厅　人民政府办公厅关于贯彻落实中央决策部署抓好当前经济工作的通知》精神和《冼国义、杨青龙、任立新同志在〈全区1—8月份扩大有效投资和重点项目建设推进情况晒比促通报〉上的批示》精神、《关于印发自治区农村乱占耕地建房专项整治试点工作实施方案的通知》、《固原市巩固拓展脱贫攻坚成果同乡村振兴有效衔接工作督导情况反馈》和陈雍、冼国义批示精神；听取国庆节和中共二十大期间全县信访、安全生产、疫情防控工作情况汇报，安排部署相关工作；研究2022年度由政府安排工作退役士兵安置事宜。

【隆德县第二十二次常务会议】 2022年10月7日，县长朱红社主持召开了县人民政府第二十二次常务会议。研究供热保障资金拨付事宜。

【隆德县第二十三次常务会议】 2022年11月9

日，县长朱红社主持召开了县人民政府第二十三次常务会议。会议传达学习中国共产党第二十次全国代表大会精神、习近平总书记在中国共产党第二十次全国代表大会闭幕时的重要讲话精神和自治区党委十三届二次全会精神、市委五届六次全会精神以及县委十五届四次全会精神、闽宁协作第二十六次联席会议精神、全区闽宁协作和中央单位定点帮扶工作培训会精神；听取自治区对隆德县巩固衔接后评估及摘牌验收工作情况汇报、全县安全生产、森林草原防灭火、疫情防控、禁毒和食品药品安全工作情况汇报；听取和审议有关工作报告；各副县长安排部署分管领域（部门）近期重点工作；研究通过《隆德县气象灾害应急预案（送审稿）》《隆德县老城区片区遗留户土地及房屋征收与补偿实施方案（送审稿）》，以及六盘山工业园区企业 2021 年、2022 年新招员工稳定 6 个月以上就业人员补贴和企业职工岗前技能培训补贴拨付、土地划拨、联财镇毛家沟综合服务区建设、2021 年第四批债券资金调整、隆德县 2022 年乡村产业融合发展资金安排和资金支付事宜。

【隆德县第二十四次常务会议】 2022 年 11 月 30 日，县长朱红社主持召开了县人民政府第二十四次常务会议。会议传达学习自治区党委 2022 年第二十三次常委会会议精神和自治区领导批示精神、自治区党委 2022 年第二十四次常委会会议精神、自治区党委应对新冠肺炎疫情工作领导小组第三十七次会议精神；听取全县安全生产工作情况汇报；研究通过 2022 年生态环境质量和污染物排放总量考核奖补资金分配、隆德县粮油购销公司办公楼土地用途变更及出让金补交、中央和自治区财政衔接推进乡村振兴补助资金安排、资金支出事宜。

【隆德县第二十五次常务会议】 2022 年 12 月 17 日，县长朱红社主持召开了县人民政府第二十五次常务会议。会议传达学习中央经济工作会议精神、梁言顺和冼国义等领导同志在自治区党委督查室《关于“四防”常态化督查全区火灾风险隐患防范工作的报告》上的批示精神、自治区党委办公厅《关于巩固深化违规收送红包礼金和不当收益及违规借转贷或高额放贷专项整治成果的通知》精神；听取全县安全生产、疫情防控及森林草原防灭火工作情况汇报、全县 2022 年度工程建设政府采购等重点领域突出问题专项治理工作情况及全县 2023 年度城乡居民基本医疗保险参保缴费进展情况汇报，安排部署相关工作；研究通过《隆德县城乡公共供水突发事件应急预案（送审稿）》《隆德县集中式饮用水水源地应急预案（送审稿）》《隆德县工业用水权有偿使用费征收使用管理办法（试行）（送审稿）》《隆德县节水奖励及精准补贴办法（试行）（送审稿）》《隆德县用水权收储交易管理办法（试行）（送审稿）》《隆德县金融支持用水权改革的实施方案（送审稿）》《隆德县农业发展投资有限责任公司筹建方案（送审稿）》，以及城关镇、联财镇、沙塘镇、温堡乡 4 个乡镇 30 个行政村村庄规划编制，蔬菜促销补贴资金拨付、2022 年第二批新增政府专项债券资金安排事宜。

【隆德县第二十六次常务会议】 2022 年 12 月 26 日，县长朱红社主持召开了县人民政府第二十六次常务会议。会议传达学习中央农村工作会议精神，研究隆德县贯彻意见；听取全县疫情防控工作情况汇报；听取和审议有关工作报告。

（王　攀）

政务公开

【全面公开稳保促一揽子政策措施】 围绕以公开助力经济健康发展要求，全力助企纾困，扎实做好配套政府信息公开，发布重大建设项目审批文件 18 份、扩大有效投资文件 2 份、惠企政策信息 10 条、减税降费政策信息 27 条，实实在在做到“打开网站就找得见政策”。

【公开疫情防控信息】 统筹用好各类信息发布平台，多渠道发布疫情防控政策、防疫进展情况、科普知识等内容，从严审核发布流调信息，及时回应涉疫舆情，办理涉疫投诉、咨询203件，正确引导社会舆论，有效防止疑虑猜测和不实炒作的发生。

【稳岗就业领域信息】 通过政府网站、“隆德就业”微信公众号发布就业创业政策及招聘信息112期；举办线上直播招聘会2场次、线下招聘会20场次，提供就业岗位共计4000余个；公开征集城乡劳动力技能培训意愿1次，开展线上线下技能培训117期5812人次、创业培训7期210人，多渠道帮助群众，特别是农民工、残疾人、零就业家庭成员等困难群体知晓并获得就业培训和创业机会。

【民生保障重点领域信息】 强化教育、医疗、养老、社会救助、食品药品安全等与群众切身利益密切相关领域的信息公开，公开义务教育各类信息59条、医疗领域信息18条、食品药品安全信息24条，公示社会救助、养老等各类补贴159期，切实提高信息公开的针对性和有效性，推动各项惠民政策走进群众、惠民资金去处清晰可查。

【政务信息建设】 做优做强政府网站、政务新媒体和线下平台三大阵地，打造立体式、规范化、全覆盖的公开平台。一是建好政府网站。升级智能检索系统，坚持栏目设置动态调整，首页展示重点专栏，推荐展示重点内容，便于群众高效精准获取政府信息。完成适老化与无障碍阅读改造，助力老年人、残疾人等重点群体平等便捷地获取、使用互联网信息。修订《隆德县政务新媒体管理办法》，实行定人、定岗、定责制度化管理政务新媒体，严把政治关、文字关，确保内容准确、导向正确。常态化开展政务新媒体专项检查，下发通报3期，关停政务新媒体4个，有力督促政务新媒体健康发展、有序发声。优化县级政务公开专区，配备便民设施及数字设备，调整功能区陈设，张贴专区标识，营造浓厚氛围，全方位打造政务公开线下体验区。同步开展13个乡镇政府信息查阅点提档升级，将标准化政务公开专区向乡镇民生服务中心延伸，为公众提供统一、规范的政务公开线下服务。常态化开展“政府开放日”活动22场次，通过线下实地讲政策、项目施工现场看进度、座谈会上说建议，进一步拉近政府与群众的距离，让政府工作更加透明、政策宣传更接地气。

【政务信息监督】 将政务公开作为政府依法行政、主动接受社会监督、促进政府职能转变的重要抓手，以政府“更透明”换来群众“更欢迎”。高质量回应群众关切。拓宽政民互动渠道，完成统一投诉建议入口建设，审慎答复群众留言，办理各类咨询投诉137件，按时办结率100%，切实做好政民沟通的“连心桥”。

【信息联通】 建立跨科室、跨部门信息处办协调机制，围绕供热、住房、防疫等群众关注度高、易引发舆情的事项发布信息预警4次，第一时间公开权威信息，及时消除舆情风险。

【依法依规办理依申请公开】 坚持以法为先、换位思考、有求必应，严格落实法律顾问全流程参与制度，办理政府信息公开申请9件，确保政府信息公开申请办理合法合规。主动加强与申请人沟通，对2件无法提供的，及时联系对接，指明申请路径，使部门间沟通交流多、群众跑腿问询少。实行依申请公开转主动公开常态化审查机制，对群众申请次数多、符合主动公开情形的政府信息，通过审核程序及时向社会公开，切实保障群众知情权。

（仇媛媛）

督查督办

【县政府决策和重要工作部署督查】 年初，县政府督查室根据2021年《政府工作报告》将全年的重点工作逐条细化分解到各个责任部门和单位，明确了责任单位和主要负责人，定期跟踪督查，将工作中存在的问题和困难，反馈给主要领导和分管领导，为领导部署工作、调整决策提供参考。一年来，县政府督查室共针对政府工作报告任务、巩固拓展脱贫攻坚成果同乡村振兴有效衔接、疫情防控、生态环境保护等重点工作开展督查15次，其中县政府领导带队3次，与其他相关部门联合开展综合性督查13次，参加各类检查25次。

【县政府会议议定事项督查】 把政府常务会议、县长专题会议议定事项和重要工作部署作为阶段性督查工作重点，进行分解立项，指定专人，按照任务和时间要求，不断强化责任，狠抓落实。全年共开展会议议定事项督查5次，确保政府阶段性重点工作得到落实，有效避免以会议落实会议、以文件落实文件，确保了政令畅通。

【领导批示件督查】 县政府督查室按照主要领导的批示，及时确定具体承办单位和承办人，明确办理时限，由专人盯办，及时将督办的情况反馈给批示领导。2022年全年共承办领导批示件12件，办结率达到100%，真正做到领导批示“件件有着落、事事有结果、项项有反馈”。

（杨浩伟）

信　访

【信访工作】 2022年，全县共受理群众信访事项158件，信访事项及时受理率、按期办结率、满意度参评率均为100%，群众满意率95.12%。化解重点信访问题27件，其中“百日攻坚”交办件2件、国家和区市信联办交办重复信访事项6件，县级排查重点问题19件。

（白倩蕾）

地方志工作

【业务学习】 组织全体干部职工认真学习党中央、国务院有关地方志工作的方针政策、领导讲话；学习区、市志办的重要文件和有关地方志工作资料；积极参加区、市召开的各种会议，认真传达学习会议精神，并抓好落实。印发学习《习近平关于档案工作、历史学习与研究、文化遗产保护重要论述摘编》资料，确保理论学习有进步，政治素养大提升。坚持集体学习与个人自学相结合，每周开展一次干部理论学习、每两周开展一次党员集中学习，撰写心得体会。发挥线上学习优势，运用学习强国平台、“宁夏干部培训教育网络学院”平台，通过关注“方志宁夏”“方志中国”等微信公众号，组织干部坚持地方志理论学习。全体地方志工作人员以视频方式参加2月全国地方志主任会议和10月全国精品年鉴品读暨全国年鉴主编培训会，会后结合自身工作实际，开展了研讨活动，提高自身业务素质。

【扶贫志编纂】 抽调业务骨干成立编辑部，按照《隆德县扶贫志》篇目、章节和内容要求，将所需资料分解落实到各有关部门，县志办为部门提供编写提纲、写作要求和写作范例，并进行认真指导。为确保《隆德县扶贫志》按要求时间完成编纂任务，结合本单位的实际，实行编辑岗位责任制，把各篇章编辑任务落实到个人，做到职责清晰，任务明确，奖惩分明，充分调动修志人员的积极性。按照编辑岗位责任制的分工，加强与部门的联系，督促检查部门志书资料撰写情况，协调有关部门做好资料的征集。对重点部门和有困难的单位，深入实际认真帮助指导收集工作。县志办对部门上报的材料，认真进行审阅，对不符合要求、资料不全、内容空洞的单位，提出修改补充意见后退回原部门重新修改补充，确保第一手资料真实可靠。

【年鉴工作】 在《隆德年鉴（2021）》的基础上，总结经验，在版面设计、内容上进行改革创新，突出新颖的特点，向精品年鉴迈进。为确保年鉴按时、按质完成编辑，并向精品目标迈进，工作人员实行岗位责任编辑制，各章编辑责任落实到人，做到责任落实，任务落实，充分调动各编辑人员的积极性。县志办与各单位加强联系，督查各单位年鉴资料撰写情况，并对年鉴资料撰稿人给以适时指导。县志办在加强指导的同时，进行认真编审，反复修改，力求年鉴资料真实可靠。11月中旬,《隆德年鉴(2022)》进入印刷出版阶段,12月底在宁夏阳光出版社完成公开出版。完成向《固原年鉴(2022)》《宁夏年鉴(2022)》报送资料,文字2万字、图片20幅。

【村志编纂】 参与杨家店村美丽红色村庄建设,指导编修传承隆德红色文化的《杨家店村志》,2021年10月正式启动,2022年3月完成初稿,5月底定稿,8月底《杨家店村志》由宁夏阳光出版社完成公开出版。这是隆德地方志办公室继完成《梁堡村志》后,又一本极具隆德特色、传承红色革命文化的村志。

【地方志宣传】 联合档案部门举办“5·18”地方志宣传活动。在新冠肺炎疫情防控期间,向值班值守的隆中小区志愿者赠送地方志地情资料书籍10套。向帮扶村奠安乡旧街村赠送书籍10套,开展向机关干部赠阅《隆德年鉴(2021)》和《隆德县志》活动,赠送102本。

政协隆德县委员会

组织概况

政协隆德县十二届委员会

主　席　李国英(女)

副主席　许学军

　　　　董玉科

　　　　吕　霄(女,民进会员)

秘书长　孙小宁

机构设置

政协隆德县第十二届委员会设办公室和4个专门专委会,即提案和委员联络委员会、经济委员会、教科文卫体委员会、社会治理委员会。

办公室

主　任　孙小宁

副主任　张　蓓

提案和委员联络委员会

主　任　党　斌

教科文卫体委员会

主　任　何　斌

经济委员会

主　任　郭　锐

社会治理委员会

主　任　陈启奋

重要会议

【政协隆德县十二届二次会议】 2022年12月27日至30日在隆德县行政中心召开。应出席会议委员157人,实到108人。县政协主席李国英主持开幕大会,县委书记刘斌出席大会并作讲话,县人民政府县长朱红社、县人大常委会主任张佐等领导到会祝贺,县政协主席李国英、副主席董玉科受十二届常委会委托分别作常务委员会工作报告和提案工作情况的报告。会议有8名委员作了大会发言;共收到提案、建议76(条),经审查立案39件(条);会议表彰了优秀提案、提案办理先进单位和先进工作者。会议审议通过了《县政协十二届二次会议决议》(以下简称《决议》)。《决议》号召,2023年是全面贯彻党的二十大精神的开局之年,县政协各参加单位和广大政协委员要更加紧密地团结在以习近平同志为核心的党中央周围,在中共隆德县委的坚强领导和区、市政协的关心指导下,坚定信心、同心同德、守正创新、携手前行,不断加强和改进新时代县政协工作,为奋力描绘全面建设社会主义现代化美丽新宁夏隆德壮丽画卷做出新的更大贡献。会议还审议通过了《县政协十二届二次会议关于十二届常委会工作报告的决议》《县政协十二届二次会议关于十二届常委会提案工作报告的决议》《政协隆德县委员会2023年协商工作计划》。县政协主席李国英在闭幕会上作了讲话。

【常务委员会会议】 第一次会议　2022年3月17日举行,应到常委29名,实到25名,县政协主席李国英主持会议,县政协副主席许学军、董玉科、吕霄出席会议。会议传达学习了中共十九届六中全会精神、全国两会精神、中央经济工作会议精神、中央农村工作会议精神、全国宗教工作会议精神、自治区党委十二届十四次全会精神、中共固原市第五次代表大会精神、自治区政协十一届五次会议和固原市政协五届一次会议精神。会议审议通过了隆德县第十二届委员会常务委员会关于设置专门委员会的决定(草案)、隆德县第十二届委员会办公室主任、副主任、各专门委员会主任名单(草案)、政协隆德县委员会2022年协商工作计划实施方案(草案)和政协隆德县委员会2022年工作要点(草案);会议还通报了政协隆德县十二届一次会议委员提案建议转办情况。

第二次会议　2022年6月28日举行，应到常委29名,实到25名,县政协主席李国英主持会议,县政协副主席许学军、董玉科、吕霄出席会议。会议书面传达学习了《中国共产党政治协商工作条例》、中共中央办公厅《关于加强和改进新时代市县政协工作的意见》、自治区第十三次党代会精神、自治区党委办公厅《关于加强和改进新时代市县政协工作的实施意见》、自治区政协十一届二十九次常委会会议精神;传达学习了全国政协贯彻落实中央政协工作会议精神进展情况"回头看"视频调研会议精神、自治区政协系统党的建设经验交流会议精神和五届固原市委2022年第21次常委会会议精神。会议审议通过了政协隆德县第十二届委员会有关工作制度、《政协隆德县第十二届委员会民主监督工作实施方案》(草案)和隆德县第十二届委员会教科文卫体委员会主任名单;会议还围绕"以肉牛养殖出户入园为目标,加快构建竞争力更强的现代农业产业体系"协商议政。

第三次会议　2022年10月11日举行,应到常委29名,实到25名,县政协主席李国英主持会议,县政协副主席许学军、董玉科、吕霄出席会议。会议书面传达学习了中共中央党外人士座谈会精神、中央统战工作会议精神、中央全面深化改革委员会第二十七次会议精神、中共中央政治局会议精神;传达学习了政协第十三届全国委员会常务委员会第二十三次会议精神、自治区政协第三十次常委会会议精神、全区政协系统宣传思想工作座谈会精神和固原市政协五届三次常委会会议精神。会议还围绕"助推构建融合度更高的城乡发展体系，提升城乡人居环境整治水平"开展协商议政,听取关于隆德县城乡人居环境整治情况的通报和《关于隆德县城乡人居环境整治的专题调研报告》情况,并审议通过了调研报告。

第四次会议　2022年11月14日举行,应到常委27名,实到20名,县政协主席李国英主持会议,县政协副主席董玉科、吕霄出席会议。会议书面传达学习了中共中央关于认真学习宣传贯彻中共二十大精神的决定,习近平总书记在二十届中共中央政治局会议、二十届中共中央政治局第一次集体学习、带领中央政治局常委瞻仰延安革命纪念地、陕西延安和河南安阳考察时的重要讲话精神、全国政协文史资料座谈会精神;传达学习了中国共产党第二十次全国代表大会精神、中国共产党宁夏回族自治区第十三届委员会第二次全体会议精神、自治区政协十一届常委会第三十一次会议精神、全区政协文史工作座谈会精神、中国共产党固原市第五届委员会第六次全体会议精神和中共隆德县委十五届四次全体会议精神。会议围绕"学习贯彻中国共产党第二十次全国代表大会精神"开展交流研讨,3名委员作了发言;会议还围绕"助推构建持续性更久的生态文明体系,就隆德县水污染和农村面源污染治理情况"开展协商议政,听取了关于隆德县水污染防治、农业面源污染治理情况的通报和《关于我县生态文明体系建设情况的调研报告》情况,并审议通过了调研报告。

第五次会议　2022年12月27日举行，应到常委27名,实到23名,县政协主席李国英主持会议,县政协副主席许学军、董玉科、吕霄出席会议。会议传达学习了市委五届七次全会精神、固原市政协五届二次会议精神和县委十五届五次全会精神；听取了县人民政府关于政协隆德县十二届一次会议提案和建议办理情况的通报；审议通过了关于召开政协隆德县第十二届委员会第二次会议的决定(草案)、政协隆德县十二届委员会第二次会议有关事项(草案)、政协隆德县第十二届委员会常务委员会工作报告(草案)、政协隆德县第十二届委员会常务委员会关于十二届一次会议以来提案工作情况的报告(草案)、政协隆德县委员会2023年协商工作计划(草案)和关于表彰2022年度优秀提案、提案办理先进单位和先进工作者的决定(草案)。会议还审议了政协隆德县十二届委员会有关委员辞职决定(草案)和政协隆德县十二届委员会委员任免事宜。

第六次会议　2022年12月29日举行,应到常委27名,实到24名,县政协主席李国英主持会议,县政协副主席许学军、董玉科、吕霄出席会议。会议审议通过了政协隆德县委员会2023年协商工作计划(草案);政协隆德县第十二届委员会第二次会议关于常委会工作报告的决议(草案);政协隆德县第十二届委员会第二次会议关于十二届一次会议以来提案工作情况报告的决议(草案);政协隆德县第十二届委员会提案审查委员会关于十二届二次会议提案审查情况的报告(草案);政协隆德县第十二届委员会第二次会议决议(草案)。

重要文件

【十二届二次会议常委会工作报告】　(2022年12月28日)(摘要)2022年工作回顾。2022年是十二届县政协工作的开局之年。县委高度重视县政协工作,县委常委会多次专题研究县政协工作,从工作上予以支持、人员上予以加强、经费上予以保障,为政协事业发展注入了强劲动力,县政协备受鼓舞。一年来,在县委的坚强领导下,常委会坚持以习近平新时代中国特色社会主义思想为指导,深入学习宣传贯彻中共二十大精神,十九届六中、七中全会精神,习近平总书记视察宁夏重要讲话和重要指示批示精神,贯彻自治区第十三次党代会、市委五届六次全会和县委十五届四次全会精神,对标对表中央和区、市、县党委政协工作会议部署,准确把握专门协商机构职能定位,紧紧围绕全县中心工作,团结引领广大政协委员,为建设社会主义现代化美丽新宁夏隆德新画卷作出了积极贡献。2023年,县政协工作的总体要求是高举中国特色社会主义伟大旗帜,以习近平新时代中国特色社会主义思想为指导,全面学习宣传贯彻中共二十大精神,深入贯彻落实《中共中央关于加强和改进新时代市县政协工作的意见》,认真落实自治区第十三次党代会、市委五届七次全会和县委十五届五次全会部署,在县委的坚强领导下,紧紧围绕全县中心工作,牢牢把握新时代人民政协新方位新使命,扎实履行政治协商、民主监督、参政议政三大职能,充分发挥协调关系、汇聚力量、建言献策、服务大局四个作用,自信自强、守正创新,踔厉奋发、勇毅前行,为发展全过程人民民主,保障人民当家作主,全面建设社会主义现代化国家贡献智慧和力量。一是全面学习宣传贯彻中共二十大精神,推动思想政治引领实现新加强;二是深入践行全过程人民民主,推动协商民主取得新成效;三是紧密围绕中心工作协商议政,推动建言资政实现新突破;四是牢牢把握履职中心环节,推动凝聚共识工作取得新成绩;五是全面提升政协自身建设水平,推动协商议政实现新发展。

【2022年度协商工作计划】　根据《政协隆德县委员会年度协商计划办法》要求,经县政协主席会议研究,报请县委同意,确定县政协2022年度协商计划,共4个方面10项协商议题。

【政协隆德县委员会2022年工作要点】　县政协对标对表中央《关于加强和改进新时代市县政协工作的意见》,总体工作要求是:以习近平新时代中国特色社会主义思想为指导,深入学习贯彻中国共产党十九届六中全会精神,认真落实习近平总书记关于加强和改进人民政协工作的重要思想、在庆祝中国共产党成立100周年大会上的重要讲话精神和视察宁夏重要讲话精神。坚持团结和民主两大主题,把握人民政协性质定位,加强专门协商机构建设。坚持"53315+X"(全年召开5次常委会会议,开展3次集中视察、3次考察学习,确定15项重点工作,开展X项创新)工作机制,抓实"1234+"(以一次全体会议集中协商为龙头,以两次党政主要领导与政协委员面对面协商为关键,以三次专题议政性常委会协商为重点,以协商座谈、对口协商、界别协商、提案办理协商四种协商形式为常态,"+""请你来商量"随机协商为补充)协商议政模式,落实专委会"12221"(每个专委会每年至少组织开展1次"委员之家"活动、组织2

次专题调研、征集2篇大会发言、反映2条社情民意信息、牵头组织1次“会客室”或“工作室”活动）工作制度，围绕县第十五次党代会确定的各项目标任务，为开启建设黄河流域生态环境保护和高质量发展先行区隆德新篇章贡献政协智慧和力量。一是坚持党的领导，强化理论武装；二是聚焦中心工作，服务发展大局；三是坚持工作创新，展现政协活力；四是发挥优势作用，增进团结民主；五是加强自身建设，提升履职效能。确定了县政协2022年度15项重点工作和5项创新工作。

【隆德县政协“委员红色讲堂”2022年宣讲工作方案】 坚持以习近平新时代中国特色社会主义思想为指导，突出加强思想政治引领，突出坚定理想信念，突出坚守初心使命，突出凝聚思想共识，充分体现把中共中央对人民政协工作的要求落实下去和把全县各族各界群众力量凝聚起来的“双向发力”工作宗旨，始终紧扣县委中心工作，在强化思想政治引领和广泛凝聚共识上多做工作，在已有经验的基础上，深入推进讲堂进机关、进农村、进社区，深入宣讲习近平新时代中国特色社会主义思想和中共十九届六中全会精神，引导广大政协委员、干部群众团结一心、努力拼搏，朝着实现第二个百年目标奋勇前进。2022年宣讲活动计划从2021年12月开始至2022年11月结束，共安排30讲。

【政协隆德县第十二届委员会民主监督工作实施方案】 指导思想：以习近平新时代中国特色社会主义思想为指导，深入贯彻落实习近平总书记关于加强和改进人民政协工作的重要思想，坚持协商式监督的定位。民主监督内容：1.县法院、县检察院和县直部门（单位）贯彻国家宪法法律和法规实施情况；2.疫情防控工作情况；3.肉牛、绿色食品、文化旅游、特色加工、生态经济五大特色产业发展情况；4.巩固拓展脱贫攻坚成果同乡村振兴有效衔接情况；5.“四权”改革情况、建立绿色循环发展模式情况、基层治理体系和治理能力现代化情况；6.国家机关及其工作人员遵纪守法、加强作风建设、开展反腐倡廉等情况；7.县政协提案、建议案和社情民意等重要意见建议办理情况。监督形式：结合协商、调研、视察等履职活动，运用专项监督、会议监督、视察监督、提案监督、反映社情民意信息监督、应邀委派监督等监督形式，定期或不定期地到被监督部门（单位）进行监督。

【关于表彰2022年度优秀提案、提案办理先进单位和先进工作者的决定】 为调动广大政协委员建言献策和履职尽责的积极性，经县政协常委会会议研究，决定对“关于支持隆德县创建全域旅游示范县，加大配套硬件设施扶持的提案”等9件优秀提案（建议）、文广局等9个提案办理先进单位和张守宗等12名先进工作者予以表彰。

重要活动

【县政协召开“1+10”基层协商议事工作机制座谈会暨专委会组织生活会】 2022年4月7日，隆德县政协社会治理委、经济委在凤岭乡李士村联合召开隆德县政协召开“1+10”基层协商议事工作机制座谈会暨专委会组织生活会，县政协各专委会部分中共党员委员、李士村村民代表参加会议。会议学习了习近平总书记在庆祝中国共产党成立100周年大会上的讲话，中国共产党第十九届中央委员会第六次全体会议公报，习近平总书记在全国宗教工作会议上的讲话，习近平总书记在参加十三届全国人大五次会议内蒙古代表团审议时的讲话，习近平总书记在看望参加全国政协十三届五次会议的农业界、社会福利和社会保障界委员时的讲话。听取了李士村村民代表对《隆德县政协1个社区（村）负责人+10个居民代表基层协商议事工作机制（试行）》的意见建议，各位委员党员剖析了过去一年中的相关不足，听取了村民代表的意见建议。

【县政协举办“百年梨园红色讲堂”活动】 4月20日，县政协与县委宣传部联合举办“百年梨园红色讲堂”活动，通过发挥红色资源优势，培育优化“六盘山红色故事会”品牌项目，鼓励群众参与志愿活动，做新时代文明实践红色基因的践行者。

【县政协召开“1+10”协商竹林社区基础设施建设问题会议】 4月27日，隆德县政协召开“1+10”〔1个社区(村)负责人+10个居民代表〕协商竹林社区基础设施建设问题会议，就调研发现的竹林社区基础设施建设问题开展协商，县政协党组副书记、副主席许学军主持会议，县政协办公室、各专委会、城关镇、乡村振兴局、住建局、水务局、竹林社区负责人参加了会议。

【开展文化旅游产业调研活动】 5月24日上午，县政协副主席董玉科带领县政协教科文卫体委界别委员，通过实地考察和召开座谈会等形式，深入温堡乡杨氏彩塑生产基地、凤岭乡李家沟中共地下党活动地纪念馆、上梁老街、隆德慧绣坊、隆德县博物馆、图书馆、文化馆等地，对隆德县文化旅游产业进行专题考察调研，并就全县公共文化设施建设、文化产品、公共文化服务效能提升、文旅市场开拓、文旅行业困境等情况提出意见建议。县委宣传部、县文广局、县文联相关负责人参加调研。

【隆德县政协参加全国政协贯彻落实中央政协工作会议精神进展情况“回头看”视频调研会并作交流发言】 5月25日，全国政协副主席汪永清主持召开贯彻落实中央政协工作会议精神进展情况“回头看”视频调研会，自治区政协主席崔波在宁夏分会场介绍了宁夏学习贯彻中央政协工作会议精神情况，银川市、石嘴山市、吴忠市、固原市、中卫市以及金凤区、隆德县、海原县政协负责人在宁夏分会场作了交流发言，隆德县政协党组书记、主席李国英代表隆德县政协作了题为《强化党建引领　持续深化“委员红色讲堂”》的交流发言。

【开展中药材产业发展情况专题调研】 6月2日，县政协经济委员会组织相关界别委员围绕隆德县中药材产业发展情况开展专题调研。调研组深入联财镇太联村中药材规范化种植基地、宁夏六盘山道地中药材科技有限公司加工车间、神林乡庞庄村林下中药材生态种植基地、观音村千亩中药材规范化种植基地、六盘山区中药材种植资源圃、隆德县葆易圣药业有限公司、上药(宁夏)中药资源有限公司，通过现场查看、召开座谈会等形式，了解隆德县中药材产业发展中存在的困难和需求，并就提升中药材品质、深化中药材产业链、拓展中药材市场等提出了意见建议。县政协副主席董玉科，农业界、工商联界、医药卫生界部分委员，农业农村局、乡村振兴局、科技局相关负责人参加了调研。

【开展肉牛养殖产业发展情况专题调研】 6月14日，县政协组织农业界、经济界和工商联界部分委员，深入宁夏杨河牧业发展有限公司、杨河乡串河村、红旗村、联财镇正荣有机肥加工厂、沙塘镇清泉村、城关镇红崖村，通过现场查看，座谈交流的形式，围绕“以肉牛养殖出户入园为目标，加快构建竞争力更强的现代农业产业体系”开展专题调研。县政协副主席董玉科参加调研并主持召开座谈会，县农业农村局、乡村振兴局相关负责人参加了调研。

【开展食用菌特色种植业发展情况调研】 7月7日，县政协组织农业界等界别委员，对隆德县食用菌特色种植业发展情况进行了专题调研。县政协党组成员、副主席董玉科参加调研并主持召开座谈会，县农业农村局等部门相关负责人参加了调研。调研组先后实地调研了沙塘镇张树村黄金菇种植点、神林乡辛平村永发食用菌专业合作社和联财镇张楼村平菇种植点，温堡乡新庄村亚龙家庭农场、城关镇吴山村珍源食用菌专业合作社和宁夏圣源菌业专业合作社，深入了解全县食用菌种植业发展的基本情况、存在的问题和困难，并就如何解决当前食用菌生产方式落后、基础设施薄弱、种植规模小、带动农户不足等问题提出了意见建议。

【隆德县政协赴吴忠市开展“用水权改革”考察调研学习活动】 7月14—16日，县政协组织考察组，围绕进一步优化用水结构、转变用水方式、提高用水效率，强化水资源刚性约束，为隆德县“水权改革”提出可行性建议，赴吴忠市利通区、青铜峡市、盐池县开展“用水权改革”考察调研学习活动。县政协党组成员、副主席董玉科带队，县政协副主席吕霄、县政协经济委主任郭锐、教科文卫体委主任何斌、部分政协委员及水务局等部门负责人参加调研。

【隆德县政协在凤岭乡于河村开展“委员红色讲堂”宣讲活动】 7月26日，隆德县政协组织相关界别委员和机关干部职工在联系帮扶的凤岭乡于河村开展“委员红色讲堂”宣讲活动。于河村驻村第一书记就防止返贫动态监测和帮扶政策应知应会知识，产业扶持、就业扶持、教育惠民等各项惠农补贴政策做了详细的讲解。市、县政协委员魏亚龙以“国家级非物质文化遗产——魏氏砖雕”为主题进行了讲座。为巩固拓展脱贫攻坚成果同乡村振兴有效衔接，贡献了政协智慧和力量。

【城乡人居环境建设情况专题调研】 9月1日，县政协组织政协常委围绕“城乡人居环境建设情况”开展专题调研。调研组深入神林乡辛平村、沙塘镇清泉村、党校片区小微公园绿化点、312国道县城段绿化段、东关小区老旧小区改造点，深入了解了农村垃圾处理、污水治理、厕所改造、村容村貌提升、县城绿化、老旧小区单体及配套基础设施项目内容和进度等城乡人居环境建设情况。调研组肯定了全县实施县城绿化美化升级提档工程，高标准推进老旧小区改造取得的成效，并指出需要进一步发动群众，着力补齐短板，继续巩固提升整治成果，推动全县城乡人居环境向功能品质提升转变。县政协党组书记、主席李国英，党组成员、副主席董玉科，住建局、农业农村局和自然资源局负责人参加了调研。

【隆德县政协赴西吉等县区考察学习】 9月7—8日，县政协组织政协委员、相关部门负责人赴西吉县、原州区、彭阳县开展考察调研。考察组先后实地考察西吉县兴隆镇“出户入园”建设项目、王民乡现代农业高质量发展综合示范区、火石寨沙岗村生态文旅型农业产业基地，原州区头营镇杨郎村万亩瓜菜种植基地、融侨（丰霖）肉牛产业园、原州区高品蛋鸡产业园，彭阳县玉米大豆套种基地、阳洼流域生态经济建设示范点、宁南数字产业园、茹河街社区。通过实地参观、听取介绍、现场交流，详细了解了各县区在生态建设、产业发展和文化旅游等方面的工作经验。考察组表示，在隆德县今后工作中，要坚持“生态立县”的发展思路，以创建“全域旅游示范县”为契机，大力发展五大特色产业，努力形成生态、产业、文化融合发展的新格局。县政协党组书记、主席李国英带队，县政协党组成员、副主席董玉科，县政协副主席吕霄参加考察调研。

【县委书记刘斌督办政协重点提案办理情况】 10月18日，县委书记刘斌带队督办县政协重点提案办理情况，县政协党组书记、主席李国英，副书记、副主席许学军，党组成员、副主席董玉科，副主席吕霄，部分政协委员，县乡村振兴局、文广局、城关镇、沙塘镇负责人参加督办活动。督办组一行先后到沙塘镇清泉移民村、城关镇十三坊项目实施地、红崖社区、杨家店红军村，通过实地查看、听取汇报、召开座谈会，详细了解提案办理情况。刘斌同志对政协工作给予了充分肯定，并表示，通过重点提案现场督办，有效协调解决了提案办理过程中遇到的难点堵点，为加快提案办理的进度和质量，发挥委员作用，推动新时代政协工作取得新成效起到了积极作用。

【全县生态文明体系建设情况专题调研】 10月26日上午，县政协党组书记、主席李国英，县委常委、政府副县长刘君彬，县政协副书记、副主席许学军，党组成员、副主席董玉科，副主席吕霄和部分县政协常委就隆德县推进山水林田湖草系统治理模式向各流域延伸、加快建设水资源高效利用体系、健全完善污染防治长效管护机制、减少农业面源污染、构建绿色低碳循环发展经济体系等工作开展专题调研。调研组一行先后到宁夏千峰兔业有限公司、隆德县鑫泰能源再生有限公司、渝河中型灌区节水改造及续建配套工程、县污水处理厂、渝河流域综合治理(联财断面),实地了解残膜回收、生态有机养殖、高效节水灌溉、污水处理等治理情况。调研组认为,近年来,全县认真践行绿水青山就是金山银山的发展理念,深入推进生态文明体系建设,实施渝河流域山水林田湖草综合治理工程,多措并举解决农村面源垃圾污染问题,全县生态文明体系建设取得了有目共睹的成效。

专门委员会工作

【提案和委员联络委员会】 县政协十二届一次会议以来,共收到提案105件,立案56件(其中重点提案10件)。以县委、县政府主要领导领衔督办,政协主席、副主席牵头督办,专委会会同县委督查室、县政府督查室常规督办的方式组织提案督办,提案办结54件,办复率96%。开展社情民意信息工作,先后向区、市政协报送社情民意信息30篇。考核评选表彰优秀提案者10人、提案办理先进单位5个,举办委员履职能力提升培训班2期,为加强提案工作夯实理论根基,提升提案服务水平。

【经济委员会】 围绕县委、县政府重大决策部署和“五特五新五优”产业、“六权”改革、“六大提升行动”等,聚焦工业经济发展、生态林业建设、绿色富民产业和联农带农机制、民族示范创建活动、文明城市创建等开展视察调研,建言咨政。围绕肉牛产业发展、中药材产业发展和食用菌特色种植开展专题协商,形成高质量调研报告4篇,得到县委主要领导充分肯定,为县委、县政府科学决策提供了有效参考。组织委员赴吴忠、固原市等县区就用水权改革、生态建设、产业发展等开展考察学习、开阔眼界。配合区、市和其他县(区)政协就隆德县基层治理、绿能开发、城乡居民收入等开展调研9次,接待安徽省等区外各级政协组织到隆德调研考察4次。

【教科文卫体委员会】 围绕文化旅游产业发展,对温堡乡杨氏彩塑生产基地、隆德慧绣坊、隆德县博物馆、图书馆、文化馆、陈靳高阳房车基地等进行了专题调研,形成调研报告2篇,为推进隆德县文化旅游产业转型升级、提质增效建言献策。充分发挥“委员红色讲堂”宣传阵地作用,23名委员发挥各自专业特长,传经送宝,开展宣讲29场次,在全国政协贯彻落实中央政协工作会议精神视频调研会、全区政协系统党的建设工作经验交流会上作了发言。积极参与《隆德县扶贫志》的编纂,工作经验在全区政协文史工作座谈会上就文史资料编纂工作作了经验交流发言。挂牌成立“文化艺术界委员工作室”,推进政协协商与基层协商有效衔接,拓宽凝心聚力渠道。配合区、市政协就隆德县全民健康水平提升、人才队伍建设等工作考察调研8次,接待河南省各级政协组织到隆德调研考察2次。

【社会治理委员会】 围绕城乡人居环境整治、水污染和农村面源污染治理进行专题议政性常委会协商,就残膜回收、污水处理、生态有机养殖、渝河综合治理等方面进行了视察,形成高质量调研报告2篇,为县委、县政府科学决策提供了有效参考。创建“1+10”协商向基层延伸模式,重点关注社区(村)存在的矛盾纠纷和民生问题,共收集协商事项25项,协商办结18项,解决了群众急难愁盼问题。围绕移民安置改造提升、城乡人居环境改善、医疗卫生健康和基础教育质量提升、创业就业政策扶持等领域工作开展视察监督,提出意见建议30余条。挂牌成立“郭丽娟委员会客室”,推进政协协商与基层协商有效衔接,拓宽凝心聚力渠道。接待湖北省等区外各级政协组织到隆德调研考察2次。

(孙小宁　何　斌　郭　锐　张　蓓)

中共隆德县纪律检查委员会

机构组成

中国共产党隆德县第十五届纪律检查委员会

书　记　胡巧琴(女)

副书记　刘旭升(2022年5月离任)

张炳刚(2022年10月离任)

赵学斌(2022年10月任职)

雍存红(2022年5月任职)

常　委　胡巧琴(女)

赵学斌

雍存红

卜小强(2022年10月任职)

张菲菲

王　珍(女)

刘富荣

马　旺(2022年10月离任)

重要会议

【中国共产党隆德县第十五届纪律检查委员会第二次全体会议】 2022年1月28日,中国共产党隆德县第十五届纪律检查委员会第二次全体会议在县行政中心召开,县委书记刘斌出席会议并讲话。县委、人大、政府、政协领导班子成员,县人民法院院长,县人民检察院检察长,县纪委委员出席了会议。全会回顾总结2021年纪检监察工作,安排部署2022年任务,审议通过了胡巧琴代表县纪委常委会所作的《运用党的百年奋斗历史经验深入推进自我革命　以优异成绩迎接党的二十大胜利召开》工作报告。

【全县领导干部廉政警示教育暨廉政教育专题学习大会】 3月24日,隆德县召开领导干部廉政警示教育暨廉政教育专题学习大会,会上学习《习近平关于坚持和完善党和国家监督体系论述摘编》《中国反腐倡廉发展史》《忏悔警示录(2021)》,观看警示教育片《交易之警》。县委书记刘斌出席会议并讲话,县人大常委会主任张佐,县委副书记、政法委书记兰秀全等县级领导及各乡(镇)、部门(单位)负责人参加了会议。

纪检监察

【概述】 隆德县各级纪检监察机关深入学习贯彻中共二十大和自治区第十三次党代会精神,认真落实中央及区、市纪委全会要求部署,围绕中心大局强化政治监督,以高质量发展为主线,充分发挥监督保障执行、促进完善发展作用,坚持以严的基调强化正风肃纪,一体推进"三不腐"方针方略,为全县经济社会发展提供坚强保障。

【政治监督】 聚焦贯彻落实习近平总书记视察宁夏重要讲话和重要指示批示精神,紧盯党中央重大决策部署和区市县党委重点工作落实,开展政治监督15次,督促整改问题48个,全力保障"六大提升行动""五特五新五优"产业、"六权"改革等重点工作落地落实落细。扎实开展粮食购销领域腐败问题专项整治,推动建立完善制度7项,精准监督中央环保督察反馈问题整改,全程督导乡镇、部门落实疫情防控政策,以实打实的监督成效维护粮食安全、守护绿水青山、筑牢疫情防线,助推全县经济社会发展总体平稳、稳中有进。

【惩贪治腐】 始终保持惩治腐败高压态势,受理信访举报146件,处置问题线索157件,立案72件83

人，给予党纪政务处分94人，留置并移送司法机关1人，反腐败斗争持续取得突破。深入开展工程建设、政府采购、卫生健康和国有产权、土地、矿业权交易等重点领域突出问题专项治理，立案14件，调查处置党员干部7人。做实查办案件“后半篇文章”，深化运用“三会两书两报告”，发出纪检监察建议书78份，督促发案单位召开专题民主生活会、警示教育会议11场次。深入推进廉洁文化建设，用活本地红色资源打造“红廉专线”，党员干部接受警示教育1000余人次，不想腐的思想堤坝持续加固。以实施“青廉计划”为抓手，强化年轻干部教育管理监督，经验做法被评为全区纪检监察系统特色亮点“优秀”等次。

【作风建设】 坚持以钉钉子精神纠“四风”树新风，查处违反中央八项规定精神问题10起18人。深入开展违规收送红包礼金和不当收益及违规借转贷或高额放贷专项整治，督促上交红包礼金及不当收益6.53万元。扎实开展“干事创业提精神、担当作为树形象”教育活动，持续纠治不作为、慢作为、乱作为等问题，全面摸排整治在编不在岗情况，围绕服务管理、工作纪律等开展10轮督查。协助县委出台《会议纪律“九不准”》《隆德县严肃会风会纪问责办法》，督促部门完善内控制度113项，教育引导广大党员干部将好作风弘扬在新时代。

【政治巡察】 全面总结十四届县委巡察经验做法，高标准统筹编制巡察工作五年规划，完成2轮7个乡镇党委常规巡察，延伸巡察村（社区）党组织65个，下沉调研村集体经济组织62个，发现问题611个，移交问题线索13个。建立纪检、组织、宣传等部门日常监督的协调联动机制，围绕巡察反馈问题整改，开展3轮专项督查，推动十四届县委巡察反馈925个问题整改到位。强化巡察成果运用，建立《巡察整改成效评估办法》，以量化评分推动巡察整改落实落细。制定《县委巡察组巡察后评估办法》，深化运用巡视（巡察）网络平台和单机版系统，巡察工作信息化、规范化水平得到整体提升。

【监督执纪】 坚决扛起全面从严治党协助职责和监督责任，在全区首创“一把手”和领导班子开展7种党内谈话模板，开展谈话460人次，制定《关于运用“六看”措施加强干部监督管理的任务责任清单》《“七种党内谈话方式+全面从严治党20条措施”任务责任清单》，压紧压实管党治党责任。持续深化纪检监察体制改革，首次向县人大常委会报告专项工作，认真执行“三书四会五联动”工作法，派驻监督质效稳步提升。落实“三个区分开来”要求，做实做细教育提醒、纪法震慑、政策感召，运用“四种形态”教育帮助和处理干部209人次，其中第一、第二种形态占比达94.7%，教育回访受处分干部51人次，对7名干部开展澄清正名，以精准执纪问责实现教育人、挽救人、改造人。

【维护群众利益】 紧扣过渡期政策、制度和工作落实，聚焦挂牌督办及考核后评估反馈问题整改，建立“专项监督+”隆德模式，监督检查25次，开展专项整治4项，诫勉2人，批评教育18人，推动国家挂牌督办问题和后评估反馈问题全面整改、彻底整改，“专项监督+”隆德模式在全区专项监督工作例会上作了经验交流。着力整治群众身边腐败和不正之风，查处贪污侵占、虚报冒领等问题9起，处分13人，追缴涉案资金25.32万元。持续夯实配强基层监督力量，在全县108个村（社区）设立村（社区）勤廉监督室，推进基层小微权力“监督一点通”服务平台广泛应用，办结群众投诉35件，群众满意度93%，位列全区第一，隆德县被自治区纪委确定为小微权力“监督一点通”平台建设试点县。

（撰稿人：李鑫佳）

重要活动事项

【综合业务培训】 2月10—11日，隆德县纪委监委举办纪检监察干部综合业务培训班，对县乡两级70余名纪检监察干部进行为期两天的业务培训，此次培训涵盖对《中华人民共和国监察法实施条例》《中华人民共和国监察官法》等相关法规的学习，开展了审查调查课程讲义解读、审查调查措施文书格式使用、习近平总书记有关巡视工作的重要论述等专题培训研讨。通过业务骨干现场讲解教学、观看视频、研讨交流、知识测试等多种方式，以内提素质、外强本领为培训着力点，提升纪检监察干部队伍政治素养和业务能力。

【开通“红廉专线”】 为积极践行习近平总书记关于“把红色资源利用好、把红色传统发扬好、把红色基因传承好”的指示精神，秉承“红廉一脉，浑然一体”理念，隆德县纪委监委联合县委组织部，将打造成型的红色旅游、廉政文化点，进行挖掘包装、优化串联，组成廉政文化教育“红廉专线”，专线于6月29日正式开通。

【实施“青廉计划”】 隆德县积极探索引导年轻干部扣好廉洁从政的“第一粒扣子”，深入实施“青廉计划”暨选派年轻干部到县纪委监委实践锻炼专项活动，分批选拔全县各乡（镇）、各部门（单位）年轻干部到县纪委监委接受思想、纪律、实践、廉洁“四项教育”，切实把好年轻干部教育管理监督“关口”。

【督导调研】 7月20日，自治区纪委监委督导调研组一行通过听取汇报、查阅资料等方式，到隆德县督导调研基层小微权力“监督一点通”运行、“高素质专业化队伍建设年”活动开展、审查调查安全、廉政档案建设等上半年纪检监察工作重点任务落实情况，并对进一步做好下半年纪检监察工作提出具体要求。

【隆德县监察委员会首次向县人大常委会报告专项工作】 9月2日，在县十八届人大常委会第七次会议上，县监委主任胡巧琴代表县监委作《关于开展廉政教育工作情况的报告》，这是县监委首次向县人大常委会报告专项工作。

群众团体

隆德县总工会

【概述】 2022年县总工会在区、市总工会的坚强领导下，坚持以习近平新时代中国特色社会主义思想为指导，全面贯彻中共十九大和十九届历次全会精神及中共二十大精神，深入贯彻习近平总书记关于工人阶级和工会工作的重要论述精神，弘扬伟大建党精神，以"基层组织建设提质增效年"为重要抓手，全面做好职工思想引领、建功立业、权益维护、服务提升、组织建设、"五大任务"促进工会工作取得了新的成效。

【理论学习】 制定学习方案，明确学习重点内容。组织召开党组会议13次、专题民主生活会3次，中心组开展理论学习11次，开展专题党课3次、理论宣讲2次、职工会集中学习30次、集中交流研讨5次，20多人次交流发言，全体参学人员撰写心得体会30余篇。开展专题调研1次。组织党组成员4人参加乡村振兴应知应会知识测试1次。组织干部职工对新修订的《中华人民共和国工会法》进行了专题学习，利用进企业、进社区、网络平台等活动进行了广泛宣传，将《中华人民共和国工会法》贯穿于工会各项工作的开展。

【工会建会入会】 以新就业态劳动者为主体，扎实开展小微企业、"八大群体"(货车司机、快递员、护工护理员、家政服务员、商场信息员、网约送餐员、房产中介员、保安员)集中入会，推进区域、行业工会联合会组建工作，2022年新建工会组织6家，发展会员282人。共有基层工会组织277家，涵盖单位数323家，共有职工20108人。

【打造户外劳动者服务站点】 按规定标准建成"工会户外劳动者服务·法律援助站"6个。按每站3万元的标准配备微波炉、饮水机、应急医药箱、保洁柜、更衣柜、电源插座及桌椅沙发等设施设备，标示服务内容、开放时间、服务电话和"互联网+工会"网络服务平台宣传牌，切实为环卫工人、交通警察、外卖小哥和快递业务员等户外工作者提供"冷可取暖、热可纳凉、渴可喝水、累可歇脚、临时避雨"等爱心服务。

【基层工会规范化建设】 县工会督促并指导全县106家非公建会企业建立健全以职代会为基本形式的厂务公开民主管理工作制度。推动规模以上的8家建会企业按照"六有(有组织机构、有工会工作制度、有工会标识、有活动阵地、有职工书屋、有台账资料)逐步推进职工之家、乡镇街道规范化建设工作，将宁夏爱丽娜地毯有限公司、隆泉社区培育为2022年"职工之家"示范点。新建县公共交通有限公司会站家一体化服务站。

【宣传教育】 开展"喜迎二十大　奋进新时代"为主题的征文活动。号召各基层工会组织广泛参与，并向区、市总工会分别推送《隆德县产业工人，干出他们该有的样子》《播撒科技进万家》《畜牧战线上的守护神》等作品。大力弘扬劳模精神、劳动精神、工匠精神，制定并下发《关于开展"五一"国际劳动节工会宣传工作的通知》。充分发挥工会微信公众号、"宁工惠"App、等媒体作用，加强与社会媒体协同，推动形成线上线下融合、内外媒体贯通的工会宣传工作格局，制作《情暖户外劳动者》专题片，全年共编发《隆德工运信息》100期。通过进企业、进社区、普法宣传日等活动发放《中华人民共和国工会法》《中华人民共和国劳动法》等宣传资料5000余份。

【权益保障】 深入实施“四送”活动，履行权益维护基本职责。开展“春送岗位”促就业行动。联合就业局从2月中旬至3月底期间，举办以“春风送岗位，就业暖民心”为活动主题的线下招聘活动2场次，其中在搬迁移民安置点移民点1次。线下招聘活动邀请用工企业38家，提供就业岗位600个，达成聘用合同或意向300人次，发放各类政策宣讲资料1000份。开展“夏送清凉”促安康行动。结合党史学习教育“我为职工群众办实事”活动要求，开展消费扶贫倡议行动。县总工会面向全县各级工会组织，广大工会干部、工会会员和职工发出《关于深入开展消费扶贫 巩固脱贫成果 助力乡村振兴的倡议书》。开展“金秋助学”促成才行动，开设工会班3个，为150名在读初中、高中的困难职工（农民工）家庭子女发放助学金2600元，共计发放36万元助学金。开展“冬送温暖”促保障行动，2022年两节慰问困难企业1家，发放慰问金1万元；走访慰问困难职工和困难劳模12人，发放慰问金1.2万元；慰问重点行业、重点人群、重点工程人员，包括环卫工、水暖工、防疫一线及春节值班的一线职工共80人，发放慰问金6.4元；常态化送温暖发放资金共6万元，惠及职工64人；国庆、中秋双节期间发放困难职工帮扶资金21.6万元，惠及职工25人；10月筹措资金6010元，慰问疫情影响的货车司机30人，为他们送去牛奶、方便面、火腿肠等物资。

【协调劳动关系】 落实政府与工会联席会议制度和协调劳动关系三方联席会议机制，以“一书两函”工作机制为抓手，启动集体协商“要约”行动，发出要约提示函56份，签订工资专项集体合同36份，覆盖企业36家，覆盖职工2117人，签订区域性工资专项集体合同1份，覆盖企业30家，覆盖职工602人，签订行业性工资专项集体合同3份，覆盖企业29家，覆盖职工908人。签订集体合同60份，覆盖企业120家，覆盖职工4660人。调整“三方”联动劳动争议调解委员会，健全相关规章制度，聘请1名专职律师常年为困难职工和农民工开展政策咨询、法律培训、法律援助等维权服务。2022年县总工会职工维权帮扶中心接待并办理来访来信来电案件共34案34人，其中来访案件23案23人，来电案件共11案11人。

【企业民主管理】 根据自治区总工会《关于进一步发挥企业民主管理工作在基层治理中积极作用的通知》要求，制定方案并分发了《关于进一步发挥企业民主管理工作在基层治理中积极作用的通知》，指导和推动企事业单位广泛开展厂务公开企业民主管理工作，健全以职代会为基本形式的企事业单位民主管理制度并喷绘上墙。落实职工说事机制，制定方案，明确任务。以工业园区企业为示范点，推进工作有序开展。

【劳模管理】 组织各级劳模参加区市县相关活动，为5名全国劳模申请健康体检，为4名省部级以上劳模申请区内外疗休养，组织4名劳模代表参加中共二十大宣讲活动，为全县8名劳模进行生活困难补助金和特殊困难帮扶金申报发放，对4名劳模进行慰问。创建市级劳模工作室1个，推荐1名劳模参加自治区科技创新活动并荣获自治区科技创新优秀奖。

【关爱女工】 建立女职工组织205家，签订女职工劳动保护专项集体合同50份，覆盖女职工3012人。开展女职工维权行动月系列活动，通过多种形式对《中华人民共和国妇女权益保障法》进行了学习宣传，举办培训班2期，培训人数300余人。组织146名女职工进行了健康体检。举办文体活动3场次，参与女职工达1000多人次。

【经费审查】 贯彻落实《中国工会审计条例》，以“三公开”推动“基层工会审同级工会经费全覆盖”为工作目标，以经审工作规范化建设为抓手，从组织建设、规章制度、审查审计、业务建设、重点工作五个方面加强县总工会经审工作，按照每年对下审计面不少于25%的工作要求，积极开展对下级工会经费审查审计监督工作。2022年，县总经审办对23个基层工会经费收、管、用情况进行的审计，促进了工会财务工作的规范运作。

（麻晓娟）

共青团隆德县委员会

【理论学习】 牢牢把握正确政治方向，坚持用习近平新时代中国特色社会主义思想武装青年，通过团县委领导班子带头学、指导学，团的领导机关和班子成员深入学、广泛学，广大团干部和团员青年及时学、跟进讲，采取“集中+分散”宣讲相结合的方式，组织全县各级团干部、少先队员、团员青年代表因地制宜分众化、多样化学习宣讲中共二十大精神、习近平总书记在庆祝中国共产主义青年团成立100周年大会上的重要讲话精神、自治区第十三次党代会精神等10余场次，组织开展“青马工程”培训2场次，进一步唱响爱党爱国爱社会主义的时代主旋律。

【主题活动】 围绕“喜迎二十大、永远跟党走、奋进新征程”主题，组织全县各级团组织、少先队开展主题团、队日活动和朗诵比赛、文艺书画展、红色实践教育、中小学生科技创新展赛等活动10余场次，坚持实践育人，提升学习实效。在清明节、“五四”青年节、“六一”国际儿童节等重要时间节点，各级团组织开展爱国主义教育活动，诗词朗诵大赛，集中入团入队仪式、“喜迎二十大·争做好队员”“铸牢中华民族共同体意识”等主题团队日活动10余场次，以特色品牌活动吸引凝聚青少年。

【“网上共青团”建设】 依托“隆德共青团”微信公众号和“青春隆德”微博及时推送相关信息，共计发布400余条。常态化开展党史学习教育，开设“学习二十大”“党史学习”等学习专栏。深化“青年大学习”“红领巾爱学习” 等载体，带动学习15万余人次，参学率逐步提升。

【基层团组织建设】 全面加强共青团系统党的领导和党的建设，印发《隆德县共青团基层组织改革工作实施方案》，完成全县13个乡镇团委换届选举工作，调控发展团员315名，新建非公有制企业团支部20个，社会组织领域团支部2个，打造学校、社区、青年社会组织、企业等团建示范点8个。严格落实“三会两制一课”（支部大会、支部委员会、团小组会；团员教育评议制度、团员年度团籍注册的制度和团课）制度，规范开展仪式教育、主题团日、组织生活会。团员评议、学社衔接率、新发展团员录入率等均达到100%。持续发挥县青少年活动中心、闽宁驿站等“青年之家”阵地作用。结合全县“干事创业提精神 担当作为树形象”教育活动，组织开展为期半年的团干部对标自查提升行动，全面抓实从严治团工作。

【加强少先队工作】 将学习贯彻落实《关于全面加强新时代少先队工作的意见》精神作为重要政治任务，召开专题会议组织各级团队组织进行传达学习。印发《隆德县关于全面加强新时代少先队工作的实施方案》，切实加强党建带团建带队建机制，团教协作机制，落实县委负责人担任同级少工委名誉主任，切实加强对少先队工作的领导。开展“学习二十大 争做好队员”“红领巾心向党” 主题教育，积极拓宽校外阵地，成立村（社区）少工委10个，评定颁发红领巾奖章二星章个人章、集体章300个，评选表彰自治区级优秀少先队辅导员、集体15个，全面落实分批入队和争章活动，构建阶梯式成长激励体系，不断增强少先队员的光荣感、组织归属感。对接县博物馆、青少年活动中心、老巷子等少先队校外实践基地，开展校外实践活动，切实提高社会化少先队工作水平。

【“青年创业” 工作品牌】 建成老巷子青年就业创业基地，与职业中学团委联合打造青年“创客园”。发起成立“隆德县青年创业联盟”，为广大青年提供就业岗位，帮助培育创业项目，开展电商青年人才培训1期50人。开展“共青团乡村振兴健康服务项目”培训1期40人。发挥隆隆薯“青”字创业品牌影响力，推动农特产品销售，助力乡村振兴。实施“青农贷”“大学生乡村创业帮扶计划”等项目，帮助10余名青年申请创业小额涉农贷款100余万元。

【“青春志愿”服务品牌】 累计开展关爱留守儿童、孤寡老人、法治宣传、禁毒宣传、环境保护、旅游宣传、文明城市等志愿服务活动50余场次，覆盖群众8000余人次。“隆隆薯扶残助残项目”荣获第五届中国青年志愿服务公益创业赛银奖，“凤凰花班”赋能乡村少年儿童志愿服务项目获第六届中国青年志愿服务项目大赛银奖，隆德县青年志愿者协会荣获第十三届中国青年志愿者优秀组织奖。成立青年志愿者突击队80余人，常态化开展疫情防控工作，积极参与卡点值守、文明劝导、全员核酸检测等工作。

【“青年建功”活动品牌】 实施“扬帆计划”政务实习项目，为175名返乡大学生提供机关（企）事业单位实践实习平台，招募返家乡大学生150人参加“七彩假期”暑期志愿服务活动，累计服务时长达4万余小时。

【“美丽隆德”绿色品牌】 营造“生态优先、绿色发展”的浓厚氛围，开展青少年生态文明意识教育，与厦门大学团委合作共建“厦隆公益生态林”活动，广泛组织植绿护绿、“三减一节”（减霾、减塑、减排和资源节约）、垃圾分类、农村人居环境治理、保护渝河等青少年生态环保实践活动，为隆德生态文明建设贡献青春力量。

【“基层治理”项目品牌】 团县委主管2家团属青年社会组织被评为“AAAA”级社会组织。5月成立隆德县心雨社会工作发展服务中心，承接沙塘镇社工服务站留守儿童、困境儿童关爱项目。探索开展“社区青春行动”，新建东关社区、西苑社区2处“青春社区”，广泛组织青年志愿者和“返家乡”青年学子参与各社区特殊群体关爱帮扶等社区治理志愿活动15场，受益群众已达800余人，在基层治理中发挥积极作用。

【落实中长期青年发展规划】 召开隆德县中长期青年发展规划联席会议第二次全体会议，会议研究并出台《隆德县关于青年投身全面乡村振兴的实施意见》，营造服务青年发展良好氛围，全面助力乡村振兴发展。充分发挥共青团桥梁纽带作用，扎实开展“共青团与人大代表、政协委员面对面”工作，以“促进高校毕业生高质量就业”为主题，围绕“毕业大学生就业培训”和“毕业大学生档案跟踪”等问题，对全县毕业大学生就业存在的各种问题因素进行分析和探讨，提出针对性的意见建议，并表示把青年群体问题中最迫切的需要和呼声带到两会上去。

【帮扶关爱项目】 发动社会各方力量开展精准帮扶和关爱引领，建设农村留守儿童“童心港湾”和“希望小屋”各1个，打造“快乐小屋”21间，同时做实常态化志愿服务，实现从“小屋换新”到“精神焕新”。开通“青年来信”，广泛听取青少年意见，掌握思想动态，受理反馈来信7条。点亮“微心愿”120个，慰问关爱特需青少年20余户，让青少年切实感受到党和政府的关怀关爱，提高青少年的获得感、幸福感、安全感，让青少年在幸福温馨的环境中健康快乐成长。

【希望工程助学项目】 争取、筹措“希望工程·圆梦行动”“希望工程1+1——幻方助学计划”等助学项目，资助困难家庭学生584名，共计134.4万元。

【青少年素质提升】 常态化开展周末公益兴趣班和“凤凰花班”关爱少年儿童研学项目，累计覆盖青少年2000余人次。全面实施“七彩假期”暑期志愿服务活动，实现全县108个行政村（社区）、12个乡村少年宫全覆盖。

【青少年权益维护】 借助“两微”平台开展“青春自护·有你有我”青少年自护教育活动，在微信公众号开设青春自护教育学习专栏，围绕防不法侵害、禁毒知识、校园欺凌、防自然灾害、交通安全、用电防火等专项内容，共计发布内容20余篇，覆盖青少年1万余人。开展法治教育进学校、进农村、进社区活动10余场次，累计覆盖群众2000余人次。聚焦青年群体所需所盼，满足广大青年婚恋交友需求，举办“缘续暖冬　云上相聚”线上青年交友联谊活动1场次，共计吸引80余名青年参与。

隆德县妇女联合会

【理论学习】 以习近平新时代中国特色社会主义思想和中共二十大、自治区第十三次党代会、自治区第十二次妇代会等精神为重点，面向广大妇女广泛深入宣传党的创新理论，进一步增强广大妇女政治认同、思想认同、情感认同。县妇联进乡村面对广大妇女，开展中共二十大精神宣讲3场次；开展中共二十大精神、自治区党代会精神等调研及专题研讨6次；开展“巾帼心向党”大宣讲56场；中共二十大精神宣讲暨妇联执委履职能力提升培训班120余场次；党组和职工集中学习32次；开展铸牢中华民族共同体意识宣讲2场次；开展抵制高额彩礼，推进移风易俗宣传3场次；组织职工接受廉政警示教育4次，开展违规收送红包礼金和不当收益及违规借转贷或高额放贷专项整治工作。“七一”建党节期间，联合山河村党支部开展“喜迎二十大　奋进新征程”主题党日活动，瞻仰了将台堡红军长征会师纪念园。利用隆德县妇联公众号发布中共二十大精神、自治区第十三次党代会精神、固原市五届五次全会精神、妇联机关工作信息等内容140余条。

【妇女创新创业】 2022年发放贷款7110万元，为442人提供创业就业资金，利用扶贫工作队及98个行政村第一书记的工作优势，开展帮扶人员+科技人员（农业技术员、科技特派员等）+贷款妇女（专业合作社、家庭农场）结对帮扶586对；在城关镇隆泉社区、沙塘镇清泉村、观庄乡前庄村、联财镇太联村组织实施“提升基层妇女参政议政能力和妇联组织力”项目4个，项目资金4万元；联财镇张楼村李路玲、观庄乡前庄村贾燕燕、神林乡杨野河村梁燕3个“双培双带”项目，项目资金15万元，不断提高妇女工作者新时代新要求相适应的能力素质和工作本领，带动更多妇女创业致富。在好水乡水磨村开展了一期刺绣培训班，50人参加了此次培训。举办友成—摩根大通乡村女性经济电商培训项目，开展为期6天的线下电商培训，50余名妇女参加培训，通过培训熟练掌握电子商务理念、运营理念以及直播带货实操等技能。

【巾帼志愿服务】 在“三八”国际妇女节、母亲节、“六一”国际儿童节等节点，联合宁夏义工联合会为神林乡庞庄村23户留守老人及单老户送去雷锋饺子关爱大礼包；在隆德县职业中学举办“2022年‘爱聚圆德·书送希望’千套教辅助学资料公益捐助仪式”，捐赠图书2000多册，并为6名残疾、患有“两癌”妈妈的孩子发放了雷锋饺子关爱大礼包；开展单亲母亲、残疾、“两癌”困难妇女关爱帮扶活动，已救助24人1.73万元，发放“母亲邮包”30个；救助城乡“两癌”患病妇女14人14万元；组织开展巾帼创业创新能力提升培训班3期，培训妇女150人次；在城关镇、沙塘镇、观庄乡等乡镇开展“兰花芬芳巾帼红”志愿服务活动15场次；在城关镇南风嘉园、隆观、隆泉等社区开展“好宁嫂”巾帼家政进社区活动6场次，帮助单亲、高龄老人等家庭打扫卫生、整理衣物、擦洗桌椅板凳、理发等家政服务；“六一”国际儿童节期间，开展集中走访、慰问、关爱困境女童活动，为20名残疾、家庭有重大事故、留守等女童统一发放了“六个一”（一双运动鞋走出精彩人生路、一盏护眼灯伴她看未来、一根小跳绳带动她健康、一个保温杯温暖她身心、一份清洁包养成好习惯、一本成长册护佑她安全）幸福包，每个幸福包价值300元。在沙塘镇清泉村、观庄乡观堡村开展“提升基层妇女参政议政能力和妇联组织”项目之“端午粽飘香　浓浓巾帼情”引导两村妇女包粽子活动。开展了“恒爱行动——百万家庭亲情一线牵”活动，为贫困、残孤、留守儿童编织毛衣、帽子、围巾等。

【家风建设】 聚焦传统节庆、纪念日、宣传月等节点，强化线上线下宣传展示，通过分享会、巡讲等形式讲好家庭故事、展示家庭风采，把家庭建设成践行社会主义核心价值观的坚强阵地；常态化开展寻找“最美家庭”“五好家庭”活动，沙塘镇齐发智家庭被评选为2022年全国“最美家庭”，城关镇潘娟娟家庭被评选为全国“五好家庭”。全面推进“美丽庭院”建设工作，制作宣传折页1万份，发放宣传毛巾、围裙6500个，用于积分超市积分兑换商品，凤岭乡李士村在全区“美丽庭院”推进会上交流发言。开展“健康家庭”推选工作，推选出50户县级“健康家庭，15户固原市“健康家庭”，3户自治区“健康家庭”。拍摄自治区原创栏目“妈妈的家常菜”视频，潘娟娟、杜春玲2个视频在宁夏经济、宁夏影视等3个频道播放；杜春玲的视频入选全国妇联“我奋斗家国美”优秀小视频。在沙塘镇清泉村、神林乡庞庄村开展“健康家庭”亲子娱乐活动2场次；联合妇幼保健院、中国人寿保险隆德分公司开展“她.健康”女性关爱知识讲座4场。在南凤嘉园社区“全国家庭亲子教育基地”开展了“喜迎二十大，共读一本书”全国读书日活动。联合科协、好水乡政府，在好水乡红星村开展庆“六一”暨“健康中国　母亲行动”亲子趣味活动。开展“爱润万家·好家风好家教好家训”巾帼志愿宣讲活动8场次，受益人数400余人。开展“送法到万家　家教伴成长”家庭教育宣讲周活动，宣传贯彻《中华人民共和国家庭教育促进法》，集中开展宣讲活动12场次，受益3000余人，并在好水、杨河、凤岭、张程等乡镇进村入户向广大妇女群众面对面宣传《中华人民共和国家庭教育促进法》《中华人民共和国反家庭暴力法》等；联合卫健局在观庄前庄村、沙塘镇清泉村开展了健康知识讲座。开展寒暑假“把爱带回家”关爱服务儿童活动，组织巾帼志愿者在全县108个村（社区）开展防溺水、交通道路安全知识宣传，参加活动2200余人，并为孩子们发放学习用品、生活用品等。

【妇女儿童权益保护】 常态化开展“大走访大排查+关爱”服务活动，充分发挥发挥“妇女之家”、妇女维权站、妇女信访维权岗、妇女“12338”维权热线的作用，开展婚姻家庭矛盾排查化解工作，8起来信来访婚姻家庭矛盾已全部化解。“三八”国际妇女节期间联合12个部门在星兴广场开展妇女儿童维权周宣传活动，发放《中华人民共和国民法典》《中华人民共和国反家庭暴力法》《中华人民共和国未成年人保护法》、反拐卖、反诈骗、禁毒、“两癌”防治、社保、校园安全等宣传折页1万余份，发放围裙、门帘、毛巾、手提袋等宣传品3000余份。开展禁毒、网络安全、国家安全、反诈骗等宣传活动27场次。邀请县法援中心主任胡慧同志在沙塘镇清泉村、沙塘镇党校、观庄乡前庄村等为广大妇女群众开展宣传贯彻男女平等基本国策，讲解《中华人民共和国妇女权益保障法》《中华人民共和国民法典》法律法规等，引导妇女提高自我保护意、维权意识，积极参与社会治理，维护社会和谐。常态化开展“妇联在你身边”维权小程序下载应用。2022年以来，妇联利用“三八”维权周、“国家安全日”等时间节点，常态化在各乡镇以宣讲、入户等方式，引导广大妇女群众下载使用“妇联在你身边”维权小程序，并将其推广到广大村（居）民微信群，让更多的妇女和家庭知晓小程序，学会运用小程序，通过宁夏妇女儿童维权服务中心聘请的专业律师、婚姻家庭咨询师、心理咨询师给予线上咨询、疏导和化解。

【“两规划”颁布实施】 《隆德县妇女发展规划（2021—2030年）》和《隆德县儿童发展规划（2021—2030年》（以下简称“两规划”）是在各相关部门配合，县政府妇儿工委办公室统稿，通过2次书面征求各成员单位、相关单位意见，妇儿工委主任主持召开专题会议修改完善后形成的，8月24日，隆德县人民政府颁布了“两规划”。制定了“两规划”目标责任分解书和统计监测指标体系。“两规划”既保持了上一轮十年规划的延续性，又具体新的特色和亮点，县妇儿工委各成员单位和有关部门结合职责，落实规划目标任务，推进“两规划”全面落实，进一步推进隆德县妇女儿童事业发展。

隆德县残疾人联合会

【概况】 截至2022年底，全县持证残疾人6785人。其中，一、二级重度残疾人4439人，三、四级2346人；视力残疾1556人，听力残疾1164人，言语残疾88人，肢体残疾2573人，智力残疾561人，精神残疾441人，多重残疾402人。2022年“闽宁创新隆德县‘托养+’残疾人帮扶模式”入选国家乡村振兴局第一批脱贫攻坚同乡村振兴典型案例，金融助残试点工作被中国农业银行作为典型案例在全国推广。

【机关建设】 坚持以习近平新时代中国特色社会主义思想为指导，全面学习贯彻中共二十大精神和自治区第十三次党代会精神，全年组织干部职工开展“一五”(单位学习制度，每周一、周五集体学习)集体学习59次、研讨交流发言8次，撰写学习心得体会12篇，不断提高干部职工政治素养和业务水平。全年召开党建会议2次、党风廉政会议2次、党组会议24次。推进“五型”模范机关创建，完成“干事创业提精神　担当作为树形象”教育活动任务，开展主题党日活动11次，走访基层30余次。

【政策宣传】 围绕节日主题，开展特色宣传。举办2022年春风行动暨福建闽侯企业专场招聘会活动，发放促进残疾人就业扶持政策摘要宣传页300多份，解答残疾人自主就业创业政策59人次，对21名残疾人进行精准需求登记。开展残疾人“全国助残日”“爱耳日”等活动13场次，发放宣传资料4万余份，悬挂条幅109条，摆放展板38块，刊发信息90余条，现场义诊135人，20家爱心企业捐赠价值14.8万元的物资，康复中心建成投入运营。

【扶残助残】 做好节日慰问活动，发放慰问品和慰问金共计13.4万元，惠及704户困难残疾人家庭。做好残疾人办证换证和两项补贴发放工作，全年新办证297人，换证1022人。为3235名持证困难残疾人发放生活补贴379.291万元，为4020名持证重度残疾人发放护理补贴511.116万元。投入72万元，完成全县160户困难残疾人家庭无障碍环境改造工作。做好0—6岁残疾儿童康复服务。转介0—6岁残疾儿童19名，县内享受康复救助服务11名。投入34.2万元，开展职业技能培训160人次，实用技术培训100人次。紧抓残疾人就业工作。为31名残疾人发放灵活就业补贴共计6.2万元，为1名残疾人发放自主创业补贴0.8万元。为全县3家符合条件的企业发放残疾人就业创业扶持资金17万元。为70户农村困难残疾人家庭发放“阳光助残小康计划”项目扶持资金14万元。建成社区残疾人康复站1个，爱心轮椅循环使用站2个，为212名残疾人适配辅助器具295件，假肢安装4人。巩固提升“托养+”隆德模式。提升残疾人托养质量。投入46.5万元完成310户满足条件残疾人居家托养服务项目。投入5万元完成2022年残疾人“五个一”(读一本书、看一场电影、游一次园、参观一次展览及参加一次文化活动)文化服务项目。

【残联换届】 全面完成换届工作，全县13个乡(镇)残联108村(社区)残疾人协会如期完成换届任务。

隆德县科学技术协会

【开展“全国科技工作者日”活动】 5月30日上午，县科协联合科技等25个部门在县星兴广场开展主场宣传活动，发放宣传折页、宣传海报，悬挂宣传标语，播放当代科学家的先进事迹音频资料，引导全社会树立崇尚科学、尊敬关爱科技工作者的正确理念。主场活动结束后，各部门分散开展为期一周的宣传活动，利用电子屏等开展宣传活动，在全县范围内机关单位、学校、企业、街道、社区、户外LED电子屏滚动播放科技工作者日主题标语、海报和宣传视频，百屏联动，烘托节日气氛。广泛宣传展现当代科技工作者风采，增强科技工作者职业荣誉感和自豪感；强化与基层一线科技工作者的联系，扩大联系服务覆盖面，切实为科技工作者办实事，使科技工作者感受到“家”的温暖和“节”的温馨。

【农村中学科技馆科技工作者业务培训】 为切实提高县农村中学科技工作者的业务水平和科学素养，配合宁夏青少年科技辅导员协会，组织隆德县5所农村中学的19名骨干教师参加线上培训活动。通过培训活动，丰富了农村科技工作者的科学知识、开阔了视野。

【优秀科技人才推荐评选】 配合县人才工作领导小组开展人才工作，积极组织“最美科技工作者”“托举人才”的推荐工作；联合县乡村振兴局做好2023年脱贫县产业顾问组专家申报工作，隆德县科协积极联系本地的高级农艺师张守宗、高级兽医师柳建雄、农艺师曹月娥3位专家，经科协牵头组织协商沟通，3人被确定为2023年脱贫县产业顾问组匹配专家，并做好申报工作。

【培育科普教育基地】 培育科学家精神教育基地，在隆德县“食添康”现代农业有限公司打造科学家精神教育基地，制作了户外宣传牌9块、室内宣传牌40余块，内容为新时代科学家精神风貌、科普知识等，计划申报自治区级科普基地。提升现有的科普基地，对神林山庄、盘龙山庄、隆德二中科普教育基地的户外宣传牌进行更新更换，保证宣传内容与时俱进，观赏体验美观大方。

【配合做好“院士专家宁夏行”活动】 6月下旬和7月上旬，县科协和厦门大学乡村振兴工作站联合举办2期新型高产胡萝卜种植技术培训班，邀请厦门大学生命科学院田惠桥教授主讲新型高产胡萝卜种植技术，让种植户、技术人员都增长了见识，开阔了眼界，汲取了新知识，大大提高了胡萝卜种植户种植水平和丰收的信念。11月，县科协协调“院士专家宁夏行”活动，确定杨河乡串河村、神林乡辛平村、沙塘镇张树村3个点作为专家到隆德指导产业发展的实训基地，实训工作在12月底完成。

【推动“三长建三会”试点工作】 “三长建三会”〔三长”即进入科协系统的农技站站长（农业综合服务中心主任）、医院院长、学校校长；“三会”即农业技术学会、医疗健康学会、青少年科技教育学会。“三长建三会”就是以“三长”人员为骨干力量所建立三个学会〕工作是自治区全面深化改革委员会办公室、自治区科协确定隆德县承担的一项改革任务，这项改革任务由县科协牵头，各相关部门配合完成。5月11日，隆德县科协联合县委组织部下发了关于《隆德县三长建三会工作实施方案》，召开隆德县“三长建三会”工作启动会。会后，县科协和各有关单位主要负责人及时进行沟通，各单位也及时开展了学会的筹建工作。

【科普“助力双减”活动】 县科协联合教体局、文广局下发文件，对科普助力“双减”做出安排，要求在全县中小学开展科普活动，于3月中旬在隆德县流动科技馆（博物馆）开展了集中活动，并利用农村中学科技馆、流动科技馆、科普基地、科普大篷车等开展科普产品展览、动手体验、网上课堂等各种科普教育活动，推动基层公共服务、文化设施等与科普阵地联合联动，动员各级各类科普基地开展科普活动。县科协利用中国流动科技馆区域常态化换展第三轮“视错觉”主题巡展活动，组织青少年开展了12轮巡展活动。8月下旬，县科协争取自治区科协支持，联合自治区科技馆成功举办“‘蒲公英’科普研学活动”，选送全县100名小学生参观宁夏科技馆、高校重点实验室和葡萄酒产业科普基地等，参与科普体验活动、参加科学探究工作室课程、聆听科学家的故事，实地感受高校、科技企业科技文化，使参与人员大力弘扬科学家精神，有效激发青少年科学兴趣，提升了青少年科学素质和创新素养。

【“智慧助老”专项科普活动】 县科协联合县民政

局制定《隆德县关于开展“智慧助老”科普专项行动方案》，动员全县各单位立足本单位职责定位，开展具有本单位特色的各项智慧助老活动；在县博物馆广场集中开展教授老年群众正确使用智能手机的助老行动，受益人数达5000人左右。

【开展“双碳”系列活动】 县科协联合县文联、环保等部门围绕“碳达峰、碳中和”，在工业园区企业、中小学、供热公司开展“双碳”政策(科普)宣讲系列活动20余场次，增强了全县群众对“双碳”的科学认识；开展主题为“倡导‘双碳’生活”的美术书法作品展，在县文化馆集中展览，在全县范围内营造浓厚的宣传“双碳”生活理念氛围；利用科普大篷车的宣传优势，深入中小学进行宣传普及，倡导绿色低碳生活新风尚。

【疫情防控工作】 在疫情防控期间，除按照县委政府统一安排下沉小区做好包抓小区疫情防控各项工作外，注重疫情防控科普知识，群众心理健康疏导方面的工作。针对当前社会面普遍关心的心理问题，利用隆德科普公众号、微信朋友圈、工作群、一信通、发放宣传资料、科普大篷车等方式进行疏导、引导，缓解广大居民因疫情产生的担忧、焦虑的情绪，科学引导他们正确、理性地认识疫情。为扩大宣传面，向县融媒体中心积极推送疫情防控、心理疏导方面的视频、文字资料。

【科技志愿服务】 县科协下发了《关于规范科技科技志愿服务》的通知，对隆德县科技志愿服务工作进行规范。组织科技志愿服务队深入农村、社区，常态化开展科技志愿服务活动。联合县农技中心等部门组织农业科技志愿者深入田间地头“把脉问诊”开良方，送科技下田服务，开展农业科技宣传活动，推介种植新技术，将农民渴望的实用技术送到田间地头，送到农民手中。科技志愿服务队足迹遍及全县13个乡镇。县科协组建科技志愿服务队22支，科技志愿服务平台注册成功10支，组织科技志愿服务活动300余场次，在平台上传成功142场次。

【科普信息化建设】 县全民科学素质纲要实施工作办公室向各成员单位下发《关于推进安装使用科普中国App的通知》，要求进一步推进科普中国优质资源落地应用，发挥好“科普中国”App科普传播阵地作用，推进全县科普信息化建设，促进优质科普资源的整合、利用与共享，切实打通科普传播的“最后一公里”。隆德县共注册、认证科普中国科普员5144名，注册率为4.72%，利用“隆德科普”微信公众号、微信群转发关于电信诈骗、种养殖业技术推广、冷凉蔬菜技术应用、新冠疫情个人防护等方面科普文章75万余篇。

【科普助力脱贫攻坚】 县科协组织科普专家和科技工作者深入基层一线，开展实用技术培训、科普讲座、技术指导等形式多样、内容丰富的科普传播活动，助力乡村振兴和公民科学素质提升。3月下旬，组织农业科技志愿者深入到沙塘镇和神林乡设施拱棚搭建基地和蔬菜种苗育苗基地田地里开展“面对面，手把手”送科技下田服务，指导当地农民搭建温棚，为隆德县冷凉蔬菜健康有序发展夯实基础。9月上旬，邀请自治区农技协在杨河、张程举办肉牛养殖技术专题培训两期，解决了养殖户缺技术难题，受到了广大养殖户的一致欢迎和认可。在好水乡后海村开展助农活动，帮助农民种植马铃薯、抢收秋粮、整治人居环境卫生、传授马铃薯种植技术等系列助力乡村振兴系列活动，为全力实施乡村振兴战略贡献了科协力量。

【科普大篷车】 县科协利用科普大篷车深入农村、社区，田间地头开展中共二十大精神、自治区第十三次党代会精神、自治区科协九大精神宣传；开展科普进万家、疫情防控科普宣传活动，将党的声音和科普知识及时送到基层群众中去。截至年底，隆德县科协利用科普大篷车开展户外宣传活动100余次，并及时上传到大篷车宣传平台，受益群众2万人次，社会反响良好。

【全国科普日】 9月开展主题为“喜迎二十大，科普向未来”全国科普日活动。活动由主场活动和系列活动两部分组成，主场活动在9月16日县博物馆广场举行，由科协等全民科学素质纲要实施工作成员单位等25家单位联合开展，其他成员单位及乡镇采取悬挂标语、微信、广播等多种形式自行开展活动。系列活动由各部门汇聚多方科普资源、协同社会各方力量、动员广大科技工作者，深入新时代文明实践中心（所、站）、党群服务中心、社区服务中心等阵地采用开展科普知识讲座、科普知识竞赛、科普进校园、进社区宣传等多样化形式进行开展宣传。全国科普日活动期间共举办科普宣传活动400余场次，其中在全国科普日网站成功上传活动66场次，发放宣传品10万余份，普及群众达8万余人。

【科技创新大赛】 县科协与教育部门协调配合，组织全县青少年积极参加青少年科普大赛各项赛事。通过竞赛活动，不仅让参赛学生了解了人工智能、科技教育的乐趣，激发了学生对科技的兴趣和爱好，同时为创新科技融入校园起到助推作用。2022年全县选送了101件作品参赛，由于受到疫情影响，宁夏赛区大部分比赛未开展，在2022年市科协、市教体局组织的第一届固原青少年创意编程与智能设计大赛中，全县有30名学生、指导老师获奖，多件作品获奖，县科协也被命名为优秀组织单位；在自治区已举办的科技创新大赛中隆德三小获得十佳科技创新学校，三小老师咸春芳获得十佳优秀科技辅导员称号。

隆德县工商业联合会

【着力促进“两个健康”】 印发“两个健康”提升行动实施方案、“双引”行动实施方案，举办学习贯彻中共十九大、中共二十大、自治区第十三次党代会、十三届二次全会精神专题培训班共4期，在厦门大学举办企业经营管理人才高级研修班1期，开展“送政策·进民企”活动2次，发放政策宣传资料2000余份。利用“七一”建党节、国庆等重大节日，举办民营经济人士理想信念教育活动，引导民营经济人士自觉听党话、感党恩、跟党走。

【“万企兴万村”】 制定“万企兴万村”行动的实施方案，成立领导小组，召开了启动会和推进会，组织宁夏杨河牧业发展有限公司、隆德县益民中药材合作社等10家企业与杨河乡串河村、联财镇联财村等10个行政村签订了结对帮扶协议，通过村企共建、基地带动、产业帮扶、就业帮扶等方式，共助农增收209.7万元，受益群众318户。

【参与“光彩事业”】 组织召开民营企业家座谈会，引导民营企业助力全县乡村振兴，倡议全县民营企业积极履行社会责任，奉献爱心，回报社会。共有15家民营企业和2位企业家个人捐款63.1万元，主要用于大病救助、困难助学、产业扶持、特殊困难家庭救助等方面，为助力乡村振兴贡献民营企业的力量。

【发展壮大商会协会】 全力支持商会协会发展，共注册成立了六盘山工业园区商会、联财镇商会、隆德县餐饮业协会4家直属商（协）会，其中2022年新注册成立1家。指导商（协）会加强制度建设，完善运行机制，为商（协会）正常运行和健康发展提供了制度保障。

【助力全县招商引资】 引导民营经济人士、商会组织参与隆德县“双招双引”工作，县工商联紧密对接福建省闽侯县工商联，达成互走互访和建立“友好工商联”意向。

【民营企业调查点】 2022年，共注册民营企业调查点94个，其中执委企业55家，执委企业入库率达94.8%。全年共填写调查问卷共218份，营商环境得分42分，综合排名全区第七、固原市第一，获得“2022年全国民营企业调查点工作基层先进单位”荣誉称号。

【民营经济人士参政议政】 配合县委统战部做好民营经济领域代表人士综合评价和政治安排，培养了一批思想政治强、行业代表性强、参政议政能力强、社会信誉好的优秀民营经济代表人士。其中市、县人大代表8人，市、县政协委员16人。2022年共提交议（提）案、建议12件，社情民意5件，调研报告2篇，为县委、县政府了解民营企业发展情况和制定政策提供了重要参考。

【驻村帮扶】 制定2022年赵北孝村帮扶工作计划，加强帮扶力量，细化帮扶措施。安排资金2万元扶持该村发展产业，引导副会长企业及机关干部消费帮扶10.25万元，帮扶该村销售牛肉、胡麻油等农产品，帮助种、养户增加收入；购置价值7000元的办公桌椅，帮助村委会改善办公条件；先后慰问困难群众5次，为24户群众发放米、面、床单、洗衣粉等物资，为10户脱贫户和9户监测户发放了“爱心菜”。

隆德县红十字会

【红十字会基层组织建设】 按照《隆德县人民政府办公室关于印发隆德县红十字会改革方案的通知》（隆政办发〔2021〕19号）和《隆德县人民政府办公室关于加强红十字会基层组织建设实施方案的通知》要求，于2022年4月28日召开红十字会员代表大会，完成了县红十字会换届工作。全县13个乡镇、98个行政村、10个社区充分利用党建办公室、新时代文明实践站（所）等现有条件，采取融合共建模式，分别成立了红十字会基层组织。卫健局率先成立医疗卫生系统红十字会，有力推动了应急救护培训工作。指导隆德县绿鲜果蔬有限责任公司成立红十字会基层组织，对企业主动参与公益活动，履行社会责任起到积极作用。

【志愿者队伍建设】 按照《宁夏红十字志愿服务组织管理办法》，成立了2支主要由西部计划和隆德籍的大中专院校学生组成的县级红十字志愿服务队，各乡镇新时代文明实践志愿服务组织的基础上，发展热心红十字事业的爱心人士，分别成立了红十字志愿服务队。

【红十字会员队伍】 县红十字会自成立以来，通过多种宣传方式，广泛传播“人道、博爱、奉献”的红十字精神，培养、吸纳发展红十字成人会员388人、青少年会员156人、团体会员18家。

【开展志愿服务活动】 组织、引导和鼓励红十字志愿者在“5·8”世界红十字纪念日、防灾减灾日，发放宣传材料，广泛宣传红十字运动基本知识和防灾减灾知识，提高广大居民对红十字工作的认识，发扬红十字精神，壮大志愿者队伍。县红十字会委托青年大学生红十字博爱志愿服务队，在红崖社区和清泉村开展为期一年的“博爱 未来——养老服务+生命教育”志愿服务项目。为孤寡老人进行生活照料和心理疏导，打扫庭院及室内环境卫生、整理衣物、理发，讲解日常用药和卫生保健知识等。全年开展红十字志愿服务13次，参与人数43人次，服务时长520小时，受益人数1080人。

【应急救护培训】 2022年分6批次从乡镇政府、学校、医疗机构等选派45名热爱红十字工作的同志，分别赴北京、银川等地参加红十字应急救护师资培训班和师资能力提升班，全部顺利结业并取得了应急救护培训师资证书。全县已有50人取得应急救护培训师资证书，其中5人长期开展应急救护培训工作。

【开展应急救护培训“五进”活动】 2022年继续落实好“应急救护推进年”活动，克服疫情影响，先后组织开展12期初级救护员和心肺复苏培训班，暑期返乡大中专院校学生和县域内部分高中阶段学生、机关单位干部职工、社区居民等591人参加培训，培训合格并取得相应证书587人，合格率99.3%。在观庄乡石庙村、陈靳乡何槐村、城关镇红崖社区、沙塘镇清泉村开展4期应急救护知识普及性讲座，受益群众460余人。

【开展无偿献血和造血干细胞捐献活动】 2022年开展2场次无偿献血和造血干细胞捐献志愿服务活动，成功献血242人次，献血量达85300毫升。采集并登记入库造血干细胞捐献志愿者血样82人份，其中1人成功捐献造血干细胞，实现了隆德县造血干细胞捐献“零突破”。

【实施中央专项彩票公益金大病儿童救助项目】 2022年向红十字基金会申报白血病儿童救助4人，救助金额12万元。

【开展社会募捐活动】 2022年5月组织开展“5·8”人道公益日众筹活动，开展“线上+线下”多层次动员，全县广大干部职工积极参与，3天时间“线上+线下”筹集善款8.6625万元。其中线上筹集善款6.1886万元(其中4万元用于向红十字基金会申报并已通过救助的4名白血病儿童，每人1万元，剩余2.1886万元用于资助困难家庭学生22名，每人1000元)。线下筹集善款2.4739万元全部用于救助县内20户困难家庭。募集各类鞋子、书包等价值0.4万元;募集疫情防控资金0.1万元。2022年募集疫情防控资金11.8万元，其中10万元用于慰问全县疫情防控一线工作人员。

隆德县文学艺术界联合会

【“迎新春　庆元旦”工业发展采风活动】 县文联、县摄协组织开展了“庆元旦、迎新春”隆德县工业发展摄影采风活动。隆德县10名摄影爱好者，走进工业园区，用手中的相机记录了一个全县闽宁园区发展变化的感人瞬间。

【举办“庆冬奥　迎新春”国画楹联邀请展】 2022年1月22日，由隆德县文联和隆德书院联合主办的“庆冬奥　迎新春”国画楹联邀请展在银川宁夏悟珍艺术馆隆重举行。展会邀请了区内外知名书画大家吴善璋、郑歌平、周一新、田冰、马学智、张少山、马建军、郭震乾和降贇等现场挥毫泼墨，艺术家们笔力雄健，气韵生动，诠释了对隆德文艺事业和对冬奥会的美好祝愿和期待。

【开展“庆冬奥　迎新春”送春联进万家活动】 2022年1月25—28日，隆德县文联开展了“庆冬奥、迎新春、送祝福”文艺志愿服务活动。县文联组织各位艺术家到老巷子、沙塘镇马河村、许沟村、神林乡辛平村和温堡乡新庄村，共为城乡群众现场创作展示并赠送春联和“福”字2600多副(个)、锦绣香包230个、剪纸窗花150张、传统年画20幅，在祝福暖心、送福贴心的为民服务中，弘扬中华民族传统的年俗文化和社会主义核心价值观，营造欢乐祥和的节日氛围。

【举办“庆冬奥　迎新春”国画楹联展】 由县文联和隆德书院联合举办了“庆冬奥　迎新春”国画楹联展，共展出书画作品96幅，营造了欢乐祥和的节日氛围，提升了人民群众的文艺获得感，助力即将举行的冬奥盛会，让人民群众感受到新春佳节的喜悦和文艺惠民的温暖。

【学雷锋志愿服务活动】 开展文艺志愿服务活动，推动文艺志愿服务制度化、社会化、常态化，更好发挥文艺志愿服务在改善民生、凝聚民心、乡村振兴中的重要作用。3月4日，隆德县文联、县摄协在县新时代文明实践广场开展“感党恩　学雷锋”全家福拍摄志愿服务活动。

【全县摄影人才培训班】 县文联于5月13—18日，举办隆德县2022年摄影人才培训班。邀请中国摄影家协会会员、宁夏摄影家协会副主席张治军和中国摄影家协会会员、宁夏纪实摄影领军人物季正到隆德对全县40多名摄影爱好者进行扎实培训，全面提升全县摄影人才的专业技能。

【刺绣提升培训班】 县文联于6月21—30日举办全县刺绣提升班，此次培训班招收50名学员，培训全程由中国民间艺术家协会会员、宁夏非物质文化遗产刺绣传承人田慧君老师亲手指导授课。课程安排有图文设计、色彩搭配、传统绣法与现代绣法等。此次培训进一步为巩固拓展脱贫攻坚成果同乡村振兴有效衔接考核评估问题整改工作“添油加力”。

【书法绘画摄影剪纸展】 2022年上半年,县文联组织动员所属九个文艺家协会开展活动,县书协、美协、摄协和民协积极组织参与了县政协牵头举办的“筑梦新时代,共赴新征程”全县绘画、书法、剪纸、刺绣大赛暨“文化艺术之乡”作品展。2022年6月24日参与开展“6·26”国际禁毒日集中宣传活动暨“喜迎二十大　禁毒做贡献”第四届全县禁毒书法、剪纸作品展;配合县委统战部开展以“山海偕行石榴红”为主题的福建省闽侯县、厦门大学和隆德县三地书画交流展。

【《六盘人家》编辑出版】 县文联长期坚守、努力创新主办好县刊《六盘人家》纯文学性季刊,立足隆德,放眼全区,努力拓展稿源广度和深度,不断提高作品质量和刊印水准,确保刊物的本土化和精品化。《六盘人家》坚持发现当地文学新人、培养文艺人才、推出优秀作品,成为树立“文化隆德”形象、展示隆德人文精神的重要品牌。完成2022年度《六盘人家》的出版发行工作,为区内外文学爱好者和县委、县政府各部门、各单位、县文联各协会会员赠送2000余本,《六盘人家》杂志已成为隆德文学爱好者作品发表、交流和提高文学水平的重要平台;已成为树立“文化隆德”新形象、提升隆德文学艺术内涵、展示隆德人文精神的重要平台。

【开展“文艺助力乡村振兴”采风活动】 5月15—17日,隆德县文联组织开展“文艺助力乡村振兴”采风活动,县文联组织县摄影家协会和县美术家协会30余名艺术家对全县产业助推乡村振兴发展进行了实地采风。

【向全县100户脱贫群众赠送书画作品】 2022年6月,县文联组织人员向沙塘镇马河村、神林乡辛平村、凤岭乡齐岔村、奠安乡景林村、温堡乡新庄村和陈靳乡清凉村的100户脱贫群众赠送了书画作品(中堂和四条屏),提高脱贫群众在文艺成果上的获得感和在精神生活上的幸福感,深受广大脱贫群众的好评和欢迎。

【宁夏工商职业技术学院隆德采风创作基地挂牌】 经隆德县文联积极对接、努力争取,2022年6月底,宁夏工商职业技术学院党委书记陈晓军一行到隆德,开展学院书法、美术协会走进书法之乡——隆德书院“美育教育实践基地”挂牌仪式。

【开展“中医养生·健康隆德”摄影写生活动和垂钓大赛】 2022年7月23日,县文联组织县书协和美协的文艺工作者在老巷子开展“中医养生·健康隆德”书法绘画创作交流活动。8月20日,隆德县“大地循环杯”首届生态垂钓大赛正式开赛,县文联组织摄影美术爱好者开展了垂钓摄影写生活动。此次垂钓摄影写生活动共创作摄影美术作品680多张(幅),其中有30多张摄影作品被新华社、《人民日报》、《新消息报》、《固原日报》等中央、区、市新闻媒体刊登转发。

【驻村帮扶】 2022年7月15日,隆德县文联在帮扶点马河村慰问脱贫群众,组织个人捐款2600元为脱贫群众送温暖、献爱心,让脱贫群众切实感受到党和政府对脱贫群众的关爱和照顾。9月15日,县文联倾力帮助消费马河村农产品。4名职工每人消费500元,共计2000元,其中消费农产品包括胡麻油共计40千克,土豆共计200千克。

【隆德县文联盘龙山庄文艺创作基地挂牌】 为进一步加强隆德县文联文艺创作基地、“阵地”建设,助力巩固拓展脱贫攻坚成果同乡村振兴有效衔接,9月23日,隆德县文联在盘龙山庄举行文艺创作基地揭牌仪式。盘龙山庄隆德文联文艺创作基地的挂牌运行,是继2021年老巷子、神林山庄、隆德书院和隆德县正观花灯公司隆德文联文艺创作基地相继挂牌运行以来，第五个基层文艺创作基地。

【隆德书画作品展】 12月14日，由隆德县文联和县博物馆联合举办的中国书法之乡隆德县书画作品在宁夏博物馆展出。此次共展出书画作品236幅，其中有隆德县博物馆馆藏明清古字画136幅，隆德县近年书画展获奖作品100幅。这些作品内容生动，创作形式多样，较全面地代表隆德县的书画创作水平，得到自治区、银川市书画爱好者的充分赞成和认可。

法　治

政法委及综治

【概述】 2022年，隆德县持续深化平安隆德、法治隆德建设，全县社会大局持续稳定，人民群众的获得感、幸福感、安全感不断提升。连续6年获得自治区“平安县”称号，连续3年全县命案零发生；县委政法委荣获“平安宁夏建设先进集体”称号；县人民法院荣获“全区法院先进集体”称号；县人民检察院荣获“全区民族团结进步示范区示范单位”称号；县公安局交警大队联财中队获得全区公安机关党的二十大维稳安保集体二等功，治安大队获得全区公安机关“9·20”疫情防控工作集体三等功；“1286”诉前调解模式等3篇典型经验材料入选《全区市域社会治理现代化试点优秀成果汇编》。

【重大事项请示报告制度】 《关于进一步规范请示报告制度的提醒》，推动政法各单位从严执行重大事项请示报告制度，坚持向县委请示报告重大事项的同时抄报县委政法委，确保党管政法的原则落到实处。2022年，政法各单位累计向县委请示报告重大事项42次，同时，向县委政法委请示报告重大事项36次。

【理论学习】 坚持把学习贯彻习近平法治思想作为重要政治任务，在政法系统开展“大培训、大学习、大研讨”活动，不断筑牢政法干警政治忠诚思想根基。举办政法系统党员干部政治轮训班2期，全县政法各单位240名政法干警及13个乡（镇）政法委员全覆盖参加轮训，参学率达到100%。坚持会前学法，不断提升政法干警法律素养和法治思维，累计开展会前学法48场次。通过党组（党委）会、中心理论组学习会、职工大会，深入学习习近平新时代中国特色社会主义思想等，切实提升干警能力水平，累计开展学习150余场次，参学干警达到全覆盖。

【整改落实】 制定下发《隆德县关于贯彻落实〈中国共产党政法工作条例〉《自治区〈实施细则〉督察反馈问题的整改方案》《关于对〈全市贯彻落实《中国共产党政法工作条例》情况督查的通报〉反馈问题整改方案》，全面整改反馈问题47条。深入政法各单位及各乡（镇）开展贯彻落实《中国共产党政法工作条例》及实施细则相关督查7次，倒逼责任落实，推动《中国共产党政法工作条例》贯彻走深走实。

制定《关于巩固全县政法队伍教育整顿成果推进全面从严管党治警的实施方案》《常态化开展执法司法顽瘴痼疾排查整治实施方案》，全面排查整治有案不立、压案不查、有罪不究，违规经商办企业和配偶、子女及其配偶违规从事经营活动等顽瘴痼疾，对政法系统填报的违法预防干预司法“三个规定”的信息同步倒查执法司法问题，不断促进执法司法规范化，切实提升执法司法公信力。截至年底，共填报“三个规定”84件，签订违规经商办企业等顽瘴痼疾整治承诺书503份。

【案件评查】 制定印发《关于组织开展2022年度案件评查工作方案》，组织政法各单位在全县范围内开展案件自评，共评查案件119件，评定优秀案件11件、合格案件56件、瑕疵案件24件。赴泾源开展案件交叉评查，共评查案件13件，评查合格案件8件、瑕疵案件5件，进一步提高办案质量、办案效率。

【优化执法司法服务】 不断践行执法司法为民宗旨，聚焦政法单位主责主业，持续推动政法工作提质增效，全力维护社会公平正义。截至2022年底，县法院累计受理各类案件3117件，审执结2865件，结案率91.92%；县检察院提起公诉64件69人，批准逮捕20件22人，办理公益诉讼案件84件，发出诉前检察建议44份；县公安局立刑事案件366起，治安案件394起，打击处理356人；县司法局办理法律援助案件492件，为受援人挽回经济损失1200万元。

【常态化扫黑除恶斗争】 紧盯扫黑除恶斗争“十件实事”不放松，持续深化重点行业整治，不断推进常态化扫黑除恶斗争向纵深发展。累计排查整治乱点乱象问题94个，排摸办理问题线索111条，向行业领域监管单位制发“三书一函”10份，查结举报线索4条。扎实开展《中华人民共和国反有组织犯罪法》学习宣传活动，累计开展大型集中宣传活动5场次，制作展板、宣传栏等58个，悬挂横幅80余条，发放各类宣传资料5万余份。

【开展预防溺水安全专项整治行动】 开展预防溺水宣传，悬挂标语400余条，推送预防溺水安全知识3000余条，发放宣传资料12000余份。把预防学生溺水作为重中之重，召开“珍爱生命，预防溺水”主题班会、团徽及国旗下演讲235场，发放《告家长的一封信》24600份，发布预警信息10期，安全教育信息14篇。对辖区危险水域按照网格化管理进行责任划分，有效劝导水边垂钓、游泳人员550余人次；完善水域防溺水“三个一”(悬挂一幅防溺水宣传标语、设置一个防溺水警示牌、配备一套简易救生设备)设施设置，加装警示牌76处，安装防护栏20余处，放置救生圈、救生绳19套，救生衣75套。开展专项督查2次，现场排查整治问题35个，保障专项整治行动以来全县溺水事故零发生。

【农村道路交通安全专项整治行动】 加强宣传引导，发放宣传资料18500余份，解答群众提问1500余人次，“两微一端”及短信平台发布预警提示信息受益群众3万余人次。投入资金5.8万余元整治县乡道路塌陷、滑坡、破损等交通隐患17处，加装标志标牌、减速带19处；连续降雨期间修整水毁路段4处；清理报废各类车辆13辆，培训重点驾驶人220余人次。累计查处各类交通违法行为3966起，查纠劝导各类轻微违法行为360余起。全县各类交通事故同比下降4.3%，死亡人数下降60%，受伤人数下降9.5%，经济损失下降25.64%。

【开展打击整治养老诈骗专项行动】 组建4个工作专班，下发专项行动方案，明确3类33项重点任务，专项行动有力有序开展。加大宣传力度，提升防范意识，累计开展宣传活动332场次，发放宣传材料10万余份，张贴布公告6000余份，悬挂横幅300余条，发送短信9万余条。对辖区涉及养老服务的536家重点机构、企业等全面排查，未发现问题乱象。自查2017年以来划拨的7宗涉养老用地，未发现擅自改变用途等违法行为。全面畅通线索举报渠道，坚持历年案件“回头看”和全面收集线索并举，共排摸受理问题线索5条，查否4条，立刑事案件1件，抓获犯罪嫌疑人3人。

【平安隆德建设】 开展大排查、大整治、大化解、大管控专项行动，全面推行党建引领基层社会治理“1+1+3”〔一个功能型党支部组织领导+一个综治中心实体化机制化运行+三张清单督办考核〕工作机制，创新探索“1286”诉前调解模式，以“125”(“1”是落实乡镇党委主体责任，“2”是派出所和司法所积极介入，“5”是包村干部、第一书记、村“两委”班子、村监会、警务专干五支力量)“411”(“4”是落实“一村一法官”“一村一检察官”“一村一民警”“一村一司法员”，“11”是明确“一村一律师一治安协管员”)矛盾纠纷排查化解机制为抓手，围绕重点领域、重点行业，全面摸排风险信息，准确掌握纠纷苗头，累计排查化解各类矛盾纠纷747件，化解率98.74%；有效化解区市交办重点事项30件，化解率91%；化解国家和区市交办重复信访事项27件，化解率100%。开展安全生产百日专项整治行动，累计检查229次，参与882人次，检查场所1743个，整治安全隐患735个。建立地质灾害监测点61个，排查整治河塘库坝安全隐患13处。在重点林区路口和坟墓集中区设立防火检查点94个，安装监控摄像头27个。对全县360家治安复杂场所开展全面排查整治，发现并整改各类治安问题58处。

【乡村治理】 政法委牵头隆德县农业农村局配合扎实推进“6322”工程，强化基层党组织战斗堡垒作用。坚持抓乡促村，以省域乡村治理示范创建为契机，结合巩固拓展脱贫攻坚成果同乡村振兴有效衔接整改工作，全面推进乡村治理中心建设，改造提升沙塘镇等6个新时代文明实践所和红崖社区等15个新时代文明实践站，挂牌建立老巷子等10个文明实践基地。

【社区治理】 政法委牵头隆德县城关镇人民政府配合持续推进“社区党组织—小区党支部—楼栋党小组”三级组织建设，充分发挥“一室八中心”作用，依托“智慧社区”建设，重组10个社区“联合党委”，做实做细社区服务管理。建立应急避难场所29处，组建应急队伍10支342人，开展各类应急演练11场次。

【校园治理】 政法委牵头隆德县教育体育局配合深化“三全育人”（全员育人、全程育人、全方位育人），课程思政等改革，严格落实“三包三保”（乡镇、村干部包动员保入学率，学校包管理保巩固率，教师包教学保合格率）控辍保学制度，在各中小学设立“学校心理咨询室”，开展校园思政和民族团结教育，强化校园安全防范，落实护学岗制度，完善学校应对公共卫生事件和传染病预防体系，开展应急疏散演练，校园安保能力不断全力提升。

【企业治理】 政法委牵头隆德县六盘山工业园区管委会配合依法依规落实各项惠企政策，减轻企业负担，营造支持企业高质量发展的良好环境。加强企业安全生产监管。开展集中政治拖欠农民工工资问题冬季攻坚行动，全年未发生因拖欠工资引发的重大群体性事件和恶性极端事件。

【社会组织管理】 政法委牵头隆德县民政局配合强化社团培育孵化，培育建设沙塘社会组织孵化基地。推行“1+1+X”（1名社区干部+1名网格员+网格内服务群众X项工作内容）社会组织网格化管理服务工作模式，投入资金80万元实施政府购买养老服务项目。开展“僵尸型”社会组织专项整治行动，注销社会组织17家。

【依法行政】 细化权责清单、重大建设项目等22类重点领域公开要求，实现权力运行和行业领域的全覆盖。深化乡镇综合执法改革，配备综合行政执法人员54人，严格落实持证上岗制度，完成国家行政执法证件申领、换发141件，注销失效证件101件，组织开展行政执法专题培训300余人次。扎实开展行政处罚案卷自评工作，累计评查案件392件，筛选参加市级行政处罚案卷评选25件。全县各行政执法单位共配备执法记录仪349台、执法车辆67辆、摄像机28台、照相机40台、录音笔80支，全部落实行政执法全过程记录。进一步加强规范性文件的审查、发布和备案，累计审核、印发行政规范性文件及其他政策性文件6件。

【全民普法】 开展法治宣传教育，组织实施“八五”普法活动，全年开展各类普法宣传活动168余场次，受众2万余人次，发放资料3.5万余份。大力推进“民主法治示范村”创建和“法律明白人”培育工程，培养300余名“法律明白人”骨干，不断提升乡村法治水平。加强法治文化阵地建设，投资160万元建成宪法公园，有效推动法治理念入脑入心，为法治隆德建设营造良好法治氛围。

【公共法律服务】 健全完善公共法律服务体系，整合优势法律服务资源，创新“线上+线下”服务模式，开设公证便民服务窗口，为困难群众开辟绿色通道，全面提升公共法律服务工作水平。2022年以来，县法援中心共接待群众8800余人次，办理法援案件482件,挽回经济损失1100万元;公证处接待群众1000余人次,共办理各类公证147件,出证147件,涉及标的额1000余万元。

【基层治理模式创新】 坚持"全员抓稳定,全力保平安"的工作思路,创新治理模式,充分发挥政治引领、法治保障、德治教化、自治强基、智治支撑的"五治"作用,探索推行"一个功能型党支部组织领导+一个综治中心实体化机制化运行+三张清单督办考核"的基层社会治理"1+1+3"工作机制。年底,全县13个乡(镇)均成立了基层治理功能型党支部,按照有牌子、有阵地、有人员、有制度、有职责、有台账的"六有"标准,规范建成乡(镇)综治中心,全面运行"问题清单、责任清单、考核清单"三张清单。截至10月底,共召开功能型党支部例会117场次,周碰头会191次,排查问题534件,化解533件。

【"1286"模式】 按照习近平总书记"坚持把非诉讼纠纷解决机制挺在前面"指示精神,全面贯彻落实中央和区市关于诉源治理的各项决策部署要求,坚持守正创新,在"125""411"矛盾纠纷排查化解机制基础上,探索推行源头解纷、司法确认、终局止纷的诉前调解"1286"(即建强诉前人民调解"一支队伍",搭建线上线下"两个调解平台",创新规范"八项制度",运用情、理、法并举"六种方法")模式。截至年底,全县累计委派化解矛盾纠纷524件,调解成功465件,调解成功率88.7%。诉前调解"1286"模式的推行,有效节约了司法成本,减少了当事人诉累,真正实现基层治理从"一元向多元、平面向立体、粗放向规范"转变,有效延展了基层服务触角,打通了矛盾纠纷化解"最后一公里",实现了政治效果、法律效果和社会效果的有机统一。

公　安

【概述】 2022年,全局共受理警情7137起,刑事案件立案381起,破案133起,破案率34.9%;行政案件受理510起,结案310起,查处率60.8%。深入开展反诈人民战争和"云剑2022"专项行动,集中精干力量,采取强有力措施,确保法律效果和社会效果相统一。共立各类刑事案件366起,同比下降19.2%;现行案件破案率43.2%,同比上升8.7%;破案绝对数287起,同比下降5.6%;共抓获犯罪嫌疑人317人,同比上升23.3%,提请逮捕23案32人,移送起诉51案55人。

【矛盾纠纷排查】 深入开展"四大专项行动"和夏季治安打击整治"百日行动",依托基层治理"1+1+3"和"125""411"矛盾纠纷排查化解和三色预警工作机制,排查化解矛盾纠纷600起,全县未发生集访群访事件和因矛盾纠纷化解不及时而引发的"民转刑""刑转命"案件。

【常态化开展扫黑除恶斗争】 保持主动进攻的高压严打态势,继续深挖细查潜藏蛰伏的黑恶势力,对摸排和移交的涉黑涉恶线索办结率达100%。在连续二十年命案全破的基础上,继续做深做实基层警务工作,保持命案和"两抢"案件"零发案",八类案件破案率达到100%。

【打击涉枪涉爆犯罪】 针对涉枪涉爆犯罪向网上蔓延的趋势,利用互联网涉枪涉爆违法犯罪大数据侦防机制,按照"多点发现、整体作战、上追下查、打掉源头"要求,共核查网络涉枪线索13条,涉及人员13名;抽丝剥茧侦查"9·29"专案,侦办非法制造枪支案件2起,抓获犯罪嫌疑人2人,收缴枪支零件2件,及时消除潜在社会隐患。

【严打多发性侵财犯罪】 针对严重影响人民群众安全感、社会治安反映最突出的传统"盗抢骗"案件,充分发挥"尖刀"作用,先后破获系列盗窃案20起,追回机动车1辆、手机6部、现金98.5万余元,抓获犯罪嫌疑人34人,移送起诉11案12人,共立侵财案件252起,立案数同比下降28.6%,破获案件51起,破案率20.2%,同比上升1.5%。

【严打新型电信网络诈骗犯罪】 持续推进“云剑–2022”专项行动，对电信网络诈骗及其“黑灰产”发起凌厉攻势，先后抓获某某同城“话务员”诈骗团伙主要犯罪嫌疑人陈某某等25名“话务员”，捣毁电诈窝点5个，扣押作案笔记本电脑3台、手机41部、银行卡42张，串联侦破涉及宁夏、黑龙江、安徽等26省市的电诈案件53起，涉案资金达240余万元，打掉电信网络诈骗、“帮信”犯罪团伙2个，涉及全国各省区案件103起，抓获违法犯罪人员32人，破案绝对数、抓获人数同比上升19.5%、165.2%，挽回财产损失114.1万元，破获骗取政府蔬菜补贴款诈骗案件1起，追回国家损失9万余元；摸排核查打击整治养老诈骗专项行动线索3条、立刑事案件1起，举行“侵财案件赃款集中返还仪式”集中返还涉案赃款、赃物总价值80.8万元，“指纹、DNA、人像、足迹”四项会战采集率达100%，全年新增上网逃犯15人，抓捕13人，归案率75%。联合各乡镇组织宣讲团，多形式举办预防电信网络诈骗知识讲座52次、宣传100余次，发放宣传折页3万余份，“国家反诈中心”App注册率全区第四、全市第一，实名率全区第一、全市第一，电信诈骗案件发案同比下降28.3%。

【严打经济领域违法犯罪】 持续开展“扫楼清街”“净企”等专项行动，清理空壳企业130家，排查10家存在经济金融领域风险线索，立涉税案件7起，办结5起，在隆德县双创产业扶贫示范基地设立经侦警务工作站和云上经侦警务工作站，利用“3·15”国际消费者权益日、“5·15”打击和防范经济犯罪宣传日、“7·15”防范金融犯罪宣传周节点加大对非法集资、传销、涉税犯罪宣传力度。

【紧盯食药环民生领域违法犯罪】 深入推进“昆仑2022”专项行动，对全县河湖水源地开展专项检查10余次，清理“保健品”行业专项整治5次，配合开展第二轮中央环保督察信访转办清单，查结线索11条；组织开展2022年度森林草原防灭火实战演练2次，查处“3·17”非法狩猎案、“4·6”森林火灾案件；全面推行森林警长、河湖警长制，组织警力进社区、进农村、进单位开展农资打假、森林防火等宣传44次，发放宣传材料1.5万余份；联合县自然资源局加大对全县17处非煤矿山整治成果进行“回头看”督导检查力度，助力提升安全生产和行业治理水平。

【禁毒工作】 以实施“无毒县”创建为牵引，深入推进“清源断流”“净边”专项行动向纵深发展，先后对吸毒人员持有驾驶证情况进行全面核查，对450余名客运车辆、城市公交、危险货物运输车、出租车驾驶人等开展吸毒检测筛选，组织对公共娱乐场所开展常态化巡查检查165场次，对辖区12家易制毒化学品和麻精药品使用单位突击检查120场次，排查废弃厂房等重点场所156处，组织禁种铲毒踏查活动107场次，继续将杨河乡串河村列为重点村居进行深化治理，对长期在外务工涉康涉戒人员开展尿样及毛发检测，牵头创办全县中小学生禁毒才艺大赛、“6·26”国际禁毒日等集中宣传活动6场次，禁毒宣传“六进”活动312场次，发放各类宣传资料10.8万余份，推送宣传信息20万条，实现社区戒毒康复执行率、社区戒毒康复执行巩固率分别保持100%，戒断三年未复吸巩固率提升至88.6%，全县无外流吸贩毒人员，无新增吸毒人员，全县制毒现场“零发生”、制毒物品“零流失”，毒品原植物“零种植”“零产量”。禁毒微视频《邮差》、禁毒名师一堂精品课《健康人生绿色无毒》分别荣获自治区禁毒委二等奖。

【执法服务保障】 坚持法制服务公安中心工作、服务领导决策、服务执法实战的工作理念，针对警情处置、巡逻盘查、调处纠纷、搜查缉捕、当场处罚等八大类现场执法中最常用、易引发炒作的情形，及时预警提示，发布执法建议书8份，开展现场执法指引培训3场次，编发10个执法标准指导案例。

【健全完善执法制度规范】 研究制定《隆德县公安局执法质量考核评议实施细则（试行）》等11个制度，完善执法监督制约体系，执法绩效由“粗放型”

向“精细化”转变，执法质量明显提高。每月警情、案件回访，群众满意度98%以上。聚焦提质增效，大力推进执法机制改革，主动适应全面深化公安改革新要求，积极回应人民群众对公平正义新期待，以规范权力运行、提高执法质效为目标，不断深化执法权力运行机制改革。

【执行刑事案件“两统一”制度】 严格落实“谁办案，谁负责”“谁审核，谁负责”的案件质量终身制，压实主办民警、单位负责人、案件审核人、审批人主体责任，法制民警全程介入审核把关，年内应移送起诉117件126人，相对不诉7件10人，同比减少3件3人。健全完善证据收集规则，针对非法集资、常见食药环犯罪等刑事案件取证难问题，有针对性地订购专业工具书，帮助基层提升规范取证水平。进一步优化完善公检法联席机制，组织召开公检法联席会议4次，研究疑难案件7案次；严格落实政机关负责人出庭应诉制度，研究制定《隆德县公安局负责人出庭应诉规定》，负责人出庭应诉11件，出庭应诉率为100%，胜诉率为100%。

【执法问题整治】 部署开展积案清理、涉案财物专项整治、案件交叉评查等专项整治行动，发布执法质量考核通报11期、《执法提醒》14期、《疑似未如实受立案通报》2期、《执法记录仪使用通报》1期、日巡查通报229期，巡查各类报警7137起，审核各类案件891起，发现执法问题2357件，督促整改2351件，整改率达99.7%。

【平安建设】 对全县13家七层以上建筑二次供水设施、21家烟花爆竹销售点进行安全检查。开展平安校园建设专项行动，常态化组织“护学岗”、春秋季校园安全大检查和法制进校园活动2000余次，对5家校外培训机构进行督导检查，对检查发现24处问题全部责令现场整改，全力维护校园周边社会治安、道路交通秩序，保障师生安全有序出入校园，确保学校周边无安全事故及意外事件发生，对全县36家涉危涉爆涉枪企业（单位）五大领域金融行业进行安全检查，督促严格落实安全管理责任。

【巡逻防控】 启动公安武警“两警”联勤武装巡逻和社会面“大巡防”专项行动，采取信息研判与日常巡逻机制相结合，对重点场所开展全天候武装巡逻宣防，共投入警力3126人次，对全县宾馆饭店、歌舞娱乐场所等360余家治安复杂场所开展16次集中清查行动，检查保健、食品经营单位，药品零售药店和私人诊所255场次，极大限度消除各类潜在风险隐患，维护全县社会治安持续稳定。

【治安整治】 以开展夏季社会打击整治“百日行动”为契机，全面落实“打防管治”各项措施，多领域排查整治治安乱点，严厉打击黄赌毒、盗抢骗、寻衅滋事等多发性违法犯罪，治安大队、各派出所共受理各类行政案件394起，结案172起，结案率为43.7%，打击处理356人，罚款72100元，收缴、追缴赌资31340元，与上年同期相比，受理数下降21.8%，结案率下降5.5%。

【保障乡村振兴】 先后选配9名民警担任驻村第一书记、工作队员，安排88名民警对口行政村开展联户帮扶工作，筹措7.5万元用于消费农产品扶贫。配合县人社局、住建局等部门对全县5家建筑公司拖欠农民工工资问题进行全面调查，约谈欠薪企业和包工老板，为1500余名农民工讨回欠薪2600余万元。全面推行森林、河湖警长制，全力保障黄河流域发展先行区建设，对重点山脉、河流等开展不定期巡逻检查200余次，发现整治安全隐患10起，成功查获非法倒卖经营卷烟案1起，查获各类香烟1040条，涉案金额10万余元，圆满完成了村“两委”换届选举期间安保任务。

【后勤保障】 围绕“服务中心工作、服务实战需求、服务基层一线”总要求，积极对接区厅、县财政部门落实各项保障经费4687.7万元，采购警用装备16类1357件，全体民警装备配备率达100%，年内申报装备项目4个，实施杨河派出所迁建、隆德县公安局实弹模拟和实弹射击中心建设项目，持续加强机关事务管理和后勤保障服务工作，实现保障有力、管理科学、基础扎实、服务到位的警务保障新格局，创建2022年第一批自治区健康细胞示范点。

【改革和加强派出所工作】 在县城10个社区108个行政村建设警务室110个；全县10个派出所所长全部进入同级党委班子，79名社区民辅警进入村（社区）“两委”班子；实现三个全覆盖。积极争取县委、县政府支持，划转事业警务编制11个，增加辅警编制30个，充实到基层派出所，全县派出所民警和辅警分别达到90名、67名，保证“一村一辅警”。出台警种部门支援派出所工作措施，制定“我为基层解难题”实践活动工作方案，从政治建设、业务指导、松绑减负等方面支持派出所工作，进一步细化明确派出所向专业警种移交案件程序，治安、刑侦等部门主动接收办理派出所移交案件，切实减轻基层负担。投入资金12万余元为10个基层派出所建设图书阅览室，投入549万元迁建杨河派出所，建设城关派出所信息化综合指挥室；落实农村警务专干补贴54.5万元，筹措80余万元为基层派出所配备电动车13辆。

【实施“雪亮工程”】 依托数字乡村“移动管家”“天翼看家”“沃家云视”，有效地将“雪亮工程”延伸到基层。隆德县13个乡镇108个行政村的“雪亮工程”平安乡村建设视频监控设备安装覆盖率达到100%，建设完成了县、乡、村高清视频监控全覆盖的网络。在全县3个小区建设“人脸识别门禁+车辆抓拍系统+人（车）道闸系统+安防监控+高空抛物监控+物联网烟感报警”等硬件设施和网格化管理平台。构建“网格化管理、信息化支撑、多元化参与、智能化应用、全程化服务”的社会治理新模式，为基层社会治理和群众服务工作提供支撑。

【交通管理】 全面开展道路交通事故预防“减量控大”，结合全县道路安全形势，整体分析、综合施策、多措并举，道路交通安全形势持续平稳。全年共发生各类交通事故1624起，其中一般事故16起，造成死亡8人，受伤14人，直接经济损失14210元，与上年同期相比，一般事故起数、死亡人数、经济损失分别下降5.9%、46.7%、95.14%，全县未发生3人及以上道路交通事故。加强源头治理，全力消除道路交通安全风险隐患。紧紧围绕“人、车、路、企”四个方面，排查整治“问题人、隐患车、危险路”等突出风险隐患，督促163名逾期未审验、未换证驾驶员审验换证，清理报废各类车辆43辆，协调公路养护、交通运输、乡（镇）人民政府等部门投入资金326万余元，对排查出的47处国省道路、54处县乡道及6处水毁路段隐患进行修复治理，督导检查企业120余次，为企业驾驶员发送安全提示信息50余条，通过媒体平台公开曝光50余次，受教育客运企业驾驶员1600余人次。

【路面管控】 严查各类严重道路交通违法行为。针对一早一晚及周末节假日等务工务农、上学放学等出行高峰时段，合理推行“错时+错峰+错路段”勤务，加大交通执法巡查率、管事率和震慑力，组织开展夏季治安打击整治“百日行动”、酒驾醉驾，“三超一疲劳”，农村“两违”，马路市场，校园及其周边，农村三轮汽车、电动车等专项整治行动80余场次，查处各类交通违法27985起，其中酒驾醉驾111起，无证396起，超员127起，货车超载568起，其他违法行为为26783起。

【整治城市交通环境】 按照“道路畅通安全、车辆有序停放、人车文明礼让”的工作目标，实行定人员、定路段、定时段、定措施、定责任的“五定”措施，对城区交通路口、主次干道进行常态化不间断整治，共查处各类道路交通违法行为10245起，其中违法停车5186起、非机动车违法行为2159起，其他交通违法2900起，短信告知提醒1320余次，劝导规范停车5700余辆，拖移长期占道的“僵尸”车辆12辆，曝光不按规定停放车辆56辆，教育群众8600余人次；配合新建停车场17个，施划机动车停车位3600余个，施划非机动车停车位22处，施划公交站点5个,县城所有停车场及停车位全部实行免费开放。

【道路交通宣传】 强化宣传教育,全面提升交通参与者安全防范意识。结合“12·2”全国交通安全日,广泛开展“文明守法　平安回家”主题道路交通安全宣传活动,常态化开展“七进”及“美丽乡村行”交通安全宣传140场次,利用农村“大喇叭”播报宣传190余次,发放宣传资料32500余份;大力推进“一栏一标语”交通宣传阵地建设,全县98个行政村的宣传海报张贴率达到全覆盖,有针对性地发布各类交通安全预警信息90余条,精准推送重点驾驶人2.32万余人次,开展“五大曝光”70余次,全民交通安全意识、防范意识和文明驾驶意识得到有效提升。

【公安政务服务】 坚持“网上办为主、自助办为辅、窗口办兜底”工作思路,线下优化一窗通办、线上推进一网通办、向内挖潜一证通办、向外拓展全天通办,在全县12个公安政务服务窗口开通“通办”“365天×24小时政务服务”,详细制定窗口通办制度机制和数据共享复用机制,强化“宁警通”、“互联网+公安政务服务”平台应用推广,建立“线上收件、窗口办件、寄递发件”服务模式,全面提升高频服务全程网办率,平台总注册量4073人,其中实名认证2626人,受理群众申请、咨询办件27件,即时办结27件,即时办结率为100%,群众满意率100%,积极推行“告知承诺制”,进一步优化自助办理、分类办理、非工作时间办理、代为办理、预约延时办理、上门办理等工作方法,确保群众即来即办、现场办结、立等可取,全年共补办、发放二代身份证7423人次,办理临时身份证415人次,异地审核办理身份证854证;办理准迁证81证93人;办理边境管理区通行证39证;补录、恢复户口25人,更正姓氏6人,变更姓名12人,审核办理户籍业务500余人次,核查出入境98人次,受理护照11人,核查出入境人员信息200余人次,办理车驾管业务5634笔(其中非工作时段办理车驾管业务273笔),落实学法减分130余人次。

【公安队伍素质提升建设】 研究制定《隆德县公安局2022年党建工作计划》,筹备召开党委会议32次、党委理论中心组学习12次,召开专题民主生活会2次;15个党支部开展主题党日活动180余次,按照组织程序规范培养入党积极分子10名,发展对象2名,预备党员3名,转为正式党员2名,举办党务工作者培训班和“警心向党庆七一　全力护航二十大”系列活动。抓实党风廉政建设,素质强警向纵深推进。以开展“干事创业提精神　担当作为树形象”教育活动为抓手,研究制定《2022年党风廉政建设工作安排》,组织召开党风廉政建设和反腐败工作会,逐级签订责任书,常态化开展警示教育,观看教育片6场次,参观廉政警示教育基地1次,每季度开展队伍风险研判,组织全警签订廉洁自律和“八小时外”管理责任书,在重要时间节点发送廉洁纪律的通知短信900余次,教育引导民辅警知敬畏、存戒惧。围绕疫情防控、值班备勤、内部管理、信访等工作,共开展专项督察10余次,下发督察通报4期,9名民警受到党内、行政问责处理。落实从优待警,激发队伍活力。落实各项“从优待警”措施,完成135名辅警划转备案工作,稳妥推进76人执法勤务和警务技术职务晋升,对11个先进集体、64名先进个人先后申报个人三等功、嘉奖表彰奖励,围绕元旦、春节、“七一”建党节等节点,对75名因公牺牲民警家属、困难民辅警、退休老民警、离退休党员民警、困难党员和20个基层所队、疫情防控查验点及驻村工作队进行慰问,为全体民辅警购买人身意外伤害险,妥善安排做好民辅警年度体检工作。

检　察

【机关建设】 组织开展以党组理论学习中心组为龙头的各层级学习、交流研讨、讲党课110余场次,筑牢政治忠诚的思想根基。严格执行《中国共产党重大事项请示报告条例》和《中国共产党政法工作条例》,向县委和县委政法委汇报检察工作重大事项10次。以上级检察机关的巡视反馈问题“回头看”为契机，抓好问题整改，不断提高政治判断力、政治领悟力、政治执行力。以“五型”模范机关建设为抓手，紧扣“六盘先锋”党建品牌创建和“干事创业提精神、担当作为树形象”主题教育，在服务群众中强宗旨、创品牌、树形象。

【工作宣传】 在“两微一端”发布各类信息300余篇，被上级检察机关转发54篇，在区级以上媒体刊发检察宣传稿件91篇，有效宣传检察工作正能量，唱响奋进新时代检察工作主旋律。

【助推平安隆德建设】 坚定不移贯彻总体国家安全观，维护社会稳定、人民安宁。共审查批捕各类刑事犯罪嫌疑人22人、提起公诉73人。在办案中贯彻落实宽严相济、少捕慎诉慎押刑事司法政策，经审查对41人作出不起诉决定。发挥认罪认罚从宽制度在提升诉讼效率、化解社会矛盾中的积极作用，认罪认罚适用率89%，息诉服判率明显提升。常态化开展扫黑除恶斗争，对固原市人民检察院交办的一起涉20人的涉黑再审案出庭公诉，指控追缴违法所得6万余元，退赔被害人损失106万元，做到打财断血坚决、彻底。推进涉案企业合规改革，加强对各类市场主体依法平等保护，促进各类市场主体合法合规经营，帮助企业解困纾难、促进发展。

【服务乡村振兴】 全面落实县委县政府决策部署，助力巩固拓展脱贫攻坚成果同乡村振兴有效衔接。依法严惩工程建设和基本社会保障领域涉农职务犯罪，受理审查起诉2件2人，挽回扶贫专项资金14.7万元。选派包括1名院领导在内的3名青年干警任驻村第一书记和工作队员。通过在帮扶村开展“文明家庭”“进步示范户”创建、法治宣讲、志愿者服务等活动，不断推进乡村精神文明建设，提振乡村士气。向帮扶村投入7万元资金用于基础设施建设和乡村环境整治，响应县委县政府号召大力开展消费扶贫，助推宜居宜业和美乡村建设。

【保护生态环境】 立足生态优先战略，围绕六盘山生态资源保护和农村污染治理开展公益诉讼专项监督，与静宁县人民检察院建立跨区域生态环境保护协作机制，共同维护生态安全。共办理生态环境资源领域公益诉讼案件54件，督促清理农业生产残膜2000余吨，固体垃圾1800余吨。持续开展“携手清四乱、保护母亲河”专项活动“回头看”，落实“河长+检察长+警长”工作机制，协同河长办、公安机关、水务局等多部门对县域内渝河、水洛河等7条河流联合巡查，针对乱倒、违法排污等问题发出检察建议14份，清理污染和非法占用的河道6千米，促进河湖治理，倾情守护隆德绿水青山。

【推进社会治理】 持续抓实最高人民检察院“一至八号检察建议”，针对窨井盖安全、生产安全、校园安全问题共发出检察建议17份，以诉源治理促进社会治理体系和治理能力现代化。认真落实“谁执法谁普法”责任制，围绕反诈防骗、毒品预防等深入企业、乡村、校园等场所开展法律宣传42场次，发放宣传资料4000余份，促进法治成为社会共识。践行新时代“枫桥经验”，抓实群众信访件件有回复，接收群众来信来访21件21人，均得到妥善处理。抓实院领导包案、检察听证等工作机制，院领导包案办理案件3件，公开听证27件，更好实现案结事了、人和政和。

【服务保障民生】 开展打击整治养老诈骗、非法集资和反电信网络诈骗等专项行动，开展专题宣讲30场次，起诉涉“两卡”犯罪20人，挽回经济损失14万元，守好人民群众钱袋子。维护特殊群体合法权益，办理帮助农民工讨薪民事支持起诉案件16件，协助农民工讨薪14.67万元。认真开展“关注困难妇女群体，加强专项司法救助”活动，发放救助金7万元。筑牢未成年人“双向保护”，督促主管部门开展入职查询58人次，精准帮教涉嫌犯罪、违法或有不良倾向未成年人34人，对一名遭受监护性侵的未成年被害人持续跟进心理疏导关护，依法支持撤销监护权申请。投身疫情防控工作，组织30名干警下沉社区完成值班值守、人员信息摸排等工作，为常态化疫情防控贡献检察力量。

【刑事检察】 立案监督以提质量、增效率、强效果、护公正为目标，依托侦查监督与协作配合办公室，办理立案监督案件11件，立案监督率为100%。发出《纠正违法通知书》4份，助力规范司法，促进提升侦查质效。深化行政执法与刑事司法衔接，监督行政机关移送涉嫌犯罪案件4件，侦查机关均已立案。自行补充侦查案件17件，纠正漏捕漏诉2人，刑事案件比下降至1.1，有效提高了诉讼效率。办理的马某掩饰、隐瞒犯罪所得案被自治区人民检察院作为指导性案例编发。加大社区矫正检察和财产刑执行监督力度，发出检察建议13份、纠正违法（违规）通知书6份，助力破解财产刑执行难问题，督促刑事执行部门规范执法，维护法治统一。

【民事检察】 围绕"推进以审判为中心的诉讼改革"，重点开展审判人员违法行为监督和执行活动监督两项监督，统筹和推进生效裁判结果和虚假诉讼监督，将精准监督的理念贯穿民事监督全过程，共受理"两项监督"案件33件，向审判机关发出检察建议31份，监督率94%。对2件经审查认为正确的民事裁判，依法不支持监督申请，同步做好释法说理，引导服判息诉。常态化开展虚假诉讼监督，通过再审检察建议方式对王某某虚假诉讼案件予以再审纠正，促进了法律统一适用，维护了司法公信和司法权威。

【行政检察】 发挥行政检察"一手托两家"职能，既监督公正司法，又促进依法行政。发出行政非诉执行检察建议1份，深入开展"护航民生民利专项活动"，针对安全生产、行政执法等领域存在的管理漏洞，发出社会治理类检察建议8份，全部被采纳。常态化开展"促进行政争议实质性化解"专项工作，通过与人民调解、行政调解等有效衔接，成功办理行政争议实质性化解案件1件。

【公益诉讼检察】 切实履行好"公共利益代表"的神圣职责，秉持"双赢多赢共赢"的理念，聚焦国有财产安全、食品安全等重点领域，深度参与全域创建"食品药品安全区"行动，开展"国有财产保护"、"公益诉讼守护美好生活"等专项监督活动，立案办理行政公益诉讼案件84件，发出诉前检察建议44份，磋商40件，把诉前实现保护公益目的作为最佳司法状态。稳妥有序延伸公益诉讼监督触角，以保障公共安全为着力点，能动履职，办理新领域案件18件，有效保障人民群众舌尖上的安全、脚底下的安全、身边的安全。聘请2名行政执法人员为"特邀检察官助理"，借助外脑助力办案专业化。办理的"城区内窨井盖问题隐患治理"公益诉讼案件被自治区人民检察院作为经验推广交流。

【巩固深化政法队伍教育整顿成果】 开展违规收送红包礼金和不当收益及违规借转贷或高额放贷专项整治活动，常态化长效化抓好中央八项规定及其实施细则精神、新时代政法干警"十个严禁"、自治区"八条禁令"和宁夏检察人员纪律作风"十五条禁令"等规定的贯彻执行，推动廉洁自律作风养成。持续强化机关自身建设，严格落实"三个规定"等重大事项填报制度，共记录重大事项18件，为加强新时代检察机关监督工作提供有力纪律作风保障。

【检察监督制约】 全面落实司法办案责任制，建立健全检察官业绩考评机制，综合运用公务员、绩效、效能等考核机制，实现检察人员全员、全面、全时考核管理。紧扣最高人民检察院"质量建设年"要求，开展重点案件质量评查8次，认定瑕疵案件1件，以问题为导向倒逼案件质效提升。邀请人民监督员监督办案30件次，举办检察开放日活动2场次，接受各级人大视察检察工作2次，公开法律文书20份，案件信息122件，真正拓宽人民群众有序参与司法渠道，增强接受监督的主动性。

【队伍专业化建设】 围绕"四大检察""十大业务"开展业务技能培训。充分发挥"检答网""高检院西部巡讲""中国检察官网络教育培训"等平台学习资源作用的同时,创新开展“隆检智汇”青年干警论坛,建立“沉浸式”座谈、“订单式”培训模式,实现业务干警培训全覆盖,共开展各类培训157人次。加强检察理论研究,3篇检察理论研究课题在市级以上立项获奖。多措并举对青年干警交叉培养、轮岗锻炼,青年干警已全部通过法律职业资格考试。

法　院

【概况】 全年共受理各类案件3245件,同比下降3.19%;审执结3167件,同比上升0.09%;结案率97.6%,同比上升3.21%;未结78件,同比下降58.51%。审判执行工作总体呈现出受理数、未结数、结案数、结案率“两降两升”的态势。

【队伍建设】 以开展“大学习、大讨论、大宣传、大实践”等教育活动为抓手,系统全面学习贯彻习近平新时代中国特色社会主义思想和习近平法治思想,深入学习宣传贯彻中共二十大精神,深刻领悟“两个确立”决定性意义,增强“四个意识”、坚定“四个自信”、做到“两个维护”。组织开展“岗位大练兵、技能大比武、质效大提升”活动15场次,提升干警履职能力。完成党组班子、部门负责人调整和“三类”人员职级职务晋升工作。

【矛盾化解】 按照全市基层治理“1+1+3”机制,创新“1286”诉前解纷模式,指导基层调解组织化解矛盾纠纷603件,诉前委派化解矛盾纠纷813件,市委书记冼国义专题调研并给予充分肯定。组建工作专班,化解涉诉信访案件13件。

【刑事案件审判】 受理刑事案件87件,审结87件,结案率100%。依法惩治各类刑事犯罪,审结危险驾驶案32件32人,交通肇事案11件11人,故意伤害、强奸、强制猥亵侮辱等案13件15人,盗窃、诈骗等案16件27人,有力维护国家安全、社会安定和人民安宁。坚持宽严相济刑事政策,判处10年以上有期徒刑3人,3—10年有期徒刑24人,对社会危害不大、犯罪情节较轻的87名被告人判处3年以下有期徒刑和拘役刑,其中宣告缓刑37人,免予刑事处罚2人,最大限度促进社会和谐。深入推进以审判为中心的刑事诉讼改革,贯彻证据裁判、疑罪从无原则,判决无罪1人,对拟判决无罪的4名被告人准予检察机关撤回起诉,加强人权司法保障。

【民商事案件】 受理民商事案件1484件,审结1438件,结案率96.9%。妥善化解隆兴明瑞等楼盘延迟交房引发的涉众型纠纷190件,维护房地产市场健康发展。准确适应情势变更、不可抗力等规则,以调解、判决分期履行、继续履行或解除合同等方式审理合同类案件946件,引导各方共担风险、共渡难关。推进移风易俗、遏制高额彩礼、引领文明家风,审结婚姻、家事案件288件,发出人身安全保护令4份。弘扬和践行社会主义核心价值观,审理教育、医疗、养老、社会保障等民生领域案件224件,以司法裁判明规则、扬正气、树新风。

【案件执行】 受理各类执行案件1250件,执结1218件,实际执行到位标的额8075.47万元,执结率97.44%。接受银川市金凤区人民法院的执行挑战书,各项指标全面领先。创新“2722”执行长效机制,提高执行信息化水平,曝光失信被执行人7批401人,限制高消费223人,以拒执罪对2名被执行人判处刑罚,利用网络司法平台拍卖涉案财产33件。坚持善意文明执行理念,“活封活扣”“放水养鱼”等有温度的执行措施助力市场主体走出经济困境。执行工作“3+1”核心指标不断提升,当事人胜诉权益在“最后一公里”加速实现。

【提升审判质效】 落实以司法责任制为核心的综合配套改革措施,健全法官权责清单,构建权责明晰、监督有力的司法权运行机制,“让审理者裁判、由裁判者负责”。把握审判规律,强化以分析研判、督办催办、预警提醒和节点管控为主要内容的院庭长和专责部门监督管理,案件正向指标稳步提升,反向指标不断降低。坚持问题导向,通过逐案分析、靶向施策实现188件旧存案件清零。扎实组织开展案件专项自查评查、裁判文书评比工作,服判息诉率90.94%,发改率1.73%,审判质效持续向好。

司法行政

【法治理论学习】 落实第一议题制度,强化法治理论学习,制订会前学法计划,将"一规划两纲要"纳入全县各级党委(党组)理论学习中心组重点学习内容,充分发挥领导干部特别是党政主要负责人带头尊法学法守法用法的示范引领作用。2022年县委常委会、县委理论学习中心组、政府常务会议共开展学法22次。结合"八五"法治宣传教育,采取以案释法、法治讲座等方式广泛宣传习近平法治思想,教育引导全县广大党员干部深刻领会习近平法治思想丰富内涵、精神实质、实践要求。2022年以多种形式广泛宣传习近平法治思想29场次。

【出庭应诉制度落实】 规范政府行政行为,严格落实行政负责人出庭应诉制度,2022年行政机关负责人庭应诉率100%,行政案件败诉率13.4%。

【县委法治建设议事协调机构履职】 2022年召开县委全面依法治县委员会第五次会议,召开依法治县委员会办公室会议3次、司法协调小组会议1次、执法协调小组会议1次、守法普法协调小组会议2次,研究部署推动全面依法治县各项工作落地落实,构建起上下联动、齐抓共管的工作格局。

【法治政府建设工作报告制度】 县人民政府定期向县委和人大常委会报告推进法治政府建设相关工作情况,依法接受县人大及其常委会监督,自觉接受县政协的民主监督,主动接受社会和舆论监督。修订完善政府权责清单,严格按照权责清单履职尽责,持续推进权责清单网上公开运行,强化用权依法、透明公开的权力运行机制。2022年,13个乡镇、24个部门单位均在政务网站公开上一年度法治政府建设工作报告。将党政主要负责人履行法治建设第一责任人职责情况全面纳入年终述职内容,2022年全县科级以上领导干部456人开展履职述法并提交述法报告,主要从带头尊法学法守法用法、依法行政、重大事项依法决策等方面开展述法,从机制层面推动述法常态化、长效化。

【督导检查】 出台年度全面依法治县、普法依法治理工作要点,对标对表自治区党委决策部署,梳理出全县具体落实任务,从目标任务、重点工作、完成时限等方面层层压实法治政府建设责任。制定年度全面依法治县督查检查工作计划,将依法治县工作纳入效能目标管理考核内容,通过细化分解任务,清单化管理、时限性推进、精细化落实,对重点工作实行督查通报制。2022年以来,结合中央依法治国办实地督察反馈意见整改工作,开展2次全县范围内法治责任落实情况督查,全力推动各项工作高质高效开展。

【重大行政决策改革】 深化重点领域政府信息公开,细化权责清单、财政预决算、药品监管、教育、医疗以及重大建设项目、公共资源配置等22类重点领域公开要求,实现权力运行和行业领域的全覆盖。严格执行《宁夏回族自治区重大行政决策规定》,结合实际制定《隆德县重大行政决策事项年度目录管理办法》《隆德县重大行政决策公开办法》等文件,全力确保重大行政决策的科学化、民主化和规范化。对重大决策事项开展合法性审查,全面推行法律顾问、公职律师制度,确保重大行政决策事项符合法定权限,决策草案的形成符合法定程序,决策草案内容符合法律、法规、规章和国家政策的规定。高度重视中央依法治国办实地督察宁夏反馈意见,对固原市7个大类18个具体问题、2个负面典型案例全面认领,制定整改措施61条,所有问题已全部完成整改并长期坚持。

【推进"放管服"改革】 编制《乡镇政务服务事项清单》,印发《隆德县乡镇"四级四同"事项清单》《隆德县乡镇民生服务中心"马上办、网上办、就近办、一次办”事项清单》，梳理乡镇政务服务事项120项、村(社区)45项，完成县乡村三级民生服务场所代办点规范化建设，构建“1+6+13+108”〔1个政务大厅、6个政务服务分厅(民政局、国税局、退役军人事务局、司法局、公安局、人行)、13个乡镇便民服务中心、108个村级便民服务站(98个村+10个社区)〕模式政务服务大格局。全面开启“一门、一窗、一网”服务，年底前全县共承接“四级四同”事项1420项，县大厅进驻1420项，事项应进必进率100%。协同推进“163”(“1”，即是在申请受理环节实行“一门、一窗、一网”通办，实现最便捷的申报受理。“6”，就是在审批环节实行“六多合一”审批机制，在商事服务领域实行“多环一体”“多站一统”，在工程建设领域实行“多评一表”“多勘一踏”“多图一审”“多验一联”，实现最快捷的审批。“3”，就是推出三项机制，创新模拟审批机制、健全监督评价机制、完善便民服务机制，实现最周到的服务)一体化政务服务模式，“一网通办”水平再提升，2022年共办理民生服务事项72.5万件，群众办事效率全面提升。

【优化营商环境】 全面深化商事制度改革，出台《隆德县关于深入推进“证照分离”改革工作实施意见》，制定涉企经营许可事项改革清单，直接取消审批事项4项，审批改为备案9项，告知承诺制12项，优化审批服务52项，将企业开办和注销涉及的银行、税务、社保全部进驻大厅，企业开办实现3小时内办理完结，为各类企业发展创造宽松环境。

【提升基层规范执法水平】 全面推行行政执法“三项制度”。制定《隆德县全面推行行政执法公示制度执法全过程记录制度 重大执法决定法制审核制度工作计划》，在政务网、办公场所定期公示行政许可、行政处罚、行政强制等情况和权责清单、执法人员信息等。加强执法队伍管理，提升执法队伍素质。全县各行政执法单位共配备执法记录仪349台、执法车辆67辆、摄像机28台、照相机40台、录音笔80支。完成国家行政执法证件申领、换发141件，注销失效证件101件，组织开展行政执法专题培训300余人次。认真组织全县各行政执法部门对全县已办结的392件行政处罚案卷完成自评，筛选出25件参加市级行政处罚案卷评查工作。全面推行“双随机、一公开”制度，积极推广运用宁夏行政执法监督平台，创新推进“互联网+”监管形式，不断丰富线上监管载体，进一步规范执法流程，确保行政执法公平公正、公开透明。全年共开展“双随机”抽查129次，抽查市场主体622家，检查结果均通过宁夏“双随机、一公开”监管平台和隆德县人民政府网站向社会公开。

【加强规范性文件审查备案力度】 制定下发《隆德县人民政府办公室关于全面做好行政规范性文件合法性审核工作的通知》，严格按照“有件必备、有备必审、有错必纠”基本要求，进一步加强对规范性文件的审查、发布和备案，严格落实行政规范性文件“三统一”制度，加强行政规范性文件监督和管理，从源头上预防违法行政和不当行政，保障公民、法人和其他组织的知情权和监督权，提高行政效率，维护法治统一和政令畅通。2022年，完成行政规范性文件合法性审核3件，印发行政规范性文件2件，向县人大常委会进行备案2件，并在政府网站上进行公示。

【司法体制改革】 加强和完善刑事司法衔接机制，促进检察机关与执法司法机关在办理行政执法案件中的相互配合、相互制约。推动“三个规定”(《领导干部干预司法活动、插手具体案件处理的记录、通报和责任追究规定》《司法机关内部人员过问案件的记录和责任追究规定》《关于进一步规范司法人员与当事人、律师、特殊关系人、中介组织接触交往行为的若干规定》)重大事项报告制度落地落实落细，着力建设德才兼备的高素质政法队伍。全县未发生有案不立、压案不查、有罪不究等执法司法问题。加强新型办案团队建设，落实独任法官、合议庭办案责任制，领导干部办案常态化；深化民事案件繁简分流改革，推动诉讼理念重塑、模式重构和流程再造。2022年独任法官审理案件1169件，合议庭审理121件，速裁41件，司法确认调解协议374件。不断完善认罪认罚自愿性保障和合法性审查机制，落实检察长列席审委会会议制度，不断完善涉未成年人检察权运行体系，为未成年人提供全面综合司法保护。2022年以来，检察机关共办理公益诉讼案件44件，适用认罪认罚从宽制度办理案件84人，认罪认罚案件整体适用率88.4%。出台《公检法联席会议制度》《侦查监督与协作配合办公室工作办法》，进一步完善执法权运行机制，强化权力制约和监督。拓宽政务服务渠道，在工业园区设立"警企工作站"，为辖区企业、群众提供优质高效的公安政务服务。深化行政复议体制改革，成立隆德县行政争议协调化解中心，助力诉源治理落地落实，切实推进行政争议实质性化解，有效维护行政相对人合法权益，降低行政案件败诉率。2022年受理办理行政复议案件4件，不予受理1件；受西吉县人民法院委托化解行政争议案件5件。

【法治宣传教育】 出台《关于深入开展第八个五年法治宣传教育的决议》《关于在全县开展第八个五年法治宣传教育的实施意见》。利用"三八"妇女节、"3·15"国际消费者权益日、"4·15"全民国家安全教育日、5月民法典宣传月等重要时间节点，结合乡村振兴等重点工作，通过法治宣讲、集中宣传、入户宣传等多种形式，开展习近平法治思想、宪法、民法典、国家安全法、禁毒法、反有组织犯罪法、乡村振兴促进法、防范养老诈骗、疫情防控等内容的法治宣传教育活动。全年共开展各类法治宣传教育活动167场次，发放宣传资料2.6万余份，受众群众1.8万余名。

【法治培训】 利用党校等阵地，分层、分类对领导干部、村"两委"、政法系统干部等对象进行轮训，2022年以来，开展涉及法律知识培训班5期，培训领导干部共计930人次。各乡（镇）、部门（单位）严格贯彻落实《领导干部学法清单制度（试行）》，各乡（镇）、部门（单位）单位开展会前学法412场次，进一步提高领导干部和国家工作人员的法治思维和法治观念，形成依法执政、依法行政、公正司法、尊法守法的行为习惯。

【法治文化建设】 加强地方文化与法治建设有机结合，文化阵地建设为点，以文化挖掘为线，以法治实践为面，点线面结合系统建设隆德县法治文化带。在实现"县有法治公园，乡（镇）有法治文化广场，村有法律政策超市、组有法治宣传栏（墙）"建设的基础上，建设隆德县宪法公园项目，于12月对外开放，进一步扩大提升法治文化带建设的宣传覆盖面和渗透力，为社会公众提供更多更好更便捷的学法用法渠道与平台。

【提升公共法律服务水平】 坚持把公共法律服务均等化、城乡服务一体化放在重要位置，推动公共法律服务资源向农村和社会弱势群体倾斜、实现城乡公共法律服务全覆盖，党政机关和村（居）法律顾问全覆盖，乡镇司法所和公共法律服务工作室信息化全覆盖。开设公证便民服务窗口，为困难群众开辟绿色通道，根据群众需求制作《办理公证指南》小册子和便民联系卡，向求助群众提供一站式服务，受到群众广泛好评。2022年以来，隆德县法援中心共接待群众8800余人次，办理法援案件482件，累计挽回经济损失1100余万元；公证处接待群众1000多人次，共办理各类公证147件，出证147件，有效满足群众基本法律服务需求，维护群众合法权益。

【基层治理】 坚持"全员抓稳定　全力保平安"，创新治理模式。充分发挥政治引领、法治保障、德治教化、自治强基、智治强基支撑的"五治"作用，探索推行"一个功能型党支部组织领导+一个综治中心实体化机制化运行+三张清单督办考核"的基层社会治理"1+1+3"工作机制，全面推动基层治理和服务重心下移，将基层各类治理资源有效统筹衔接，加快构建问题联治、矛盾联调、工作联动、平安联创的治理格局。

【法治乡村建设】 聚力“两大工程”，为法治乡村建设赋能。做好第九批“全国民主法治示范村(社区)”创建推荐工作，向全县各乡(镇)征求2022年拟创建的村(社区)名单，重点发力、着重打造，对陈靳乡新和村法治文化阵地及相关内容进行提档升级，为全县其他村(社区)树立一个文化标牌，提升全县品牌效应，助力乡村振兴战略。深化“法律明白人”培养工程，在全县现有210名“法律明白人”骨干的基础上，2022年新培养骨干156名，达到每个村(社区)至少有3名“法律明白人”骨干的标准。

【共建共治共享治理格局】 持续深化新时代“枫桥经验”，推行“125+411”矛盾纠纷排查化解机制和诉前调解“1286”模式，强化各类矛盾纠纷排查化解力度。全年排查化解各类矛盾纠纷957件，化解率92.5%。强化城乡社区警务建设，做实做细“一标三实”基础信息采集工作，加强平安类社会组织和志愿者队伍建设，切实提高警治联勤、联防联护能力。严格落实村(社区)“两委”班子成员任职资格县级联审制度，严把入口关，选优配强基层“两委”班子，2022年共开展村(社区)“两委”班子成员任职资格县级联审36人次。坚持“德治”淳民风，常态化开展学习实践党的理论、培育践行社会主义核心价值观等文明实践活动，加大移风易俗力度，整治高价彩礼等社会乱象，有效发挥“一约四会”“村规民约”作用，不断丰富群众精神文化生活。

【社区矫正】 学习贯彻落实《中华人民共和国社区矫正法》和《宁夏回族自治区社区矫正实施细则》等法律法规，确保社区矫正依法规范开展。利用中央政法转移资金支持法治文化基地建设项目资金80万元，构建“智慧矫正中心”，有效提升社区矫正社会治理规范化、智能化、动态化、信息化、品牌化水平。加强救助帮扶，积极协调相关部门为生活困难的社区矫正对象争取低保、临时救助，开展职业技能培训等，对安置帮教人员开展摸底排查工作，及时掌握其动态，做好辖区内重点对象的排查清理和衔接管控工作，落实监管措施。2022年全县社区矫正对象无脱管、漏管问题发生，社区矫正领域无重大安全隐患。

经济发展

农业农村

【综述】 2022年，全县完成农业总产值17.13亿元，比上年增长5.9%。其中，种植业产值9.63亿元，减少6.3%；畜牧业产值41.89亿元，增长6.1%。全县粮食作物播种面积26.6万亩，其中，冬小麦播种面积1.9万亩，豆类播种面积0.43万亩，油料播种面积2.8万亩，药材播种面积1万亩。全年粮食总产量达到8.1万吨，其中，小麦产量3553吨，比上年减少41.6%，豆类产量430吨，玉米产量53290吨，比上年增长29.9%，薯类产量19520吨，比上年减少39%。

全县肉牛饲养量达11.5万头，较上年同期增加0.76万头，同比增加7%；羊饲养量达10.58万只，较上年同期减少0.36万只，同比减少13.3%；猪饲养量达6.71万头，较上年同期减少1.61万头，同比减少19.4%；家禽饲养量达42.85万羽，较上年同期10.98万羽，同比增加34.5%；肉兔饲养量达38.13万只，较上年同期增加4.65万只，同比增加13.9%；蜜蜂养殖量达1.68万箱，较上年同期增加0.08万箱，同比增加5.2%。

【蔬菜基地建设】 在渝河、甘渭河、好水河流域建成高标准设施蔬菜基地1万亩、永久性蔬菜基地15个、新增设施果蔬3700亩、日光温室50亩，形成以渝河和甘渭河流域冷凉蔬菜产业集群，推进产业规模化发展。

【高效节水灌溉】 激活释放“三统三分”（建立高效节灌设施统一建设与分业配套新机制、建立农村土地统一经营与农民分项获利新机制、建立农业经营体制改革统一组织与分工协作机制）改革红利，推动冷凉蔬菜产业节约集约发展。以库坝水系连通工程为输水载体，建立“长藤结瓜式”灌溉体系，铺设输水管道106千米，推广水肥一体化和田间滴灌、微喷灌技术，高效节水灌溉面积达到3万亩。

【绿色有机创效益】 在绿洲蔬菜专业合作社蔬菜基地打造设施蔬菜绿色标准园，全面落实“五化六统一”生产管理要求，集成示范“三零”种植技术、秸秆生物反应堆、蚯蚓生物、病虫害绿色防控大处方、生物菌剂施用技术、大行距高密栽培等绿色生产技术，配套防虫网、灰黑地膜、诱虫板等技术装备。全面推广增施有机肥、水肥一体化、药肥“双减”绿色生产模式，提高蔬菜品质。

【创新模式健全产业链条】 采取“龙头企业+村集体经济+合作社+农户+基地”的经营模式，围绕种植、分拣、加工、销售等环节，培育新型经营主体56家，培育营销人员300余人，开展“鲜菜入市”“净菜入超”，开拓广州、福州等20余个大型农产品批发市场。坚持“种薯繁育、鲜薯外销、淀粉加工、主食开发”并进的发展路子，打造六盘山西麓阴湿区马铃薯种薯繁育产业带。建成六盘山马铃薯高新科技示范园和马铃薯稳粮保供绿色转型科技创新示范园，在观庄、好水、陈靳3个乡建设集中连片马铃薯原种繁育基地3000亩，一级种繁育基地1万亩，一级种薯推广3.7万亩。建立稳粮保供绿色转型科技创新示范基地1500亩。示范“高产品种+增施有机肥+测土配方施肥+机械覆膜苗前膜上再覆土+绿色防控+全程机械化作业”技术模式，加快主食化进程。

【肉牛产业】 以高质量发展为目标、以全产业链开发、全价值链提升为路径，组建肉牛产业联合体，实现种、养、供、加、销全产业链发展。种植青贮玉米12万亩，紫花苜蓿留床面积20万亩，建成饲草配送中心2个。建成规范化、标准化肉牛养殖园区13个，巩固提升张程、杨河等肉牛养殖示范乡镇4个，串河、杨袁等示范村30个，培育“50”模式养殖大户18户。实施“见犊补母”2.77万头。

【产业联合体】 坚持风险共担、利益共享、抱团发展原则，引导70家肉牛养殖、饲草种植企业（合作社、家庭农场）和58户养殖大户，组建肉牛产业联合体，完善“饲草种植、养殖管理、精深加工、产品销售”全产业链，构建现代肉牛产业体系、生产经营体系、社会化服务体系、带农富民体系，实现肉牛养殖规模化、集群化、现代化发展。

【休闲农业】 用好“全国避暑休闲百佳县”“全国休闲农业与乡村旅游示范县”亮丽名片，改扩建隆德县红宿蘑菇小寨，在观庄前庄建成1500亩红荞基地，打造生态观光农业，培育集生态建设、观光旅游、民俗体验、特色小吃、农村电商等于一体的多功能农业，推进农旅融合发展。加大宣传推介力度，推介李士村当选2022年中国美丽休闲乡村，不断扩大全县休闲农业与乡村旅游影响力和知名度。依托六盘山红军长征纪念馆，打造红崖老巷子、陈靳新和、观庄前庄等休闲农业与乡村旅游精品路线，陈靳乡新和村、城关镇红崖村荣获全国乡村旅游重点村。

【品牌营销】 推荐宁夏黄土地农业发展有限公司在2022年绿色食品加工企业评星定级活动中获评自治区四星级农产品加工企业，葆易圣药业有限公司获评固原市三星级企业。举办“隆德香醋”区域品牌宣传推介暨农特产品展销活动，完成隆德香醋图形LOGO（图案）初步设计工作，成立隆德县香醋产业协会。组织企业参加宁夏名优特色农产品促消费活动、隆德县首届罐罐茶制作大赛暨“端午盛宴”新时代文明实践系列活动、宁夏“闽宁特产线上行”促消费活动、宁夏品质中国行（广州站）活动、宁夏品质中国行（福州站）活动等，举办隆德县“清凉隆德乐购优品”农产品宣传推介促消费活动，共组织参加各类农产品宣传推介活动16场次220家次，促消费总额达到663.09万元。

【农村集体产权制度改革】 深化农村集体产权制度改革，推进农村集体资产“投改股”试点工作，完成全县104个村（社区）股权（份额）累计达到21485.14万元，设置股权（份额）258万股（份）；界定成员身份3.17万户11.45万人。进一步规范提升农村集体资产股份权能改革试点工作，完善了“村支部+村委会+村集体经济组织+村务监委会”的“四位一体”管理运营机制，把农村集体产权用活，让资源“活”起来，把红利“放”出来。

【发展壮大村集体经济】 争取1288万元注入7个村发展壮大村集体经济，全县累计整合资金22814.3万元（村均219万元）。完成全县91个村实施2019—2022年中央及自治区财政扶持项目综合评估验收；健全村集体组织资产台账，对全县农村集体经济组织资产开展“回头看”工作，对2016年以来全县104村（社区）集体经济项目资金进行审计，立查立改、逐条整改，共反馈问题532条、已整改386条，正在整改61条，未整改85条。统一核算管理村集体财务，将全县104村（社区）村民委员会和村集体经济组织账务全部纳入宁夏农村集体资产监管系统和全国农村集体清产核资管理平台，实现线上、线下和会计电算化管理，提高村集体经营收益，村集体经营收入5514万元，收益1112万元，20个村分红140万元，为巩固拓展脱贫攻坚成果同与乡村振兴有效衔接增添新的活力。

【培育壮大新型经营主体】 创建国家、自治区、市及县级示范合作社91家，示范家庭农场31家。新培育发展农民合作社和家庭农场31家，合作社达到435家，家庭农场达到330家，联合社达到4家，成员达到8944人；注册“塞上六盘”“宁隆宝”“农喜牧源”等农民合作社商标51枚、家庭农场7枚，创建宁夏著名商标1枚。新型经营主体自办或参与的加工流通企业达到15家、电商服务6家、农超对接10家、订单销售10家、休闲农庄4家。新型农业经营主体整体发展提质增效，建立利益联结机制，强社富民取得新成效。

【规范土地经营权流转】 推进农村土地“三权分置”改革，坚持所有权、稳定承包权、放活经营权；全县土地经营权流转面积10.64万亩，占承包地面积21.8%，其中规模化流转积9.92万亩占流转总面积的93.23%，成立土地股份合作社12家，入股土地6458.5亩。

【开展农业生产托管服务】 遴选16家服务主体组织开展耕、种、防、收等服务环节，完成农业生产托管服务面积10.65万亩次(按系数折合3.51万亩)。开展农村土地经营权抵押贷款试点，县财政注入担保基金150万元，办理贷款101家641万元，发放他项权证101个，助力小农户与现代农业发展有效衔接。

【全面完成村庄规划】 坚持以建设美丽宜居村庄为目标，以农村垃圾、污水治理和村容村貌提升为主攻方向，统筹县域城乡布局、乡村建设、土地利用等领域多规合一，促进农村人居环境整治一体化。修订完善乡村布局规划和村庄建设规划，编制全县城乡生活垃圾、污水治理、绿化亮化等专项整治规划及建设方案，实现了村庄规划全覆盖。

【推进“厕所革命”】 严格“五统一”“五到位”要求，一户一档，完善档案管理，新建完成农村水冲式厕所435户，完成任务的87%。对问题厕所进行全面摸排，共摸排问题厕所10261户，已开工整改7766户，已完成7479户，完成率72.89%。

【农村清洁取暖】 启动实施无集中清洁取暖试点示范项目、冬季清洁取暖项目，采用“光伏+空气源热泵+散热器”技术路径改造21个公建单位和349户农户建筑供热面积10.1万平方米，采用“空气源热泵+散热器”技术路径改造1650户农户建筑供热面积9.9万平方米，采用“生物质成型燃料+生物质专用环保炉具+散热器+配送服务”技术路径改造250户农户建筑供热面积2万平方米，配套实施农村既有建筑节能改造300户4.3万平方米。

水 利

【综述】 隆德县水资源均来自大气降水，无过境客水。县内渭河水系葫芦河上游东侧的7条支流自东向西流经全县，从北往南依次为唐家河、什字河、好水河、渝河、甘渭河、庄浪河、水洛河。降水主要集中在7月、8月、9月三个月，时空分布不均，春旱秋涝，南丰北枯，东多西少，多年平均降水量492毫米，水资源总量7214万立方米，可利用水资源量3880万立方米，实际利用量1500万立方米左右。建有小型水库40座、骨干坝30座、中小型淤地坝82座、大型蓄水池12座。其中小(1)型水库17座，小(2)型水库23座，总库容8998.2万立方米，现有总库容5612万立方米；跨流域调水工程2处、引水工程2处；砌护防渗渠道620条637千米，发展农田灌溉面积2.48万亩，现状灌溉面积5.59万亩；兴建农村饮水工程42处，集中供水达100%，自来水入户率达到99.9%；小流域综合治理62条，治理水土流失面积702平方千米(其中水土流失面积850平方千米)，治理程度达到82.6%。

【供水保障】 落实农村供水保障“三个责任”和“三项制度”，出台《隆德县城乡公共供水突发事件应急预案》《隆德县集中式饮用水水源地应急预案》《隆德县农村饮水安全工程管理办法》，推进城乡供水水价改革，城乡供水实现同网、同质、同价、同服务。推进城乡供水一体化及“互联网+城乡供水”管理模式,全面推广城乡供水网络化、数字化、云计算管理,实现“我的宁夏”App远程缴费及水费、水量等实时查询。通过实施2022年巩固拓展脱贫攻坚成果同乡村振兴有效衔接农村供水保障提升工程及2022年农村饮水安全维修工程,完成新分户及返迁户自来水入户142户，改造各类冻管51处,加强水源、水厂、管网维修养护。隆德县自来水入户率达到99.9%，供水保证率提升到98%,水质达标率100%。

【水利工程建设管理】 执行各级工程建设管理规定,落实“三重一大”事项集体研究决策机制。坚持质量第一、建管并重,实行“项目法人责任制、招标投标制、建设监理制、合同管理制”四项管理制度,全面落实工程质量终身责任制。制定《隆德县水利工程建设各项管理制度》《工程管理廉政纠错管理制度》《工程建设案件线索排查和移送制度》《隆德县水务局行政执法处罚情况检查制度》《工程建设全流程监管管理办法》《隆德县水务局工程招标代理费、造价咨询费、监理费、第三方检测费取费标准管理办法》《隆德县水务局工程建设招标代理机构选取管理办法(试用)》等各项管理制度。加强工程建设全流程监管制度、行政执法检查和日常监督检查,确保“工程优质、资金安全、干部优秀”。

【水资源管理】 隆德县2022年用水总量1389万立方米。其中,当地地表水1315万立方米、地下水13万立方米、非常规水61万立方米;生活用水530万立方米、工业用水48万立方米、农业用水810万立方米。2022年缴纳水资源税41万元，农田灌溉水有效利用系数达到0.752,城市(县城)公共供水管网漏损率9.2%。深入推进用水权改革以来,隆德县以“节水增效”为主要思路,完善配套工作方案9套,确权灌溉面积10.24万亩,确权水量1563.46万立方米,完成70家工业企业用水权确权,水量64万立方米，排查规模化养殖户25家，确权水量17.40万立方米，规模化养殖户和确权水量在1万立方米及以上的工业企业水资源计量率达到100%。协助民政部门注销了13个农民用水者协会,颁发确权户用水权证94本,取水许可证54本,总许可水量1958万立方米。深化用水权“政银企”合作,以用水权为质押,为国孝牧业有限公司发放质押贷款120万元。

【河湖管理】 坚持不懈地把河湖长制作为生态文明建设、保障水安全的制度创新,自觉承担起保护母亲河的重要政治责任,充分发挥“河长+检察长+警长”工作机制,河长办、检察机关、公安机关联合开展巡河4次,印发河湖长制工作任务完成情况通报8期,督导检查河长制工作5次,审批涉河建设项目7个,颁发施工许可7个。深入推进河湖“清四乱”常态化、细致化,自查整治河湖“四乱”问题15个,复核整改区河长办暗访“疑似四乱”问题5个,整改率100%。复核水利部反馈遥感图斑27个,自查出妨碍河道行洪问题5个,均纳入3个清单完成整改。联合团委开展渝河保护志愿者服务活动2次,对渝河城关镇至联财段47.1千米河道清理枯草2160亩,修剪树木20535棵,打捞水草77861平方米,清理甘渭河温堡乡新庄段河道及河岸周边垃圾2.4吨。

【水土保持】 隆德县坚决贯彻落实《中华人民共和国水土保持法》和《宁夏回族自治区实施〈中华人民共和国水土保持法〉办法》,以“五个结合”(小流域综合治理与新农村建设和村容村貌整治相结合、与产业开发培育相结合、与水资源开发利用相结合、与政府推动和市场参与相结合、与产业结构调整和科技兴农相结合)为保障,以“四大措施”(梯田建设、造林种草、生态修复、沟道坝系建设)为切入点,形成了集防洪、灌溉、人畜饮水于一体的多功能水利工程体系和布局合理、流域相连的水土保持综合防护体系，从根本上改善了生态环境和生产条件,显著促进了群众发展致富增收,取得了明显的生态、经济和社会效益，基本实现了

“雨水不下山、泥土不出沟、暴雨不成灾，洪水不泛滥”的目标。2022年审批生产建设项目水土保持方案15项，其中编报报告书项目3项，编报报告表项目12项，接受报备生产建设项目7项，实收补偿费1.67万元。重新修订完善骨干坝和中型淤地坝的防汛预案按照编制大纲要求，明确“防、抢、撤”的各项防御措施和各个环节的具体负责人，组建防汛抢险队伍和防汛抢险应急分队42支1830人，专门承担汛期突发事件的应急处理和抢险工作。投入维修资金40万元，维修处理老张沟骨干坝的55米明渠、赵家崖骨干坝的卧管、岔口骨干坝的卧管和溢洪道渗水，清理阳屲、裴家沟、范湾等骨干坝卧管滑坡体掩埋土方等。

【水文水质勘测】 隆德县地表水由基岩裂隙水及降雨补给，沿沟道径流，向下游排泄。地下水类型为第四系孔隙潜水，水位受季节影响较大，主要沟道地表水补给地下水。勘察发现平水期地下水位在黄海高程2166.9~2169.1米。沟道下部的角砾层为含水层，壤土为弱透水层。砂质泥岩属于隔水层。砂质泥岩中的裂隙水水量较小，水位不连续。

（李雅丽）

科　技

【科技研发投入】 2022年县本级财政落实R&D经费390万元，全县R&D（研究与试验发展）经费投入达到2400万元，比上年增长60%，全县R&D经费投入强度达到0.63%，增长0.21%，位居全区第二。2022年全县有9家规上工业企业，其中有研发活动的企业7家，规模以上企业有研发活动占比达77.8%。

【技术合同交易】 2022年，县科技局组织培训全县科技型中小企业、规上企业等重点企业对技术合同认定登记、科技成果转化、技术合同签订相关税收政策及技术合同认定登记后可享受的优惠政策。全年共登记技术合同39项，成交额890万元。

【申报实施科技项目】 鼓励县域科技型中小企业积极申报区、市各类科技项目，聚焦“五特五新五优”产业，深入企事业单位开展走访、调研，加大政策宣传力度，引导企业加大科技投入。以科技研发、成果转化、企业技改、创新创业、企业后补助为重点，组织申报各类科技项目13类89项，争取专项资金2764.9万元。

【培育科技型企业】 引导企业申报区、市科技型中小企业，加大科技投入、开展科技研发、加快成果转化，有力地推进传统产业转型升级。2022年，新认定国家高新技术企业1家（黄土地）、自治区农业高新技术企业2家（兴宇粗粮、千峰兔业）、自治区科技型“小巨人”企业1家（浩德纸业）、自治区科技型中小企业7家、固原市科技型中小企业8家。

【科技创新平台建设】 制定优惠政策，加大扶持力度，鼓励支持县内企业与高校、科研院所联合创建自治区工程技术研究中心、自治区技术创新中心，构建产学研用体系。2022年，新认定自治区技术创新中心2家（国隆药业、金誉生物），建立了厦门大学-隆德县食品药品检测共建中心。

【科技特派员队伍建设】 2022年，全县遴选科技特派员152名，覆盖13个乡镇99个村（社区）。13名科技特派员申报自治区科技特派员项目13项，优选“三区”科技人才5名，自治区科技厅选派10名北方民族大学专家教授作为乡村振兴扶贫指导员对红崖村、太联村等10个生态移民村进行对口帮扶，县科技局又选拔13名优秀科技特派员入住13个移民村开展特色优势产业科技服务。通过带项目、带技术开展科技扶贫工作，实现科技助推乡村产业发展。

【科技培训与科普宣传】 2022年，科技局深入实施企业家精神培育行动，积极与自治区科技厅生产力促进中心、市科技局联系与对接，组织企业参加科技厅举办的线上“企业家创新精神培训”培训班11

期550人；配合自治区科技厅生产力促进中心和固原科技局开展企业家创新精神培育线下培训班1期60人；自主举办企业家创新政策宣讲培训班2期160人。开展科普宣传与教育活动，以科技活动周、防灾减灾日、全国科普日等各类科普宣传活动为契机，重点围绕政策法规、疫情防控、防灾减灾、节能减排、资源保护、乡村振兴等科普知识开展宣传教育12次，发放宣传资料3万余份，普及群众1.5万余人，营造全社会“爱科学、学科学、用科学”的浓厚氛围。

【科技合作】 抢抓东西部科技合作机遇，加强与闽侯县、仓山区、晋安区的对口协作，积极与厦门大学、浙江理工大学、天津科技大学、南京农业大学、宁夏大学、宁夏医科大学、宁夏农林科学院等区内外科研院所(校)的科技合作，扎实推进“四库”(项目库、专家库、成果库和信息库)建设，广泛开展“一企业一院校、一项目一专家”行动，签订科技合作协议30多份。

【科技成果转化与服务】 贯彻落实《宁夏科技成果登记管理办法》，规范和加强全县科技成果登记工作，加快推动科技成果转化为现实生产力。县科技局对到期的各级科技项目督促企业尽快申请验收后并进行科技成果登记；对科技成果登记企业优先推荐申报区、市各级各类科技计划项目及获得其他技术转移转化政策支持；对已经登记的科技成果推荐申报各级科学技术奖。2022年登记自治区科技成果4项、固原市科技成果3项。

【产业基地建设】 以“黄芪、黄芩、秦艽、柴胡”为主导品种，以“育苗、大田种植、林药间作和仿野生种植”为重点，采取“公司(合作社)+村集体+农户”的模式，建立中药材规范化种植示范基地7个、林药间作种植示范基地3个、中药材生态种植与野生资源修复基地5万亩、六盘山区中药材种质资源保护圃410亩，带动全县种植中药材25万亩，其中大田种植3万亩。

【中药材加工营销】 在扶持广州香雪、上药集团、郑州桐君堂、西北药业等重点企业的同时，鼓励和引导葆易圣、国隆药业、恒瑞元、六盘山道地中药材等企业开展中药材产地初加工(趁鲜)和养生产品研发。企业加工药材3030.5吨，产品主要销往区内中医医院、药品超市及陕西西安、甘肃陇西、安徽亳州、四川成都、广东广州等国内各大药市和企业，销售额达16022.1万元。2022年7月成功举办隆德县首届中医药养生大赛，扩大了影响力、提高了知名度。

【品牌培育】 推进中药材GAP（良好农业规范)备案，GMP(药品生产质量管理规范)、SC(皮下注射)及有机认证，开展“三品一标”(品种培优、品质提升、品牌打造和标准化生产)、打造“三无一全”(无硫黄加工、无黄曲霉素超标、无公害和全过程可追溯)，逐步完善中药材生产体系，促进中药材产业转型升级。2022年底，黄芪、秦艽2个品种通过国家地理标志认证、已注册商标21个、3个品种通过GAP备案、3家企业通过GMP认证、6家企业通过SC认定、有国家高新技术企业1家、国家科技型中小企业2家、自治区科技型中小企业7家、固原市科技型中小企业8家，有机产品认证2项、有机转换认证6项。

（李　静）

环境保护

【概况】 2022年1—12月，全县环境空气质量优良天数比例达到98.7%，PM10和PM2.5平均浓度分别为33微克/立方米和16微克/立方米，环境空气质量综合指数排名全区第一；1—12月，渝河国控断面水质稳定达到或高于国家考核要求的Ⅲ类标准，4个集中式饮用水源地和2个农村“千吨万人”饮用水源地水质优良率继续保持100%；土壤环境健康良好、未受污染。

【健全绿色发展保障体系】 沿六盘山自然保护区

划定生态红线区 301 平方千米，占县域面积的 30%，坚决杜绝引进涉污、高耗能产业，严格实行领导干部生态环境损害责任追究等制度，近 5 年年均生态建设投入占到财政总支出的 16.9%。

【建立山绿与民富共赢机制】 全面落实山长制、林长制，深化山林权、碳排放权等改革，建立“以林养林”等新机制，鼓励企业、农户推进经济林、生态林建设，发展林药、林草、林蜂等生态经济，促进山林资源就地价值转换和增值增效。

【构建绿色循环产业体系】 推动中药材、冷凉蔬菜等有机农业产值占比达到 36%。发展中药材精深加工等农特产品加工业，促进特色农业产加销全链条发展。坚持“生态+文旅”，打造休闲避暑目的地和特色旅游体验区。坚持生态文旅特色县定位，统筹推进生态花园城市和秀美田园特色乡村建设，使隆德成为六盘山西麓最具魅力的宜居宜业宜游目的地。

【打响“道地中药材”品牌】 按照产、加、销、研一体化发展模式，建设六盘山道地中药材产业带，通过黄芪、黄芩、党参、甘草国家有机认证 4 个，黄芪、秦艽国家地理标志认证 2 个，注册商标 13 个，申请专利 86 项，全县发展林下、大田中药材 25 万亩，实现产值 4.2 亿元。

【打好碧水保卫战】 持续强化计划用水和定额管理，制定下发《关于印发隆德县 2022 年水量调度方案的通知》，严格控制区域取用水总量，全面落实用水总量控制到户和用水终端计量到户，完成计量设施安装 159 套，办理取水许可电子证照 45 张，水资源管理能力和水平全面提升。

【落实河长制】 召开全面推行河长制工作联席会议 3 次、推进会 4 次，印发《隆德县河湖长制 2022 年工作实施方案》《隆德县河道岸线利用项目专项整治行动工作实施方案》《隆德县河湖管护群众监督有奖举报实施办法（试行）工作制度》等 9 个文件，下发全面推行河湖长制重点任务进展情况通报 9 期、工作督办通知单 2 个；发挥“河长+检察长+警长”工作机制作用，联合县检察院督查督办 6 次，推动河湖长制从“有名有实”向“有力有为”转变。

【河道整治】 开展妨碍河道行洪突出问题排查整治、河湖沟道水草清捞等环境整治专项行动，自查出妨碍河道行洪问题 5 个，清理整治河湖“四乱”问题 15 个，修剪清理河道的枯草、岸线树木、水草等 47.1 千米，开展渝河保护志愿者服务活动 2 次，清理河道垃圾 2.4 吨。

【开展水土流失综合治理】 实施红堡小流域综合治理工程和车套沟等四座中型淤地坝除险加固工程，新增水土流失治理面积 12 平方千米。强化生产建设项目水土保持监管，完成 35 个县级生产建设项目水土保持自查整改，下发限期整改通知书 4 份，自治区水利厅反馈的 10 个方面具体问题已全部整改销号。

【污水治理】 开展工业废水、城镇污水、农村排水治理，建设六盘山大道等道路雨污分流工程，实施生活垃圾填埋场渗滤液处理提升项目，建成乡村污水处理站 10 座、大型化粪池等污水收集（处理）设施 17 座、乡镇污水泵站 1 座，完成温堡、杨河、观庄 3 处乡镇污水处理在线监控设施安装联网，污水集中处理设施及配套管网覆盖 44 个行政村，农村卫生厕所普及率和生活污水治理率分别达到 89%和 80%以上。

【加强“四尘”管理】 落实建筑施工工地“六个 100%”（工地周边 100%围挡、物料堆放 100%覆盖、出入车辆 100%冲洗、施工现场地面 100%硬化、拆迁工地 100%湿法作业、渣土车辆 100%密闭运输）抑尘措施，加强施工现场环境管理，检查建筑施工工地 20 余次，专项整治清理渝河沿岸违规砂石料堆场10家。强化运输过程环境监管，加大对运输渣土、石料、水泥等车辆的监管力度，确保运输车辆不遗撒、不扬尘。推行“机械深度洗扫+人工即时保洁”环卫工作机制，县城环境卫生机械化清扫率达到100%。推进餐饮企业油烟污染治理，油烟净化设备安装率和使用率均达到100%。强化煤尘管控，加大散煤销售点管控力度，抽检全县11家散煤销售点，煤质抽检合格率100%，完成3家散煤销售点煤堆拉网覆盖。加快实施农村无集中供热区域冬季清洁取暖试点项目，完成热源清洁化改造2249户、农村建筑节能改造300户。强化气尘管控，印发《关于划定高排放非道路移动机械禁止使用区域的通告》，划定高排放非道路移动机械禁止使用区域。召开全县加油站、储油库油气回收在线监控系统建设会议，开展加油站、储油库专项督查检查，全县13家加油站油气回收治理设施运行正常。加强汽修行业治理，开展汽车修理企业喷涂废气收集和治理设施专项执法检查6次，督促Ⅱ类汽修行业正常运行废气收集设施。强化交通污染治理，开展机动车排放整治，淘汰老旧车辆45辆，积极推广新能源车辆，配套建设新能源公交车240千瓦充电桩8台，有效保护环境，降低碳排放，保障居民的健康生活。

【加强垃圾填埋场监管】 县城生活垃圾填埋场渗滤液处理设施运行正常，各项指标全部达标。改造提升9个乡镇垃圾填埋场，配备完善导气石笼、监测井等基础设施，垃圾处理效能明显提升。

【推进化肥减量增效】 实施有机肥替代化肥行动，大力推广施肥新技术，集成推广测土配方施肥+一次性施肥14.9万亩、测土配方施肥+水肥一体化0.04万亩、测土配方施肥35万亩，化肥施用量较2021年减少517吨，减少4%。健全病虫害监测预警体系，建立9个专业化统防统治示范区，全县农作物病虫害专业化统防统治覆盖率达到43%以上。推广使用静电喷雾等先进施药技术，提高喷雾对靶性，降低飘逸损失，提高农药利用率，推动农药减量增效，农药使用量较上年下降0.56吨，降低了3.03个百分点。

【实施农业废弃物回收利用】 采取“136”（树立一个标杆、开展三个帮扶、强化六个治理）工作模式，按照“应覆尽收”原则，建立13个残膜回收点，残膜回收面积26.65万亩5940吨（含土含杂质），加工颗粒826吨，回收率达到96%（按照回收面积）。制定《农药包装废弃物回收处置实施方案》，设立县乡农药包装废弃物回收点64个，每季度进行一次集中转运处理，共回收农药包装废弃物2.86吨，生产基地回收率达到80%，无害化处理率达到100%。

【规范处理畜禽养殖废弃物】 制定《隆德县规模养殖场病死畜禽及医疗废弃物收集无害化处理制度》，设立乡镇畜牧兽医工作站兽用医疗废弃物收集室13个，养殖合作社及规模养殖场兽用医疗废弃物收集室99个，回收转运兽用医疗废弃物1200千克，指导养殖环节按规定无害化处理病死畜禽435头（只、羽）。

【推动医疗污染防治】 全县22家医疗机构全部配备标准化医疗废弃物暂存间，完成3家医疗卫生机构医疗污水在线监测，确保医疗废水规范收集处置。

【农村垃圾分类和资源化利用】 在沙塘、观庄等13个乡镇58个行政村建成垃圾分拣和资源化利用中心，配备垃圾箱1500个、转运收集车辆1055辆，实现生活垃圾收运箱箱对接、箱车对接、车车对接，确保全程封闭不落地，避免发生交叉污染。

【推进畜禽粪污资源化利用】 按照减量化、资源化、无害化、可利用的原则，以土地承载力为基础，实现粪便就地就近无害化处理和资源化利用，鼓励引导农户转运还田农家肥，督促畜禽养殖业主有效履行环境保护第一主体责任，全县42家规模以上养殖场全部配套畜禽粪污收集设施，千峰兔业等有机肥生产企业收运畜禽粪污12万吨，生产有机肥4万吨，累计综合利用畜禽粪污80.07万吨，畜禽粪污资源化利用率达到97.96%。

【农作物秸秆综合利用】 2022年全县产生秸秆6.7万吨，可收集利用6.18万吨，小麦、玉米、谷子、糜子等秸秆饲料化利用4.46万吨，胡麻、蚕豆、马铃薯等秸秆燃料化利用0.44万吨，基料化利用0.1吨，利用机械化粉碎深翻还田肥料化利用0.76万吨，农作物秸秆综合利用率达到90.12%。

【生态修复】 完成宁夏南部水源涵养建设任务12.3万亩，在13个乡镇种植人工乔木林6.07万亩、未成林抚育提升及退化林改造6.23万亩，森林质量精准提升1.5万亩，栽植云杉、油松、山杏、刺槐、桦树、五角枫、火炬树、元宝枫等乔木树种和山桃等各类苗木506.9万株。实施北象山山体修复工程，实施坡面修整3.6万立方米，新建浆砌石挡土墙462米、截水沟1240.78米、排水沟1040米，矿区生态修复和苗木栽植1892亩。统筹实施南部水源涵养林建设工程、阳洼小流域、红堡小流域治理等水土流失综合治理工程，全县水土流失治理程度达到82.6%。

【县城绿化美化】 新建党校片区小微游园43.44亩，系统改造提升龙泉苑广场和人民路、解放街、文化街、G312（县城段）、六盘山路、文苑街6条街道绿地，实施第三养老院对面空地、三贤居小区旁空地、高级中学对面空地和渝河、清凉河、三山公园、古柳公园、象山公园、龟山公园、丝路文化公园七大公园绿化提升工程。对县城“三山两河”（特指隆德县城内北象山、南凤山、龟山；渝河、清流河）及周边已完工需养护的公园、绿地、小游园、景观水道、渝河及清凉河流域绿化工程全县境内等绿地系统养护，养护面积3597亩。

【乡村生态建设】 完成村庄绿化和庭院经济林1.58万亩，栽植早酥梨、红梅杏等各类苗木49.93万株；开展村庄主干道路绿化25条272千米，折合面积0.22万亩，美丽乡村和其他村庄节点及312国道、隆庄公路、好兴公路沿线补植补栽丁香等花灌木77.2万株，新建生态经济林建设1.51万亩，种植元宝枫、山桃和山杏88.8万株。

【推动实现降污增益】 按照排污权核定要与排污许可管理和主要污染物总量减排相衔接的原则，邀请第三方专业人员对全县119家登记管理单位进行初步筛选，核定存量企业27家，初始排污权总量NOx（氮氧化合物的总称）273.872吨/年、SO_2 218.92吨/年、COD（化学需氧量）210.31吨/年、NH3-N〔水（废水）中氨氮含量指标〕24.85吨/年，核定初始排污权确权登记管理企业13家，登记管理初始排污权确权总量SO_2 1.158吨、NOx 0.872吨、COD 15.7853吨、NH3-N 2.2242吨。

【打击生态环境违法行为】 出动人员430余人次，检查企业120余家次，下发整改通知4份，立案查处案件2起，罚款1.5万元，妥善解决群众投诉4起，群众满意度100%。

【强化宣传教育】 利用“6·5”世界环境日、“宪法宣传日”“法制宣传月”“国际生物多样性日”等节点，广泛开展环保法律法规、农村环境综合整治、生物多样性、垃圾分类、低碳生活等宣传活动，积极营造全社会参与环保的良好氛围。

城乡建设

【老旧小区改造】 排查摸底东关村小区、中关村小区、隆中家属楼、粮援办小区、卫健局小区、财政局小区、农调队小区、西城小区8个片区建设于20世纪90年代，砖混结构，共计47栋楼，1456户，建筑面积13.15万平方米，针对这些小区建设标准低，应用技术相对简单，外墙面为清水砖墙，墙面不保温，墙面脱落，屋面漏水严重，下水道堵塞，小区道路破损等严重影响居民正常生活和使用的问题，对8个片区基础设施实施改造整治，改善群众生活居住条件，老旧小区改造全部完工。

【改厕工作】 制定印发《隆德县2022年农村水冲式卫生厕所改造实施方案》《隆德县农村户厕问题摸排整改"回头看"工作实施方案》，进一步对全县农村卫生厕所新建和改厕"回头看"工作做详细安排部署。改造提升情况：2013—2021年期间修建农村户用卫生厕所20867户，改造任务10261户，截至2022年底，已完成9633户，完成率93.88%。新建卫生厕所进展情况：2022年全县新建500户改厕任务，截至2022年底，已建成510户，建成率102%。建设完成沙塘镇张树村、温堡老庄乡等6个"厕所革命"整村推进示范村。不断规范和完善农村厕所信息管理系统建设，全面准确掌握全县农村户厕改造信息，已录入19585户，完成率94%。全县农村卫生厕所普及率达到91%，促进了农村厕所改造信息化、标准化、规范化。

【农村人居环境整治】 按照"产业兴旺、生态宜居、乡风文明、治理有效、生活富裕"总要求，坚持以建设美丽宜居村庄为目标，以农村垃圾、污水治理和村容村貌提升为主攻方向，统筹县域城乡布局、乡村建设、土地利用等领域多规合一，促进农村人居环境整治一体化。修订完善乡村布局规划和村庄建设规划，结合村容村貌提升、农田防护林带、旅游环线、庭院经济和村庄绿化亮化美化工程，编制全县城乡生活垃圾、污水治理、绿化亮化等专项整治规划及建设方案，实现村庄规划全覆盖。2022年，建成温堡乡吴沟村、联财镇赵楼村等4个乡级环境整治重点村及庭院经济发展重点村。对5类道路沿线行道树全面整修，清理移除枯树枯枝，进行补植补造，林下点缀种植格桑花等适地花草，打造林灌结合、花草互簇、高低错落有致的花园式景观带，形成三季有花、四季常青的行道景观绿化带，精心打造生态景观路。

【农村环境整治】 进一步健全完善隆德县网格化管理办法，调整完善三级网格组织，调整增配乡村保洁员600名，常态化开展农村环境卫生清扫保洁。集中开展村庄清洁行动。按照"一月一主题""一月一督查"，清单式开展农村人居环境综合整治提升专项行动，切实解决了农村面源垃圾污染问题，达到了"长治久净"的目标。开展农村垃圾分类治理。开工建设生活垃圾填埋场渗滤液处理站提升工程，全面推行"两次六分、四级联动"垃圾分类和资源化利用机制、农村生活垃圾分类积分卡制度，全县垃圾分类的村庄达到59.2%。

【完善设施配套提升治理水平】 为13个乡镇、98个行政村配备1000个环保垃圾箱，配备垃圾箱（斗）1775个，配备专职垃圾清运人员30余名，投入垃圾收集车辆20余辆，每年垃圾清运、收集处理生活垃圾21433吨；依托农村生活垃圾治理积分管理平台，农户通过垃圾分类积分达36000多分，兑换物品12000余件，实现从源头资源化、减量化、无害化。

【农村污染治理】 严格遵循"流域治理、系统治理、综合治理"原则，对厕所粪污与生活污水采取分散处理、就近处理、集中处理等方式，结合美丽河湖建设和河湖长制"清四乱"整治行动。完成沙塘镇光联村、温堡乡温堡村等17个农村污水管网铺设工程，切实改善农村水系综合整治工程，实现主要流域重点村生活污水集中收集处理，全面消除农村黑臭水体。对面源污染，按照"整县统筹、技术集成、企业运营"原则，推进有机垃圾与农业生产废弃物协同处置与资源化利用，全县畜禽粪污资源化利用率达到98.5%，残膜回收利用率达到97.6%，农作物秸秆综合利用率达到85%，年处理畜禽粪污45万吨，切实解决了农村面源垃圾污染问题，实现产业发展、助农增收和环境保护多赢目标。

【美丽乡村建设】 实施乡村建设行动，重点突出产业支撑、绿色发展等，加快乡村建设转型升级，努力提高村庄现代化建设水平和可持续发展能力，打造环境美田园美村庄美庭院美的四美村庄，组织实施了神林乡双村和辛平村2个高质量美丽宜居村庄二期工程，主要建设道路、排水管网和U形渠，安装太阳能路灯，修建围栏小花园等，已全部竣工且投入使用。

【房地产市场发展】 2022年，隆德县有房地产开发企业5家，其中，本县房地产开发企业3家，二级资质2家，三级资质1家；外县房地产开发企业2家，均为二级资质。房地产市场处于相对平稳上升的发展时期，各类楼盘销售情况好，2022年，一手房交易194套，总面积27543.35平方米，其中，住宅160套，面积19200平方米，均价3768.2元/平方米；商服34套，面积8343.35平方米，均价6622.18元/平方米。二手房交易226套，总面积21829.98平方米，其中，住宅200套，面积19479.59平方米，均价3252.25元/平方米同比增长2.4%；商服26套，面积2350.39平方米，均价4456.28元/平方米。2022年新建项目1个，隆德县南凤嘉园C区建设项目总投资2.6亿元，由隆德县立鑫房地产开发有限公司开发建设，为商住用地，商业使用年限40年，住宅使用年限70年，于2022年9月13日开工建设，2025年11月竣工。房地产续建项目3个，总投资7.39亿元，总建筑面积24.97万平方米，其中，隆兴明瑞由宁夏大唐房地产开发有限公司隆德分公司于2018年开发建设，占地面积30687.6平方米，总建筑面积98457平方米，房屋销售均价4160元/平方米，2022年6月底竣工验收；山水陇庭由宁夏鸿佳摩码置业有限公司于2019年4月开发建设，占地14654平方米，总建筑面积46495.79平方米，房屋销售均价4120元/平方米，2022年6月底竣工验收；玫瑰园由宁夏日普职业有限公司于2014年开发建设，占地面积34644.8平方米，总建筑面积63305.25平方米，8幢楼已完成竣工验收。

【建筑业与质量安全】 2022年累计监督工程24项31个工地，总建筑面积4.3万平方米，总投资24107万元。县内施工企业法人，以企业建筑安全生产第一责任人的身份负责本单位的安全生产领导工作，各在建项目的项目经理以项目安全生产第一责任人身份负责该项目的安全生产管理工作，实行建筑工程安全事故责任追究制。制定《2022年建筑施工安全生产目标责任书》，并与各在建项目签订《建筑施工安全生产目标责任书》，要求各企业加强安全生产管理，认真落实企业安全生产责任制度，安全技术交底制度，特种作业人员持证上岗制度，教育培训制度和班前安全活动制度，加强对各项制度落实工作的日常考核，确保各项制度落实到实处。开展治理行动和创“安全文明标准化工地”活动，在全县各建筑工地开展“安全生产百日专项整治行动”“安全生产治理行动”，深入排查施工现场的特种机械、安全用电、脚手架和模板、高空作业、基坑防护、围墙、施工机具等方面存在的安全隐患，加强对施工现场的管理，在全县各在建工地开展创建“安全文明标准化工地”活动。开展11次建筑工程安全大检查，对全县所有工程安全生产隐患进行了排查治理，涉及施工企业24家、在建项目32项。共签发安全整改通知书34份，查处安全隐患28条。要求各企业及时整改，实行复查销案制度，并对查出的隐患问题进行回头看，保证施工安全。实施建筑企业建筑安全教育制度，重点围绕关键岗位人员安全生产知识的教育培训，实行“三类人员”安全考核制度，实行特种作业人员持证上岗制度，凡安全考核不合格的“三类人员”不得从事安全生产管理工作。

【物业服务管理】 2022年，隆德县县城有住宅724幢，17680户，建筑面积160.73万平方米，其中楼房住户17268户，建筑面积150.7万平方米。有物业公司17家，从业人员239人，物业服务覆盖36个小区315幢12425户，建筑面积100.3万平方米，物业服务覆盖率62.4%。为确保工作实效，定期召开隆德县提升物业服务水平推进会，组织全县物业公司学习《关于加强和改进住宅物业管理工作的通知》《宁夏回族自治区物业服务企业及物业从业人员信息管理办法（试行）》《物业服务企业及物业从业人员良好、不良行为认定标准》，以及相关物业法规政策；并组织物业公司参加全区“暖心服务　携手同行”物业管理公益大讲堂，提高了物业人员的业务能力和服务意识。与17家物业公司签订年度物业服务管理目标责任书34份，促进物业服务规范有序开展，提供高质量物业服务。建立健全物业管理体系。加强社区居委会的物业管理组织建设，每个物业公司配备2名社区网格员，对物业公司与业主委员会的工作全程帮助指导，主动协调处理各种矛盾纠纷，合力推进物业管理工作规范开展。加大监管力度。严格查处乱收费，不按合同约定提供服务，不按规定公示，擅自改变公共建筑或共用设施用途，擅自利用公共部位、共用设施设备从事经营活动等行为。加强前期物业管理。从办理商品房预售许可证开始，要求房地产开发企业落实前期物业管理及物业管理用房，落实物业承接查验，签订前期物业服务合同。采取综合检查、重点督查和日常检查相结合的方式，发现问题及时整改。完善信用体系建设。建立守信企业激励、失信企业惩戒、失信企业淘汰机制，充分运用企业信用档案，与物业招投标、物业项目评先、优秀企业评选等挂钩，奖惩结合促进物业公司诚信水平和行业健康发展。强化高层住宅用水安全管理。城乡建设局联合卫健局、检察院、应急管理局、渝清水务公司等部门，对全县涉及二次供水的32幢高层建筑1140户进行多次专项检查，要求物业公司建立健全管理制度，完善水箱检修、清洗、消毒档案记录，办理卫生许可证及供水管理人员健康证，有效消除安全隐患。及时化解矛盾纠纷问题。畅通群众投诉举报渠道，结合“枫桥经验”，实行清单化管理，聘请法律顾问，成立了物业管理纠纷人民调解委员会，现场化解矛盾纠纷24件，解决“12345”热线住户投诉问题86件，切实维护业主合法权益和社会稳定。

自然资源

【综述】 隆德县认真贯彻落实习近平生态文明思想，坚定践行“绿水青山就是金山银山”理念，按照自治区党委守好“三条生命线”的要求，坚持以六盘山重点生态功能区建设为抓手，大力发扬“三苦”精神，持续推进天然林保护、退耕还林和移民迁出区生态修复等生态工程，初步实现了山变绿、水变清、环境变好、人与自然和谐相处的生态建设目标。

【耕地保护】 严格落实耕地保护党政同责，严格耕地用途管控，遏制耕地“非农化”，防止“非粮化”。按照“三区三线”划定要求，划定耕地42.12万亩，开展耕地“非农化”清理核查，查处违法图斑54个，确保全县耕地保有量和永久基本农田面积不减少。

【国土绿化】 实施重要生态系统保护和修复工程，统筹山水林田湖草系统治理，完成南部水源涵养林建设12.3万亩，新建生态经济林1.58万亩，村庄绿化和庭院经济林建设1.51万亩，推进实现“山地森林化、农田林网化、村屯园林化、道路林荫化、庭院花果化”。落实管护范围、目标、措施和责任人，采取封造结合的办法，增加和恢复森林植被，狠抓森林资源保护工作，实施封山育林7万亩，使全县37.1万亩天然林和17.9万亩重点生态公益林得到有效保护。加快城乡绿化美化步伐，加大森林公园、街心公园、景观道路补植补造和抚育管护力度，对县乡村主干道路、重要节点、河道及重点地段周围荒坡、沟道等进行高标准绿化美化，构建花草搭配、林灌结合、高低错落有致的花园式景观带，形成三季有花、四季常青的特色景观绿化带。2022年底，县城建成区绿地率41.7%，村庄绿化覆盖率41%，乡村道路、水系、库区绿化率93%，生态环境得到根本性改善。

全县草原面积8.16万亩，其中天然牧草地0.99万亩，人工牧草地1.85万亩，其他草地5.32万亩。

【自然资源调查监测】 通过每10年开展的国土基础调查，查清各类自然资源在国土空间上的水平分布，摸清自然资源及承载能力"家底"，统一建立自然资源调查和监管信息平台，形成自然资源"一张图"，以满足自然资源管理的内在需要。通过每年开展的变更调查，组织实施全天候遥感监测，及时掌握各类自然资源突出变化，合理调整监测内容与指标，提高监测的针对性和有效性，避免交叉重复。

【矿产资源管理】 2022年完成了隆德县北象山历史遗留废弃矿山生态修复项目，该项目投资2300万元，在准备前期验收工作。完成了隆德县2022年地质灾害治理项目和隆德县好水中台村水毁治理项目，分别投资300万元和80万元。通过竞争性评审争取了隆德县朱庄河流域国土空间生态修复工程项目，自治区下达资金3328.62万元，地方配套664.62万元；通过竞争性评审争取了隆德县观庄乡历史遗留废弃矿山生态修复项目，自治区下达资金731.35万元，地方配套146万元；申报了隆德县甘渭河流域历史遗留废弃矿山生态修复项目(二期)。

【林草资源管理】 出台多种措施，建立林草资源发展长效机制，不断推动林草工作高质量发展。全面推行林长制，建立林长制组织体系、责任体系、制度体系和考核体系。由党委、政府主要负责人担任林长，形成县、乡(镇)、村三级林长体系，探索建立"多长"协作机制，实施"林长+警长""林长+检察长""林长+法院长"等协作治林新机制，形成属地负责、党政同责、部门协同、源头治理、全域覆盖的长效机制。已建成县、13个乡(镇)、104个村级林长体系，并完善了林长工作制度。积极探索山林权新思路，发展林下种养、林副加工、康养利用、碳汇养林等以林养林新模式。加快林长管理体系的建立，完成县、乡、村级林长的林草资源清单及矢量数据，林长责任区森林资源现状档案。

【林业建设】 完成宁夏南部水源涵养建设任务12.3万亩，在13个乡镇完成人工乔木林6.07万亩、未成林抚育提升及退化林改造6.23万亩，森林质量精准提升1.5万亩，栽植云杉、油松、山杏、刺槐、桦树、五角枫、火炬树、元宝枫等乔木树种和山桃等各类苗木669.2万株。在沙塘镇光联村、好水乡后海村、联财镇恒光村、温堡乡杨坡村和奠安乡景林村等11个乡镇51个行政村1961户农户房前屋后，栽植早酥梨、红梅杏等各类苗木49.93万株，形成户户都有小果园的农村景观。村庄道路绿化主要在312国道、隆张、好兴、隆庄、神杨、桃威、桃沙、咀头至张士、北联池至后庄等25条主干道和13个乡镇所属行政村主要街道、村庄节点，绿化亮化长度272千米，折合面积0.22万亩，补植栽植丁香等花灌木77.2万株，并种植播撒波斯菊、金盏菊等草花320亩，构建起花草搭配、高低错落有致的景观绿化带。村庄绿化和庭院经济林建设1.58万亩全部完成。

在城关镇、观庄乡、杨河乡、好水乡、联财镇、神林乡、沙塘镇、山河乡、温堡乡、奠安乡10个乡镇发展生态经济林1.51万亩，种植元宝枫、山桃和山杏111万株，已全部完成生态经济林建设任务。

【国土空间管制】 严守耕地保护红线，探索农田整治常态化新模式。落实最严格的耕地保护制度、切实保障国家粮食安全。坚持优先发展农业农村，强化以工补农、以城带乡，建立长短结合、标本兼治的体制机制，激发农业农村内生发展动力。以全域综合整治为契机，坚持增加耕地和生态保护并重，强化耕地数量、质量、生态"三位一体"保护，确定耕地后备资源和永久基本农田储备区。

【国土空间规划】 国土空间规划范围为隆德县全部国土空间，总面积为991平方千米。包括隆德县县域和中心城区两个空间层次，县域规划范围包括3个镇(城关镇、沙塘镇、联财镇)、10个乡(观庄乡、山河乡、凤岭乡、杨河乡、好水乡、陈靳乡、神林乡、张程乡、奠安乡、温堡乡)、2个良种场及1个六盘山林场。中心城区规划范围东北以六盘山珍稀植物园以西为界，东南至新华村；北部以北象山为界；南起新华村，以清凉河为界；西至光联村。

【自然资源执法】 坚持依法护林、技术抚育、人为管护三位一体的管护机制，持续大力宣传贯彻《中华人民共和国森林法》《中华人民共和国野生动物保护法》《森林防火条例》等法律法规，宣传森林在自然生态环境建设中的主体地位和作用，提高全社会建设林业，保护森林资源的意识。加大林政管理队伍学习培训力度，举办各种学习培训班，提高林政执法人员能力素质。成立县森林派出所，组建自然资源执法大队，依法加强对毁坏林木资源行为稽查惩处。将林地使用纳入规划管控，严格林地使用申报审批，严格落实抚育管理、林木病虫害防治等措施保护，林木有害生物成灾率控制在6.5‰以内。“十三五”以来，聘用生态护林员810名，天保护林员202名，常态化开展巡护巡查。建设防火通道296千米，森林火险视频监测、人工巡护覆盖面积比例均达到95%以上，建立多层次、广覆盖的森林资源养护体系，全县连续42年未发生重大森林火灾。

【野生动植物保护】 为有效保护全县野生动植物资源安全，开展“飓风一号”“春雷2018”“昆仑2022”“2022清风行动”，在重点路段、重点林区加大巡查检查力度，严厉打击各类破坏野生动植物安全违法犯罪活动。加强部门联动，多措并举，全面加强野生动植物保护，将野生动植物保护纳入林长制工作职责，进一步加大巡查巡护力度，织密织牢野生动植物保护网络，共建生态安全、人与自然和谐相处的美丽隆德。认真贯彻落实《中华人民共和国野生动物保护法》，在野生动物重要分布区、栖息地，实行分区划片，明确保护责任，全面加强野生动物保护，特别是在候鸟大规模集群的越冬地、繁殖地、迁飞通道，加密保护哨站、巡护线路设置，进一步加大野外巡护看守力度，全面清除鸟网、猎套等非法猎捕工具，维护候鸟等野生动物种群安全。公安、自然资源、市场监管、网信、交通等部门对市场摊位、门店、野味餐馆等场所一律依法予以关闭、查封，对网络发布的食用野生动物交易信息和其他非法野生动物交易广告一律依法予以清除，进一步净化市场环境和网络空间。对违法运输、寄递野生动物及其制品的，加大查验追踪力度，有效阻断非法交易链条。同时，对10个乡镇、23个行政村、49个养殖场的8387只人工繁育野生动物加强监管，严防违法出售野生动物等行为。

【测绘地理信息】 履行好《中华人民共和国测绘法》赋予的职能，为经济建设、社会发展和生态保护提供测绘地理信息公共服务，聚焦生态文明建设新需求，做好服务保障。

【土地资源利用】 2022年全县共划拨国有土地4宗64.77亩，出让土地2宗43.92亩，收缴土地出让金2690.45万元。已确定集体建设用地4宗27亩，用于各乡镇村公共设施用地，公开出让集体经营性建设用地3宗39.95亩，收缴集体建设用地收益金176万元。完成3宗集体经营性建设用地入市。根据村民代表大会表决、工业企业用地意愿，将城关镇杨店村5.2亩、沙塘镇和平村29.64亩、联财镇联财村5.12亩农村集体经营性建设用地纳入农村集体经营性建设用地入市范围，于9月28日在《新消息报》进行了公告，并在隆德县政务网进行了公布，于11月14日由宁夏盛世开元拍卖有限公司组织现场公开拍卖，3家企业分别竞得以上3宗集体经营性建设用地使用权，同时办理了拍卖成交手续。

【国有建设用地供应情况监测】 根据区自然资源厅《关于2022年第三季度全区及供后监测监管情况通报》，全县应巡查项目总数为660个，已巡查660个，巡查率100%。就隆德县工业园区内企业开发指标未达标问题向县园区管委会抄送了《关于隆德县六盘山工业园区相关企业土地开发指标及竣工验收不达标的函》和《关于督促办理宁夏康业投资有限公司等项目用地竣工验收的函》，就企业修建竣工事宜，督促园区企业按照合同约定开发建设，避免闲置土地出现。加大土地动态巡查力度，集中开展和清理闲置土地及僵尸企业专项工作，确保土地市场平稳高效运行。结合空间规划和城市发展需求，提前介入，积极推进全县各用地企事业单位依法用地、有序用地。

【不动产登记】 坚持以人民为中心的发展理念，聚焦群众登记财产便利度，不断完善基础数据，优化办证流程，压缩办结时限。牵头登记财产指标材料报送，着力优化财产登记领域营商环境。全力推动登记领域“我为群众办实事”上门服务暖人心实践活动、化解登记领域历史遗留问题，着力解决群众身边的急难愁盼问题。实现房管、税务等部门间数据互通共享，搭建“互联网+不动产登记”信息平台，实现了服务效能双提升。对符合上门服务条件的群体，不动产登记中心积极开展上门服务，由至少2名工作人员按规定上门开展登记业务，并在服务过程中留存影像资料作为佐证。切实为诸多行动不便的特殊群体解决了办证难题。

【农村宅基地使用权及房屋所有权确权登记发证】 隆德县“房地一体”项目共涉及13个乡105个行政村，共计31988宗。外调工作已经全部完成，数据库建设工作已经全部完成，内业数据库的自检与互检工作全部完成。截至年底全县3个标段农村宅基地使用权共计颁证27189宗，完成总体目标的85%，剩余4799宗。

【集体建设用地项目确权】 已完成前期资料收集，实地“房地一体”定点测量，全县共测得集体土地998宗，总占地面积为209.09公顷。经各乡镇协调及各村配合，对隆德县集体建设用地数据进行摸底排查测量。已完成集体建设用地宗地外业测量998宗；内业数据处理1006宗；完成集体建设用地宗地数据建库；颁发集体建设用地不动产权证书100本。

【地质灾害防治】 开展全县地质灾害全面排查摸底，登记造册。经全面摸底普查全县地质灾害危险点共涉及13个乡镇、61个行政村、116个隐患点、546户2226人。编制完成《2022年度隆德县地质灾害年度方案》，与各乡镇签订了地质灾害防治目标责任书，建立完善地质灾害防治体系，形成县、乡、村、组四级信息网络格局，通过各种措施加强对地质灾害易发区的防范和监控。对全县116个隐患点、546户发放了“两卡一表”，完成了地质灾害防治知识的科普、宣传，增强大众的防灾意识，对地质灾害易发区受威胁的人群强化宣传，大力普及如何鉴别地质灾害及其发生的前兆，预报和避让地质灾害，减少和防止其危害，增进广大群众对地质灾害的了解认识。在地质灾害易发期严格执行24小时值班值守工作，以便遇到紧急情况可以迅速了解情况并及时上报，在汛期及时组织并开展了地质灾害应急演练。编制完成了隆德县地质灾害规划（2021—2025）工作；配合县安监局等实施安全生产等专项行动，制定专项行动方案，利用节假日进行安全生产宣传。

【森林防火】 发布《禁火令》，修订完善《隆德县森林草原火灾应急预案》，与各乡镇、各相关单位签订《2022年森林草原防灭火工作责任书》，进一步建立健全防火工作制度，细化防火工作措施，完善森林草原防火防控体系。依据《隆德县全面推行林长制实施方案》，成立县、乡、村三级林长制办公室，设置县、乡、村三级林长350名，其中县级15名、乡（镇）级113名、村（社区）级222名，形成全覆盖网格化护林防火工作机制，确保山有人管、林有人护、责有人担；出台林长会议、信息公开、部门协作、督查考核等4项制度，发布隆德县1号总林长令，建立“林长+检察长+警长”工作机制；各级林长常态化开展履职巡林，截至年底，全县三级林长共开展巡林6000次。责任区域显著位置设置林长公示牌，全县制作完成公示牌20块。

印发《隆德县森林草原火灾隐患排查整治和查处违规用火行为专项行动方案》和《隆德县森林

草原防灭火专项整治行动方案》，扎实开展全县森林草原火灾隐患排查整治和查处违规用火行为专项行动和森林草原防灭火专项整治行动，组织13个乡（镇）和6个国有林场按责任落实、火源管理（含火情早期处理）、防范措施、队伍建设、应急处置、宣传教育、设施设备和其他方面对隐患进行拉网式排查，组织电力、文旅和宗教部门将林（草）区输配电线路、旅游景区以及寺庙等宗教场所火灾隐患作为排查重点，建立隐患排查整治台账，明确责任、时限和整改目标，全面限期销号整改。县委督查室、政府督查室、应急管理局、自然资源局、消防大队抽调人员组成联合督查组，采取“四不两直”（不发通知、不打招呼、不听汇报、不用陪同接待、直奔基层、直插现场）方式，分3个工作组对全县13个乡（镇）、98个行政村、6个国有林场森林草原防灭火工作全方位进行督导检查，及时排查隐患，消除隐患漏洞，坚决防范遏制森林草原火灾发生。全面启动“互联网+防火督查”系统，为国家、区市县各级林业和草原主管部门防火机构和森林草原经营单位提供督查内容、网上实施填报大数据智能分析、综合信息管理等功能，实时掌握防火工作和动态。

【开展野外火源治理和查处违规用火行为专项行动】 在重点林区路口和坟墓集中区设立102个防火检查点，安排957名护林员对进山人员、车辆进行火源检查，推广使用“防火码2.0”，全面提升“人为火”管控能力。以林区特殊人群为重点，认真落实监护、教育和管理措施，管住儿童进山玩火、管住痴呆病人进山纵火、管住司机进山带火、管住农民生产用火、管住群众上坟点火；在林区、入山路口、各保护区、旅游风景区等敏感地区重点部位，确定专人把守，对进入林区的人员实行火源寄存，严禁火源进山入林；实行网格化管理，将林区坟墓划片落实到护林员管理，在坟墓集中地增派防火人员进行监管，督促坟墓管理单位和个人消除火灾隐患。推行护林员包山头、包地块、包坟头责任制，明确责任网格、责任人员，做到不留死角、不留盲区，从源头上消除火灾隐患，形成横向到边、纵向到底的责任体系。

【气象应急联动机制】 通过手机短信等方式，及时发布气象信息和火险等级预警信息，督促各防火单位提前做好防范措施。充分发挥红外热成像视频监控系统作用，在自然资源局设立监控指挥中心，在重要林区、重点地段建设视频基站31个，监控摄像头41个，实行全天候全覆盖巡护监测，确保第一时间发现火情，能够快速、有序、科学处置，实现“打早、打小、打了”，防止小火酿成大灾。

【护林员管理】 对全县957名护林员实行动态管理，推广应用生态护林员联动管理系统，每位护林员下载安装“手机巡护”App，实行每日签到和巡山制度，有效提升全县护林员的山林巡护能力，实现森林资源源头管护网格化信息化全覆盖。采用岗前培训、集中培训和日常培训相结合方式，对全县护林员队伍进行全面培训，2022年共培训1904人次。坚持抓好全县森林草原消防40人的专业扑火队、国有林场6支180人半专业扑火队和110支3265人乡村义务扑火队队伍建设。开展全县森林草原防火应急演练3次，13个乡镇和6个国有林场分别开展森林草原防灭火培训暨应急演练1次。积极争取区市森林草原防火项目，为6个国有林场配备防火车辆6辆、防火摩托6辆、割灌机6台、风力灭火机6台、30台望远镜，为全县护林员每人配备1套防火服，对扑火机具、防火装备和防火车辆进行全面检修，有效提升了防灭火能力。

【森林草原防火宣传】 利用森林草原防灭火宣传周、宣传月、安全生产宣传咨询日，采取宣传车、悬挂横幅、张贴标语、发放宣传材料、现场宣传咨询等形式大力开展防火宣传进机关、进农村、进学校、进企业、进宗教场所“五进”活动。依托广播、电视、微信公众号等各类宣传媒体媒介宣传森林草原防火和安全生产常识，在重点林区、路口、寺庙等场所播放音频、张贴禁火令和发放宣传画册等。

截至年底，共制作悬挂宣传横幅471条，发放宣传资料4.9万份，彩旗23500条，宣传围裙1万个，张贴《隆德县人民政府森林草原防火禁火令》2260张，营造了人人关注火灾安全、人人防火防灾的浓厚氛围。

【防灾减灾教育】 2022年5月12日是第14个全国防灾减灾日，2022年的主题是“减轻灾害风险，守护美好家园”。在县城街道和农村大集通过悬挂横幅、发放防灾减灾资料等宣传活动，增强全民防灾减灾救灾意识，提升全社会抵御自然灾害的综合防范能力。

交通运输

【交通基础设施建设】 实施交通建设项目8项，总投资1.18亿元。一是毛家沟收费站工程建设项目，投资3400万元，项目建设资金由宁夏交投集团自筹。二是改建三星经穆家沟至杨河17千米四级公路，设计时速为20千米，路基宽6.5米，路面宽5米，两侧设0.75米的路肩，路面类型为水泥混凝土路面，按四级公路技术标准建设，投资2680万元。三是实施北象山景区等32条农村公路安全生命防护工程，安装波形钢护栏44.69千米，投资1342万元。四是实施景林危桥改造项目，投资615万元。五是实施城乡交通运输一体化客运站改造提升工程，项目共涉及联财、好水、观庄、温堡、神林、凤岭、沙塘7个乡镇，投资1300万元。六是实施农村公路养护及水毁维修工程，投资1000万元。七是改建天桥至马儿岔6千米四级公路，设计时速为15千米，路基宽6.5米，路面宽5米，两侧设0.75米的路肩，路面类型为沥青混凝土路面，按四级公路技术标准建设，投资904万元。八是改建大峡至地湾4千米三级公路，设计时速为30千米，路基宽7.5米，路面宽6.5米，两侧设0.5米的土路肩，路面类型为沥青混凝土路面，按三级公路技术标准建设，投资639万元。交通建设项目均于年内完成建设任务，有效巩固拓展了交通脱贫攻坚成果，提升了农村公路服务品质。

【农村公路养护工程】 争取自治区交通运输厅补贴资金533万元，开展农村公路养护工程。对Y203线唐通公路、Y204线大岳公路、Y207线桃沙公路、C219张程公路、Y202沙天公路、Y205星永公路、Y203观前公路、Y312线李毛公路、Y207线桃沙公路10条公路共长145千米维修沥青混凝土路面22037平方米、1厘米微表处161687平方米、标线2164平方米、沥青灌缝32824米、护栏20米、水泥混凝土路面3918平方米。

【安全隐患排查与日常养管工作】 县公路养护部门对农村公路安全隐患进行全面排查，重点对桥梁、交叉路口、学校门口、急弯陡坡、临崖和事故多发路段进行详细的排查，建立了安全隐患责任清单、安全隐患排查清单和安全隐患整改清单，累计排查出安全隐患30处，并全部完成了整治。同时，坚持查路、巡路和值班值守制度，组建抢险队，配备抢险工具及车辆，同时组织人员对缺损的构造物和淤塞的桥涵及时进行清理和维修，做到随坏随修、随缺随补，保障农村公路安全畅通。

【路域环境整治】 围绕修补路面病害、清理边沟、整修路肩和边坡等方面对寨隆线、沿古线、隆张线、隆瓦线、隆庄线等道路共计358千米进行全面整治（其中省、县道5条113千米，乡道26条245千米）。整修路肩边坡480千米，清理边沟1100千米，清理塌方3500立方米，疏通涵洞245道，清除路面及两侧堆积物100多处200立方米。

【开展执法规范“塑型”行动】 结合交通执法队伍素质能力提升三年行动和执法规范化“塑型”专项行动，重点加强干部职工理想信念、法治理念等教育；严格执行行政执法三项制度和交通运输部行政执法操作指南，持证上岗，落实行政处罚裁量基准，开展柔性执法，推广说理式执法，使行政执法更有力度、更有温度；持续开展素质能力大练兵，通过队列训练、交通指挥手势训练、体能训练等增强执法人员身体素质，树立执法新形象；积极组织全体执法人员参与区执法监督局“线上答题”活动，力争在参与率、达标率、正确率上走在市、县行业前列。

【开展公路安全保护“护航”行动】 对辖区内县、乡、村道开展巡查工作，组织执法人员集中整治公路安全隐患，查处并清理影响公路安全畅通隐患，2022年底，办理公路工程行政许可事项6项，排查农村公路隐患12处，整改12处，保障了辖区内公路安全畅通。

【开展货运车辆超限超载“利剑”行动】 联合县交警大队、固原分局隆德执法大队，开展道路危险货物运输专项治理、加大超限超载运输违法行为整治力度。扎实开展站点治超和流动治超，路面治超和源头治理，采取不定时、不定点、流动查等方式，对违法行为在自由裁量权范围内加大处罚额度，让非法经营者因高昂的违法成本望而却步。共出动执法人员60人次，检车车辆130辆，发现违法违规行为6起，行政处罚6起，卸载砂石料168.99吨，移交交警大队处理记分11分、处罚金额3000元。

【打击非法营运】 共出动执法车辆372辆次、执法人员930人次，查扣非法经营车辆31辆，罚款12.14万元。出租车专项治理“清亮”行动中依法查纠驾驶员举止不文明、服务态度差、不按计价器计价收费、拒载、故意绕道行驶、强行拼客、欺客等行为，共发现违法违规行为5起，行政处罚5起，处罚金额1000元。危货运输“清流”行动中通过路面稽查，查处危货运输车辆未携带证件12起，行政处罚6起，处罚金额4800元。维修驾培“清源”行动检查维修驾培企业80次。做好群众投诉举报件的调查处理，重点整治出租车司机随意喊价、态度恶劣等行为。共受理“12328”平台投诉129件，均按照要求和管理权限全部及时、依法进行了调查核实和回复(答复)，做到了事事有回音、件件有结果。落实“放管服”改革。加大信息监管和惩戒机制应用，强化行业事中事后监管措施，推动指导道路运输企业信用修复工作。深入开展“双随机、一公开”，加大执法检查和服务力度，切实维护企业合法权益。

【疫情防控】 在县疫情防控指挥部的统一安排部署下，常态化开展疫情防控工作。督促辖区出租、客运、公交企业加强运输车辆的消毒与清理，严格阻断疫情通过交通工具传播；指导辖区货运企业严格落实疫情防控有关要求，严把疫情防控关口，确保人民生命健康安全。

乡村振兴

【主体责任落实】 建立“领导包抓+专班推进+驻村帮扶”机制，22名县级领导联系包抓乡镇，及时协调解决相关问题，乡镇全面谋划和落实区域产业、就业、公共服务、基层治理等重点工作，村级及时协调和解决工作落实过程中的各类问题。全面构建起“书记主抓、党政同责、分级负责、各方协作”工作格局。县委常委会、政府常务会议、专题会议共研究巩固拓展脱贫攻坚及整改工作40余次，分管领导常态化督导调研，乡村积极推动各项决策部署落地落实，形成了齐抓共管、协同推进的强大合力。

【压实县委农村工作领导小组协调责任】 发挥县委农村工作领导小组牵头抓总功能，在县委农村工作领导小组下设巩固拓展脱贫攻坚成果同乡村振兴有效衔接工作专班，细化工作职责，聚焦“守底线、抓发展、促振兴”职责任务，召开县委农村工作领导小组会议9次，研究解决相关问题，扎实推动全县巩固脱贫成果再上新台阶、取得新成效。

【行业部门落实责任】 各行业部门充分发挥职能作用，制定了行业部门巩固拓展脱贫攻坚成果同乡村振兴有效衔接工作方案，全面加强政策研究、业务培训和指导、督导检查等，提高行业部门履行巩固拓展脱贫攻坚成果同乡村振兴有效衔接工作在年度效能目标管理考核中的权重，加大督导检查力度，倒逼行业部门压紧压实责任链条，提升工作成效。

【驻村帮扶责任落实】 修订完善《隆德县驻村第一书记和工作队管理暂行办法》，新调整更换第一书记63名、驻村工作队员128名，共向99个村（社区）选派驻村帮扶干部297名，实现了行政村和重点移民安置区工作队全覆盖。强化督查考核，对第一书记、驻村工作队到岗履职情况进行全覆盖督查，督促各派出单位和乡镇做好驻村干部工作、生活住宿等相关保障工作，切实让驻村干部“驻下来”，不“走读”。

【加大涉农资金统筹整合】 围绕中央和自治区涉农项目资金整合内容，整合各类涉农资金2.96亿元，用于农村基础设施建设、特色优势产业发展、技能培训、小额信贷款贴息等方面，中央衔接资金用于产业发展比例为59%。

【落实“三保障”扶持政策】 全面落实各类各学段教育资助政策资金6753.9万元，惠及学生57850人次，确保每一位学生不因家庭经济困难而失学。统筹发挥基本医疗保险、大病保险、医疗救助三重保障制度综合梯次减负功能，全县高血压、糖尿病、结核病和严重精神障碍患者实现规范管理，监测对象和脱贫户家庭医生签约服务和基本医疗参保率达到100%。持续优化农村危房改造政策，对实施农村危房改造的农户每户补助3万元，抗震宜居农房改造原址翻建、易地迁建每户补助2万元。

【强化社会保障】 实行低保渐退机制，对稳定脱贫且人均纯收入超过低保标准的脱贫户给予3—18个月的低保渐退期，做到有出有进，动态管理。制定《隆德县2022年乡村振兴健康保实施方案》，为脱贫户、监测户及其他60岁以上农村老年人购买了大病补充医疗保险和意外伤害保险，提升保障水平。

【调整优化产业政策】 紧盯“五特五新五优”（肉牛、冷凉蔬菜、马铃薯、中药材、生态经济“五特”产业；新型材料、清洁能源、轻工纺织、数字信息、装备制造“五新”产业；文化旅游、现代物流、健康养老、电子商务、特色餐饮“五优”产业）等特色产业，制定《关于做好2022年全面推进乡村振兴重点工作的实施方案》《隆德县2022年绿色食品产业高质量发展工作要点及任务分工方案》《隆德县肉牛产业联合体实施方案》等政策文件，加大奖补力度，针对见犊补母、规模养殖场及中药材、冷凉蔬菜、马铃薯等农业产业，精准对接群众需求。持续落实小额信贷政策，全年新增小额信贷1.94亿元。积极争取“富民贷”业务落地实施，为一般户按照基准利率放贷4489万元。

【加大就业政策扶持力度】 全面贯彻落实全国及自治区“稳、保、促”要求，出台《隆德县强化稳就业促增收若干措施》《支持园区企业稳岗就业的若干措施》等政策文件，制定脱贫劳动力就业奖补、帮扶车间稳岗补贴、交通生活补助和跨省就业奖补等政策，开发农村劳动力灵活就业人员“零工保”。已兑付各类就业奖补资金438.62万元，县内企业农民工工资全部按月支付到位，新增就业人员稳定就业率100%。

【推进防返贫动态监测帮扶】 常态化开展“四查四补”，全面落实防返贫监测预警网格化管理工作机制，制定《隆德县2022年防止返贫监测帮扶集中排查工作方案》，建立行业部门防返贫筛查预警和联审联定联培机制，充分发挥行业部门预警筛查作用。2022年新纳入监测对象177户611人，累计475户1471人，建立“社会保障+产业（就业）扶持”的“双兜底”帮扶机制，制定落实“一户一策”帮扶措施，做到“早发现、早干预、早帮扶”。

【易地搬迁后续扶持】 制定《隆德县2022年强化易地搬迁后续扶持实施移民致富提升行动实施方案》,建立"一户一策"扶持措施,深化"村集体+龙头企业(合作社)+移民"等联农带农模式,在移民村搭建标准化大跨度拱棚293幢、日光温室11幢座,建设千头肉牛养殖园区1个,引导移民通过入股分红、土地流转等模式增收致富。扎实推进移民劳动力就业务工,完成移民劳动力就业3634人,培训782人,安置公益性岗位119个。全面补齐基础设施短板,提升公共服务水平,深入推进精神文明建设,扎实开展党史、感恩、认同、法治、文明"五项教育",促进移民群众社会交往和互动,增强归属感和认同感。

【产业帮扶】 整合产业发展资金1.76亿元,新建和改造蔬菜种植园区10个1.2万亩,带动全县种植蔬菜5.5万亩。探索推行肉牛"出户入园""13455"模式,打造肉牛养殖示范乡镇4个、示范村30个、新建千头以上肉牛养殖园区3家、百头以上经营主体60家、"50"养殖大户162户,全县肉牛饲养量达11万头。建成规模以上的马铃薯种薯繁育基地4个,发展马铃薯种薯繁育4.25万亩。探索完善"345"联农带农模式,带动3146户农户发展特色产业。举办"隆德香醋"区域品牌宣传推介暨农特产品展销、生态垂钓大赛、隆德县首届罐罐茶制作大赛暨"端午盛宴"新时代文明实践等活动8场次,促进农特产品销售658万元。

【就业帮扶】 统筹推进劳务协作、县内重点工程、以工代赈项目、就业载体吸纳等重点工作,推动实现稳定就业。全县转移农村劳动力43089人,实现工资性收入8.6亿元(脱贫人口劳动力转移就业16544人,实现工资性收入3.39亿元),监测对象和脱贫劳动力人均工资性收入9714.52元,较上年同期增长14.65%。充分发挥闽宁劳务工作站和省级劳务协作对接平台作用,"点对点"输送到东部对口帮扶地企业稳定就业522人;县内重点工程项目、以工代赈项目、各类产业园区等带动就业4057人;帮扶车间带动就业1750人(脱贫劳动力819人),村级集体经济带动就业418人;全县各类公益性岗位累计达到2433个,较2020年增加6个,较2021年增加352个。

【乡村建设】 建立美丽庭院评选、环境卫生红黑榜、积分制管理、农村党员联户包等制度,积极开展"小手拉大手"活动,建立完善分类分级考核制度,对各村及保洁员每月开展环境卫生督查评比,切实增强群众参与人居环境整治和垃圾分类治理的积极性、主动性。按照室内一体式、室内隔断式、室内外联通式、室外独立式四种改厕模式,完成农村卫生厕所改造500户,排查整治问题厕所10261座,建成改厕示范村45个,全县卫生厕所普及率达到89%。在13个乡镇58个行政村实施"两次六分、四级联动"垃圾分类和资源化利用机制,建成60个垃圾分拣和资源化利用中心,配备垃圾箱1500个、各类转运收集车辆1055辆,实现生活垃圾收运箱箱对接、箱车对接、车车对接、全程封闭不落地。建成有机肥场5家,推动全县畜禽粪污资源化利用率达到98.5%以上。坚持"减量化、资源化、再利用"发展理念,完成残膜回收面积26.65万亩5940吨,残膜回收率达到96%,加工颗粒930吨。全面推进生活污水集中处理,持续改善乡镇寄宿制学校办学条件,支持县级医院提标扩能,提升乡村公共服务水平。

【乡村治理】 深入实施"三大三强"行动和"两个带头人"工程,扎实开展"一抓两整"示范县乡创建行动,持续整顿软弱涣散党组织7个,联合县委党校开办示范教育培训班2期,对村干部进行全员轮训,进一步提升村干部服务群众、服务发展的能力。充分发挥"三馆"文化服务中心带动作用,深入开展"文化进万家""三下乡""戏曲进乡村"等群众性文化活动20余场次。通过乡村文化墙、宣传栏、文化演出等多种形式广泛宣传文明理念,引导群众自觉抵制人情歪风,减轻群众"人情债"负担,形成文明新风尚。持续遏制高利贷现象,营造良好的农村社会环境。出台《隆德县推动移风易俗整治高价彩礼助力乡村振兴实施方案》，进一步规范“四会”制度，建立红白理事会办事流程，广泛开展“推动移风易俗整治高价彩礼助推乡村振兴”的主题宣传宣讲20余场次，发放移风易俗倡议书3000余份，组织推荐“新时代好少年”1人。

【项目资金管理】 严格按照衔接资金绩效评价考核要求，围绕项目入库、项目开工、项目完成三个阶段，坚持对项目名称、建设内容、预算投资、受益对象、实施时间等进行分级分层公示公告，严防衔接资金挤占、挪用、截留、拖欠等问题发生。加快项目实施及资金支付进度，全县衔接资金支付率达到92%。开展扶贫项目资产管理“回头看”，逐笔资金、逐个项目、逐个资产、逐项工作进行排查，进一步细化完善项目资产全过程管理档案资料，切实做到扶贫项目资产应统尽统。

【闽宁协作】 争取闽宁协作发展资金4800万元，打造闽宁示范村4个。与闽侯县签订《2022年隆德县-闽侯县闽宁协作协议》《六盘山工业园区-闽侯经济技术开发区合作协议书》，与厦门大学签订《厦门大学、隆德县食品药品检测中心及宁夏康业扶贫投资有限公司三方共建检测平台框架协议》，成立“厦门大学与隆德县共建检测实验室专家委员会”，达成《厦门大学精准帮扶特色产品直营中心合作方案》，打造校地企三方共建消费帮扶特色窗口合作模式，助力隆德县农特产品售得出、卖得好，加快推动闽宁协作由政府主导推动向发挥市场主体作用转变、由单向援助向双向互助转变、由供血向造血转变。

【推进农民增收致富】 按照《宁夏回族自治区财政衔接推进乡村振兴补助资金管理办法》要求，加快发展壮大乡村特色产业，保障到户项目资金需求。持续巩固“两不愁三保障”成果。排查整治房屋安全隐患109户，进村、入巷、入户供水冻管隐患24处。深入开展“千名教师进万家”活动，加强对离异家庭、有离异风险家庭、留守儿童及在校厌学等特殊家庭学生排查，建立“一人一策”“一生一案”帮扶措施，推进控辍保学从动态清零向常态清零转变。加强“互联网+医疗健康”建设，持续强化远程影像、诊断、放射中心建设，畅通远程门诊，通过“基层检查+上级诊断+区域共认”的服务机制，让辖区患者在基层就能享受到上级医院的优质诊疗服务。2021年10月至2022年9月，脱贫人口人均纯收入达到15077元。积极应对自然灾害风险，制定了《隆德县2022年政策性农业保险实施方案》，将农户发展的农业产业纳入保险范围，提高农业保险保障能力，促进农业经济持续健康发展。

【问题整改】 紧盯国家考核评估、国务院大督查、挂牌督办等指出的涉及乡村振兴14个方面57项具体问题，制定挂牌督办问题、考核评估问题两个整改方案，分别细化整改措施20条、155条，制作问题整改作战图，严格限时办结。第一时间召开全县整改工作电视电话会议，县委班子、政府党组班子带头召开考核评估问题整改专题民主生活会，全面推动整改落实。县委每半月召开稳岗就业工作推进会，县委农村工作领导小组每月召开“两个收入”分析研判会，政府常务会议、专题会议定期研究对策、专题部署落实。2021年国家考核评估指出的14类57个具体问题和挂牌督办问题，已全部整改完成。

产业发展

【基本建设项目】 2022年全县实施基本建设项目101项，总投资33.47亿元，年度计划投资30.84亿元。

隆德县2022年基本建设项目推进表

表1

项目名称	规模及主要建设内容	建设性质	建设年限	总投资（万元）	年度计划投资（万元）	投资来源	计划开工时间	11月进展情况	是否开工	完成投资（万元）	投资完率（%）	已支付资金（万元）	资金支付率（%）	备注
				335454.2	309207.8					300263.38	97.11	226738.645	73.33	
农村综合改革项目（安装太阳能路灯）	补齐农村太阳能路灯短板，提高太阳能路灯覆盖面，完善农村基础设施	新建	2022年	3500	3500	政府投资	3月18日	交付使用	是	3500	100.00	3100	88.57	市级重点
隆德县革命老区项目	杨家店红色旅游项目、红二十五军革命遗址改造提升项目、行政学校隆德县委党校迁建项目	新建	2022年	2000	2000	政府投资	3月18日	交付使用	是	2000	100.00	1800	90.00	
隆德县县城停车场建设项目	按照3P项目建设要求，并结合老旧小区改造项目，建设全县9个生态停车场和2个立体停车场解决全县停车难的问题，其中用PPD项目建设的有8个，老旧小区改造项目建设的有2个，政府投资建设的有1个	新建	2022年	300	300	政府+社会投资	3月18日	交付使用	是	300	100.00	200	66.67	
隆德县县城基础设施维修项目	涉及北河桥至六盘山国际饭店至笼竿城沿线、渝河和长乐路沿线、312国道沿线、古柳公园至吴山路沿线和解放街沿线。包括维修改造门台阶、统一门头、维修井盖和破损路面维修及堡子山雨水管网、观景厅维修等工程	改建	2022年	800	800	政府投资	3月18日	交付使用	是	800	100.00	700	87.50	

续表 1

项目名称	规模及主要建设内容	建设性质	建设年限	总投资（万元）	年度计划投资（万元）	投资来源	计划开工时间	11 月进展情况	是否开工	完成投资（万元）	投资完率（%）	已支付资金（万元）	资金支付率（%）	备注
隆德县生活垃圾填埋场渗滤液处理站提升项目	建设好水乡生活垃圾填埋场渗滤液处理车间，建筑面积 500 平方米，新建控制室、配电室、硫酸房各 1 座，采购安装自动清洗过滤设备、车载式渗滤液设备等。改造提升沙塘镇、观庄乡、神林乡、温堡乡、张程乡垃圾填埋场及渗滤液处理设施	新建	2022 年	1484.86	1484.86	政府投资	3 月 18 日	交付使用	是	1484.86	100.00	1200	80.82	县级重点
隆德县县城生活垃圾资源化利用项目	建设餐厨垃圾处理车间一座（一层），日处理餐厨垃圾 5 吨；生活垃圾分选车间一座（一层），日分选生活垃圾 35 吨；门卫室及管理用房一座（一层），以及消防和污水处理设施等。采购设施设备：分类垃圾桶 2000 个，分类垃圾箱 1000 个，智能化垃圾分类投放设备 40 台，生活垃圾收集车 8 辆，餐厨垃圾收集车 2 辆；垃圾分拣系统设备 1 套，处理规模 35 吨/天；餐厨垃圾处理设备 1 套，处理规模 5 吨/天；除臭设备 2 套	续建	2021—2022 年	2518.4	2000	政府投资	3 月 18 日	试运行阶段	是	2000	100.00	1680	84.00	县级重点六个一百
隆德县神林乡辛平村、双村高质量美丽宜居村庄建设项目二期	神林乡辛平村和双村建设高质量美丽村庄，主要实施道路工程、基础设施工程、排水工程、绿化工程、电力设施工程	新建	2022 年	1000	1000	政府投资	3 月 18 日	交付使用	是	1000	100.00	890	89.00	县级重点市级重点六个一百

续表 1

项目名称	规模及主要建设内容	建设性质	建设年限	总投资（万元）	年度计划投资（万元）	投资来源	计划开工时间	11 月进展情况	是否开工	完成投资（万元）	投资完率（%）	已支付资金（万元）	资金支付率（%）	备注
隆德县 2022 年老旧小区改造项目	改建休闲健身活动场地、排水管网、给水管网、雨水管网、供热管网、道路、院落、停车场、绿化、景观、照明、小区监控及大门（门禁）新建电瓶车市电设施、新建新能源车充电桩、新建党建文化活动室，绿化修补拆除新增 6024 平方米，室外混凝土硬化道路 23749.41 平方米，新建道牙 11768 平方米，白色木质篱笆 2480 平方米，停车位 260 平方米，新建阳光房 329 平方米，党建文化活动室 252 平方米，自行车棚 252 平方米，安装大门门禁系统 5 套，安装镂空铁艺围墙 890 平方米，新建电动自行车车棚 536 平方米，新能源充电桩 50 个。给排水设计、暖通设计、电气设计等	新建	2022 年	7812	7812	政府投资	4 月 30 日	管沟恢复路面硬化阶段（现停工）	是	7650	97.93	1900	24.32	县级重点市级重点六个一百
隆德县联财镇高标准重点小城镇建设项目二期	道路工程、外立面改造、雨污管网	新建	2022 年	2000	2000	政府投资	3 月 18 日	正在进行绿化阶段（现停工）	是	1850	92.50	0	0.00	县级重点市级重点六个一百
企业技术改造项目	对县内工业企业实施技术改造升级，降低企业生产成本	新建	2022 年	3000	3000	社会投资	3 月 18 日	已完工	是	3000	100.00	3000	100.00	

续表 1

项目名称	规模及主要建设内容	建设性质	建设年限	总投资（万元）	年度计划投资（万元）	投资来源	计划开工时间	11 月进展情况	是否开工	完成投资（万元）	投资完率（%）	已支付资金（万元）	资金支付率（%）	备注
宁夏固原隆德县 10 千伏线路及低压台区改造工程	改造 10 千伏线路 66.36 千米，新建变压器 24 台(400 千伏安 2 台、2400 千伏安 12 台)，更换变压器 10 台，容量 800 千伏安，新建及改造低压线路 75.4 千米	新建	2022 年	3803	3803	社会投资	3 月 18 日	已完工	是	3803	100.00	3803	100.00	
隆德县 2022 年北象山景区等三十二条农村公路安全生命防护工程(连续式防护装置)	计划对北象山景区、石窑寺景区等 32 条农村公路 120.01 千米实施安全生命防护提升，处置隐患里程 108.14 千米，安装波形护栏 44.686 千米	新建	2022 年	1314	1314	政府投资	3 月 18 日	已完工	是	1314	100.00	1007	76.64	
隆德县 2022 年危桥改造项目	新建为 2—20米预应力混凝土矮 T 梁，桥梁全长 46.08 米，桥面全宽 13 米，净宽 12 米，下部结构为柱式墩，钻孔灌注桩基础	新建	2022 年	615	615	政府投资	3 月 18 日	已完工	是	615	100.00	461	74.96	
G22 高速毛家沟收费站建设项目	建设青兰高速毛家沟收费站 1 座	新建	2022 年	3473	3473	政府投资	1 月 15 日	已完工	是	3473	100.00	1750	50.39	县级重点六个一百
隆德县城乡交通运输一体化客运站改造提升项目	建设沙塘、联财、观庄、好水、温堡、凤岭、神林 7 个农村客运站	新建	2022 年	1300	1300	政府投资	3 月 18 日	已完工	是	1300	100.00	360	27.69	县级重点六个一百
三星经穆家沟至杨河公路	建设三星经穆家沟至杨河公路 17 千米，按照四级公路技术标准设计，路基宽 6.5 米、路面宽 5 米	新建	2022 年	2550	2550	政府投资	3 月 18 日	已完工	是	2550	100.00	2000	78.43	县级重点市级重点六个一百

续表 1

项目名称	规模及主要建设内容	建设性质	建设年限	总投资（万元）	年度计划投资（万元）	投资来源	计划开工时间	11 月进展情况	是否开工	完成投资（万元）	投资完率（%）	已支付资金（万元）	资金支付率（%）	备注
农村公路养护及水毁维修工程	抢修县道、乡道、村道，修补路面、维修边沟、清理塌方、维修涵洞、急流槽，翻压路基等	新建	2022 年	800	800	政府投资	4 月 22 日	已完工	是	800	100.00	800	100.00	
中国农业银行隆德联财分理处原址重建营业用房项目	新建二层营业用房，框架结构，总建筑面积 303 平方米。功能设置以营业为主。其中，一层为营业厅，二层为宿舍、餐厅等	新建	2022 年	193.92	193.92	社会投资	3 月 18 日	已完工	是	193.92	100.00	170	87.67	
科技特派员创业项目	支持农业科技特派员创业，申请自治区科技特派员专项资金，开展中药材、蔬菜、规模化养殖等创业项目	新建	2022 年	800	800	政府投资社会投资	1 月 4 日	组织申报科技特派员项目 14 项，确定立项 13 项，其中第一批 8 项，资金 60 万元已到位，正在实施；第二批 5 项，资金 60 万元已到位，已签订合同，正在实施	是	750	93.75	40	5.00	
科技攻关项目	支持六盘山中药、上药集团、人造花、爱丽纳地毯厂、西北药材等企业申报实施自治区、固原市科技攻关项目，开展特色农业、节能环保等技术研究和示范推广及基础研究，集成相关领域技术成果	新建	2022 年	2400	2400	政府投资社会投资	1 月 4 日	组织申报科技攻关项目 9 项，立项 1 项，正在公示中	是	2200	91.67	1800	75.00	

续表 1

项目名称	规模及主要建设内容	建设性质	建设年限	总投资（万元）	年度计划投资（万元）	投资来源	计划开工时间	11 月进展情况	是否开工	完成投资（万元）	投资完率（%）	已支付资金（万元）	资金支付率（%）	备注
乡村振兴科技成果引进示范推广项目	聚焦县域重点产业和科技惠民成果推广应用，围绕地方优势特色产业开发、废弃物资源化利用、高效节水、环境保护、新型能源和节能环保住宅等主题，引进实施一批新品种、新技术、新装备、新工艺、新产品的科技成果转化示范项目，打造县域科技示范样板。通过项目实施，推动产业升级、惠及民生福祉，促进县域高质量发展	新建	2022 年	900	900	政府投资社会投资	1 月 4 日	组织申报乡村振兴科技成果引进示范推广项目 9 项，确定立项 4 项	是	810	90.00	129	14.33	
中药材规范化种植和种苗繁育基地建设项目	做大、做强、做精中药材产业，坚持走中药材生态种植（即林下仿野生种植）之路，持续打造有机中药材示范县，促进全县中药材扩量、提质、增效，推动产业持续健康发展。完善“公司+科技+农户+市场”模式，发展神林观音等 5 个中药材规范化种植示范基地，大田种植中药材 3 万亩（科技局），打造立足区域、面向西北的中药材交易集散地和精深加工集聚区	新建	2022 年	10000	10000	政府投资社会投资	3 月 29 日	全县中所有中药材规范化种植基地已全部建设完成，生态种植与野生资源修复区建设第一批种子招标已完成，已完成飞机播种，第二标段于 11 月 22 日开标，之后将签订合同进行实施	是	9000	90.00	340	3.40	县级重点市级重点
兴达沥青混凝土拌合站新建项目	在园区重新选址，招拍挂土地 16.22 亩，新建厂房，改造提升生产设备及环保设施，设计年产 30 万吨沥青混凝土	新建	2022 年	1000	1000	社会投资	3 月 18 日	已建设完成	是	1000	100.00	1000	100.00	

续表 1

项目名称	规模及主要建设内容	建设性质	建设年限	总投资（万元）	年度计划投资（万元）	投资来源	计划开工时间	11 月进展情况	是否开工	完成投资（万元）	投资完率（%）	已支付资金（万元）	资金支付率（%）	备注
宁夏建佳建材有限公司混凝土拌合站项目	受让原宁夏竹林建材有限公司土地 20 亩，重新设计新建设厂房，安装生产设备及环保设施，设计年产 10 万吨混凝土	新建	2022 年	2500	2500	社会投资	3 月 18 日	正在进行厂房钢结构加工	是	2260	90.40	2260	90.40	县级重点
六盘春牛羊肉加工新建项目	计划招拍挂土地 5 亩，建设 1000 平方米生产车间及配套冷库	新建	2022 年	2200	2200	社会投资	5 月 20 日	已完工	是	2200	100.00	2200	100.00	
威海铭祥地毯有限公司商务地毯加工项目	租赁工业园区厂房 4320 平方米，购置安装生产设备 80 套，年加工地毯 2 万平方米	新建	2022 年	2000	2000	社会投资	6 月 20 日	已完工	是	2000	100.00	2000	100.00	
隆德县公安局杨河派出所新建项目	总建筑面积为 1512.23平方米	新建	2022 年	695.7	695.7	政府投资	3 月 18 日	已完工，准备验收	是	695.7	100.00	448	64.40	
隆德县公安局执法办案管理中心建设项目	此次管理中心建设，围绕智慧法制一体化管理系统系统包含办案区管理、监督管理、涉案财物管理，三大模块之间数据实时传输交换，形成完整的执法信息化管理链条和监督机制。主要建设包括定位系统、高清视频监控系统、功能室设备、对讲系统、涉案财务管理区建设、合成作战系统建设	新建	2022 年	220	220	政府投资	1 月 10 日	已验收	是	220	100.00	45	20.45	
隆德县第二小学实验楼等校舍建设项目	隆德县第二小学建设 2300 平方米框架四层实验楼，张程中心小学建设 2000 平方米框架三层综合楼，杨河中学、杨河中心小学建设 2100 平方米框架三层教师周转宿舍	新建	2022 年	4000	4000	政府投资	3 月 18 日	已完工	是	4000	100.00	3600	90.00	县级重点

续表 1

项目名称	规模及主要建设内容	建设性质	建设年限	总投资（万元）	年度计划投资（万元）	投资来源	计划开工时间	11 月进展情况	是否开工	完成投资（万元）	投资完率（%）	已支付资金（万元）	资金支付率（%）	备注
薄弱学校改造项目	张程中心小学教学楼附属、联财中心小学教学楼附属、城关镇中心小学附属、联财中学教学楼、宿舍楼附属，主要建设院坪、围墙、给排水管网、化粪池、供电、消防管网；隆德二中院坪、给排水管网、地质灾害治理附属工程	新建	2022 年	1265	1265	政府投资	3 月 18 日	已完工	是	1265	100.00	1150	90.91	
普通高中及幼儿园改善办学条件项目	隆德县中学附属建设工程，主要实施院坪、管网建设；隆德县第一幼儿园院坪、围墙、给排水管网、化粪池、供电、消防管网	新建	2022 年	385	385	政府投资	3 月 18 日	已完工	是	385	100.00	350	90.91	
隆德县第四幼儿园综合楼建设项目	建设框架三层综合楼一栋，面积2970平方米。	新建	2022 年	904	904	政府投资	3 月 30 日	已完工	是	904	100.00	726	80.31	县级重点市级重点
2022 年“互联网+教育”项目	隆德县第一小学、隆德县第二中学购置信息化设备，采购黑板 63 台	新建	2022 年	426	426	政府投资	5 月 30 日	已完工	是	426	100.00	390	91.55	
2022 年高考综合改革项目	建设高级中学操场 3200 平方米，购置教学设备。隆德县中学购置一体机 20 套、课桌椅 800 单人套、学生用床 400 套、饮水机 20 台、学生洗浴用热水器 2 套	新建	2022 年	1017	1017	政府投资	3 月 30 日	正在进行彩钢板安装和外墙粉刷装饰	是	870	85.55	760	74.73	
职业教育基础能力提升工程	职业中学信息化设备购置、校舍、院坪、管网维修改造，教师技能培训	新建	2022 年	1348	1348	政府投资	5 月 8 日	已完工	是	1348	100.00	840	62.31	县级重点

续表 1

项目名称	规模及主要建设内容	建设性质	建设年限	总投资（万元）	年度计划投资（万元）	投资来源	计划开工时间	11 月进展情况	是否开工	完成投资（万元）	投资完率（%）	已支付资金（万元）	资金支付率（%）	备注
全民健身设施补短板项目	建设全民健身活动中心多功能运动场 1 个、神林乡体育公园 1 个	新建	2022 年	300	300	政府投资	5 月 20 日	已完工	是	300	100.00	270	90.00	
隆德县第一小学综合楼建设项目	建设四层钢筋混凝土框架结构综合楼一栋，建筑高度 15 米，建筑面积 2344.8 平方米，该楼内设智慧教室 1 间、综艺活动室 1 间、信息室 3 间、音乐室 2 间、美术室 2 间、创客室 2 间、教研室 3 间等	新建	2022 年	956.58	956.58	政府投资	5 月 8 日	已完工	是	956.58	100.00	770	80.50	县级重点
隆德县 2022 年卫生领域基层服务能力提升项目	公立医院医疗诊治能力提升、医疗服务与保障能力提升(医疗卫生机构能力建设)、基层医疗服务能力提升	新建	2022 年	1016	1016	政府投资	3 月 18 日	已完工	是	1016	100.00	1016	100.00	
隆德县疾病预防控制中心综合实验楼迁建项目	建设县疾病预防控制中心综合实验楼，总面积 2450 平方米。一、二层为办公区，三、四层为实验室，屋顶：高位水箱间，同时建设污水处理、消防泵房、化粪池、配电室（备用电源）等附属工程	续建	2021—2022 年	1920.94	920.94	政府投资	3 月 18 日	已完工	是	920.94	100.00	740	80.35	县级重点
妇女创业担保贷款项目	发放妇女创业担保贷款 6000 万元	新建	2022 年	6000	6000	社会投资	3 月 18 日	已完工	是	6000	100.00	6000	100.00	
残疾人家庭无障碍改造及残疾人辅具配发项目	为困难残疾人家庭拟定个性化改造方案，遵循一户一策、量体裁衣的要求，为残疾人更好地融入生活创造良好的条件。依托县残疾人康复中心，全面提升残疾人康复能力	新建	2022 年	400	400	政府投资	3 月 18 日	完工，验收阶段。	是	400	100.00	320	80.00	

续表 1

项目名称	规模及主要建设内容	建设性质	建设年限	总投资（万元）	年度计划投资（万元）	投资来源	计划开工时间	11 月进展情况	是否开工	完成投资（万元）	投资完率（%）	已支付资金（万元）	资金支付率（%）	备注
隆德县 2022 年基础设施建设及产业扶持项目	杨河乡、张程乡基础设施建设，凤岭乡出户入院建设项目、杨河乡养殖扶持	新建	2022 年	762	762	政府投资	3 月 18 日	交付使用	是	762	100.00	600	78.74	市级重点
5G 基站建设项目	建设 5G 基站 21 座，配套完善附属设施	新建	2022 年	800	800	社会投资	3 月 18 日	已完工	是	800	100.00	800	100.00	
5G 网络基础设施建设项目	建成 5G 网络基站 24 个，配套附属设施	新建	2022 年	1200	1200	社会投资	3 月 18 日	已完工	是	1200	100.00	1200	100.00	
5G 网络基础设施建设项目	建成 5G 网络基站 24 个，配套附属设施	新建	2022 年	1200	1200	社会投资	3 月 18 日	已完工	是	1200	100.00	1200	100.00	
城乡劳动力就业与培训项目	开展职业技能培训和企业职工岗前岗位技能提升培训 4500 人	新建	2022 年	400	400	政府投资	1 月 30 日	已完工	是	400	100.00	400	100.00	
城乡公益性岗位项目	新购买城乡就业困难人员公益性岗位 800 个	新建	2022 年	1700	1700	政府投资	1 月 30 日	已完工	是	1700	100.00	1700	100.00	
隆德县养老服务机构安全性和适老性提升维修改造项目	桃山敬老院、沙塘敬老院、第二(杨河)敬老院、沙塘社会福利院、第三敬老院等进行维修改造，主要为安全性、基础设施、设备改造	新建	2022 年	580	580	政府投资	3 月 18 日	已完工，正在组织验收	是	580	100.00	530	91.38	
隆德县沙塘社会福利院维修改造提升项目	项目占地面积 60 亩，总建筑面积13000平方米，设计床位 200 张，维修改造楼房，水、暖、电、附属管网等养老基础设施及护理型床位改造	新建	2022 年	3000	3000	政府投资	3 月 18 日	已完工	是	3000	100.00	2400	80.00	县级重点

续表 1

项目名称	规模及主要建设内容	建设性质	建设年限	总投资（万元）	年度计划投资（万元）	投资来源	计划开工时间	11 月进展情况	是否开工	完成投资（万元）	投资完率（%）	已支付资金（万元）	资金支付率（%）	备注
隆德县社会福利项目	为全县 153 名孤儿和困境儿童发放资金 111.6 万元；为 1653 名高龄老人发放资金 672 万元；发放残疾人两项补贴资金 900 万元	新建	2022 年	1684	1684	政府投资	1 月 30 日	已完成 11 月份补贴发放	是	1544	91.69	1544	91.69	
隆德县困难群众生活救助项目	为全县困难群众发放物价补贴 120 万元、电价补贴 100 万元；发放临时救助资金 800 万元	新建	2022 年	1020	1020	政府投资	1 月 30 日	已完成 11 月份补贴发放	是	935	91.67	935	91.67	
隆德县 2022 年农机具购置补贴项目	购置补贴各类农机具 600 台（套），其中拖拉机 200 台	新建	2022 年	3150	3150	政府投资 社会投资	3 月 18 日	农机购置系统已受理备案登记1140台/件农机具，现已全部受理完，已兑付农机具 1133 台/件，报废补贴系统受理 4 台	是	3150	100.00	3135	99.52	
2022 年高标准农田建设项目	在张程等乡镇开展高标准农田 4 万亩，建设内容为平田整地、土壤培肥、农田道路及生态防护林工程	新建	2022—2023 年	5400	2700	政府投资	3 月 18 日	已建成高标准农田 4 万亩	是	2700	100.00	2640	97.78	县级重点市级重点六个一百

续表 1

项目名称	规模及主要建设内容	建设性质	建设年限	总投资（万元）	年度计划投资（万元）	投资来源	计划开工时间	11 月进展情况	是否开工	完成投资（万元）	投资完率（%）	已支付资金（万元）	资金支付率（%）	备注
隆德县肉牛养殖产业项目	(1) 采购青贮玉米种子 300 吨，种植面积 12 万亩，收贮全株青贮玉米 36 万吨。(2)完成高产优质苜蓿基地 0.5 万亩。(3)巩固提升 4 个重点肉牛养殖乡镇(张程、杨河、凤岭、温堡)，继续培育肉牛养殖示范村 30 个，新增肉牛养殖示范村 2 个。(4) 新建 500—1000 头肉牛规模养殖场 2 个。(5)计划采购良种肉牛冻精 7.5 万支；采购液氮 15 万立升；采购滩羊种公羊 200 只	新建	2022 年	19291	19291	政府投资社会投资	3 月 18 日	已完工	是	19291	100.00	18750	97.20	县级重点
蔬菜产业项目	计划在沙塘、温堡、好水、神林、联财五乡镇建设大拱棚 3700 亩；建成蚯蚓生物试验 200 亩；建成秸秆生物反应堆 300 亩；种植蔬菜 50000 亩，建成蔬菜示范园区 9 个	新建	2022 年	20000	20000	政府投资社会投资	3 月 18 日	已完工	是	20000	100.00	15800	79.00	县级重点市级重点六个一百
马铃薯种薯繁育项目	计划采购马铃薯原原种 1200 万粒，种植马铃薯原种 3000 亩；免费发放马铃薯原种 3600 吨，沿六盘山阴湿区种植马铃薯一级种 3 万亩，一级种薯推广 6.7 万亩	新建	2022 年	11850	11850	政府投资社会投资	3 月 29 日	已完工	是	11850	100.00	10960	92.49	县级重点
农村户用厕所改造项目	在全县 13 个乡镇改造农村水冲式厕所 1000 户	新建	2022 年	550	550	政府投资社会投资	3 月 29 日	已完工	是	550	100.00	500	90.91	市级重点

续表 1

项目名称	规模及主要建设内容	建设性质	建设年限	总投资（万元）	年度计划投资（万元）	投资来源	计划开工时间	11 月进展情况	是否开工	完成投资（万元）	投资完率（%）	已支付资金（万元）	资金支付率（%）	备注
隆德县 2022 年旱作节水农业覆膜项目	全县实施集雨补灌旱作节水农业覆膜 30 万亩，其中全膜 27 万亩，半膜 3 万亩	新建	2022 年	22270	22270	政府投资社会投资	3 月 18 日	已完工	是	22270	100.00	22270	100.00	
隆德县 2022 年残膜回收利用项目	全县实施残膜回收面积 27.8 万亩，回收残膜 2800 吨，加工颗粒 930 吨	新建	2022 年	1690	1690	政府投资社会投资	3 月 18 日	全县 12 个残膜回收网点已回收残膜 26.65 万亩 5940吨，加工颗粒 930 吨	是	1690	100.00	1655	97.93	
隆德县农村一、二、三产业融合发展项目	新建休闲农业示范点 4 个，扶持建设农产品加工企业 4 个，培育企业新型经营主体，加强农产品品牌培育和推介	新建	2022 年	3000	3000	政府投资社会投资	3 月 29 日	已完工	是	3000	100.00	2800	93.33	县级重点
隆德县无集中供热区域煤改电清洁取暖试点示范项目	为全县 12 个乡镇 21 个供暖单位和 349 户供暖农户改造供热总面积 100965 平方米。供热热源由原来的燃煤锅炉改造为空气能热源泵+光伏太阳能热源	新建	2022 年	3710	3710	政府投资	6 月 30 日	已完工	是	3710	100.00	3470	93.53	县级重点
老巷子十三坊旅游休闲综合体项目	建设十三坊小吃城及民宿酒店	新建	2022 年	5000	5000	社会投资	3 月 30 日	主体建设已完成，正在进行内部装修和景观布置	是	3600	72.00	3600	72.00	县级重点市级重点六个一百

续表 1

项目名称	规模及主要建设内容	建设性质	建设年限	总投资（万元）	年度计划投资（万元）	投资来源	计划开工时间	11 月进展情况	是否开工	完成投资（万元）	投资完率（%）	已支付资金（万元）	资金支付率（%）	备注
隆德县杨家店红军村及凤岭李士齐岔特色村建设项目	杨家店建设停车场、道路、雕塑、观景平台、红军驿站、红军灶、红色氛围营造、广场、陈福仓故居等基础设施建设。李士重点村规划建设 AA 级旅游厕所 1 座、农家乐、旅游标识牌 12 块、观景平台 3 处、太阳能路灯 50 个等附属设施。隆德县凤岭乡齐岔村宁夏特色旅游村齐岔特色村新建生态农家乐 1 处，农家餐饮食品加工区、散客就餐区、园林景观区、休闲区、小超市、停车场、公厕等，特色民宿 5 间	新建	2022—2023 年	4100	3650	政府投资	3 月 30 日	齐岔特色村建设已完工，隆德县杨家店红军村提升改造以工代赈示范项目已完工	是	3020	82.74	2600	71.23	县级重点
长征国家文化公园（宁夏段）隆德红二十五军革命遗址保护利用工程	建设游客服务中心建筑面积 1830 平方米，占地面积 1010 平方米，为地上两层，首层建筑面积 1010 平方米，为游客服务接待、地方特色产品展示区、公共卫生间、医疗室等公共区域及附属设施，二层建筑面积 820 平方米，为红二十五军革命遗址展厅及内部装修展陈等，配套水、电、暖、消防等附属设施	续建	2021—2022 年	2500	550	政府投资	3 月 18 日	已完工	是	550	100.00	460	83.64	县级重点六个一百
六盘山长征研学基地	基地设计接待规模为同时 300 人开展培训、食宿。规划建筑面积 11598.99 平方米，其中包括主体建筑与配套设施建筑。配套有红色礼堂、教学楼、宿舍、食堂、生活服务中心、购物中心、活动室、健身房、洗衣房等服务设施与供排水管网、消防、排污、绿化等附属设施。排污管网与隆德县城市排污管网联网	续建	2021—2022 年	11700	5000	社会投资	3 月 18 日	主体建设已完成，正在进行内部装修和景观布置（因疫情影响，材料无法到位）	是	3550	71.00	3550	71.00	县级重点

续表 1

项目名称	规模及主要建设内容	建设性质	建设年限	总投资（万元）	年度计划投资（万元）	投资来源	计划开工时间	11 月进展情况	是否开工	完成投资（万元）	投资完率（%）	已支付资金（万元）	资金支付率（%）	备注
隆德县村应急广播建设项目	建设全县行政村应急广播，建设 1 个县级应急广播总平台（整合气象应急广播、国土资源应急广播）	新建	2022 年	500	500	政府投资	4 月 30 日	已完工	是	500	100.00	500	100.00	
隆德县 2022 年巩固拓展脱贫攻坚成果基础设施提升项目	按照“缺什么补什么、什么弱补什么”的原则，计划在全县 13 个乡镇打造乡村振兴示范村 22 个（其中县级 6 个、乡镇级 16 个），维修村组道路 30 千米、排洪渠 20 千米、排水渠 100 千米、毛石护坡 6000 立方米、安装太阳能路灯 3000 盏，不断夯实农村发展基础	新建	2022 年	13000	13000	政府投资	3 月 18 日	交付使用	是	13000	100.00	8500	65.38	县级重点市级重点六个一百
隆德县 2022 年脱贫户产业培育发展项目	积极争取项目资金，加大产业扶持力度，计划在全县 13 个乡镇扶持脱贫户新增基础母牛 3000 多头、二元母猪 1000 多头，种植青贮玉米 2 万多亩、蚕豆 1000 多亩、蔬菜 7000 多亩、中药材 2000 亩、多年生优质牧草 3700 亩，养殖蜜蜂 1200 箱，打造产业示范村 50 个，培育龙头企业 20 家，新型经营主体 50 家，有力地推动特色优势产业扩量提质增效	新建	2022 年	14000	14000	政府投资	3 月 18 日	完成计划任务	是	14000	100.00	9000	64.29	

续表 1

项目名称	规模及主要建设内容	建设性质	建设年限	总投资（万元）	年度计划投资（万元）	投资来源	计划开工时间	11 月进展情况	是否开工	完成投资（万元）	投资完率（%）	已支付资金（万元）	资金支付率（%）	备注
隆德县 2022 年脱贫户劳动力素质提升项目	加大就业转移培训力度，以脱贫户和监测帮扶对象为主，计划在全县 13 个乡镇开展实用技术培训 2000 人，劳动力技能培训 2000 人，雨露计划资助 1500 人，驾驶员技能培训 500 人，致富带头人培训 200 人	新建	2022 年	1000	1000	政府投资	3 月 18 日	完成计划任务	是	1000	100.00	560	56.00	
隆德县 2022 年脱贫户小额信贷项目	继续实施“两免一贴一保”政策，进一步加大政策宣传力度，计划在全县 13 个乡镇以脱贫户和监测帮扶对象为主，组织发放贷款 1.5 亿元，户均达到 5 万元以上，贷款覆盖率达到 90%以上	新建	2022 年	1200	1200	政府投资	1 月 1 日	完成计划任务	是	1200	100.00	1200	100.00	
隆德县 2022 年移民基础设施建设项目	加强移民安置区基础设施建设，全面提升移民公共服务水平，计划在全县 10 个乡镇 21 个移民安置点新建护坡 1553 立方米、场地硬化 25300 平方米、排污管网 100 千米、公厕 3 座、太阳能路灯 171 盏、养殖园区 1 个、高标准蔬菜大棚 200 亩、线路入地 4320 米、文化长廊 6 座、纯净水加工厂 1 座、下水管网维修 1300 米、公路围栏 500 米等	新建	2022 年	3300	3300	政府投资	3 月 18 日	交付使用	是	3300	100.00	2600	78.79	县级重点市级重点

续表 1

项目名称	规模及主要建设内容	建设性质	建设年限	总投资（万元）	年度计划投资（万元）	投资来源	计划开工时间	11 月进展情况	是否开工	完成投资（万元）	投资完率（%）	已支付资金（万元）	资金支付率（%）	备注
隆德县 2022 年闽宁协作项目	积极争取项目资金，加强闽宁对口协作，以闽宁扶贫产业园为重点，计划扶持 20 家企业开展技术改造、扩产增资，巩固提升闽宁示范村 10 个、文化旅游示范村 3 个，扶持建设闽宁农业示范园区 2 个，新建和巩固提升农村扶贫车间 10 个，扶持龙头企业、示范合作社（家庭农场）新型农民主体 30 家以上，举办劳动力转移就业培训 50 场次、4000 人，培训致富带头人 200 人	新建	2022 年	5000	5000	政府投资	3 月 18 日	完成计划任务	是	5000	100.00	4000	80.00	县级重点
隆德县 2022 年农业农村基础设施建设项目	在联财镇、沙塘镇、奠安乡建设巷道 2.7 千米、广场 600 平方米、护坡 360 米、过水桥 1 座、排水渠 8 千米	新建	2022 年	600	600	政府投资	4 月	交付使用	是	600	100.00	410	68.33	市级重点
隆德县余家峡水库供水管网连通工程	连通余家峡水库至第一、第二水厂，管道定向穿越 2 处 1.98 千米，铺设管道 20 千米，配套建筑物 6 座	新建	2022 年	2600	2600	政府投资	3 月 25 日	完工	是	2600	100.00	880	33.85	
隆德县黄家峡水库除险加固工程	新建溢洪道，维修坝下输水涵洞及输水明渠；增设大坝安全自动化监测设备	新建	2022 年	500	500	政府投资	3 月 26 日	完工	是	500	100.00	189.54	37.91	市级重点

续表 1

项目名称	规模及主要建设内容	建设性质	建设年限	总投资（万元）	年度计划投资（万元）	投资来源	计划开工时间	11 月进展情况	是否开工	完成投资（万元）	投资完率（%）	已支付资金（万元）	资金支付率（%）	备注
温堡灌区水源连通及续建配套工程	连通流域桃山、吊岔、田柳沙、温堡、杜川、杨坡等水库，连通管道 35 千米，配套建筑物 18 座，与温堡灌区灌溉配水支管量，安装计量设施及信息自动化系统，利用遥测设备实时监测各级管道及分水口的流量、水位水情等信息。田间灌溉设施配套 1.6 万亩	新建	2022 年	9200	9200	政府投资	3 月 18 日	完工	是	9200	100.00	2761	30.01	县级重点
隆德县杨沟及庞庄水库除险加固工程	杨沟水库维修溢洪道，新建放水建筑物，坝后坡脚建贴坡排水塔，安装大坝安全监测系统及相应的电气设备。庞庄水库帷幕灌浆防渗，维修溢洪道明渠及陡坡，维修放水建筑物；增设大坝安全自动化监测设备	新建	2022 年	388	388	政府投资	3 月 18 日	完工	是	388	100.00	203	52.32	市级重点
隆德县什字河下游红堡小流域水土流失综合治理工程	新增水土流失治理面积 11.32 平方千米，其中：营造云杉、大果榛子混交林 134 公顷，山桃山杏灌木林 116 公顷；修建田间道路 14.8 千米，村庄道路排水渠3.8千米，漫水桥 3 座，路涵 15 座；新建小型水保工程 88 座(处)(其中柳谷坊 80 座、石谷坊 5 座、沟头防护工程 3 处)；村庄、道路绿化林 5.2 公顷；封禁治理 877 公顷，宣传牌 5 个	新建	2022 年	685	685	政府投资	3 月 18 日	完工	是	685	100.00	300	43.80	市级重点

续表 1

项目名称	规模及主要建设内容	建设性质	建设年限	总投资（万元）	年度计划投资（万元）	投资来源	计划开工时间	11 月进展情况	是否开工	完成投资（万元）	投资完率（%）	已支付资金（万元）	资金支付率（%）	备注
甜水河农村水系综合整治工程	治理河道 7.6 千米，河道疏浚清障 3.5 千米，河道砌护 4.7 千米，护堤铺筑 3.79 千米，岸坡生态修复 1.1 万平方米，生态亲水工程及配套建筑物 2 处，过水路面 2 处，截墙 3 座	新建	2022 年	860	860	政府投资	3 月 18 日	完工	是	860	100.00	500	58.14	市级重点
车套沟等 6 座淤地坝除险加固工程	在张程乡崔家湾、辛家湾建 2 座大型淤地坝，解决群众交通，拦蓄洪水，减少水土流失，利用小水资源发展灌溉。淤地坝设计洪水标准 30 年，校核洪水标准 300 年，淤积年限 20 年。崔家湾淤地坝高 25 米，总库容 210 万立方米；辛家湾淤地坝高 33 米，总库容 297 万立方米	新建	2022 年	650	650	政府投资	3 月 29 日	完工	是	650	100.00	132.71	20.42	
隆德县余家峡水库工程	水库设计主要由主要由均质土坝、输（泄）水建筑物和道路改线工程组成。坝顶宽 8.0 米，坝轴线长度 533 米，最大坝高 33.2 米，坝顶高程为 2201.2 米。输（泄）水建筑物由水塔、涵洞、交通桥、明渠、陡坡及消力池等部分组成，全长 352.6 米。水库左、右两岸各有 1 条水泥硬化道路位于水库淹没区，需要改线	续建	2021—2022 年	13000	6000	政府投资	3 月 18 日	2022 年完成坝体土方回填 102.58 万立方米，综合式排水体反滤料铺设 7.59 万立方米，贴坡排水干砌石 1854 立方米，混凝土板预制 3486 立方米，坝坡隔条基础混凝土浇筑 722.83方，前坝坡反滤料填筑 3450 方。年度形象进度 70.0%	是	4199.88	70.00	2820.01	47.00	

续表 1

项目名称	规模及主要建设内容	建设性质	建设年限	总投资（万元）	年度计划投资（万元）	投资来源	计划开工时间	11 月进展情况	是否开工	完成投资（万元）	投资完率（%）	已支付资金（万元）	资金支付率（%）	备注
隆德县“互联网+城乡供水”工程	维修改造入户管线 346.0 千米，改造建筑物 13 座，防洪建筑物 64 座；建设水质监测点 13 处，水厂监测控制点 8 处、泵站监测控制点 8 处，各类蓄水池监测控制点 152 处，管网数据监测控制点 306 处，入户智能水表25400 块。隆德县县级控制中心 1 座，分控中心 14 处，配置系统安全设备	续建	2021—2022 年	7205	4000	政府投资	3 月 18 日	完工	是	4000	100.00	1000	25.00	县级重点市级重点六个一百
隆德县北片区观庄供水管网改造工程	利用既有水源，管网配套长 157.47 千米，其中村级以上管网长度 28.47 千米，村内管网长度（不含入户管）129 千米	续建	2021—2022 年	4723	2200	政府投资	3 月 18 日	完工	是	2200	100.00	1200	54.55	县级重点市级重点
渝河中型灌区节水改造及续建配套工程	渝河中型灌区骨干工程，更换输水管道 8 千米，改造泵站及首部枢纽及输电线路，安装计量设施及信息自动化设备；配套渝河 0.8 万亩灌区、温堡 1.1 万亩灌区田间灌溉设施。田间灌溉设施配套 0.88 万亩	新建	2022 年	5110	5110	政府投资	3 月 30 日	完工	是	5110	100.00	757.285	14.82	县级重点市级重点六个一百
隆德县高坪水库除险加固工程	新建放水塔，溢洪道明渠，溢洪道左岸坡削坡喷锚支护，维修坝下输水涵洞及输水明渠；增设大坝安全自动化监测设备	新建	2022 年	500	500	政府投资	4 月 20 日	完工	是	500	100.00	144.3	28.86	市级重点
隆德县前河座水库除险加固工程	新建放水塔，溢洪道明渠，溢洪道左岸坡削坡喷锚支护，维修坝下输水涵洞及输水明渠；增设大坝安全自动化监测设备	新建	2022 年	500	500	政府投资	4 月 20 日	完工	是	500	100.00	96.2	19.24	市级重点

续表 1

项目名称	规模及主要建设内容	建设性质	建设年限	总投资（万元）	年度计划投资（万元）	投资来源	计划开工时间	11 月进展情况	是否开工	完成投资（万元）	投资完率（%）	已支付资金（万元）	资金支付率（%）	备注
罗家峡水库除险加固工程	新建放水塔，维修溢洪道明渠明渠及陡坡，维修放水建筑物；增设大坝安全自动化监测设备	新建	2022 年	500	500	政府投资	4 月 20 日	完工	是	500	100.00	140.6	28.12	市级重点
隆德县好水灌区（永丰、三星）、大庄灌区（红堡）设施农业高效节水灌溉工程	设施农业高效节水灌溉工程设计总面积 1200 亩，其中好水灌区永丰、三星村 1000亩，大庄灌区红堡村 200 亩，灌溉水源为张银水库和红堡水库。建泵站 1 座，建蓄水池 2 座，安装水肥一体化及过滤设备 2 套，建管理房 2 座，112 平方米，铺设管径 200 毫米输水干管 2 条。长 5.1 千米、管径 110 毫米配水支管 6 条，长 18.8 千米，田间布设滴管、微喷灌实施	新建	2022 年	382	382	政府投资	6 月 20 日	完工	是	382	100.00	320	83.77	
隆德县 2022 年南部水源涵养建设工程	建设总规模 12 万亩，其中，人工营造乔木林 6 万亩，未成林抚育提升及退化林改造 6 万亩。选用樟子松（油松）、云杉、落叶松、白桦、刺槐等乔木、配置山桃、沙棘、元宝枫等块状混交，形成多树种复层异龄混交林，促进林木和林分的稳定，提高森林覆盖率	新建	2022 年	13200	13200	政府投资	3 月 20 日	已完工	是	13200	100.00	9500	71.97	县级重点

续表 1

项目名称	规模及主要建设内容	建设性质	建设年限	总投资（万元）	年度计划投资（万元）	投资来源	计划开工时间	11 月进展情况	是否开工	完成投资（万元）	投资完率（%）	已支付资金（万元）	资金支付率（%）	备注
隆德县 2022 年村庄绿化庭院经济林建设、森林质量精准提升及林业有害生物防治项目	建设总规模 1.6 万亩。其中，重点对隆张路、312 国道、好兴路等道路、出入口及村庄主要节点 1.0 万亩进行绿化；发展庭院经济林 0.6 万亩，主要对温堡乡、联财镇、沙塘镇、观庄乡等乡镇房前屋后种植早酥梨、红梅杏等果树。新造林及幼林地鼠害防治 3 万亩，人工捕鼠 1 万只；实施生物不育剂防控 1 万亩	新建	2022 年	3380	3380	政府投资	3 月 20 日	已完工	是	3380	100.00	2400	71.01	市级重点
隆德县 2022 年生态经济林建设项目	根据当地的立地条件及适地适树的原则，选用山桃、仁用杏、红梅杏、元宝枫等生态经济树种大力发展经济林 1.5 万亩，力争通过对现有经济林树种的调整，使经济林发展更加完善、壮大，在改善生态环境的同时取得较大的经济林效益，使生态建设林建设成为县域经济的发展的新亮点	新建	2022 年	1200	1200	政府投资	3 月 20 日	已完工	是	1200	100.00	850	70.83	县级重点市级重点
隆德县北象山生态修复治理工程	喷混植生工程，共涉及 14 个片区，总面积为 43213 平方米；砖厂复垦工程，共涉及 9 个片区	续建	2021—2022 年	2100	1900	政府投资	3 月 18 日	已完工	是	1900	100.00	1395	73.42	县级重点市级重点六个一百

续表 1

项目名称	规模及主要建设内容	建设性质	建设年限	总投资（万元）	年度计划投资（万元）	投资来源	计划开工时间	11 月进展情况	是否开工	完成投资（万元）	投资完率（%）	已支付资金（万元）	资金支付率（%）	备注
隆德县 2022 年县城绿化工程	1. 人民路、解放街、文化街（G312—德顺街）绿化;2.G312（县城段）绿化;3.六盘山路绿化;4.文苑街绿化;5.G312 与隆张路交叉口绿化;6. 党校片区小微公园绿化;7. 闽宁会馆周边绿化;8. 渝河两侧绿化;9.龙泉广场入口处摆花;10.县城补植行道树,11.“三馆一中心”节点绿化	新建	2022 年	999.5	999.5	政府投资	3 月 28 日	已完工	是	999.5	100.00	700	70.04	
隆德县水质自动监测站提标工程	建设清凉、黄家峡、张士水库监测站房至库区采水管网埋深和地面段加强保温、清凉水站后墙防落石围网保护,黄家峡水库进站道路和院落西墙石砌墙工程	新建	2022 年	110	110	政府投资	3 月 18 日	交付使用	是	110	100.00	90	81.82	市级重点
六盘山国家基准气候站道路冰冻灾害灾后建设项目	沥青路面 1.4745 千米，护坡约 1000 米,排水涵管 2 道,防护栏 1477.3 米，排水沟 1480 米，观测场小路 150.5 米,六盘山新一代天气雷达业务平台 1 套,配套进行墙面及吊顶处理,供电及消防等	新建	2022 年	665	665	政府投资	3 月 18 日	已完工	是	665	100.00	665	100.00	
隆德县龙泉山庄生态旅游服务有限公司龙泉山庄建设项目	占地面积 10200 平方米，其中综合楼 2800 平方米,观光大棚 5980 平方米，其他 1420 平方米。新建窑洞 5 眼,餐饮住宿区 2800 平方米，田园种植采摘区 5980 平方米,文化演艺区、文化展示区、研学基地、写生基地、儿童亲子乐园和会议交流中心等 1400 平方米及其附属设施	新建	2022 年	3000	3000	企业自筹	6 月 30 日	正在进行主体建设,完成总工程量的 60%	是	1600	53.33	1600	53.33	

续表 1

项目名称	规模及主要建设内容	建设性质	建设年限	总投资（万元）	年度计划投资（万元）	投资来源	计划开工时间	11 月进展情况	是否开工	完成投资（万元）	投资完率（%）	已支付资金（万元）	资金支付率（%）	备注
隆德县沙塘镇清泉村千头肉牛养殖园区建设项目	新建园区饮水 400 米；园区道路硬化 6300 平方米；圈舍 20000 平方米；青贮池 8000 立方米；移动式全混合日粮机 1 台；上料机械 1 台；饲料运输车 2 辆；新增变压器及电气系统 1 套。其他辅助工器具及电缆 1 套；配建智能化系统 5 套等其他附属设施	新建	2022 年	6611.3	6611.3	政府投资+企业自筹	3 月 18 日	建设完成，自主经营阶段	是	6611	100.00	5900	89.24	县级重点
隆德县沙塘镇张树村肉牛分割车间建设项目	建设分割包装车间、排酸冷库、速冻库、仓储冷库、气调库、展厅、会客厅及办公室等附属设施	新建	2022 年	500	500	政府投资+企业自筹	3 月 18 日	交付使用	是	500	100.00	500	100.00	
隆德县中普盛农牧业有限公司 500 头基础母牛养殖繁育基地建设项目	新建大棚 5 座，占地 700 平方米，5 个活动场 3000 平方米，3 个青贮池 3600 立方米，饲料、辅料车间、消毒车间 3 座，化粪池、办公区，购置基础母牛 500 头，育肥牛 200 头	新建	2022 年	5000	5000	企业自筹	3 月 18 日	建设完成，自主经营阶段	是	5000	100.00	5000	100.00	县级重点市级重点
宁夏腾发农业科技有限公司千头基础母牛养殖场建设项目	购买 1000 头基础母牛，建设标准化牛棚 10 座，建设面积 22390.25 平方米，建设青贮池 14000 立方米	新建	2022 年	5100	5100	企业自筹	4 月 1 日	建设完成，自主经营阶段	是	5100	100.00	4000	78.43	县级重点
隆德县凤岭乡基础设施建设项目	建设李士至齐岔村沿线桥涵 6 处、沟坡 28 处，道路 3.8 千米、排水渠系 12 千米，铺设污水主管道 4.5 千米，建设生产道路 16 千米，拦水带 10 处	新建	2022 年	510	510	政府投资	3 月 18 日	交付使用	是	510	100.00	410	80.39	市级重点

【项目谋划储备】 谋划储备重大基础设施建设项目160项，总投资214.58亿元。谋划储备贯彻落实自治区第十三次党代会精神重点项目155项，总投资206.94亿元，其中2022年计划投资10.39亿元。

【资金争取】 争取中央预算内项目11项，总投资2.25亿元，其中中央预算内资金1.53亿元；争取自治区预算内项目11项，总投资0.67亿元，其中自治区预算内资金0.12亿元。主要涉及产业发展、生态环保、基础设施建设、社会民生等领域。

【工业经济】 实施工业项目15项，总投资1.3亿元，协同推进现代产业体系有效推动工业经济良性发展。全面推动惠企政策落实落地，全力协调解决企业困难和问题，为宁夏隆德县六盘山中药资源开发有限公司、宁夏隆德人造花工艺有限公司等企业共办理贷款1.6亿元，为黄土地食品、浩德纸业、金誉生物等15家企业发放技术改造资金855.06万元，发放2021年稳岗补贴100万元，提振了企业发展信心，增强了企业内生动力；争取自治区技术改造奖补资金410万元，组织浩德纸业、金誉生物科技、上药(宁夏)中药资源、黄土地食品等12家企业实施技术改造项目，人造花获得自治区服务型制造示范企业奖励；全力培育企业“小升规”，推动企业高质量发展；推进节能减排降耗，支持落实“双碳”目标。对“十四五”拟投产达产项目及“十二五”以来建设的工业项目进行梳理排查，严格项目准入，严格资源总量指标和强度指标控制，降低煤炭用量、电力消耗，2022年度工业能源消耗用量控制在8.2万吨标准煤以内，单位GDP能耗同比下降6%。全县能源消耗总量约为8.1万吨标准煤，万元GDP能耗控制在0.56目标值以内，较上年下降6.4%。

【商贸服务业】 争取商务厅电子商务发展资金80万元、市商务局促消费专项资金70万元、入限企业奖励扶持资金20万元、市发展和改革委服务业发展引导资金10万元，用于开展电商节庆活动、企业入限培育和支持扩大消费。组织开展“农商互联产销对接”和“2022隆德年货节”活动、“五一放价惠聚隆德”夏季消费周系列活动，参与开展隆德县首届罐罐茶制作大赛暨“端午盛宴”新时代文明实践系列活动，开展直播带货12场次，活动期间为30余家企业、合作社、村集体经济拍摄宣传视频98条，网络浏览量89万次，全网销售额284.3万元，提升县域农特产品推广销售力度。引导各商贸流通企业申报区、市项目10个，获批项目1个，支持资金10万元。申报隆德县老巷子为自治区级特色商业街区，培育隆德县华联枫达超市为限上大个体。

【招商引资】 通过“走出去”推介、“请进来”考察和云招商等多种招商方式，高位推动狠抓项目落地。接洽来访客商48批189人次，赴甘肃镇原县、福建省、广东、北京、河北、山东、湖南等地外出招商9次考察企业37家，对接洽谈牛肉干食品加工、国家储备林建设、新能源、菌草产业发展、印刷线路板、电子显示屏等项目27个。实施招商引资千头肉牛产业链项目、隆德县蔬菜产业项目、中药材种植加工项目、隆德县菌草产业发展项目、隆德县再生资源利用预制场项目、老巷子十三坊旅游休闲综合体项目、六盘山长征精神研学基地建设项目、隆德县杏仁加工及活性炭生产建设项目等新续建项目28项。

【民生保障】 对全县30多种生活必需品实时了解价格动态，确保监测质量，做好分析预警，为确保农村义务教育学生营养改善计划所需食品原材料价格与市场、季节价格吻合，对蔬菜供应市场每天的蔬菜价格进行监测，为全县营养计划适时调价提供科学、规范、准确的依据。做好农产品调查，根据宁夏回族自治区发展改革委员会成本处要求，对已调整的8个调查品种，24个调查户进行实时跟踪、走访，详细了解农产品种、养殖成本变化，并做好数据统计工作。做好价格认定工作，共受理价格认定业务23件，认定金额30.98万元，为提出机关办案提供了准确的价格依据。

【加强粮食和物资储备管理】 全面落实粮食购销工作,2022年全社会粮食购销经营者购销小麦1800吨左右,蚕豆1800吨左右,玉米1.8万吨左右,小杂粮75吨,均同比持平,全县粮食流通市场秩序繁荣稳定;按照"双随机、一公开"的原则,规范粮食市场监督检查,做好粮食流通监督检查力度,开展执法检查16次,参与48人次,有力地净化了全县粮食流通市场,确保了全县粮食流通市场健康发展;完善粮食应急保障体系,政府临时原粮储备1000吨储备到位,县应急供应网点14家运转正常,县级应急成品粮油储备458吨,全企业社会责任储备成品粮80吨,3家面粉加工企业正常生产经营,充分具备应急保障能力。

【保障疫情物资发放】 2022年1月1日至10月16日,向社会发放防护类物资共76类,消杀类物资共5类,共计26项,为全县疫情防控工作提供切实的物资保障。

工业园区

【党建工作】 深入实施"让党中央放心、让人民群众满意"模范机关创建活动和非公有制企业"五强五促"行动,将非公党建工作与经济发展深度融合,不断提升基层党组织政治功能和组织力。园区党工委下辖1个机关党支部和9个非公有制党支部,有正式党员60名,预备党员2名,入党积极分子20名。

【政府投资项目】 中药材示范园交易市场续建项目,总投资2272万元,10月15日开工建设,完成总工程量的60%;园区低成本化改造项目,总投资997万元,完成道路硬化1600米、换热站及路灯改造提升项目,年底已全部投入使用。

【企业投资项目】 一是兴达沥青年产30万吨沥青混凝土拌合站新建项目,总投资1000万元,已竣工投产,截至9月底实现工业总产值2717万元。二是铭祥地毯年产6万平方米,商务地毯加工项目,总投资2000万元。7月投产运营,截至9月底实现工业总产值328万元。三是六盘春年产1000吨牛羊肉加工建设项目,总投资1000万元,11月初建成投产。四是建佳建材年产30万吨混凝土拌合站项目,总投资2500万元,年底完成总工程量的80%。

【企业技改项目】 一是理华毛纺地毯织机技术改造项目,投资650万元。二是爱丽纳地毯织机技改升级项目,投资500万元,已投产。三是弘兴玻璃玻璃磨边夹胶生产线技术改造项目,投资500万元,已竣工投产。四是金誉生物中药材加工、活性炭生产和杏仁脱皮脱苦综合加工项目,投资950万元,已投产。五是人造花工艺生产技术改造项目,总投资530万元,已投产。

【招商引资】 通过政府招商、以商招商等方式,持续推进医药制造业(中药材加工)、农副产品精深加工和特色轻工等主导产业集群化发展,为园区发展注入活力。招商引进铭祥地毯、建佳建材、佰辰建材、兴达沥青、六盘春等企业落地园区,落地资金为8500万元。

【营商环境持续优化】 坚持创建"成本最低、服务最好、办事最快"营商环境,落实"一企一人"联系服务制度和领办代办制度,推进项目从洽谈到签约、落地、建设、运营全过程"保姆式"服务。主动与电视台、新型传媒等平台对接,及时发布招工信息,与县退役军人事务管理局和县职业中学对接,组织退役军人、学生到企业观摩,推荐优先就业。召开政银企对接会2次,为企业协调金融扶持贷款21530万元。

【安全环保】 坚持以三年专项整治为抓手,进一步明确安全生产主体责任,切实抓好一岗双责、岗位责任制、责任追究制、隐患整改责任制等制度的落实,与企业签订安全生产责任书,层层压实责任。召开安全生产专题会议14次,联合开展各类专项执法检查10次左右，检查发现各类安全隐患12处，整改落实12处，联合县应急管理局和消防大队对企业负责人、安全管理人员和特种作业人员进行安全教育培训、复工复产培训共计200人次。落实“四权”改革，强化环境保护工作风险防控，从严监管、从严督查、从严整改，杜绝高耗能、高排放企业入驻园区。

【资源产业融合发展】 工业园区依托“天然药材库”的优势，打造中药材“种植、研发、加工、销售”的全产业链发展模式，促进农村一、二、三产业融合发展。园区经济运行实现了平稳增长。入园中药材企业7家，实现工业总产值15471.4万元，占园区工业总产值的37.7%以上，中药材产业集聚效应逐步显现。

【投资效率逐步提高】 建立园区企业管理制度，逐步规范企业入园、建设、生产经营、退出等程序。建立企业正向激励反向监督考核机制，建立以亩均固定资产投资强度、亩均产值、亩均税收等主要指标的考核评价激励机制。盘活闲置土地，鼓励原土地权利人通过出租、转让、租让结合等方式对园区闲置土地、空置厂房进行再开发再利用，实现土地资源利用率、产出率最大化。

【劳动力就业】 做好“六稳”工作、落实“六保”任务，力促全县经济平稳发展。引导人造花和浩德纸业发挥劳动密集型企业辐射带动作用，在城关镇红崖社区、观庄乡前庄村、陈靳乡陈靳村等村(社区）运营人造花扶贫车间8个、纸箱扶贫车间2个，就地就近吸纳就业400多人，既解决企业用工困难问题，又帮助群众在家门口就业增收。宁夏黄土地农业食品有限公司被评为2021年度全国脱贫攻坚先进集体。

【驻村帮扶】 选优配强驻神林乡双村第一书记和工作队员，制定驻村帮扶计划，扎实开展驻村帮扶工作。筹措资金帮助村上进行环境整治，解决困难群众生产生活问题，增强贫困户脱贫致富奔小康的信心和决心。园区管委会在双村实施消费扶贫8500元，投入其他帮扶资金共计2.6万元，有力助推脱贫攻坚同乡村振兴有效衔接。

【园区改革】 完善园区管理体制，由政府县长兼任园区党工委书记，县委编办按照精简高效的原则，印发了《关于六盘山工业园区管理机构整合优化有关事项的通知》，内设办公室、经济发展局、规划建设局、招商引资局、安全监管和环境保护局，履行改革创新与规划建设、招商引资与赋权审批、经济运行与对标提升转型、安全生产与环境保护、党的建设与综合服务等职责。

【园区行政服务效能】 为提升服务效率，帮助企业就地就近解决问题，设立园区企业服务站，逐步开展“一站式”领办、代办，为企业提供点对点、面对面指导服务，最大限度实现“企业的事园区办，园区的事园内办”。园区“区域评”、总体规划(修编)2020—2035环境影响评价、地震安全性评价、地质灾害危险性评估、水土保持方案、建设项目安全预评价、压覆矿产资源评估、水资源论证、洪水影响评价8项“区域评”成果已在74个企业(项目)中运用。园区未设立一级财政，按一级预算单位核算，建设发展资金列入县级财政预算，政府对园区财政支持力度逐年加大。

综合经济管理

财　政

【概况】 全县一般公共预算收入突破亿元大关，同比增长9.1%，共争取中央及自治区财力性转移支付资金14.59亿元，各类专项转移支付资金15.36亿元，新增政府一般债券资金1.58亿元，专项债券资金0.35亿元，提升了地方财政公共服务保障能力。牢固树立过“紧日子”思想，大力压减非刚性、非急需一般性支出，年均压减10%，“三公”经费压减34%。

【一般公共预算】 2022年全县一般公共预算总收入完成365135万元。其中，地方一般公共预算收入10000万元，返还性收入4713万元，一般性转移支付收入250459万元，专项转移支付收入43194万元，上年结余24048万元，预算稳定调节基金3万元，地方政府一般债券转贷收入32718万元。2022年总支出完成365135万元。其中，一般公共预算支出333520万元（个人工资性支出71761万元，占支出总额的22%；事业发展及公务性支出261759万元，占支出总额的78%）；上解上级支出52万元；债务还本支出17813万元；结转下年13750万元。

【政府性基金预算】 2022年政府性基金总收入完成7761万元。其中，县本级政府性基金收入2926万元，上级补助收入1181万元，债务转贷收入3500万元，上年结余154万元。政府性基金支出预计完成5020万元，债务还本支出875万元，结转下年1866万元。

【社会保险基金预算】 2022年社会保险基金收入完成42511万元。其中，失业保险基金收入482万元，工伤保险基金收入295万元，城乡居民基本养老保险基金收入7266万元，机关事业单位基本养老保险基金收入19449万元，上年结余15019万元。社会保险基金支出预计完成27029万元，增长12%。其中，失业保险基金支出550万元，工伤保险基金支出417万元，城乡居民基本养老保险基金支出5483万元，机关事业单位基本养老保险基金支出20421万元，上解上级支出158万元。年终结余15482万元。

【国有资本经营预算】 国有资本经营预算收入3万元，国有资本经营支出3万元。

【支持“三农”】 安排“三农”资金12.89亿元，占全年一般公共预算支出的38.6%，增长6.8%。围绕乡村振兴战略规划，整合涉农资金2.96亿元，同比增长11.18%，用于农村基础设施建设、特色优势产业发展、技能培训、小额信贷等工作，衔接资金用于产业发展的比例达到59%。投资1800万元为全县86个村安装太阳能路灯7920盏，实现98个行政村全覆盖。强化乡村振兴金融服务，推动普惠金融发展，累计建成金融服务站84个，乡镇一级基本实现银行物理网点和保险服务全覆盖。新增小额信贷资金1.97亿元，完成自治区下达任务的109.4%，脱贫户和监测户小额信贷覆盖率达到71%。注入富民贷风险补偿金200万元，按照基准利率为一般户放贷4489万元。落实各学段教育资助政策资金6753.9万元，惠及学生57850人次，杜绝因家庭经济困难失学辍学。建立低保、特困人员救助供养、孤儿养育津贴等救助标准自然增长机制，加大困难群众保障力度，发放一次性困难群众生活救助资金928.76万元。实施乡村振兴“健康保”政策，投入资金251万元为50273名脱贫户、监测对象及农村 60 岁以上农村老年人购买健康保。

【助力实体经济发展】 加大中小微企业、制造业、特困行业扶持力度,对小微企业和制造业及批发零售等 13 个行业实行留抵税额全额返还、小规模纳税人阶段性免征增值税、小微企业再减半征收企业所得税、特困行业阶段性缓缴社会保险等税费优惠政策。累计为市场主体减轻税费负担 5987 万元(县本级 2264 万元)。其中,退还增值税留抵退税 3673 万元(县本级 822 万元),新增减税 1869 万元(县本级 1308 万元),缓缴税费 445 万元(县本级 134 万元)。实施阶段性降低养老、工伤、失业保险费率政策,累计新增降费 1768 万元。严格落实中小微企业预留采购份额、价格评审优惠、优先采购等支持政策,面向中小微企业预留份额达到 9331 万元,占比 66.8%。让中小企业尽享改革红利,有力支持实体经济稳定发展。

【产业富民】 坚持“大抓产业、抓大产业、抓高质量产业”思路,投入资金 2.01 亿元,大力推进肉牛、冷凉蔬菜等“五特”产业全链条发展。支持建成沙塘清泉、杨河串河 2 个千头规模和奠安景林等 11 个百头规模“出户入园”标准化养殖园区,凤岭李士等 30 个肉牛养殖示范村,培育肉牛养殖合作社 149 家、“50”模式养殖大户 180 户,巩固提升张程、杨河等肉牛养殖示范乡镇 4 个,培育实施“见犊补母”2.77 万头,全县肉牛饲养量达到 11.5 万头,实现产值 4.5 亿元。在渝河、甘渭河、好水河流域建成高标准设施蔬菜基地 1 万亩、永久性蔬菜基地 15 个,冷凉蔬菜产值达到 5.6 亿元。支持发展高品质马铃薯种薯繁育 7 万亩,全县种植马铃薯 10 万亩。支持神林观音等 7 个中药材规范化种植示范基地建设,带动大田种植中药材 3 万亩,全县中药材面积达到 25 万亩。投入资金 3405 万元,建立“长藤结瓜式”灌溉体系,新建高标准农田 5 万亩,新增高效节水精量灌溉 2.48 万亩。投入资金 7418 万元,支持六盘山工业园区基础设施建设和入园企业技术改造和转型升级,在增品种、提品质、创品牌上力争实现新突破,使全社会 R&D 经费投入强度达到 0.63%。投入资金 2609 万元,建设杨家店红军村、新和村房车营地、老巷子十三坊等乡村休闲旅游项目,杨家店村入选全国乡村旅游重点村,成功创建自治区全域旅游示范县。关注不同消费群体,力促扩大消费收入。面向全县居民发放纸质券 3.2 万张,发放金额 80 万元;发放电子券 2.82 万张,发放金额 100 万元,拉动消费 4980 万元,有力带动全县社会消费品零售总额 11 亿元。辖区内银行机构积极作为,累计发放“五特”“五新”“五优”产业贷款分别为 13.75 亿元、1806 万元、9033 万元,支持效益明显提升。

【城乡基础设施改造提升】 投入资金 5597 万元,实施城市更新行动,完成城关镇红崖村移民基础设施提升项目,东关、中关等 7 个老旧小区改造提升工程,暖锅一条街、17 个生态停车场,38 个单位 1387 个停车位建设,在全区率先实现全域免费停车。投入 4190 万元建成联财、张程 2 个美丽小城镇和神林双村、辛平 2 个美丽宜居村庄,以及陈靳新和传统村落保护和农村环境整治项目。投入资金 1800 万元,实施北方冬季清洁能源取暖项目,完成煤改电 2549 户,打造塞上乡村乐园和宜居宜业城镇。投入资金 6519 万元有效推动三星经杨河至穆家沟四级公路建设、城乡交通运输一体化客运站改造等重点项目顺利实施。投入资金 12662 万元,使温堡灌区水源连通及节水改造工程、甜水河农村水系综合整治以工代赈项目、好水灌区(永丰、三星)、大庄灌区(红堡)设施农业高效节水灌溉工程等项目加快实施。投入黄河流域生态保护修复等资金 16787 万元,支持实施南部水源涵养建设、庭院经济、历史遗留矿山整治修复、县城生活垃圾资源化利用等重点项目实施,以高质量项目建设助推县域经济高质量发展。

【保障民生】 全年民生支出 19.83 亿元,同比增长 5%。其中,教育、节能环保、社会保障和就业、住房保障、农林水领域财政支出分别为 4.75 亿元、1.29 亿元、4.38 亿元、1.23 亿元、8.18 亿元,分别增长 4%、32%、20%、40%、2%。职工工资、养老配套、疫情防控、就业补贴等民生资金得到优先保障，确保基本民生不缺位、工资运转不断档。筹措资金1000万元建成红崖县级劳务市场，成立13个乡镇劳务公司，培育发展122个劳务经纪人，实现农村劳动力转移就业40389人；筹措资金308万元，调增脱贫户乡村保洁员600名；筹措资金352万元，组建180人绿化队伍，进一步让城乡容颜提档升级。安排义务教育阶段学校校长、班主任津贴、寄宿制学校绩效工资275万元，学校课后服务经费514.8万元，退休人员民族团结奖2124万元，机关事业单位退休人员养老金7549万元；清算补发2021—2022年养老保险、住房公积金、绩效奖10700万元，确保各项民生政策落实落地。安排城乡居民县级基础养老金普调资金480万元，企业职工养老金平均增幅达4.5%，人均增加130.77元；城乡居民养老金平均增幅达23%，人均增加40元。

【安全保障】 累计投入资金1500万元，支持县人民医院CT机设备购置项目，基层医疗机构发热门诊建设、抗原试纸购置等一批防疫抗疫重点项目和物资。投入资金72万元用于购置应急车辆、森林草原防灭火设备。投入资金574.26万元，用于脱贫户雨灾安全住房改造和地质灾害隐患点整治，及时消除各项安全生产隐患。投资860万元，用于城市防涝排洪设施建设。坚决遏制隐性债务增量，妥善处置和化解隐性债务存量，按照隐性债务10年化解方案分年度全额纳入预算管理，牢牢守住不发生区域性系统性风险底线。开展金融风险防范与化解、非法集资、养老领域、金融放贷突出问题专项整治，做到早发现、早处置，严防坐大成势，切实解决好群众身边的问题，守护好老百姓的钱袋子。

【财政改革】 落实落细财政资金直达机制，加强部门协作联动，强化从资金源头到使用末端的全过程、全链条、全方位监管，实现资金监管一竿子插到底，提高财政资金使用的有效性和精准性。加强预算一体化动态监控，实施资金预警，确保资金安全运行。完善预算绩效管理体系，逐步建立问效与问责相统一的预算绩效管理结果应用机制。加强惠民惠农资金监管，推进基层小微权力"监督一点通"服务平台建设，提升惠民惠农财政补贴资金使用效益。开展政府投资项目招标控制、过程跟踪、竣工结算等评审工作，完成各类评审项目158个，审定金额13.23亿元，核减0.5亿元，核减率3.8%。

【政府采购】 从管理制度化、程序规范化、文书标准化、工作"阳光化"、手段电子化等五个方面规范政府采购行为，建立政府采购执行环节公正、透明、规范、高效的"阳光采购"运行机制。2022年共组织协调全县行政事业单位开展政府采购活动56次，其中，公开招投标51次，采购金额12962.19万元；单一来源采购1次，采购金额158.89万元；竞争性谈判采购1次，采购金额147.8万元；竞争性磋商2次，采购金额272.13万元；询价采购1次，采购金额149.55万元。全年采购计划金额14640.78万元，实际采购金额13690.56万元，节约资金950.22万元，资金节约率6.5%。其中，采购计划中货物类14102.78万元，实际采购货物类13229.81万元，节约资金872.97万元；采购计划中服务类538万元，实际采购服务类460.75万元，节约资金77.25万元。

【政府采购规范运行】 下发《关于开展政府采购意向公开工作的通知》要求全县采购单位提前谋划本单位年度采购项目，做好本单位政府采购预算，并对本部门所属预算单位做好督促和指导工作。财政部门通过以会代训形式，在上年决算会上专门对采购意向公开进行了专题培训，从公开主体和渠道、公开内容、公开时间进行了详细讲解。2022年3月自治区财政厅聘请专业人员到隆德就政府采购政策做了专题培训。通过培训，各预算单位对公开采购意向提高了思想认识，增加了工作的主动性，使全县2022年实施的政府采购项目基本上都实现了采购意向公开，做到了不遗漏、不延误。采购意向公开工作的开展，提高了政府采购透明度，方便了供应商提前了解政府采购信息，对于保障各类市场主体平等参与政府采购活动，提升采购绩效，防范和抑制腐败发挥了重要作用。

【实施供应商承诺信用制】 通过电子显示屏、政府门户网站、微信公众号加大对采购承诺信用制的广泛宣传，紧盯政府采购活动的供应商等重点人群，切实加大宣传力度，让供应商在遵循诚实信用原则的基础上，除网上超市(直购、竞价)、协议供货和零星采购外，政府集中采购目录以内或者采购限额标准以上的货物、服务、工程采购项目均可采用"承诺信用制"。供应商提供相关资格承诺函即可参加采购活动，在投标(响应)文件中无须再提供财务状况报告、依法缴纳税金和社会保障资金、没有重大违法记录等证明材料，推进政府采购领域信用体系建设，维护公平竞争的政府采购市场秩序。

【深化"放管服"改革】 实现"让数据多跑路，采购当事人少跑路"，强化全流程监管，进一步规范政府采购质疑和投诉行为，利用现代信息技术开展质疑投诉工作，提高质疑投诉办理效率，根据自治区财政厅电子化质疑投诉工作规程，下发了政府采购质疑投诉范本和政府采购质疑投诉审查程序图，通过线上和线下开展质疑投诉受理，畅通供应商维权通道。2022 年共收到政府采购投诉案件 8 起，所有投诉案件在收到投诉之日起 30 个工作日内已全部办结。依托宁夏政府采购网，进一步规范纳入预算管理的部门、单位网上交易流程，对政府集中采购目录内单项或者批量采购在分散采购限额内的商品，全部要求通过网上商城进行采购，并建立健全内控制度，明确采购审批流程和责任，通过网上直购、网上竞价方式监督采购人、供应商按合同约定进行供货、验收和支付货款，杜绝违法违规行为发生，切实防范政府采购风险。

【扩大绿色产品采购范围】 贯彻落实国务院、财政部关于环境标志产品政府采购的实施意见，推进环境友好型社会建设，发挥政府采购的政策导向作用，要求各采购单位在技术、服务等指标满足采购需求的前提下，按照产品采购品目清单，优先采购节能产品、环境标志产品，对网上直购、竞价方式采购的采购单位，要求在网上商城中的绿色采购馆采购，促进绿色产品推广应用。2022 年，各采购单位在节能产品、环境标志产品采购时基本上优先采购绿色产品。

【行政事业性国有资产监督管理】 根据《自治区财政厅关于修改〈宁夏回族自治区行政事业单位国有资产使用管理暂行办法〉〈宁夏回族自治区行政事业单位国有资产处置管理暂行办法〉的通知》(宁财(资)发〔2020〕4 号)、《关于印发〈《固原市本级行政事业单位国有资产使用管理实施办法》〉和〈固原市本级行政事业单位国有资产处置管理实施办法的通知〉》(固财(资采)发〔2020〕74 号)文件精神，结合隆德县实际，制定并印发《隆德县行政事业单位国有资产使用管理暂行办法》和《隆德县行政事业单位国有资产处置管理实施办法的通知》(隆政办规发〔2021〕1 号)，进一步明确和规范了国有资产管理的具体要求，为行政事业单位国有资产管理提供了政策依据。县财政局是行政事业单位公有资产管理的职能部门，承担制度建设、处置审批及监督检查等管理工作。县财政部门可以根据工作需要，将资产处置工作交由有关单位完成，有关单位应当完成所交给的国有资产管理工作，向财政部门负责，并报告工作的完成情况。

审　计

【全面落实党对审计工作的集中统一领导】 按照审计管理体制改革的要求，建立完善《隆德县委审计委员会工作规则》等运行制度 4 项，2023 年共召开县委审计委员会全体会议 3 次，传达学习习近平总书记关于审计工作的重要讲话和重要指示批示精神，贯彻落实中央、自治区、市委审计委员会重要决策，审议年度审计计划、年度审计报告和年度审计整改情况报告等重大事项，把党的领导落实到审计工作全过程各环节。同时严格落实重大事项请示报告制度，客观真实、规范有序向上级党委审计委员会请示、报告、报备重大事项，请示报告工作规范性较强、差错率低，受到自治区党委审计委员会办公室发文通报表扬。

【审计监督】 2022年审计、调查了19个部门、单位，出具审计报告29篇，发现违规、管理不规范问题金额12540万元，责令上缴财政2200.94万元，归还原资金渠道2.97万元，拨付滞留资金5万元；提出完善机制、加强管理的审计建议50余条，推动6个部门、单位建立健全规章制度8项。综合审计发现的问题，从政策、政治的高度进行总结提炼，形成具有深度和价值的审计综合报告3篇、审计专报4篇，均得到县委、县政府主要领导的肯定和批示，推进解决长期未整改的问题6个，健全完善行业管理制度4项。

【提升审计监督质效】 2022年，根据审计署、审计厅关于加强研究型审计工作的要求，按照“研究型审计推进年”活动的安排部署，坚持在审计计划管理、审计项目实施、审计质量管理、审计成果转化等各环节强化研究，全面提升审计工作质效。

【审计问题清单及整改】 建立2018年以来审计查出整改问题台账97个，按照不同整改类型的整改认定标准核实整改结果，下账销号；对未按期完成整改的问题下发整改督办函，督促尽快落实整改；对重大审计项目和重要审计事项整改情况采取实地检查、书面报告等形式进行督查督办。截至2022年底，全县2018年以来各级审计机关审计查出问题整改率达96.5%，个别因时间长、历史原因复杂、整改难度大，需分阶段、持续整改的问题正在有序化解处置中。

市场监管

【全域创建“食品药品安全区”与创建国家食品安全示范城市】 按照区、市创建工作要求，结合隆德县实际，制定《隆德县全域创建“食品药品安全区”实施方案》《隆德县全域创建“食品药品安全区”宣传工作方案》《隆德县建立健全分层分级精准防控末端发力终端见效工作机制　推动食品安全属地管理责任落地落实实施方案》，明确工作任务，强化工作重点，压实工作责任。将全县1666家食品生产经营主体划分为B、C、D级，其中B级主体49家、C级主体255家、D级主体1362家，分别由县级领导、乡（镇）党政领导班子成员和村（社区）“两委”班子成员包保，初步建立“三个清单一项承诺书”工作机制，纵深推动食品安全“两个责任”落地见效。放置固定宣传牌3个，宣传灯箱199个，在沿街醒目位置、人员流动量大的场所悬挂横幅338条，依托联通运营商编发短信1380条，通过大喇叭、宣传车等广播宣传420场次，室外电子屏宣传1230条，开展食品安全“进社区、进农村、进学校、进机关、进企业”宣传活动10场次，召开培训会3次128人次。抓舆论宣传，以宣传助监管，以宣传促共治，围绕“两率一度”多措并举，在全县范围内形成“一村一横幅、一村一专栏、一村一墙画、一村一讲堂”的宣传新格局。建成“互联网+市场监管”“互联网+药品安全”“互联网+明厨亮灶”系统，建成食药网络化、电子化安全监管示范平台。全县58家学校食堂已全部运行“互联网+明厨亮灶”系统，46家药品经营门店建立电子监管台账，推广运行“阳光药店”。建立食品药品信息库和“一户一档”监管责任体系，有一级网格1个，二级网格4个，三级网格20个。2022年，共查处食品违法违章案件56起，罚款42.34万元，销毁假冒伪劣食品药品110余千克。

【食品安全监管】 突出重点产品、重点场所和重点领域，深入排查食品安全风险隐患，检查食品生产经营单位1095户次，发现风险隐患点430个，处置率100%。开展农村食品专项整治行动，持续对城乡接合部、农村食品小作坊、超市、小食品经营店等开展专项检查。检查各类食品生产经营单位1322家次，下发责令整改通知书45份，查处违法案件37起，罚款6.78万元。开展市场销售长江流域非法捕捞渔获物专项行动，检查水产品生产企业、加工小作坊342家、超市333家、餐饮店17家、农贸市场133家，网店39户次，未发现销售长江流域非法捕捞渔获物的行为。强化肉及肉制品安全监管，彻查畜禽肉及其制品销售环节风险隐患，检查农贸市场11家次、肉品经营使用单位110户次，排查风险隐患点5个，取缔私屠滥宰点1个，下发责令整改通知书3份，已督促整改到位。开展春秋两季学校食堂及校园周边食品安全、五小食品安全、国道和高速公路食品安全及旅游景区等食品专项整治。检查食品经营单位2328家次，收缴假冒伪劣食品100.8千克，下发责令整改通知书21份，立案查处21起，罚款2.43万元，全面深入排查食品安全隐患，确保群众“舌尖上的安全”。完成各类食品及食用农产品监督抽检任务1073批次，不合格2批次，合格率99.81%，立案查处1起，移交司法机关1起，罚款1万元，不合格产品核查处置率100%。开展快速检测548批次，包括蔬菜、餐饮具、食品添加剂等，抽检不合格1批次，合格率98.82%。在渝河农贸市场、客都超市、枫达超市、食品药品检验检测中心设立4个检测点，开展快速检测110批次，合格率100%，开展实验室检测20批次，合格率100%。做好食品生产经营单位量化分级评定工作，全县1005家流通食品经营单位、445家餐饮单位、202家小作坊、19家生产企业参与评定，其中，A级62家、B级1252家、C级93家、D级168家，评定率94.25%。开展“双随机、一公开”监管，抽查市场主体136家，其中部门内部抽查125家、跨部门11家，发现问题18条，下发责令整改通知书18份，已全部整改到位。

【推动“一品一码”全过程追溯体系建设】 全县5家中大型超市，全部建立食品安全电子追溯系统，在产的25家食品生产加工企业注册备案了“宁夏食品安全信息系统”，实现食品质量安全“顺向可追踪、逆向可溯源、风险可管控、产品可召回、原因可查清、责任可追究”。全县22家大中型餐饮单位“清洁厨房”打造率达100%。完成进口冷链食品、食品内外包装、环境核酸检测258批次，相关人员采样142批次，结果均为阴性。加强冷藏冷冻库排查，对食品生产经营单位冷库及从事冷藏冷冻食品贮存业务的非食品生产经营者开展全面摸排、建立台账。检查大型超市、农贸市场、餐饮服务单位等食品经营单位308户、冷藏冷冻库35家，完成冷藏冷冻库的全覆盖监督检查，切实防范冷链食品安全风险隐患，推动常态化疫情防控落实落细。加强进口冷链食品闭环管理，督促食品生产经营者规范使用“宁冷链”进口冷链食品追溯系统，通过线上巡查、线下督查相结合的方式，未发现进口冷链食品。

【药械安全监管】 开展元旦、春节期间药械安全监督检查，主要对县级医院、民营医院和个体诊所的药品、医疗器械、骨科植入材料及口腔科、检验科室使用的药品、医疗器械质量及资质留存情况进行了监督检查，共检查各类单位43家，责令限期整改5家；开展药品安全专项整治工作，共检查药械经营使用单位87家、村卫生室114家、化妆品经营户185家，下发整改通知书63份，立案查处27起，结案25起，罚款16.9万元；全县21家一级以上医疗机构开展“规范药房”建设，全部建立药品储存阴凉区，不断强化医疗机构药品医疗器械使用监管；压实企业自查整改主体责任，建立常态化自查机制和问题整改责任清单，指导和督促药品经营使用单位上报“两个清单”，开展风险隐患排查，监督市场主体对照清单持续合法合规经营；开展抽检监测，按照药品抽检工作方案，完成国药集采、基本药物、饮片专项三类药品27批次抽检任务。举办药品/医疗器械不良反应/事件监测人员业务培训班，各医疗机构、个体诊所30人参加培训。健全医疗机构药品不良反应监测体系，指导督促药品经营使用单位监测填报，评价上报277例报告；推进智慧监管，实现药品医疗器械化妆品所有的监管事项及案件查办100%录入平台内。依据标准检查验收46家“阳光药店”，监督指导药师打卡、处方上传、温湿度在线监测等信息系统管理工作日趋规范化；加强网络销售化妆品监督管理，组织开展化妆品“线上净网线下清源”专项行动，严厉查处网络销售化妆品违法行为，建立网络销售化妆品监管长效机制。落实化妆品经营单位进货查验制度，建立索证索票档案；开展特管药品监督检查及禁毒工作，对辖区内4家麻精药品使用单位和54家零售药店进行了监督检查，确保特管药品质量安全；对县疾病预防控制中心和辖区12家乡镇卫生院、4家社区服务站疫苗的发放、储存和使用情况进行了专项检查，未发现违法违规行为；开展疫情防控物资及核酸检测试剂质量专项检查，未发现不合格产品。

【质量强县建设】 开展农资打假、电线电缆质量安全专项整治、儿童和学生用品安全守护、口罩质量提升、电动自行车专项整治、成品油市场专项治理行动，共抽检化肥、纤维制品、电线电缆、建材、食品相关产品、安全防护产品、成品油、烟花爆竹等53批次，合格51批次，合格率96.2%，对不合格产品进行立案查处。开展质量联合执法检查，共立案查处经营不合格产品案件8起，罚没款1.5万元。开展散煤市场专项整治，共检查散煤经营户13家，共抽检散煤3批次，合格3批次，完成中央环保督察组散煤治理整改销号工作。开展质量提升行动，隆德县公共服务满意度连续三年持续上升。开展计量器具监督检查，以集贸市场、眼镜配置场所、金银经销店等领域为重点，检查强制性计量器具检定情况，邀请固原市检验检测所对隆德县集贸市场、眼镜配置场所、粮食购销等领域在用计量器具进行上门免费检定，共检定计量器具300台件，合格率98.5%，对3家不合格电子秤进行现场校验。开展检验检测机构专项监督检查，对隆德县6家检验检测机构开展分级分类评定，其中评定A类机构4家，B类2家。开展质量认证认可监督检查，按照“双随机、一公开”抽查制度，对1家有机产品获证企业、1家强制性产品认证获证企业进行监督检查，对企业现场不能提供质量管理手册、程序文件、审核计划等资料行为，下发责令整改通知书。2022年全县有获证企业21家，证书36张，其中，管理体系认证证书23张，有机产品认证证书7张，绿色食品认证证书3张，服务认证证书1张，强制性产品认证证书2张。

【特种设备安全监察】 开展特种设备安全日常监督检查，共检查特种设备使用单位83家次296台件，发现安全隐患16处，下发特种设备安全监察指令书13份，查处违法案件1起，罚款5万元。开展安全生产专项整治三年行动，牵头开展气瓶、城镇燃气安全专项整治工作，对隆德县2家电梯维保单位进行现场核查。

【知识产权保护】 开展“蓝天”专项行动，严厉查处不以创新为目的专利申请、不以使用为目的商标注册、无资质专利代理、恶意抢注商标、侵犯商标专用权等违法行为，责令撤回非正常专利申请17件，查处侵犯商标案件7起，罚没款36.3万元。发展“固原胡麻油”地理标志产品贴标使用企业1家，“固原黄牛”地理标志产品企业1家。全县有效商标注册量达1000余件、万人有效发明专利拥有量达1.4件。制定“隆德暖锅”区域公用品牌创建实施方案，提交“隆德暖锅”集体商标注册申请，力争用3年时间，完成申报注册“隆德暖锅”为集体商标，逐步培育成为全县暖锅行业的区域公用品牌。

【事中事后监管】 落实“双随机、一公开”监管工作，市场监管领域各部门开展“双随机”抽查135次，抽查市场主体609家，其中，跨部门联合抽查97次，抽查市场主体353家；市场监管部门抽查38次，抽查市场主体256家。抽查检查结果在宁夏“双随机、一公开”综合监管平台进行公示，抽查结果公示率97.54%。开展年报公示和抽查工作，应年报企业1800户，已报企业1718户，年报率95.4%。清理吊销“僵尸”企业，共清理吊销企业17户、农民专业合作社35户。开展消费维权工作，共受理各类消费者投诉283件（“12345”市长热线239件、“12315”投诉24件、电话投诉15件，群众来访5件），全部办结，为消费者挽回经济损失10万元。

（祁涛涛）

审批服务

【概况】 2022年12月底，县政务大厅办理各类政务服务事项6.73万件，事项覆盖率39%，全县“好差评”已评价2.78万件，评价率99%。“12345”便民热线办理受理群众诉求2503件，办结2242件，按时办结率89.57%，优先服务退役、现役军人、军属、老年人和残疾人568人次，代帮办、延时预约服务群众26435人次。

【政务体系规范化】 以1个县级政务大厅、6个政务分厅、13个乡（镇）民生服务中心、108个村（社区）民生服务代办点，形成了“1+6+13+108”的全县政务服务大格局。承接发布“四级四同”事项1418项，县大厅事项“应进必进”率100%，与群众生活密切的水电暖等公共服务事项全部进驻大厅，进驻事项“一窗”无差别受理率100%。县大厅建成24小时自助服务厅，提供24小时“不打烊”服务。建成“好差评”政务服务评价系统，拓展评价渠道，推动“好差评”对各级行政事项全覆盖，并与“12345”联动落实各方诉求“接诉即办”，群众满意度99%。政务服务中心每日通过电子监察系统巡查工作纪律作风，发现问题及时提醒纠正；审批局每周印发“12345”工作通报，督促投诉问题如期保质整改；政府办印发全县政务服务月度通报，督促工作效率、工作能力全面提升；县纪委监委每季度通报并谈话问询整改情况，建立及时巡查、及时整改的“日+周+月+季”通报监督机制，倒逼政务服务能力多渠道、全方位提升。

【政务事项标准化】 依托宁夏行政审批系统和固原市“163”一体化政务服务平台，加快构建线上“一网通办”、线下“一窗通办”融合发展。优化网上大厅功能，实现政务事项“应上尽上、全程在线”，政务事项网上可办率85%以上。印发《隆德县乡镇赋权清单》《乡镇政务服务事项清单》《隆德县乡镇“四级四同”事项清单》《隆德县部门委托乡镇审批服务事项清单》《隆德县乡镇民生服务中心“马上办、网上办、就近办、一次办”事项清单》，共下派乡（镇）办理事项119项，委托村（社区）办理44项。202项事项实现了“跨省通办”，505项实现了区内通办，85项实现了市域通办。网上办事大厅和实体服务大厅实时同步动态更新，县（乡）政务服务事项一窗口办理、一站式服务、一平台共享、全流程监督的线下线上标准化服务模式正式开启。

【政务模式智能化】 发挥政务服务效能监察中心功能，集电子政务处理、业务培训、工作交流、视频会议、效能监察于一体，连接县、乡、村“三级”的远程监察控制系统，数据“多跑路”、办事群众“少跑路”得以实现。依托“数字乡村”、“智慧社区”手机App和微信小程序，开启“乡亲喊话”新模式，将119个乡（镇）、村（社区）办理事项归纳为“我要办户籍”“我要办社保”“我要办贷款”等简易的群众语言15条，群众通过App和小程序“乡亲喊话”提出“我要办……”诉求，乡村干部和网格员网上接单，梳理事项类型后，按权限提交村（社区）民生服务代办点、乡（镇）民生服务中心办理，县、乡、村三级严格按照事项办理承诺期限及时反馈办理结果，形成“提交—办理—反馈”闭环处理机制，乡村“互联网+政务服务”融入村民日常生产生活，城乡“数字鸿沟”明显缩小。

【政务方式便民化】 深入推进“一件事一次办”改革，依托宁夏行政审批系统和“163”政务服务平台，实现“一次告知、一套材料、一次办成”高效服务，企业和群众线上、线下享受无差别全流程审批服务。创新便民机制，推行容缺后补办、告知承诺办、跨省（区内）通办、零材料办、一证（照）通办、预约办、代帮办、延时办、就近办、自助办等便利措施，多渠道提高办事效率和服务水平。增设流动帮代办人员，围绕重大项目落地、社会事务、工程建设、企业注册实行一对一跟踪对接、人盯人帮办服务。建立老、弱、病、残、幼便民措施，提供线上亲友代办，线下绿色通道，全程帮代办服务。推行工作日延时服务、法定节假日预约服务，中午“不断档”、周末“不打烊”，母婴室、图书角等便民服务设施配备俱全。

【企业开办便利化】 全链条进驻，设置专区，实行企业开办“一门一网一窗”通办，推行企业名称“自主办”、个体工商户“秒办”、市场主体住所“承诺办”，拓展市场准入“就近办”，全面推行企业开办“110”(一件事、一次结、零成本)行动，实现企业开办3小时办结。制定《关于深入推进“证照分离”改革工作实施意见》，整理出《隆德县本级涉企经营许可事项改革清单》，采取直接取消审批、审批改备案、实行告知承诺、优化审批服务四种方式分类推进“证照分离”改革全覆盖，破解“准入不准营”难题。2022年，全县共注册市场主体796户，其中企业235户，个体工商户544户，农民专业合作社17户；共登记先照后证市场主体566户，其中企业179户，个体工商户373户，农民专业合作社14户；注销市场主体570户，其中企业139户，个体工商户388户，农民专业合作社43户；简易注销68户。共发放电子营业执照943份。

(韩春悦)

统　计

【高质高效推动工作落实】 密切关注经济走势，持续跟踪监测投资、消费、工业、服务业等主要经济指标，强化预警研判，开设专题报告、预警分析、信息直通车，撰写全县经济运行各类分析报告18篇，供县委和政府科学决策。持续夯实统计基层基础建设，全年开展走访调研27次，举办固定资产投资等业务培训62次。加强名录库建设，搜集全县范围内的新增、变更、注销法人单位302家，为第五次全国经济普查扎实开展奠定基础。有序推进固定资产投资项目入库73个，完成百万移民收入统计监测样本轮换5村783户，将1家建筑企业、3家大个体纳入统计范围，完成金誉生物、浩德纸业和华宇淀粉3家企业入规工作。扎实开展规模以上及以下工业、限额以上及以下批发零售和住宿餐饮业等统计调查。

【强化数据质量】 召开隆德县统计领域突出问题专项治理启动会、隆德县统计领域突出问题专项治理暨统计造假不收手不收敛问题专项纠治工作推进会，分管县领导对全县专项治理提出具体要求。对全县各乡镇及所有“四上”企业和固定资产投资项目联网直报数据开展数据质量核查，共核查82家单位，对存在的问题及时反馈给报表单位，督促其立行立改。深入开展统计普法宣传，举办统计法律法规进园区、进企业、进社区活动8次，局领导到县委党校开展统计法律法规专题讲座1次。

安全生产

【安全防范和灾害防御工作部署落实情况】 及时通报全国其他地方发生的安全生产事故，深刻汲取事故教训，第一时间开展相关领域的安全隐患排查整治工作。县委常委会会议5次、政府常务会议8次、县委理论学习中心组1次、专题会议4次听取安全生产工作汇报，研究解决重点难点问题，进一步压实安全生产责任。县委和政府主要领导、分管领导常态化开展安全生产工作督导检查，发挥示范推动作用。

【开展安全生产专项整治行动】 对安全生产三年行动确定的重点任务和排查出的突出问题、重大隐患开展“回头看”，确保任务全面完成、问题隐患销号清零。系统梳理各乡(镇)、各部门(单位)在专项整治中形成的责任链条、制度成果、管理办法、重点工程和工作机制“五类”成果，逐项开展成效评估。在全县开展安全生产百日专项整治行动，聚焦14个重点领域进一步深入开展安全生产问题隐患大排查、大起底、大整治，着力消除一批事故隐患，坚决遏制各类事故灾害发生，确保全县安全生产和自然灾害防治形势持续稳定。2022年以来，县安委办、各部门(单位)、各乡(镇)累计检查229次，参与882人次，检查场所1743个，排查出安全隐患735条，已全部完成整改。

【自然灾害风险隐患排查】 全县地质灾害点116个，类型为泥石流、崩塌、滑坡、地裂缝等，涉及13个乡镇、61个村，对116个灾害点分别填写了地质灾害防灾工作“明白卡”，向涉及的546户群众发放防灾避险“明白卡”。建立地质灾害监测点61个，落实监测人61个，并给每个监测员配发了雨衣、雨鞋、铁锹、雨伞等雨具，初步建立起点、线、面相结合的地质灾害监测网络，保证监测网络畅通。县政府筹措680万元，治理8处较严重的地质灾害隐患点。防汛抗旱领域，印发《隆德县防汛抗旱应急预案》，压实水旱灾害防御责任，全面排查梳理防汛风险点，对全县7条县级河流、6条乡级河流、69座重点库坝、83座淤地坝的行洪情况进行排查，排查出安全隐患处13处，已全部完成整改。严格按照市防指“五个到位、五个全面、五个重点、五个务必”要求，强化部门联动，加强监测预警，提前预置救援队伍和抢险物资，有效防范强降雨天气带来的不利影响。森林草原防灭火领域，分别召开春季和秋冬季森林草原防灭火工作会议，分析研判防灭火形势，安排部署相关工作。成立县、乡（镇）、村（社区）三级林长制办公室，设置县、乡（镇）、村（社区）三级林长350名，其中县级15名、乡（镇）级113名、村（社区）级222名，形成全覆盖网格化护林防火工作机制。在重点林区路口和坟墓集中区设立94个防火检查点，安排957名护林员对进山人员、车辆进行火源检查，在重点地段建设视频基站17个，监控摄像头27个，实行全天候全覆盖巡护监测。

【开展安全生产执法检查】 县安委办联合相关职能部门，加大执法检查力度，依法严肃查处无证上岗、违规作业、不按规定落实作业监护制度等行为。对排查治理不认真、整改不到位的企业，依法给予处罚。先后对宁夏金誉生物科技有限公司罚款12000元，对隆德县杨河乡中园加油站罚款8000元，对宁夏得礼建材有限公司罚款6500元，对4家烟花爆竹经营个体户共罚款2200元，共计罚款28700元。

【加强基层应急能力建设】 县政府筹措资金10.5万元，建成沙塘镇、观庄乡、山河乡三处中心消防站。全县13个乡（镇）均成立应急指挥部，10个社区、108个村均设置了应急办公场所，建设188个共计容纳8万人的应急避难场所，制定完善应急管理制度，储备必需的应急救援物资，实现了乡（镇）镇“三有”、村（社区）“三有”。

【冬春救助资金发放工作】 根据《宁夏回族自治区自然灾害救灾资金管理实施细则》和《自治区应急管理厅关于进一步做好2022—2023年度冬春救助工作的通知》，结合隆德县实际，按照“工作程序规范、救助对象精准、救助措施及时”的总体要求，严格实行“户报、村评、乡审、县定”的发放程序。自治区应急管理厅先后拨付隆德县冬春救助资金共325万元（第一批拨付31万元，第二批拨付294万元），结合县应急、农业农村、气象等部门统计的受灾情况及各乡（镇）申请，确定各乡（镇）2022—2023冬春救助资金分配计划，县财政局及时将资金划拨到各乡（镇），使全县4156户15341名受灾群众得到了生活救助。坚持公开、公平、公正的原则，及时向社会张榜公示发放对象、发放金额，接受群众监督。通过群众“一卡通”直接将救助资金兑付到群众手中，确保救助对象第一时间、如数领取救助资金。县应急部门牵头，抽调财政、农业农村、气象等部门工作人员组成核查组，对各乡（镇）救助资金发放情况进行实地核查，抽查比例不少于30%，杜绝虚报冒领、截留挪用、优亲厚友等现象发生，确保救助资金发放到最需要的群众手中。

【森林草原防灭火工作落实】 县委、县政府主要领导在县委常委会会议、政府常务会议上多次听取森林草原防灭火工作汇报，安排部署相关工作，做到逢会必讲森林草原防灭火工作。县森林草原防灭火指挥部召开研判会议5次、工作推进会议7次，传达学习全国、全区森林草原防灭火工作会议精神，通报近期全区发生的典型火灾案例，安排部署下一阶段防火工作。县人民政府发布《隆德县人民政府森林草原防火禁火令》,修订完善《隆德县森林草原火灾应急预案》,与各乡(镇)、各相关部门(单位)签订《森林草原防灭火工作责任书》,进一步建立健全防火工作制度,细化防火工作措施,完善森林草原防火防控体系。

【全面推行林长制】 全县各级林长350名,其中县级15名、乡(镇)级113名、村(社区)级222名,形成全覆盖网格化护林防火工作机制。在责任区域显著位置设置林长公示牌,全县制作完成公示牌20块。各级林长常态化开展履职巡林,全县各级林长共开展巡林6000余次。

【加强督导检查】 印发《隆德县森林草原火灾隐患排查整治和查处违规用火行为专项行动方案》《隆德县森林草原防灭火专项整治行动方案》《全县冬春火灾防控工作实施方案》《关于开展冬春季森林草原防灭火工作大排查大督查大整治暨打击森林草原火灾违法行为专项行动的通知》《隆德县违规野外用火和森林草原火灾举报奖励办法》等文件,扎实开展火灾隐患排查整治和查处违规用火行为专项行动、森林草原防灭火专项整治行动,全面启动“互联网+防火督查”系统,实时掌握防火工作和动态。县委、县政府主要负责人和分管领导多次深入防火检查点,督导检查森林草原防灭火工作。县委督查室、政府督查室、应急管理局、自然资源局、消防大队抽调人员组成联合督查组,采取“四不两直”方式,分3个工作组,定期对各乡(镇)及辖区行政村(社区)、国有林场森林草原防灭火工作进行全方位督导检查,及时排查隐患,消除隐患漏洞,坚决防范遏制森林草原火灾发生。

【加强预测预警】 结合森林草原火灾特点,建立了气象应急联动机制,通过手机短信等方式,及时发布气象信息和火险等级预警信息,督促各防火单位提前做好防范措施。充分发挥红外热成像视频监控系统作用,在县自然资源局设立监控指挥中心,在重要林区、重点地段建设视频基站31个,监控摄像头41个,实行全天候全覆盖巡护监测,确保第一时间发现火情,能够快速、有序、科学处置,实现“打早、打小、打了”,防止小火酿成大灾。奠安乡自筹资金在乡指挥部办公室安装演示监控大屏幕,在全乡所有林区入口通道安装26处监控设备、配备43部对讲机,对全乡森林草原及护林员巡查管护工作进行全天候监控和统一指挥调度。

【加强队伍建设】 对全县957名护林员实行动态管理,推广应用生态护林员联动管理系统,每位护林员通过“手机巡护”App,进行每日签到和记录巡山情况。采用岗前培训、集中培训和日常培训相结合方式,对全县护林员队伍进行全面培训,2022年共培训1904人次。坚持抓好1支40人的专业扑火队、6支180人国有林场半专业扑火队和110支3265人乡村义务扑火队建设。开展全县森林草原防灭火应急演练3次,13个乡(镇)和6个国有林场分别开展森林草原防灭火培训及应急演练1次。争取区、市森林草原防火项目,为6个国有林场配备防火车辆6辆、防火摩托6辆、割灌机6台、风力灭火机6台、30台望远镜,为全县护林员每人配备1套防火服,对现有扑火机具、防火装备和防火车辆进行全面检修,有效提升了防灭火能力。

民生事业

教育体育

【基本情况】 全县有各级各类学校89所，其中中学9所、小学40所、幼儿园39所、特教学校1所。在编教职工2193人，学生22646人。学前教育三年毛入园率91.3%，小学六年巩固率100%，初中三年巩固率100%，高中阶段毛入学率94.8%，残疾儿童入学率100%。

【德育教育】 坚持不懈用党的创新理论铸魂育人，把“三进”工作作为学校思想政治工作的首要政治任务，落实立德树人根本任务。组织开展4次以“喜迎二十大”为主题的朗诵、朗读、讲红色故事、创新素养展等大型活动。组织书记、校长同上一节思政课共48节，推进中小学思政课“四级两维”集体备课和思政课一体化建设。抓实学校红色思政工作，深层次丰富中小学思政课程，制定了《隆德县红色文化融入中小学教育教学活动方案》，积极开展以“读、颂、品、诵、演、唱、写”等形式的《六盘印象》之系列校园文化展演活动，召开“隆德县红色文化融入中小学教育教学推进会”，向教育厅推送中小学思政课教师“铸牢中华民族共同体意识教育”红色文化教育资源5个教学优秀视频。举办中小学思政课教师“学习新思想做好接班人”《习近平新时代中国特色社会主义思想学生读本》课堂评选活动28节，6节被市级评为优秀课堂。推进“四名一优工程”，举办第七届“教育圆梦”奖学金大会，表彰奖励德智体美劳育之星和“五育之星”440名。协同促进“课程思政”与“思政课程”同向同行，彰显教育与文化的浸润育人功能，培养德智体美劳全面发展的社会主义建设者和接班人。

【教育培训】 发挥“国培”、区、市、县、校等五级培训，进行义务教育新课标、新高考改革、中小学幼儿园骨干教师、校长、名师工作室主持人等各类培训，组织教师线下培训39期，培训575人次。组织线上全员培训3期，培训3899人次，涵盖各级骨干教师446名。对35名“六盘名师”、名校长、名师工作室主持人等进行培训和考核。培训36名县级、15名市级、11名区级骨干教师培养对象。构建名师专业成长体系，通过专题讲座、案例分析、交流研讨、教育实践、总结提升等方式，使中小学教师在职业道德，专业知识、教学能力提升，教育、教学、科研、管理工作中起模范引领作用。1人被教育部评为乡村优秀青年教师培养对象，完成2022年中小学教师资格定期注册1894人。

【教育质量】 落实《隆德县实施基础教育质量提升行动方案》《隆德县县级骨干教师评选培养方案》《隆德县中小学骨干教师管理办法》《隆德县推广普通话和规范语言文字活动实施方案》《隆德县新时代语言文字工作实施方案》《隆德县中小学生课外读物进校园管理办法》《学校作业总量管理制度》《关于加强义务教育考试管理的通知》《隆德县名师工作室管理办法》，出台《隆德县教学责任事故认定及处理暂行办法》，制定隆德县“1+5”强师工程和《隆德县教育数字化战略实施方案》，下发《规范隆德县中小学(幼儿园)管理人员任课、听课、评课制度》。按照《隆德县第一届中小学校(园)长听评课评选展示活动方案》等基础教育质量提升行动的7个活动方案，按时有序开展“5+1”系列活动，深入学校送课、听课、评课开展课堂教学视导活动，通过落实教研员“五包”制度，落实“五项管理”“双减”工作，深化教育评价改革，规范教育教学行为，加强学校管理，有效实施基础教育质量提升行动。按照聚焦课堂教学、城乡一体推进、提升教学效果的总体思路，组织28名中小学校长、学区主任、幼儿园长开展听评课展示活动，4名校园长参加市级展示，2名校园长参加区级展示。举办课堂教学"四课"比赛、"四评一赛"、"三字一话"、"教师基本功大赛"、"互联网+教育"应用大赛、实验教学说课、体育大课间比赛、市级优质课、创新素养教具、原创试题、基础教育精品课评选等活动，参与教师2000余人次，获奖976人次。举办学校和县级教案、作业、书法、绘画、手工制作设计展评等活动32场次，上交各类作品5276件，获奖1532件。通过各种活动的开展，深化课堂教学改革，提高教学教研能力，发挥集体备课作用，落实新课标教学。利用教研员汇报会、校园长汇报会、专题听取教学意见座谈会和全面检查校长听课情况，解决教育教学中的实际困难和问题，聚焦"三个提升"，全力提高课堂教学质量。

认真贯彻中共中央、国务院印发的《新时代深化教育评价改革总体方案》和教育部印发的《义务教育质量评价指南》《普通高中学校办学质量评价指南》《自治区学科优质课堂教学评价标准》等文件精神和标准，组织评选市级优质课61节，35节被评为市级优质课，自治区第一届中小学"学科教师优质课"22节，精品课48节，优秀作业设计、教学设计102个。隆德一小作业设计《精准教研　优化设计助力"双减"》、教育体育局作业设计《"双减"落实效作业展风采》被教育厅评为一等奖，并作为案例推广。规范学校课堂教学行为和教学常规管理。落实课程目标，突出课程育人功能，改进课堂教学方式和评价方式，构建备、教、学、评一体化的教学格局，建立以发展学生核心素养为导向的优质课堂教学评价体系，扎实推进课堂教学质量整体提升。

【全国义务教育质量监测工作】 2022年在自治区国家义务教育质量监测问题反馈会上2次交流发言。落实《新时代宁夏基础教育教研员管理办法》，开展教学常规工作和基础教育质量提升专题视导暨教研员"五包"和送教下乡等各类课堂教学活动。坚持教科研同步、教研点面结合，着力解决课堂难点、疑点、热点问题，有效落实"双减"政策。中小学（幼儿园）管理人员、教研员切实履行职责，下沉教学一线，参与学校任课、听课、评课，深入教育教学各工作各个环节，引领和指导教育教学工作。组织教研员听评课1174节，线上优质课164节，校（园）长听课1432节。召开隆德县教育教学视导活动阶段性总结反馈会、隆德县课堂教学和教研工作阶段性总结暨"1+5"强师工程启动会、隆德县中小学作业设计推进会，校长落实"5+2+1"工作模式，找管理上的漏洞，有针对性地加强教研、教学管理。

【教育课题】 坚持科研引领课堂，2022年申报教育政策研究课题35个，宁夏教育科学规划"基础教育质量提升行动"专项研究课题76个，立项8个，2023年美育教学研究课题立项1个，组织宁夏教育科学"十四五"规划基础教育质量行动8个立项课题研究开题报告，在线举行自治区"互联网+教育"示范区建设专项研究课题中期报告会。全区学校思想政治质量提升工程项目结题6个，固原市2021年教育科研课题结题7个，宁夏学前教育课题结题1个，通过进一步发挥好教育科学研究在促推教育教学及"互联网+教育"建设中的驱动和引领作用，促进教师专业发展，助推全县基础教育高质量发展。

【教师管理】 持续落实教育人才引进机制和优惠政策，缓解教师结构性短缺矛盾。县财政一次性给予3万元生活安置费，引进国家重点师范院校公费师范生22人，招录事业编制教师29人。连续三年通过政府购买服务岗位形式为学前教育"输血"，补充幼儿园教师189人、医护人员6名，占农村幼儿教师的57.1%。招聘基层服务专项计划"学前教师"30人，通过政府购买方式为学校配备专职保安32人。全面推行中小学校党组织领导的校长负责制，建好建强学校管理队伍，为推动教育高质量发展提供强力组织保障。县教育工委认真履行领导和把关作用，严格标准规范程序，精准科学选人用人，注重选拔党性强、懂教育、会管理、有威信、善于做思想政治工作的优秀党员干部担任学校党组织书记，着力培养政治过硬、品德高尚、业务精湛、治校有方的校长队伍，2022年8月考察聘用学校正职13人，学校副职30人。

【教育改革】 扎实推进中小学教师"县管校聘"改革工作，全县教师城乡配比、学段调配、年龄结构、学科结构、岗位需求等失衡问题总体得到解决，教师队伍基本达到了优质、均衡、高效布局，2179名教职工由"学校人"转变为"系统人"，盘活了教师资源，缓解了师资供需矛盾。通过大展示、大比武、大练兵、大评比、大参与、大访谈"5+1"系列活动，助推全县教育质量全面提升；抢抓新高考改革和县域普通高中振兴的历史机遇，赴浙江、海南等地考察学习"三新"改革工作经验；开展国家、区、市、县、校五级联动教师培养培训工作，累计培训教师3989人次；组织各级各类骨干教师赴重庆、辽宁、银川等省内外名校参加培训185人，全面提升骨干教师综合素养；举办首届基础教育校（园）长论坛和全县中小学班主任基本功大赛，推动学校管理细胞优质发展。

【奖励机制】 完善教师荣誉激励机制，县委、县政府每年拿出660万元专项资金支持县域高中振兴发展；召开全县庆祝教师节座谈会，走访慰问老教师、优秀教师、离退休教师；落实课后服务专项经费514.8万元，发放"三个津贴"（中小学班主任津贴、地方教龄津贴和农村教师生活补助）484万元，骨干教师津贴54.8万元；加大乡村教师扶持力度，继续在农村教师生活补贴、乡镇工作人员补贴、职称评聘、乡村教师疗养等方面给予政策倾斜；关爱教师身心健康，落实"两年一检"举措，年底已完成全县乡村教职工三轮体检，县城教职工两轮体检。

【教育帮扶】 依托闽宁协作、部属高校县中托管帮扶项目等重大契机，与南京大学、厦门大学、厦门大学外文学院、厦门大学附属科技中学、银川市第二中学等名校开展帮扶工作。厦门大学委托附属科技中学三年内，将为全县45名校长、中层管理人员、班主任、学科教师提供培训，安排135名学生开展研学旅活动。指派专业教师采取线上线下相结合的方式，举办教育管理、学科教学、心理健康教育、职业生涯规划、家长学校建设等方面专题讲座；厦门大学外文学院两年扶持资金12万元，奖励帮扶隆德县师生110人；厦门大学、南京大学组建研究生支教团接力开展支教活动，高校、名校的育人育才功效得到充分彰显和辐射。先后培养"全国优秀教师"1人、教育部乡村优秀青年教师培养对象1人、自治区特级教师7人、自治区青年拔尖人才5人、自治区青年后备人才1人、"马云乡村教师计划"和"马云乡村校长计划"共2人、"六盘名师"2人、"六盘名师"培育对象8人、"六盘名校长"培育对象6人。有自治区级骨干教师107人、市级骨干教师115人、县级骨干教师224人、骨干教师共446人，占全县中小学教师总数的20.2%。

【智慧教育】 依托国家智慧教育平台，宁夏教育云平台，加快推进教育数字化转型发展，建设隆德县教育专网，利用隆德县智能研修中心，形成一体化管理、高速互联、应用丰富、高效协同的教育教学底座。创建隆德县第一小学、第二小学、第二中学、第四中学四个标杆校，创建隆德县第二中学人工智能实验学校，隆德县第一小学争创四星级智慧校园。完成隆德县第一小学、隆德县第二中学300万元的义务教育薄弱环节改善与能力提升项目建设，126万元的隆德县义务教育薄弱环节改善与能力提升支持信息化建设项目，完成200万元隆德县智能研修中心建设。

【互联网+教育应用培训】 利用信息化手段，通过国家、区、市、县、校五级培训，分层分类精准实施教师培训。培训突出新理念、新课程、新教材、新技术，提升推动人工智能助推教师队伍建设。支撑教师利用教育大数据开展基于学情的精准化教学，个性化设计作业，切实提升全县学科教师专业能力和综合素养，助力乡村振兴，提升全县教育教学质量。2022年通过线上线下共培训5049人次，其中线上培训4474人次。培训覆盖校园长、学校中层管理人员、学科教师及教研员。

【城乡教育联动】 构建“互联网+”条件下的应用模式、采用县外推县内、城区带乡镇、乡校助村校、小手牵大手”模式，构建多级分层联动机制的“三个课堂”推广应用，在线课堂教室共开课12897节，加强推进城乡学校结对帮扶。依据自治区“三个课堂”建设与应用指南，推动专递课堂、名师课堂、名校网络课堂等常态化应用。鼓励重点引进或开发相关学科慕课、微课等课程，薄弱学科实现县域内城乡学校同步上课、数据互通、连带评价、综合考核，整合资源、协同发展。县第四幼儿园、第二小学、第三小学、第二中学、职业技术学校与福建闽侯县中小学、幼儿园，隆德县高级中学与厦门大学科技附属中学建立跨县跨校帮扶机制，推动县域外城乡学校结对互助，开展远程同步备课、同步授课、同步教研等活动，有效缓解农村小规模学校音体美教师结构性短缺等问题。

【远程教学】 各学校利用宁夏教育云平台和国家智慧教育平台教学资源，开展远程互动教育教学教研活动，将信息技术资源嵌入教学内容，不断提高教学信息化应用水平，推进宁夏教育云平台和国家智慧教育平台全面深入应用。遴选优质教育教学资源上传分享，探索优质教育资源共建共享模式，实现资源智能推选，高效供给，支撑学生泛在化、自主化学习。线上举行隆德县中小学思政课教师“学习新思想做好接班人”《习近平新时代中国特色社会主义思想学生读本》课堂评选活动，隆德县第一届中小学教师课堂教学的新入职教师达标课，学科教师优质课，骨干教师示范课，教学名师精品课“四课”县级比赛等各类优质课评选活动共183节次。通过应用探索，利用全县“134+X”(隆德县教育系统线上教育教学应用模式，一个平台，宁夏教育云平台，3个课堂，即专递课堂、名师课堂、名校网络课，4个任务，即提前预习、备课做课、作业批阅、答疑辅导，X指多种学习软件的使用)教学模式，促进“线上线下”交互融合应用，以隆德县第一小学的信息技术下“326激趣灵动课堂”教学模式和隆德第二中学的信息技术下“激趣导学六环轮动高效课堂”模式，引领“互联网+”在教育教学工作中的应用。充分发挥新时代信息技术对教育改革发展的支撑引领作用，加快推进教育现代化。实施学校联网攻坚行动，通过县级财政支持，继续加大校园网改造升级，为建设县级专网打下良好基础。推动实现全县学校网络高速互联、信息高效互通、资源高度互享。配备智能教学设备，搭建网上结对“桥梁”、开辟云端互助“通道”。加强数字校园和智慧校园建设，加快校园环境、教育资源、教学方式、教育管理等数字化转型升级。

【教育数字化】 深入实施国家教育数字化战略行动，深化信息技术与教育教学融合应用，推进教育现代化和高质量发展，把国家智慧教育公共服务平台和宁夏教育云平台应用紧密结合起来，推动全县教育数字转型和智能升级。建设链条化、过程化、终身化的数字档案，深度采集与客观记录学生德智体美劳日常表现及社会实践数据，支撑各学段全过程纵向评价和德智体美劳全要素横向评价。开展大数据驱动的发展性评价，改进结果评价、强化过程评价、探索增值评价、健全综合评价。引导学生个性发展，发现学生潜能特长，指引学生成长。推进学生综合素质评价在中考、高考中的深化应用。探索学生过程性评价数据与就业需求的智能匹配。完善教师继续教育数字档案，推进教师教学行为数据的伴随式采集和过程性评价，加强动态评价结果归集、分析、反馈和应用，推进学校教、学、管、评、研一体化。

【网络安全】 教育网络安全与信息化建设同步规划、同步部署、同步实施。持续完善网络安全责任体系，落实网络空间意识形态和网络安全工作责任制，压实网络安全领导责任和主体责任。加强网络安全考核，强化网络安全监测预警通报，确保重大风险防范化解有力有效。升级教育网络安全技术防护，建设与教育信息化发展相适应的网络安全技术防护体系，提升网络安全技术防护能力。构建教育系统网络安全岗位职责与能力体系，定期开展网络安全专业人员培训，持续加强岗位人员专业能力建设。办好网络安全宣传教育活动，深入推进网络安全进校园、进课堂、进教材，提高师生网络安全意识和防护能力。

【平安校园建设】 完善学校安全保卫和社会治安综合治理工作的各项机制，建立健全学校安全防范和安全管理的各项制度措施，提高学校人防、物防和技防水平，加强法制教育、安全教育，增强广大师生的法治观念、安全防范意识和自我保护能力，努力实现无重大安全事故、无重大伤害事故、无重大责任事故和无重大群体性事件发生的目标。实现校园封闭化管理、专职保安配备、一键式报警器和视频监控与公安联网、护学岗和安全教育五个100%，全县各校均配备了专职门卫，严格执行学校门卫值守和内部巡查制度，加大重点时段和关键部位监管力度，所有学校实行封闭化管理。参照公安社区警务室建筑基本颜色和构造，统一学校警务室外观形象，并配齐警棍、防暴叉等安保器材“八大件”。通过政府购买服务方式招聘专业保安32名，联合保安公司对全县96名校园安保人员开展了业务培训，参加技能考试，所有保安持证上岗，实现校园保安全覆盖；出台《关于进一步加强全县中小学幼儿园“护学岗”建设的工作方案》《隆德县中小学幼儿园“护学岗”工作规定》，按照“1+N”（公安民警+学校保安+家长志愿者+学校领导）模式为全县61所学校设置“护学岗”，参与人员362名。

【法治校园建设】 依托地方人民调解组织依法成立学校人民调解委员会29个，建立健全学校法律顾问制度，为全县各校聘请法律顾问14人、法治副校长39名、法治辅导员7名，实现法治副校长、法律顾问全覆盖。出台《隆德县教育系统矛盾纠纷排查化解制度》，进一步完善校园矛盾纠纷防范化解体系。做到及时化解矛盾冲突，矛盾不上交、纠纷不激化，把矛盾解决在学校，化解在萌芽状态。各校开展深入细致的政治思想工作，切实关心教职工生活，着力解决留守儿童等特殊人群的实际困难。对有可能影响社会稳定的事件做到准确掌握、及早介入、及时汇报、有效化解。在全县中小学开设心理咨询室30个，常态化开展心理健康咨询指导。配置专兼职心理辅导教师86名，形成以心理辅导教师、班主任为骨干，全体教师共同参与开展学生心理健康教育的工作机制。

【推行校园及周边环境综合治理联防联动机制】 出台《隆德县校园治理联席会议制度》《学校周边高峰勤务和“护学岗”制度》《隆德县校园及周边安全专项督导检查工作安排》等文件，2022年联合公安、消防、卫健、交通、市监等部门对全县校园及周边安全进行了4次整治行动，下发整改通知8份，对发现的问题限期整改。组织成员单位对小商小贩在校园周边200米内乱设摊点、黑网吧、黑书屋、黑出租屋、校门口乱停车辆拉运学生等现象进行联合整治，净化校园周边环境。教育系统强化学生交通安全教育，向学生家长发放《致家长的一封信》，提醒家长经常教育孩子自觉抵制“黑面的”、电动车、农用车等非法载客车辆。强化学校安全防范措施，在县城学校实施周末及节假日错时放学制、教师护送路队制，在城乡学校门口设立移动红绿灯、减速带，设置隔离墩或隔离栏等硬质防冲撞设施，确保学生安全。

【学生安全教育】 经常性开展各种适合不同层次学生的安全教育活动，定期开展应急疏散演练，丰富学生安全知识，增强学生安全意识，培养学生自护自救能力；经常开展“防拥挤踩踏、防交通事故、防火灾、防食物中毒、防暴力伤害、防溺水”等“六防”宣传教育活动；利用重大节日和重大活动对学生进行安全宣传教育。各学校广泛发动广大师生开展“安全红袖章”“事故隐患大扫除”“争做安全吹哨人”行动，对重点区域、师生活动重点环节进行全面细致的自查自纠，强化源头治理，切实把风险隐患化解在萌芽之时、成灾之前。督促各学校结合疫情防控常态化形势，围绕“安全生产专项整治三年行动”，加强问题隐患教育和反面典型警示教育。及时安排部署、明确办法措施、总结工作成效，落实学校安全生产主体责任，持续强化安全生产工作。开学初组织各校师生观看“开学第一课　安全我来讲”中小学消防公开课直播活动，学习防范火灾的发生和应急自救措施。

【竞技体育】 理清竞技体育发展思路，积极落实竞技体育发展措施，有针对性抓好重点项目、重点队员的训练和比赛工作，努力打造品牌赛事提高隆德县体育比赛水平。举办“全民健身日”活动、“迎元旦”冬季长跑系列活动，组织形式多样的大众赛事如：健步走、广场舞、太极拳、毽球、棋牌等活动。创新组织形式，营造浓郁氛围，吸引更多的广大群众参与全民健身活动。由固原市教育体育局主办、隆德县教育体育局承办的“奔跑吧·少年”儿童青少年主题健身活动暨固原市教育体育系统第三届中学生田径运动会在隆德县西门体育场举行，来自固原市四县一区、各市直中学共12支代表队720名运动员参加田赛径赛两大项共80个小项的激烈角逐。宁夏师范学院附属中学高中代表队、固原一中代表队，彭阳县高中代表队分获甲组前三名，五原中学代表队、彭阳县初中代表队、西吉县初中代表队分获乙组前三名，固原市职业技术学校代表队、西吉县职业技术学校代表队、隆德县职业技术学校代表队分获丙组前三名；固原市第八中学代表队、宁夏师范学院附属中学初中代表队获得优秀组织奖；隆德县高中代表队、原州区初中代表队、彭阳县职业技术学校代表队获得精神文明奖；25人次打破8项市级纪录，10名裁判员、20名教练员、40名运动员获得优秀荣誉称号。自治区三对三篮球锦标赛固原市选拔赛中，隆德代表队获得初中女子组第五名，同时张军平获得“优秀教练员”称号，学生马琴获得“优秀运动员”称号。

【群众体育】 组织开展“迎冬奥”线上大拜年系列活动，“中国体育彩票杯”隆德县第五届农民篮球争霸赛、纪念毛泽东题词“发展体育运动　增强人民体质”70周年全名健身日活动、“巩固脱贫攻坚　助力乡村振兴”隆德县教育系统帮扶村篮球邀请赛、宁夏固原市第六届六盘山登山节（隆德县）主会场活动，承办了固原市教育体育系统第三届中学生田径运动会，举办隆德县青少年寒假篮球公益性培训班“巩固脱贫攻坚　助力乡村振兴”中国体育彩票杯运动会、隆德县教体局局机关庆祝“三八”国际妇女活动、隆德县“喜迎二十大　永远跟党走　奋进新征程——奔跑吧·少年”中小学生田径运动会。配合自治区体育局、宁夏社会体育服务中心，举办“宁夏第九届社会体育指导交流展示大赛”，该届交流展示大赛共计来自全区的16支代表队280多人参加了比赛。成功举办“大地循环杯”2022年固原市隆德县首届生态垂钓大赛，来自四川、河南、陕西、湖北、山东等地400余名比赛选手，480余名业余垂钓爱好者报名参赛，取得比赛成绩和体育道德风尚的双丰收。同时有效发挥文旅体育产业促消费、激活力、稳经济的重要作用，推进经济持续健康发展。

【全民健身】 积极响应“广泛开展全民健身活动，加快推进体育强国建设”的号召，进一步丰富全县人民群众体育文化生活，锻炼群众强健的体魄，凝聚助力乡村振兴的精气神，全面巩固拓展全县脱贫攻坚成果。“巩固脱贫成果助力乡村振兴”中国体育彩票杯运动会在隆德县体育馆、隆德县全民健身中心拉开帷幕，比赛设有羽毛球、乒乓球、毽球、棋牌、广场舞、篮球等项目，参加羽毛球比赛120人、乒乓球比赛106人、毽球比赛80人、棋牌比赛80人、广场舞比赛460人、篮球比赛100人。

【青少年体育】 督促指导学校开展丰富多彩的体育活动，加强学校体育运动队的业余训练工作，开足开齐开好体育课，保障学生在校每天锻炼1时间，提高中小学生身体素质。按照“一校一品”、校校有特色的工作思路，大力推进特色传统体育学校建设。举办春季中小学生田径运动会，秋季中小学生篮球、足球、校园啦啦操联赛；加强中小学生体质健康测试、汇总、上报工作；实施《隆德县关于深化体教融合促进青少年健康发展的意见》，持续推进“体教融合”工作，常态化开展中小学生积分制篮球联赛；同时举办了为期30天的隆德县寒暑假青少年篮球公益培训班，共有200人参加了培训；承办“奔跑吧·少年”儿童健身主题活动暨固原市教育体育系统第三届田径运动会；积极组织带队参加自治区学生田径锦标赛、三对三篮球联赛等，并取得较好成绩。在自治区教育厅、体育局举办2022年宁夏回族自治区学生篮球锦标赛、三人制篮球锦标赛、排球锦标赛、田径锦标赛中，隆德县运动健儿们取得了可喜成绩。其中女子乙组4×100接力赛荣获第七名，同时马琴、张徽、咸佳海、穆云霄获得“优秀运动员”称号。

举办“喜迎二十大　永远跟党走　奋进新征程——奔跑吧·少年”中小学生田径运动会，23个代表队参加，参加运动员和展演人数共计4000多人次。

卫　生

【卫生概况】 2022年，全县共有医疗卫生机构23所，其中县级公立医院2所，县级卫生机构3所，乡镇卫生院13所，社区卫生服务站4所，民营医院1所。现有卫生健康工作人员1281人，专业技术人员962人，占比75.1%；标准化村卫生室98所，乡村医生165名；全县共设床位842张，每千人拥有床位5.36张，每千人拥有执业医师2.66人，每千人拥有执业护士3.04人。顺利通过自治区级健康县验收，荣获全区实施妇女儿童发展规划先进集体称号，新生儿死亡率、婴儿死亡率、五岁以下儿童死亡率分别下降至1.80‰、3.6‰、5.4‰。

【疫情防控】 贯彻落实习近平总书记关于疫情防控系列指示批示精神，始终坚持人民生命至上、人民利益至上，坚持防得住是硬道理、防得好是真本领，不断筑牢“疫情要防住、经济要稳住、发展要安全”的坚强防线，在所有疫情防控工作人员的辛勤付出下，隆德县在“防”阶段交出了满意答卷。逆行出征，派出13名医务人员支援武汉、海南疫情防控。聚焦区内疫情防控，践行“一盘棋”思想，累计派出救护车7辆次、警力38人次，医务人员224人次支援中宁、西吉等县（区）疫情防控工作。紧盯传染源早发现、早控制，把握抗疫主动权，全力开展全员核酸检测，高质量完成多轮次核酸采、送、检、报工作。进入新阶段以来，快速将工作重心从“防”转向“治”，紧盯重点人群预防、医疗资源统筹、药品物资保障、危重患者救治四大关键环节，确保疫情防控平稳有序转段。强化医疗秩序管理，坚持全县上下一盘棋，迅速补齐短板，完善分级、分层、分流的医疗救治体系，加快病床等救治硬件建设。畅通发热患者就诊渠道，实现了应设尽设、应开尽开。做到药品下沉，线上、线下齐发力，筹措资金54万元，多批次为乡村两级配备短缺药品，卫生院、村卫生室村药品品规分别达到100种、200种以上，其中解热、止咳、抗病毒类药物均达到5种以上。做到设备增量下沉，乡镇卫生院、社区卫生服务站、村卫生室指氧仪配备均达到20个、10个、7个要求。做到干部下沉，310余名干部职工全覆盖下沉包抓，确保重点人群包保到户，突出抓好红色高风险人群的提前干预，每周通过线上或上门等方式提供健康监测服务各不少于3次。累计救治新冠病毒感染住院患者1451人次，其中65岁以上老年人基础性疾病合并新冠病毒感染患者1039人，0—6岁儿童57人。

【全民健康水平提升】 从“防、控、治、保”入手，坚持持续改善健康生活环境、引导全民健康生活方式、为人民群众提供优质的健康服务，全面实施全民健康水平提升行动，推动十大工程29项举措落实落细，居民健康素养水平由2021年19.66%上升至2022年24.5%，同比增加24.2%。人均预期寿命由2021年78.196岁上升至2022年80.66岁，增长3.15%。覆盖城乡的儿童健康服务体系更加完善，儿童医疗保健服务能力明显增强，儿童健康水平不断提高，2022年新生儿死亡率1.80‰、婴儿死亡率3.6‰、5岁以下儿童死亡率5.4‰。

【健康扶贫】 全面完成脱贫攻坚“基本医疗有保障”目标，做到了健康扶贫成果同乡村振兴有效衔接，37种大病专项救治路径全面推广并落实有序，乡村两级医疗卫生机构和人员“空白点”动态清零，健康扶贫工作机制进一步完善，13个乡镇、98个行政村均达到国家“三个一”（至少建好1所县级公立医院、每镇建成1所卫生院、每村建成1个卫生室）、“三合格”（县医院每个专业科室、每个镇卫生院、每个村卫生室至少有1名执业资质合格的医生）、“三条线”〔县医院（中医院）达到二级医院医疗服务能力，乡镇卫生院达到《乡镇卫生院管理办法（试行）》中的要求，行政村卫生室达到国家卫生健康委2014年印发的《村卫生室管理办法（试行）》要求〕要求。

【综合医改】 全面推广“三明医改”经验，纵深推进县域综合医改，统筹推进支付方式、药品耗材采购、人事薪酬制度、绩效考核等多项改革政策，建成隆德县医疗健康总院，推动县域紧密型医共体实体化运行，完成人员、业务、信息、药械统一管理，按照精简高效、集约成本的原则，成立人力资源、医保服务、后勤保障等内部管理中心，做到“同病同治、标准化治疗”，实现了医共体内医疗服务同质化、医疗质量评价一致化，各级医疗机构分工协作机制初步形成，优质医疗资源有序有效下沉，真正实现“全员一家人、工作一盘棋”的医疗卫生新机制，年度万人口全科医师数3.3/万人，增长38.7%，县域整体吸引力水平、医疗综合服务质量进一步提升，年度县域内住院12336人次、门急诊355742人次，县域就诊率91%。

【互联网+医疗健康】 以“数据多跑路、患者少跑腿”为理念，建成县域医共体信息化平台，实现医疗机构之间数据互联互通、信息共享。建成心电、影像、超声、病理、检验五大诊断中心，为助力卫生健康事业高质量发展奠定了坚实基础。服务可及性明显提升，让乡镇患者在家门口就能享受县级医疗机构的优质医疗资源服务，年度共开展远程心电诊断1430例、远程放射诊断1517例、远程病例讨论10例、远程彩超诊14例、视频讲座63次、实现远程诊疗3040例。电子健康码普及与应用，明显减少患者聚集排队及非就医时间，年度电子用码120027人次，预约诊疗率65.0%。人工智能辅助诊疗系统应用基层医疗机构全覆盖，年度病历书写75299份，规范率94.69%，AI（人工智能）辅诊242018次，医学检索数1568次。

【医质提升】 把医疗水平提升和学科建设作为提升医院核心服务能力的有力抓手，完善“五大中心”、ICU（重症加强护理病房）、NICU（新生儿重症监护病房）及血液透析室建设，注重快速、高效，构建急危重症救治体系和院前急救信息共享网络，县域救治体系更加完善，形成了以县人民医院为龙头，13家乡镇卫生院、4家社区卫生服务站为枢纽，98个标准化村卫生室为网底的三级医疗服务救治网络。救治流程再优化，救治时间再缩短，救治效率再提高，围绕这一主题着力打造30分钟黄金救治圈，全面提升危急重症救治成功率，实现大病不出县、小病不出乡的目标。

【基层卫生管理】 重点解决好农村地区就医用药保障问题，完成山河、联财等4所卫生院环境、基础设施升级改造工程。发挥医共体内“五大诊断中心”效能，实现“基层检查、上级诊断”远程诊疗模式。年度基层医疗机构门急诊就诊率54%，同比增长5%。深入开展“优质服务基层行”活动，沙塘镇中心卫生院达到国家推荐标准，联财、观庄、凤岭、桃山、神林卫生院达到国家基本标准。建成沙塘镇中心卫生院县域医疗分中心，积极夯实基础设施建设，建成标准化手术室与污水处理系统，不断提升县域医疗分中心服务及辐射能力。采购救护车9辆，让“县级急救中心—乡镇急救站点—村级急救哨点”三级急救网络建设推进更有力。强化村级“网底”作用，实现

110 个村卫生室中医舌诊系统、远程门诊、远程心电配备全覆盖。完成村卫生室星级评定，年底有五星级村卫生室 9 个、四星级村卫生室 62 个、三星级村卫生室 32 个。

【中医中药】 建成西门博物馆中医药康养中心、清凉社区中医馆，实现中医药诊疗全覆盖目标，基层医院至少能够开展 6 类 10 项以上的中医药适宜技术。中医院发挥“头雁”作用，遵从“中医为主，中西医结合”的发展战略，开展中医特色医院建设，依托“文永茂、朱宁娃专家传承工作室”和骨伤科、针灸科专科优势资源，手法复位、小夹板固定、针灸、推拿、熏蒸等特色诊疗项目广泛应用于临床，疗效显著。年度开展继续教育培训 6 期、528 人次。建成县人民医院中医康复科，运用中医学理论和现代康复理论指导，坚持把高质量的中医药特有康复疗法与优质服务融入到老年病、慢性病及急性病后期等诸多病种诊疗中，年度累计诊疗 2100 余人次。新冠病毒中医药综合防治成效显著，关口前移，设置新冠病毒感染中医便民门诊 2 个，累计调剂协定方剂 5 万余副，向乡镇卫生院分发、配送协定方药包 2000 余副。采购“中医舌诊智能设备”110 台，实现舌象、问诊信息在线实时分析，让基层中医诊疗更普惠、便捷。

【健康隆德】 把握重点，强化政府、社会、个人责任，高标准完成疾控中心综合楼迁建项目，扎实开展十六项行动，坚持早期干预、共建共享原则，形成全民参与、全民共建的良好氛围，推动老年健康促进行动，配驻 11 名医护到驻点养老机构，与其签订养老机构合作服务协议，为老年人科学就医、健康生活方式提供指导。依托县人民医院心血管二病区专科优势，成立老年医学科，全面提升心脑血管事件救治成功率。通过优化就医流程、改善就医环境等举措，年度创建通过老年友善机构 12 个。高标准完成上消化道癌早诊早治项目，共筛 800 例、完成率 100%。

【公共卫生服务】 建立居民健康档案 105308 份，建档率 96.21%，65 岁及以上老年健康管理 11405 人、管理率 70%，体检 13023 人、体检率 106%，高血压、糖尿病、精神障碍患者、结核病规范管理率分别为 91.8%、88.9%、99.1%、100%，均完成年度随访任务。家庭医生签约更加惠民，组建服务团队 44 个，购进家庭医生签约包 44 台，年度上门健康监测 3.6 万人次，常住人口签约率 80%，重点人群签约率 96.26%。年度总出生活产 990 人，新生儿遗传代谢疾病筛查 990 人、筛查率 100%，新生儿耳聋基因筛查 990 人，筛查率 100%，新生儿听力筛查实筛 986 人，筛查率 99.5%。农村妇女“两癌”筛查 4100 人，任务完成率 100%。

【医政药政管理】 打击非法行医，整顿医疗服务市场秩序。开展各类专项整治行动 6 次，出动执法车辆 152 辆次、执法人员 400 余人次，联合部门执法 5 次，检查各类医疗卫生机构 345 次，取缔无证行医 3 家，立案查处各类违法案件 13 宗，结案 13 宗，罚款 2.8 万元，查扣诊疗牙机牙椅 1 台。持续推进传染病防治、放射诊疗卫生监督、生活饮用水监督管理、职业卫生监管等工作，完成“双随机、一公开”监管任务。制定印发《隆德县卫生健康局 2022 年公平竞争审查制度实施方案》，持续优化营商环境，对市场准入、政府采购、经营行为规范等涉及市场主体经济活动的规章、规范性文件和其他政策措施进行审查和清理。

【疾病预防与控制】 全县共报告法定传染病 334 例，传染病报告率 100%，及时率 100%，预警信息处置率 100%，突发疫情处置率 100%。布病三年攻坚 2022 年完成筛查 4119 例，任务完成率 137.3%，全县食盐内碘含量在适宜范围，对全县所有乡镇开展供水点水碘监测，结果正常，检测水氟值均符合生活饮用水标准，氟斑牙患病率为 0，茶叶氟含量达标。各预防接种单位均能够按照要求进行国家免疫规划疫苗接种，疫苗管理规范，账苗相符，冷链运转及管理良好，预防接种率达到 95%以上，全县新生儿建卡及时率96.15%。

【隆德县中医院】 秉承“厚德、精医、传承、创新”的院训，始终坚持突出中医药特色，走中西医结合、中医现代化道路，加强专科建设，加快医院全面综合发展。重点全国基层名老中医药专家传承工作室、市级名老中医药专家传承工作室及重点专科有骨伤科、针灸科、康复科、老年科等，自治区级重点专科骨伤科，是隆德县中医院多年来始终保持传统优势的重点科室，科室的传统手法正骨小夹板固定治疗骨折脱位，是在宁夏范围内为数不多的传统疗法。近年来综合运用各种现代化中医诊疗设备结合药物、穴位贴敷、中药熏蒸、理疗、针灸等方法，在治疗颈椎病、腰腿痛、风湿痹病等方面积累了丰富的经验，具有独特的疗效。针灸科为固原市特色优势专科，在治疗腰痛、面瘫、肩凝症等常见病方面疗效显著、优势明显。几名老中医专家结合气候特点，调配3种以上新冠病毒防治协定处方，充分发挥了中医药的独特优势，累计调配2万余副。坚持党的中医工作方针，医院加强精神文明建设、医院文化建设，以人为本，突出“以病人为中心，以质量为核心”的服务宗旨。2022年县精神文明办授予“精神文明单位”称号。

【隆德县人民医院】 全力做好新冠病毒感染患者医疗救治工作。制定医疗救治预案，成立六个医疗救治专项工作专班，对医院防护物资、新冠病毒救治药物，解热镇痛类药物和抗原检测试剂贮备、医务人员配备、急救设备等进行动态调整。动态扩充医院床位。普通床位由420张扩至568张，重症床位由14张扩到37张，发热门诊增设至4间诊室，感染科床位增加至42张，确保应收尽收。开设便民门诊，每日安排医师坐诊，24小时为患者提供解热镇痛药和中药汤剂。建立落实高危患者优先救治制度，急诊留观病房24小时“清零”，畅通“急诊与病房”患者分流通道，保障患者应治尽治，平稳度过感染高峰期。统筹麻醉、呼吸、感染、重症医学科人员，组建3批医护人员梯队，通过远程、线上线下会议等方式进行危重症患者会诊，制定个性化诊疗方案，确保危重症患者得到及时有效的救治。

多措并举，全面提升医疗服务质量。年度开展多学科联合会诊8次，11个专业118个病种纳入临床路径，入组率100%，完成率82.87%。开展新技术新项目42项。加强人才队伍及专科建设。招录44名专业技术人员充实到医疗、护理岗位；通过“请进来、送出去”的方式，共派出38名医务人员赴三级医院进修学习。参加区内外短期学习培训86人次，持续巩固“五大中心”运行管理救治能力，确保抢救成功率达90%以上。持续提升优质护理工作水平。严格按照护理管理标准要求，实行院科二级管理，定期督查，对于检查中存在的不足之处进行详细的原因分析，强化护理人员服务意识、质量意识。年度基础护理合格率95.7%，危重病人护理合格率为97.8%，护理文书书写合格率96.8%，院内无褥疮发生，患者对护理工作满意度平均98.9%，优质护理病房覆盖率100%。持续强化医院感染控制。根据新规范、新标准及各科室院感防控重点及专科特点对22个临床、医技、后勤等科室重新修订院感考核细则下发并执行。年度共收集处置医疗废物31928.427千克、其中损伤性废物902.53千克、病理性废物35.9千克、化学性废物145.5千克、药物性废物4千克，各科室医疗废物分类明确、登记齐全，交接清楚，无外流外泄现象。持续加强药事和耗材管理。严格落实国家药品带量采购政策和国家基本药物制度、药品、耗材集中招标采购和药品“两票制”管理制度，积极参与国家组织药品和医、用耗材集中采购使用，建立合理用药、优先使用中选产品激励机制，集中采药品110种，耗材13种。

医疗保障

【基本医疗保险收缴工作】 2022年全县基本医疗保险参保缴费146098人（其中居民参保122643人，职工参保23455人），参保率达到户籍人口的96.57%，其中，城乡特困供养人员、低保对象、已脱贫户、“三类”监测人群等特殊困难人群共64467

人，应参尽参，参保率100%。收缴城乡居民基本医疗保险资金4821万元。其中，个人收缴3501万元，医疗救助资金代缴1320万元。

【医疗保障】 全面落实基本医疗保险、大病保险、医疗救助三重保障制度，提高城乡居民医保待遇保障水平。2022年城乡居民医保财政人均补助标准新增30元，达到每人每年610元。城乡居民医保二级医疗机构政策范围内住院费用支付比例由85%提高到87%，截至10月10日，隆德县居民基本医疗保险住院16222人次、医疗总费用9264.76万元，基本医疗保险统筹支出5247.01万元、大病保险支出600.49万元、医疗救助支出584.32万元、个人自负支出2848.44万元；门诊大病支出30630人次、医疗总费用797.13万元、基本医疗保险统筹支出370.26万元、医疗救助支出169.74万元；门诊统筹支出123992人次、医疗总费用351.32万元、基本医疗保险统筹支出202.88万元；医疗救助补资助参保费用支出45771人、1137.59万元。

全县已脱贫人口住院4985人次，住院总费用2576.61万元，基本医疗保险统筹支出1549.53万元、大病保险支出155.32万元、医疗救助支出274.01万元、个人自负支出600.12万元。

【预警监测】 坚持每月开展防止因病返贫致贫风险监测筛查预警及新认定人员医疗保障核查。建立部门数据交换机制，对纳入应保尽保范围内困难群众进行医保缴费核查。自2022年度居民医疗保险参保缴费工作开始以来，积极与涉及困难人群认定的政府职能部门进行对接，动态做好数据比对，将困难群众作为参保缴费的重点，每月向各职能部门发函，对新增特殊困难人群进行排查，对符合动态参保的，下发各乡镇，督促困难群众按期缴费。已督促303名新生儿和131名符合动态参保范围的特殊困难群众缴费。加强对全县城乡居民住院个人自付费用较高患者的预警监测，及时将监测信息反馈至各乡镇和相关部门，部门联动消除和化解因病致贫、因病返贫风险。截至9月，医保部门共分5次下发个人自付费用超过2万元的住院患者254人（个人自付费用超过3万元患者123人）至各乡镇、乡村振兴局、民政局，并督促相关部门应纳尽纳、应助尽助。

【开展卫生健康领域突出问题专项治理工作】 召开专项治理工作启动会，成立隆德县医保局专项治理工作领导小组，制定《隆德县医疗保障系统落实卫生健康领域突出问题专项治理工作的实施方案》和《工作任务分工表》，明确治理重点、方法步骤和时间表。深入开展自查自纠和问题整改工作，县医保系统共查出8个方面19个问题，制定整改措施24项，全县22家定点医疗机构共查摆出7类191个问题，制定整改措施191条，上缴违规医保基金220485.68元，年底均已完成自查问题整改工作。拓宽信息收集渠道，积极营造氛围。畅通广大群众对专项治理工作的意见建议和问题线索收集办理渠道，设立专项治理信箱，公开区、市、县三级医保局举报电话和举报邮箱，充分利用政府网站、微信公众号、新闻媒体等加强专项治理工作的宣传报道，营造良好舆论氛围。

【医保基金监管】 医保局与22家医疗机构，35家药店及诊所签订医保服务协议，加强协议管理，规范基金使用行为。依托自治区智能监控系统，每天专人紧盯系统出现的疑似违规问题，及时提取数据分发医疗机构自查，每月对医疗机构自查问题现场进一步核查并作出处理，收回违规基金3235.79元。建立多部门参与的综合监管、协同执法工作机制。联合公安、卫健部门印发《2022年隆德县打击诈骗医保基金专项整治行动工作方案》，召开隆德县打击欺诈骗保专项整治工作推进会，重点聚焦“假病人、假病情、假票据”等诈骗医保基金违法行为，聘请第三方国新健康保障服务有限公司对全县22家定点医疗机构、35家定点零售药店进行全覆盖检查；通过多部门联动开展“双随机、一公开”抽查工作，利用宁夏“双随机、一公开”监管平台，随机抽取执法检查人员，随机抽取隆德县宝芝堂大药房、宁夏德立信医药有限责任公司隆德长乐街店、隆德县本草堂医药有限公司、隆德县隆福康大药房4家定点医药机构作为检查对象，执法检查人员采取实地查看、资料查阅、现场询问等方式，重点检查定点医疗机构是否存在虚假就医、虚构医疗服务等违法违规行为，将检查结果及时录入系统，并依法依规向社会公开。落实举报奖励制度。联合财政、公安、卫健等部门相继出台了《隆德县打击欺诈骗取医疗保障基金行为举报奖励实施细则（试行）的通知》，畅通投诉举报渠道，公开举报电话、邮箱等；完善社会监督制度。隆德县医疗保障局采取公开选聘的方式以自愿报名、资格审核的方法面向社会公开选聘7名医疗保障社会监督员。全年追回违规医保基金255993.93元，作出行政处罚3例，处罚金额29218.41元，向县纪委移送案件2起。

【医疗保障政策和法律法规宣传培训】 开展医保基金监管集中宣传月活动，制定《隆德县开展医保基金监管集中宣传月实施方案》，召开基金监管集中宣传月活动启动会，开展进机关、进企业、进医院、进药店、进乡镇、进社区、进村组、进农户的“八进”宣传活动，共发放宣传资料105500张，制作宣传展板104个，制作固定政策宣传栏90个，悬挂横幅46幅，设置LED宣传标语175个，营造了浓厚氛围，切实增强了宣传月的宣传实效。开展“医保政策大讲堂”活动23场次，对各医疗机构分管领导、医保办负责人，县乡村三级医保经办人员及村“两委”班子成员、第一书记、扶贫队员进行全覆盖政策培训，提升医疗保障政策理论水平。利用隆德医保微信公众号等线上平台和政策入户等线下路径进行广泛宣传医疗保障相关政策法规。开展行政执法案卷评查工作，进一步规范行政执法文书，完善重大决策审核机制，严格落实行政执法三项制度和持证上岗要求，保障行政执法工作规范有序开展。

【落实医保便民服务改革】 在隆德县人民医院实现5个主要门诊慢特病费用跨省直接结算服务，方便参保群众异地就医。在各乡镇卫生院设立医保经办业务“30分钟服务圈”服务点，形成“县—乡镇—协议机构”医防融合的医保服务网，重点落实零星报销、个人账户申领、医疗救助对象待遇核准支付等业务，以解决群众办理医保公共服务痛点、难点、堵点为着力点，进一步提升基层参保群众基本医疗及医保经办服务体验感和满意度。将糖尿病、高血压“两病”门诊大病办理权限下放至各乡镇卫生院，由乡镇卫生院组织对“两病”申报资格进行审核，对符合规定标准的大病患者进行确认，隆德县人民医院、中医院负责组织专家对申报除“两病”外的资料进行审核，对符合规定标准的大病患者进行门诊大病资格认定，乡镇卫生院负责将《门诊大病处方本》送至本人手中。医保局统一为各乡镇卫生院印制《门诊大病处方本》5000本，由各乡镇卫生院对符合办理条件而未办理门诊大病的人员及时给予办理，实现脱贫人口和监测对象门诊大病办理全覆盖。

【深化医保支付方式改革】 全面落实固原市医保局推进区域点数法总额预算和按病种分值付费（DIP付费）工作安排部署，组织医疗机构人员培训和HIS（医院信息系统）端口改造，与各定点医疗机构签订医保服务DIP付费补充协议，每月进行预结算，次年年初进行考核、年清算。定期对运行中存在的问题向固原市医保局进行反馈并加以解决，完成按病种分值付费改革各项任务。

【开展药品集中带量采购工作】 根据国家、自治区医保局统一安排，全县19家定点医疗机构完成第二、四批国家组织药品集中采购续签采购需求量填报、十三省（区、市）药品联盟集中带量采购需求量填报、第六批国家组织药品集中采购（胰岛素专项）采购需求量填报工作。

文　化

【概况】 隆德县成功入选2021—2023年度“中国民间文化艺术之乡”，2022年入选全国旅游精品线路两条（“乡村四时好风光——春生夏长　万物并秀”全国乡村旅游精品线路、“稻花香里说丰年”全国乡村旅游精品线路）；入围国家AA级旅游景区3家（隆德博物馆、杨氏泥彩塑、陈靳新和岳家峡森林公园）；入围第六批中国传统村落5个（新和村、于河村、李士村、杨坡村、杨店村）；隆德暖锅入选自治区“宁夏好味道”美食品牌，并被评为固原市第五批非物质文化遗产保护传承项目；凤岭乡于河村被评为第二批宁夏特色旅游村；六盘山长征景区被评为自治区（省）级旅游度假区；隆德县陈靳乡新和村高台马社火入选2022中华体育文化优秀项目；六盘山隆德房车营地积极申报国家CCCC级房车营地；老巷子景区被列入国家AAAA级景区创建名录；县文化馆被确定为创建全区民族团结进步示范单位；博物馆馆长刘世友被评为全国文物系统先进工作者；陈靳乡新和村村支书赵小龙被评为2022年度国家乡村文化和旅游带头人。

【公共文化服务体系建设】 完成全区城乡文化示范点2022年设备器材配备工作，建成文化广场建设和隆德县文化云平台；开展各类培训、展览、科技和宣传活动110场次、“戏曲进乡村”78场次、“我为群众办实事”暨“送戏下乡”演出30场次、“广场文化”文艺演出35场次、“清凉隆德行·相约老巷子”系列文化活动30余场次，推进非遗文化在农村地区和社区传播、普及和传承发展，实现优秀文化成果与广大农民群众共享，进一步增强广大群众文化获得感和幸福感；积极参与“文化进万家·视频直播家乡年”宁夏非遗短视频展播评选和“喜迎二十大·奋进新征程”固原市第十届群众广场舞大赛活动。利用节日节点，开展文物知识宣讲和博物馆馆藏作品展览，博物馆与全县中小学及幼儿园签订馆校合作协议，组织学生开展研学活动。

【项目示范引领】 鼓励民间资本投入文旅产业，推动形成大众创业、万众创新发展文旅产业新局面。2022年共开工建设重点项目9个，概算投资2.12亿元。长征国家文化公园（宁夏段）隆德红二十五军革命遗址保护利用工程续建项目，已完成主体工程；隆德县城关镇杨家店红军村以工代赈示范项目、隆德县城关镇杨家店红军村民宿提升改造项目，均已完成建设内容并投入使用；老巷子十三坊项目，已完成主体工程建设；隆德县神林乡文化站建设项目，8月已竣工并交付使用；隆德县温堡乡文化站建设项目，已完成立项批复，正在开展项目前期准备工作；盘龙山庄民宿建设项目（二期），已完成主体建设，预计2033年5月投入使用；六旅集团续建六盘山长征精神研学基地项目，主体工程已完工，正在按照内装图纸进行内部装修和景观布设。隆德县乡村旅游重点村民宿和特色餐饮示范项目，扶持发展6个全国乡村旅游重点村；创建以暖锅为品牌的特色餐饮店26家；盘龙山庄、神林山庄、禾园生态餐厅等三星级以上农家乐39家；杨家店红军村、老巷子一号院、龙泉山庄等精品民宿21家。隆德县齐岔村生态经济旅游综合体建设项目，已竣工并交付使用；隆德县应急广播体系建设项目，于11月底建设完成并投入使用。

【推进全域旅游创建】 按照县委、县政府关于全县旅游发展总体规划和全域旅游创建发展思路总体要求，结合巩固拓展脱贫攻坚成果同乡村振兴有效衔接工作，编制完成《隆德县创建全域旅游示范县实施方案》《隆德县文化旅游产业专班方案》《隆德县文化旅游产业扶持奖励方案》等，完成全域旅游智慧导览图制作，为全域旅游示范县创建奠定坚实基础；举办大型文旅活动，通过各种文化节庆活动提升县域知名度；联系各新媒体，宣传推介文化旅游，在固原市区主要街道设立特色产品和特色餐饮宣传灯箱，进一步扩大隆德文旅产业影响力。

【文旅市场管理】 制定下发《隆德县文化和旅游行业安全生产百日专项整治行动方案》《隆德县文广局关于党的二十大期间维稳安保工作行动方案》等文件，与相关企业签订安全生产责任书，坚持会前学法制度，聘请专职法律顾问，为干部职工购买法宣在线学习平台，落实行政负责人出庭应诉制度，切实推动法治政府建设向纵深发展；每季度召开文化旅游行业安全生产工作专题会、重要节假日期间安全生产及消防工作推进会等18次专题会议，进一步压实安全生产责任；联合应急、消防、市监、自然资源等部门，对“三馆”（隆德县博物馆、文化馆、图书馆）、旅游景区、乡村旅游点、网吧、KTV等各种聚集场所和广电网络公司、融媒体中心开展安全隐患、疫情防控、消防通道设施、安全播出等专项排查整治，确保文旅行业健康平稳发展；利用“5·12”全国防灾减灾日、第20个全国“安全生产月”，营造人人知安全、懂安全、重安全的良好氛围。

【联农带农助力乡村振兴】 发展休闲农业和乡村旅游业，建设龙泉苑广场小吃美食街、红崖老巷子青年创客园等新型经营主体，挖掘隆德“罐罐茶”、特色暖锅等特色文化美食资源，辐射带动周边群众通过自主创业、从事餐饮服务、发展民宿等实现就近就地就业；在景区景点、乡村旅游点、旅游酒店等设立文创产品、农特产品专营店开展线上线下销售，通过举办首届生态垂钓大赛、“农特产品”展销会、“促消费、保增长”系列活动，线上线下销售农特产品102.6万余元，让农民手中的农产品转化为增收产业；组织干部职工通过参与农村环境整治、“送菜入户”、产业帮扶等形式，统筹帮扶资金20余万元用于帮扶村文化活动室维修，购置文化活动设备和中蜂养殖等，进一步提升群众精神文化生活和幸福指数。

【新闻媒体融合发展】 围绕重点内容，制作推出《隆德新闻》《时政要闻回顾》《民生新闻回顾》等栏目；深入实施广播电视惠民工程，建设乡村应急广播体系，提升基层应急广播文化宣传、公共服务、社会治理、应急管理的能力水平；创新“新闻+”宣传形式，协同微信公众号、“黄河云视”“学习强国”等平台，完成各类活动直播；在中国共产党第二十次全国代表大会、全国两会、自治区十三次党代会等期间，及时开展安全播出应急演练，全力以赴保障网络安全运行，实现安全播出零事故。

【夯实党建工作基础】 以“六盘先锋”基层党建品牌创建为契机，以打造“让党中央放心、让人民群众满意”模范机关为抓手，制定《2022年党建工作要点》，完成支部换届选举工作；对照《中国共产党支部工作条例（试行）》要求，规范落实“三会一课”制度，开展主题党日、民主评议党员活动，通过“仪式感”增强党员“归属感”，切实提高党员凝聚力；党组书记讲授专题党课5次，普通党员讲党课3次，培养入党积极分子3名，充分发挥党员先锋模范作用，深入开展“百名干部进百家”“双报到、双报告”活动，组织党员慰问困难群众、宣讲党的政策、认领“微心愿”等；落实党风廉政建设主体责任，结合“廉政警示教育周”及“违规收送红包礼金和不当收益及违规借转贷或高额放贷专项整治”活动，组织党员干部观看警示教育片，通报违反中央八项规定精神典型问题，用典型案例警示党员干部严守党纪国法，知敬畏、存戒惧、守底线。

【公共文化基础建设】 根据《自治区财政厅关于提前下达2022年中央支持地方公共文化服务体系建设补助资金预算的通知》（宁财（教）指标〔2021〕694号）、《自治区财政厅关于提前下达自治区2022年文化旅游产业发展专项资金　公共文化服务体系建设专项资金　艺术发展推广项目资金预算的通知》（宁财（教）指标〔2021〕695号）要求，完成2022年全区城乡文化示范点神林乡庞庄村李妥欢秦腔文艺团队、太联村东坡文艺团队、李彦荣优秀文艺团队、联财镇张维文化大院、隆德县康复中心文艺团队5家示范点配备设备器材报送工作，并于8月完成5家文艺团队9万元文化器材设备的配送工作。

【公共文化服务】 文化馆以“互联网+公共文化服务”为抓手，文化馆数字文化馆两轮驱动，完成隆德县文化云平台建设，并开设场馆预约、志愿风采、群文社团、机构咨询等服务项目。

【基层公共文化设施运行管理】 按照《文化和旅游

部办公厅关于开展基层公共文化设施运行管理情况排查相关工作的通知》(办公共发〔2021〕71号)、自治区文旅厅《关于印发〈开展基层公共文化设施运行管理情况排查相关工作方案〉的通知》和《隆德县基层公共文化设施运行管理情况专项治理工作方案》要求,文化馆抽调人员,对全县13个乡(镇)文化站和99个行政村村综合文化服务中心的文化设施运行管理情况,通过全面排查调研、摸排、起底,建立问题台账,对于存在问题的乡镇综合文化服务中心和村级综合文化服务中心进行通报,并要求及时整改,开展定期、不定期的抽查,确保问题整改落实到位,取得实际成效。

【发展壮大基层文化队伍】 截至年底共有农民文艺团队102个,文化示范户235户,民间文艺团队(自乐班)和农民文化大院共37个〔民间文艺团队(自乐班)13个,农民文化大院24家〕,其中市级文化大院13个,占全县文化大院的35%,各文化大院发挥各自特长,或歌或舞,编排以"喜迎二十大"、抗击新冠疫情、学习贯彻中共二十大精神等紧跟时代主题的文艺作品,在引导群众积极参与文化活动上起到了良好的示范带动作用。

【群众文化辅导】 根据《关于印发〈全面推进乡村组织振兴人才振兴若干措施及重点任务清单〉的通知》(固组发〔2021〕10号)和县人才工作领导小组2021年第1次会议精神、隆德县《专业技术人才联合乡土实用人才定期服务农业农村推进乡村振兴实施方案》文件精神,文化馆组织人员开展隆德县2022年人才项目秦腔、书法、绘画、刺绣、剪纸、广场舞等6期培训,培训人员300余人。

【组织参加区市各类赛事】 文化馆组织人员参加全区举办的"喜迎二十大·奋进新征程"群众广场舞大赛,并配合固原市承办"喜迎二十大·奋进新征程"固原市第十届群众广场舞大赛,隆德县文化馆广场舞《红色娘子军》荣获全市第一名的好成绩。组织全县书法、绘画、摄影人才参加2022年"迎新春"全区群众书法绘画摄影作品展,作品《穿越》在邮政银行宁夏分行第二届"金辉"杯全国摄影大赛中获得二等奖;《丰收的喜悦》在第二届"乡味宁夏 多彩农品"微视频摄影大赛中获得三等奖;《渝河钓影》等17幅作品在《新消息报》刊发,90余幅作品在宁夏新闻网刊发;作品《红色老巷子》《文明树新风》入展固原市"喜迎二十大 一起向未来"摄影展,《红色老巷子》被固原市博物馆收藏;《魅力震湖》在西吉县"喜迎二十大·奋进新征程"主题征文摄影大赛中获得三等奖。

【群众文化活动】 春节期间,为营造欢乐祥和的春节氛围,在龙泉苑广场、行政中心广场、老巷子等地共摆放地灯,悬挂1万余盏宫灯和纱灯,为广大干部群众欢度新春、元宵佳节营造热烈喜庆的节日氛围。举办"走进文化隆德 共享端午盛宴"暨隆德县首届罐罐茶制作大赛活动、"大地循环杯"2022年固原市隆德县首届生态垂钓大赛,"中医养生·健康隆德"2022年隆德首届中医药养生大赛、2022年固原市第三届中学生田径运动会等活动。国庆节期间,为丰富广大干部群众精神文化生活,营造浓厚的节日氛围,文化馆开展"喜迎二十大 建功新时代"系列主题线上展播活动11期,参与线上活动人数达1万余人。在全县部分乡镇开展2022年度"戏曲进乡村"惠民演出活动78场次,开展隆德县2022年"我为群众办实事"暨"送戏下乡"演出30场次,开展"广场文化"文艺演出35场次。承办隆德县"石榴籽"杯民族团结进步书画摄影剪纸展颁奖仪式暨"山海偕行石榴红"书画交流展。

【非物质文化遗产概况】 隆德县现有国家级非遗代表性项目3项(高台马社火、杨氏泥彩塑、魏氏砖雕),占全国国家级非物质文化遗产代表性项目的0.19%,占宁夏国家级非物质文化遗产代表性项目的0.71%,占固原市国家级非物质文化遗产代表性项目的50%。2022年底隆德县自治区级非物质文化遗产代表性项目11项(秦腔、农民画、刺绣、剪纸、隆德地摊戏、九龙莲花池祭祀、民间祭山、高跷、隆德民间社火脸谱、吆啄、隆德花灯制作技艺）；固原市级非物质文化遗产代表性项目13项（隆德眉户、花儿、篆刻、春官词、叭喇鞭、皮影戏、打台戏、赵家武术、张家五谷香醋制作技艺、隆德土方醋、隆德土方油、隆德暖锅、八极拳）；县级非物质文化遗产代表性项目55项。国家级非物质文化遗产生产性保护示范基地1个（杨氏泥彩塑生产保护示范性基地）；自治区级非物质文化遗产保护传承基地7个〔隆德县六盘山文化城保护传承基地、杨氏泥彩塑保护传承基地、山河乡王庄村高台马社火保护传承基地、宁夏三禾文化创意产业保护传承基地、隆德县人民秦腔剧团保护传承基地、陈靳新和村高台马社火保护传承基地、固原砖雕（魏氏砖雕）保护传承基地〕；固原市级非物质文化遗产保护传承基地14个〔隆德县六盘山文化城保护传承基地、杨氏彩塑保护传承基地、山河乡王庄村高台马社火保护传承基地、宁夏三禾文化创意产业保护传承基地、隆德县人民秦腔剧团保护传承基地、陈靳新和村高台马社火保护传承基地、固原砖雕（魏氏砖雕）保护传承基地、慧绣坊刺绣保护传承基地、隆德正观花灯保护传承基地、隆德土方醋传承保护基地、隆德县土方油传承保护基地、隆德县乡情剪纸传承保护基地、张家五谷香醋酿造技艺传承保护基地、六盘艺苑剪纸传承保护基地〕。自治区级非物质文化遗产扶贫工坊2个（魏氏砖雕扶贫工坊、杨氏泥彩塑扶贫工坊）。国家级非物质文化遗产传承人2人，自治区级非物质文化遗产传承人24人，市级非物质文化遗产传承人33人，县级非物质文化遗产传承人93人。2022年《隆德高台马社火蹚出文旅融合长效之路》入选“中国民间文化艺术之乡”建设典型案例名单；隆德县高台马社火入选“2022中华体育文化优秀项目”。

【传承保护】 完善传承保护机制。成立由县政府、文广局、文化馆、乡镇四级组成的非物质文化遗产普查工作领导小组，将工作责任落实到部门、乡镇，再到具体业务人员，制定全县非物质文化遗产普查工作计划，形成协调有效的工作机制。坚持按照“统一部署、加强协调、全面展开、有序进行”的指导思想，开展非物质文化遗产普查工作，切实做到领导重视，责任明确，为普查工作顺利开展提供强有力保障。以“中国民间文化艺术之乡”为引领，通过举办非遗活动、培养传承人、设立传承基地等方式，坚持开展非遗文化培训，进一步提高非遗爱好者的文化素养，着力研究探索非遗保护传承路径；开展“非遗进校园”、夏令营活动等，通过列校本课程、入教学课堂，举办少儿非遗传承展演，从幼儿园、中小学到职业中专，在全县多所学校组建起多支非遗传承队伍，累计培训学员6.7万余人，使古老的民间艺术在校园生根发芽；立足文化传统优势，创新“优秀民间文化艺术”模式，组织非遗传承人开展文创产品展示、非遗巡演，不断提炼凸显非物质文化遗产经典元素、产品创新、标志性符号、民俗体验等，吸引游客到隆德观光体验，感受隆德文化艺术魅力。

【非物质文化遗产展演】 建立国家级非遗项目保护传承基地（杨氏泥彩塑保护传承基地、魏氏砖雕保护传承基地），在陈靳乡新和村依托马社火非物质文化遗产传承基地的文化旅游资源，打造民俗文化旅游街。隆德县文化旅游广电局每年通过政府购买的形式购买30场次马社火表演，应用到文旅产业的发展中。利用节庆开展系列文化展示展演活动，在春节、“五一”、端午、中秋、“十一”等重大节庆在本村组织开展马社火展演60余场，参与高台马社火文化展演的农户60多户，人数120余人。2022年7月9日，在红崖老巷子景区，隆德县文化旅游广电局举办了“清凉隆德行·相约老巷子”非遗巡演、体验活动。

【非物质文化遗产传播交流宣传展示活动】 春节期间，为营造欢乐祥和的春节氛围，在龙泉苑广场、行政中心广场、老巷子等地摆放地灯，悬挂10000余盏宫灯和纱灯，为广大干部群众欢度新春、元宵佳节营造了热烈喜庆的节日氛围。春节期间参加了自治区文化馆开展的“文化进万家.视频直播家乡年”宁夏非遗短视频展播评选活动，制作的《隆德春节美食之麻麸》获得一等奖;《隆德暖锅 团圆的味道》《隆德年》获得了二等奖,在隆德非遗抖音及快手、微信公众号加强宣传。灵活运用国家级非遗项目中央支持地方专项经费20万元组织陈靳乡、奠安乡开展社火闹元宵系列活动。组织泥塑、砖雕、刺绣传承人参加“非遗进万家文旅展风采”2022年宁夏黄河流域非遗作品创意大赛,非遗传承人杨贤龙获得一等奖;杨贤雄获得二等奖;魏亚龙获得三等奖。杨氏泥彩塑自治区级非遗传承人杨贤龙在第八届中国泥塑造像技艺大赛中创作的《王领官》获得一等奖。2022年利用“文化和自然遗产日”开展“链接现代生活绽放迷人光彩”系列宣传活动。通过散发传单、悬挂横幅、秦腔展演、非遗进校园、非遗进景区及非遗传承基地互观互学展示交流学习活动等形式,对“非遗”技艺和传承保护政策法规进行广泛宣传。非遗进校园活动中隆德县职中200余名师生参加了剪纸培训,通过培训不仅提高了学生的兴趣爱好,更让他们近距离地接近非遗,认识到非遗工作传承保护的重要性。慧绣坊刺绣基地利用“文化和自然遗产日”开展刺绣、编织培训,100余人参加了培训。组织全县非遗传承人参加了全区2022年“文化和自然遗产日”固原分会场宣传展示活动。组织国家级项目杨氏泥彩塑、魏氏砖雕;自治区级项目剪纸(王生贵、张国勤)、刺绣(田慧君)五家参加固原市非遗作品展。组织非遗项目,国家级(杨氏泥彩塑、魏氏砖雕);自治区级项目(剪纸、刺绣、隆德花灯制作技艺);固原市级(凤岭土方醋土方油传统酿造技艺、张家五谷香醋传统酿造技艺)传承人参展非遗购物展。隆德社火展演参加2022年全区“文化和自然遗产日”固原分会场宣传活动,通过活动展示展演进一步扩大传承人培训范围,拓展传承保护面。

【非物质文化遗产培训及各类技能大赛】 组织砖雕、泥塑、剪纸、刺绣、民间绘画等非遗项目传承人参加全区非遗项目赛事活动。参加“非遗进万家·文旅展风采”宁夏黄河流域非遗作品创意大赛,2022年杨氏泥彩塑杨贤龙、杨贤雄和魏氏砖雕魏亚龙分别获得一等奖、二等奖、三等奖。杨氏泥彩塑自治区级非遗传承人杨贤龙在第八届中国泥塑造像技艺大赛中创作的《王领官》获得一等奖;刺绣传承人参加全区“锦绣塞上”2023年宁夏刺绣传承人培训班及刺绣作品创意大赛,自治区级刺绣传承人田慧君获得“最佳作品奖”;民间绘画自治区级传承人吕具生作品《绿水青山》入围2023“新生活·新风尚·新年画”全国美术作品展。在魏氏砖雕非遗保护传承基地开展为期15天的“砖雕+建筑彩绘”非遗传承研修培训班,宁夏各市(县、区)30余名学员参加,进一步提高砖雕、建筑彩绘技艺非遗传承人群传承能力、文化素养和创新意识,弘扬优秀传统文化。在文化馆内长期开展秦腔培训,通过培训提高了秦腔爱好者的文化素养、演唱功底与表演水平,繁荣了秦腔事业,使这一优秀的民间艺术得到不断保护、传承和发展。通过各类培训促进非遗传承人创造性地开展好非遗传承与保护工作,将传统非遗融入现代生活,更好地带动当地经济社会发展。

【非物质文化遗产宣传】 通过线上利用各大新闻媒体、隆德县文化云平台、隆德非遗抖音快手等平台,充分利用信息化手段,以“云中有戏”“云中有展”“云中非遗”等为主题,积极推送魏氏砖雕、杨氏泥彩塑、高台马社火、剪纸、刺绣等非遗项目视频展播,不断满足人民群众日益增长的精神文化生活需求,让广大群众足不出户感受隆德深厚的文化底蕴。在“文化和自然遗产日”系列宣传活动中通过散发传单、悬挂横幅、秦腔展演、非遗进校园、非遗进景区及非遗传承基地互观互学展示交流学习活动等形式,对“非遗”技艺和传承保护政策法规进行广泛宣传。在隆德县职中、杨河中学、慧绣坊刺绣基地开展剪纸、刺绣、编织等非遗项目进校园活动,通过培训提高学生的兴趣爱好,让他们近距离地接近非遗,认识到非遗工作传承保护的重要性。

【打造特色保护项目】 加大对“魏氏砖雕、杨氏泥彩塑、正观花灯、慧绣坊刺绣、王生贵剪纸”文化品牌传承保护力度,打造剪纸系列产品6个、刺绣系列产品5个和声光电新型花灯系列产品1个,使非遗传承保护工作由产品陈列展示向市场销售方向跨越式迈近，按照“公司+基地+传承人+贫困户”模式，利用企业公司、个人工作室带动当地农户临近就业，实现非遗传承保护、文化旅游产业与乡村振兴融合发展。

【加大非物质文化遗产传承人扶持力度】 合理利用非遗专项保护资金，拨付杨氏泥彩塑中央2023年国家级非遗项目保护资金27.94万元，用于开展杨氏泥彩塑保护传承和发展工作；杨佳年和卜文俊2个国家级非遗传承人补助资金各2万元用于开展培训、研学等工作；自治区级非遗传承人通过复核合格人员每人每年补助5000元用于开展传帮带等。通过资金支持为非遗项目、传承人提供资金保障，促进传承保护工作积极性，弘扬优秀传统文化。

【非物质文化遗产普查申报公布工作】 组织“隆德土方醋”“隆德土方油”“张家五谷香醋”“八极拳”“隆德暖锅”等县级项目积极申报入选第五批固原市级非物质文化遗产代表性项目名录；收集整理乡情剪纸工作室、王生贵剪纸工作室、隆德土方醋土方油凤河醋厂、张家五谷香醋传统酿造技艺基地申报入选第二批固原市级非遗保护传承基地；组织陈素芳、杨利利、李建平、朱晓霞、王克仁、党小芸、张海升、卜志慧、罗晓明、卜爱第等县级传承人申报入选第四批固原市级非遗代表性项目代表性传承人。王生贵剪纸工作室、慧绣坊刺绣基地、正观花灯等市级保护传承基地申报自治区级保护传承基地；陈靳新和村、魏氏砖雕等自治区级非遗保护传承基地申报了国家级非物质文化遗产生产性保护示范基地，魏氏砖雕被推荐为收集整理国家级项目传承人杨贤龙、张国勤、梁鸽飞申报国家级传承人，高台马社火自治区级传承人张国勤被推荐为第六批国家级非物质文化遗产代表性传承人候选人。组织开展《文化和旅游部公共服务司关于开展“中国民间文化艺术之乡”建设》典型案例申报工作，《隆德高台马社火蹚出文旅融合长效之路》入选“中国民间文化艺术之乡”建设典型案例名单。

【文艺创作】 *原创舞蹈《红色娘子军》* 《红色娘子军》主要以红色革命为主题，弘扬我们党的精神。红色题材舞蹈剧目的创作既是对革命先辈的缅怀致敬，也是对他们坚守信念的讴歌礼赞。《红色娘子军》的巡回演出，让观众从舞台上迅速感受到了自己的使命，激活了内心的红色基因。《红色娘子军》在参演2022年固原市第十届群众广场舞大赛中荣获一等奖。

原创眉户剧《十二把镰刀》 该剧讲述的是陕甘宁边区大生产运动时期，某村镇青年铁匠王二夫妇响应人民政府号召，一夜间赶打出十二把镰刀，支援部队收割的故事。轻松诙谐中包含深刻哲理，所表达的艰苦奋斗自力更生和“劳动最光荣”、男女平等、反对拜金等主题。创作此剧既丰富群众文化，获得群众一致好评，又传承了非物质文化遗产。

原创歌伴舞《最美歌儿献给妈妈》 《最美歌儿献给妈妈》中把党比喻母亲，把母亲又赞赏为党，我们歌颂伟大的党，赞美亲爱的母亲。主题丰富凝练，情感深沉真挚，语言质朴动人，打动人心，是一首从作者心底里流淌出来的对妈妈、对党、对祖国的赞歌。舞蹈的编排形式多样新颖，丰富群众文化，获得群众一致好评。

原创小品《天价彩礼》 为爱“减负”，幸福家风。治理天价彩礼、大操大办、低俗婚闹等婚嫁陋习，倡导文明嫁娶，受到广大人民群众的欢迎。小品《天价彩礼》以讲述女儿带母去对象大刚家谈论结婚的事，女儿私下与大刚商议不要彩礼，但其母执意索要高价彩礼，大刚父母万般无奈下要卖掉祖传宝“手镯”，女儿以死相逼，其母幡然醒悟，最后一分钱彩礼也没要，双方父母皆大欢喜，商议孩子结婚事由。

原创舞蹈《映山红》 弘扬伟大长征精神，走好今天的长征路，是新的时代条件下我们面临的一个重大课题。舞蹈《映山红》象征着坚定信念、不服输的一种精神。在长征期间，映山红象征了红军不服输、坚定信念这样一种精神。这种精神感染了千千万万的中国人民。漫山遍野的映山红，是由千千万万烈士的鲜血染成的。它记载了那段悲壮的抗战历史。

原创藏族舞蹈《呀拉嗦》 大美中国，美在蓝天白云、碧水青山，美在多民族、多宗教、多文化，更美在600万各族儿女心相通、情相连，手挽手、肩并肩，像石榴籽一样紧紧拥抱在一起，携手描绘新时代中华民族大团结的美丽画卷。舞蹈《呀拉嗦》舞姿优美，情感真切，希望各族人民能够团结一起，携手并进。

原创舞蹈《喜悦》 脱贫攻坚战的全面胜利，标志着我们党在团结带领人民创造美好生活、实现共同富裕的道路上迈出了坚实的一大步。打赢脱贫攻坚战后，脱贫地区农村居民生活水平稳步提升，乡村产业蓬勃发展，农村道路、供水、电网等基础设施提档升级，农村教育、医疗等基本公共服务水平提标扩面，农村人居环境整治工作全面推开，乡村治理能力不断增强。人们的生活水平提高了，脸上洋溢着幸福的笑容。舞蹈《喜悦》体现了人们在党的带领下，依靠自己勤劳的双手，过上了幸福的生活。同时体现了脱贫攻坚战胜利的喜悦，体现了人们过上幸福生活的喜悦。

【文化产品开发】 文化产业主要以六盘山文化城、魏氏砖雕传承基地、杨氏彩塑传承基地、新和村马社火传承基地3家民俗交流基地，老巷子民俗文化村、杨家店民俗文化村、人造花艺和正观花灯、宁夏兴宇绿色粗粮加工有限公司等为主体的六盘山工业园区企业为基础的文化产业发展集聚区。以书画、剪纸、刺绣、皮影、脸谱、花灯等为主体的非遗产业展览展示、销售区。一年来，共组织外出交流的县内文化产品作品900余件，外出交流学习4次，接待书画名家到隆书画交流24人以上，研学活动16次，实现了文化资源走出去、引进来的战略目标。杨氏彩塑公司2022年实现营业收入650万元。隆德正观花灯有限公司开拓了福建、陕西、甘肃、内蒙古等国内市场，2022年产值超过629万元，在内蒙古、陕西设立分厂，在西吉、彭阳、原州区、盐池和大武口设立扶贫车间，通过花灯销售扩大当地非遗文化产业在全国的影响力。宁夏兴宇绿色粗粮加工有限公司每年接待参观观摩7300多人次，现场培训新型农民和技术员1000人次。魏氏砖雕公司研发引进新工艺7类，带动38人就业，其中建档立卡户23人，人均年收入达3万元，年产值达300万元。宁夏杨氏彩塑公司完成彩绘工程累计1000平方米，创收130多万元。宁夏慧绣坊文化传播有限公司每年举办培训班10期，培训人次达2000余人，带动500余人就业，年产值达20万元。文化城博物馆接待参观团体及个人3万人次。

【文化品牌创建】 以红崖老巷子、陈靳新和、神林山庄等旅游景点为依托，突出红色主题，发展地域文化，彰显隆德本色。以"打造特色文化品牌"为主要内容，开展民俗文化活动，吸引大量游客到隆德观光体验购买文化产品。发展传统文化产业，研发创新非遗产品400余件，扶持发展新和马社火、杨氏泥塑、魏氏砖雕、宫灯制作、剪纸等民俗文化产业，定期举行各类书画展、旅游赛事、送春联等系列民俗文化、大型地灯展览和文化志愿者服务活动，全方位宣传推介隆德文化品牌。3月8日，宁夏石油固原分公司组织女职工在文化城举办剪纸体验活动。6月2日上午，在老巷子广场举办的"六盘人家隆德九香"特色产品宴暨隆德文旅、农特产品展示活动。8月21日举办宁夏黄河域非遗成果展示推广暨兴庆敬德夜市。5月17日组织田慧君、魏亚龙、杨贤龙等非遗传承人参加2022年宁夏黄河流域非遗作品才艺大赛。文广局组织文化企业及非遗传承人参加6月2日隆德县首届罐罐茶制作大赛暨"端午盛宴"新时代文明实践系列活动——走进文化隆德 共享端午盛宴。7月23日中医养生健康隆德——2022年隆德县首届中医药养生大赛，8月"清凉隆德 鱼乐无限大地循环杯"2022固原市隆德县首届生态垂钓大赛等文化产品展销活动。

【文化人才培育】 加大对文化产业人员的外出交流和文化技艺培训，提升技能培训。开展刺绣、编织、剪纸、布艺、花灯制作、秦腔等培训活动，加大人才培训力度，壮大人才队伍建设。举办培训班6期，达300人，外出参展活动3次，文化产品展销活动6

次。隆德县慧君学校累计培训学员1000多人，取得国家专项技能等级证的有30多人，学员年收入2万—3万元。建立电商平台，线上带货和线下销售活动。10月观庄乡前庄村人造花帮扶车间，进行订单加工或来料加工，吸纳脱贫户33人，人均月收入1000元。杨家店民俗文化村发展红色民宿3家，农家乐9家，已接待游客约10万人，带动57位村民增收致富。在红崖老巷子创客园举行"网络直播展风采"新时代文明实践直播带货助农增收活动。6月2日举办关爱老人为社区老人剪窗花活动。

【文化市场监管】 2022年，隆德县有歌舞娱乐场所12家、电影院1家、网吧2家、非学科类校外培训机构7家、广电网络公司1家等文化经营主体。制定下发《隆德县文化和旅游行业安全生产百日专项整治行动方案》，在日常检查中加强各文化场所的检查频率，与各经营主体签订安全生产责任书；每季度召开"文化旅游行业安全生产工作专题会"、重要节假日期间召开"安全生产及消防工作推进会"等18次专题会议，进一步压实安全生产责任；联合应急、消防、市监、自然资源等部门，对歌舞娱乐场所、电影院、出版物市场、网吧、非学科类校外培训机构和广电网络公司、融媒体中心开展安全隐患、疫情防控、消防通道设施、安全播出等专项排查整治320余家次，出动检查人员260余人次，排查出隐患问题8处，整改8处，确保文化市场健康平稳发展；利用"5·12"全国防灾减灾日、第20个全国"安全生产月"，悬挂横幅15余条，制作展板20余块，发放宣传资料1500余份。

【博物馆概况】 隆德博物馆占地面积22000平方米，建筑面积6930平方米，展厅面积5230平方米。馆藏文物2900余件(套)，其中一级文物3件(套)，二级文物65件(套)，三级文物575件(套)。全县境内不可移动文物240处，国家级文物保护单位1处，自治区级文物保护单位6处，县级文物保护单位14处。尚未公布为文物保护单位的不可移动文物219处。隆德博物馆实行免费开放，开放时间为每周二至周日9:00—17:00，每周一闭馆(节假日除外)。2022年全年开放215天以上，接待观众10.8万人次，其中未成年人5.6万人次。

【开展名碑名刻文物遴选推荐及碑刻石刻文物资源摸底调研工作】 按照《国家文物局关于开展名碑名刻文物遴选推荐及碑刻石刻文物资源摸底调研工作的通知》和《自治区文物局关于转发〈国家文物局关于开展全国名碑名刻文物遴选推荐及碑刻石刻文物资源摸底调研工作的通知〉的通知》文件精神，文物管理所于2022年9月5日开始全县名碑名刻文物遴选推荐及碑刻石刻文物资源摸底调查工作，9月15日完成。填写名碑名刻文物推荐项目登记表9份，确定名碑名刻文物9件(套)，其中二级文物2件(套)、三级文物3件(套)、未定级文物4件(套)，均为可移动文物。2022年9月22日完成所有碑刻石刻文物数据上报工作，上报名碑名刻文物9件(套)，并完成《隆德县开展名碑名刻文物遴选推荐及碑刻石刻文物资源摸底调研工作报告》，一并上交自治区文物局。

【临时展览】 为增加博物馆的趣味性，弥补基本展陈，进一步加强馆际合作，促进文化交流，隆德博物馆积极与周边地区的博物馆开展加强合作与交流，举办临时展览5个，其中引进展览3个，推出展览1个，自办1个。由宁夏固原博物馆和隆德博物馆联合举办的"翰墨香四海·健笔走八方"——隆德博物馆馆藏书法作品展，于2022年5月15日在宁夏固原博物馆开展。此次展览共展出馆藏精品书法作品139件。2022年6月9日，由中国科技馆、宁夏科学技术协会主办，宁夏科技馆承办，隆德县科协、隆德博物馆协办的中国流动科技馆区域换展（第三轮）宁夏隆德站——"视·错觉"科普专题展落户隆德博物馆。全年隆德博物馆与县科协在博物馆共开展科技体验活动24场，2500余人次参加。

【文物保护宣传工作】 为讲好文物故事、隆德故事，加强隆德文化旅游宣传，拍摄制作宣传片4部，分别为《石窑磨日》《北联灵湫》《晴岚山寺》《尖刀英雄李友禄的军服》。利用“5·18”国际博物馆日和自然和文化遗产日，组织人员在县城、乡镇街道、学校、村庄、社区开展文物“五进”活动，宣传普及文物知识和文物保护法律法规。制作展板30个，悬挂条幅15条，发放折页宣传材料2000份、《文物保护基础知识》手册500余本、书籍800余本。

【图书馆概况】 2022年新增馆藏图书3024件，共有馆藏文献19.7万册(件)。图书馆实行零门槛免费开放服务，每周开放56个小时以上，双休日和法定节假日也正常开放，2022年因疫情影响，到馆读者为75823人，持证读者1956人，书刊文献外借册次22758册次。

【开展多种阅读推广活动】 开展学习贯彻习近平新时代中国特色社会主义思想主题阅读活动、学习宣传贯彻中共二十大精神和自治区第十三次党代会精神主题阅读活动10场次。暑假开展“我的书屋·我的梦”暑期农村少年儿童阅读系列活动20多场次，800多人次参与。利用世界读书日、公共文化宣传服务周等重要时间节点，开展丰富多彩的全民阅读活动和志愿服务活动84场次。开展“三八”国际妇女节关爱特殊群体活动、为留守儿童开展朗读指导、为残疾人送书上门等活动共20次。2022年全年共计开展各类阅读推广活动130余场次，组织各类培训讲座11场，参与人数近600人。利用流动图书车开展流动借阅服务，服务人次470余人，图书借阅1000余册次。2022年网站访问量67.2万人次，线上利用“一城书香一城梦”公众号，开展学习贯彻习近平新时代中国特色社会主义思想主题阅读、法律法规政策宣传、好书推荐、知识竞赛、朗读朗诵、数字展览等各类线上活动26场次，好书好文推荐共1000余篇。开展关爱残障人士无障碍电影放映活动10场次，让视力残障者以听觉、听障读者以手语来了解整部电影的内容，享受电影艺术的乐趣。

【旅游项目建设】 2022年共开工建设重点项目9个，概算投资2.12亿元。长征国家文化公园(宁夏段)隆德红二十五军革命遗址保护利用工程续建项目，已完成主体工程，正在布展；隆德县城关镇杨家店红军村以工代赈示范项目、隆德县城关镇杨家店红军村民宿提升改造项目，均已完成建设内容并投入使用；老巷子十三坊项目，已完成主体工程建设；隆德县神林乡文化站建设项目，已建成并交付使用；隆德县温堡乡文化站建设项目，已完成立项批复；盘龙山庄民宿建设项目(二期)，已完成主体建设；六旅集团续建六盘山长征精神研学基地项目，主体工程已完工，正在按照内装图纸进行内部装修和景观布设；隆德县乡村旅游重点村民宿和特色餐饮示范项目，扶持发展前庄村、新庄村、新和村、辛平村、李士村、杨店村等6个全国乡村旅游重点村；创建以暖锅为品牌的特色餐饮店26家；盘龙山庄、神林山庄、禾园生态餐厅等三星级以上农家乐39家；杨家店红军村、老巷子一号院、龙泉山庄等精品民宿21家；隆德县齐岔村生态经济旅游综合体建设项目，已竣工并交付使用；隆德县应急广播体系建设项目，已建设完成并投入使用。

【全域旅游创建】 制定《隆德县创建全域旅游示范县实施方案》《隆德县创建全域旅游示范县分工方案》等，成立文旅产业工作专班，成立全域旅游示范县创建工作领导小组，形成党政统筹、分级负责、各方协作推进全域旅游示范县创建工作制度。先后召开全域旅游创建工作专题会5次，全面推动全域旅游各项创建工作落地落实。建立健全多部门联动体系，人大和政协统筹督导考核，财政加大经费投入，编办解决人员编制等重大问题，确保创建工作系统化设计、创建任务项目化推进、服务活动常态化开展、经费投入制度性安排、督导考核阶段性实施，保障创建活动有力有序开展。

【旅游业态提档升级】 隆德县入选全国旅游精品线路两条（“乡村四时好风光——春生夏长　万物并秀”全国乡村旅游精品线路、“稻花香里说丰年”

全国乡村旅游精品线路)；评定国家 AA 级旅游景区 2 家(隆德博物馆、陈靳新和岳家峡森林公园)；入选第六批中国传统村落 5 个(新和村、于河村、李士村、杨坡村、杨店村)；入选省级全域旅游示范县；隆德暖锅入选自治区“宁夏好味道”美食品牌，并被评为固原市第五批非物质文化遗产保护传承项目；凤岭乡于河村被评为第二批宁夏特色旅游村；六盘山长征景区被评为自治区(省)级旅游度假区；隆德县陈靳乡新和村高台马社火入选 2022 中华体育文化优秀项目；六盘山隆德房车营地正在积极申报国家 CCCC 级房车营地；老巷子景区被列入国家 AAAA 级景区创建名录；县文化馆被确定为创建全区民族团结进步示范单位。

【完善智慧旅游服务体系】 制定《隆德县智慧旅游服务体系建设规划》，开发“智慧旅游”App 平台建设，实现旅游行业监管从传统的被动处理、事后管理向过程管理和实时管理转变，进一步强化智慧服务能力，打通旅游资讯、出行服务、酒店预订等线上功能，实现“一部手机游隆德”的目标。完成全域旅游智慧导览图制作，为全域旅游示范县创建奠定坚实基础。

【旅游市场客源拓展】 举办首届生态垂钓大赛、首届“罐罐茶”大赛、首届中医药养生大赛、固原市第十届群众广场舞大赛、“农特产品” 展销会、“篝火晚会”“非遗进景区”“清凉隆德行”“惠享五一”、冬季写生大赛等大型文旅活动，通过各种文化节庆活动的“小杠杆”，有力撬动经济社会“大发展”；在开展活动赛事的同时，积极联系各新媒体，宣传推介文化旅游 30 余场次，在固原市区主要街道设立隆德县特色产品和特色餐饮宣传灯箱 300 余块(幅)，进一步扩大隆德文旅产业影响力。全年全县共接待游客 184.6 万人次，实现文化旅游社会总收入 6.2 亿元。

【文旅市场监管】 2022 年，隆德县有 A 级景区 4 家（其中 AAAA 级 1 家，AAA 级 1 家，AA 级 2 家)、星级酒店 1 家、星级农家乐 39 家(其中 5 星级 2 家、4 星级 2 家、3 星级 35 家)等涉旅企业。联合应急、消防、市监、自然资源等部门，对旅游市场进行定期、不定期监督检查 60 余次，出动检查人员 240 余人次，排查出隐患问题 3 处，整改 3 处，发放森林草原防火、旅游景区文明引导等宣传资料 1800 余份。

退役军人事务

【退役军人服务体系建设】 加快基层退役军人服务中心(站)建设，在东关社区、隆关社区、南风社区 3 个社区退役军人服务站开展创建工作。落实武装部部长兼任乡退役军人服务站站长、村支部书记任村级服务站站长制度。加大经费投入，2022 年给 13 个乡(镇)退役军人服务中心(站)拨付创建经费共计 18.2 万元。

【优待抚恤】 严格按照国家、自治区安排部署，统筹做好优抚对象的申报和补助发放工作，及时足额发放生活补助。2022 年共为全县优抚对象及 60 岁以上农村退役士兵共计发放生活补助金。加大对伤残军人残疾抚恤金、烈属定期抚恤金、在乡退伍红军老战士生活补助标准等政策的宣传力度，扎实开展建档立卡及优待证办理工作，在清明节对烈士墓进行祭扫，在国家公祭日开展悼念英烈、祭奠缅怀活动，积极整修散葬烈士墓，2022 年共维修散葬烈士墓 18 个，进一步弘扬全县拥军优属的光荣传统，在全社会营造尊崇军人、关爱军属的浓厚氛围。

【双拥创建】 制定印发《隆德县 2022 年拥军优属拥政爱民工作要点》《隆德县双拥工作领导小组成员单位工作职责》，明确各成员单位职责，统筹推进双拥工作，切实做好统筹协调。走访慰问退役军人和优抚对象，并送去慰问金慰问品，并发放义务兵家属优待金。开展庆祝建军 95 周年暨庆“八一”双拥系列活动，进一步弘扬拥军优属、拥政爱民光荣传统，引导全县军民更加自觉地投身到全国“双拥模范县”创建活动之中。开展“崇军行动”，搭建起全县“社会崇军行动”平台，全县已招募308家“社会崇军联盟”机构。

民　政

【概况】 全县有城乡低保11136户15609人(其中农村低保9134户12486人)，高龄老人1891人，孤儿145人，分散供养人员447人，生活困难残疾人3237人，重度残疾人4024人。全县共发放各类社会救助资金1.19亿元，其中城乡低保8429.17万元(城市低保2136.99万元，农村低保6292.18万元)、高龄津贴724.75万元、孤儿津贴166.45万元、特困津贴382.97万元、残疾人两项津贴968.59万元、临时救助1102.03万元，其中乡镇救助937.69万元，局机关救助164.34万元、救助困难大学新生276人82.8万元。2022年累计新增低保对象1140户1309人，其中农村926户1032人，退出低保对象3125户4034人，其中农村2346户2819人。

【基层社会救助政策落实】 严格按照民政厅安排部署，提高城乡低保、孤儿、特困供养人员津贴标准，保障困难群众生活；按照《宁夏最低生活保障边缘家庭认定办法(试行)》，开展低保边缘家庭认定工作，由县民政局负责建立低保边缘家庭信息数据库，各乡镇负责信息录入及动态管理工作，每年对辖区内的低保边缘户的家庭情况核查一次。全县有低保边缘家庭130户504人，有30户低保边缘家庭因家庭持续支出较大，符合低保条件后纳入最低生活保障范畴。

【临时救助】 发挥临时救助“救急难”作用。按照“兜底线、织密网、建机制”工作要求，继续深入推进临时救助工作规范运行，不断完善临时救助工作机制。启动“困难新入学大学生救助”项目，为农村低保户、脱贫户等困难家庭新入学大学生每人发放临时救助3000元，2022年救助大学生276人82.8万元。实施主动救助，传递党和政府温暖。2022年上半年民政局摸排全县患大病的人员，经主动进行救助，全县患大病156人中享受临时救助78人，救助资金32.5万元。对在县人民医院住院进行肾透析的19名困难群众进行主动核实，其中符合救助条件的17名患者，实施主动救助，救助资金9.28万元。2022年9月，县医保局反馈医保报销后个人自费超过30000元的61名患者花名册，组织工作人员深入到患者家中，详细了解患者家庭情况，对符合救助条件的及时纳入低保和给予临时救助，做到困难群众应保尽保，应救尽救。

【困难群众基本生活保障】 按时发放各类社会救助资金，每月15日之前将城乡低保资金、孤儿津贴、残疾人两项补贴、特困津贴、高龄津贴等社会救助资金发放到位。从2022年6月开始，为全县城乡低保、特困人员按照每人600元的标准增发一次性生活补贴，每人每月发放200元，连续发放3个月，共为全县困难群众发放一次性生活补贴1030万元，有力保障了全县困难群众的基本生活。2022年6月和8月发放古尔邦节、开斋节节日补贴，为全县低保户、特困人员、高龄人员每人发放节日补贴180元，共发放685万元，让困难群众过一个欢乐祥和的节日，提升困难群众的获得感、幸福感。

【巩固拓展脱贫攻坚同乡村振兴有效衔接考核评估反馈问题整改情况】 制定《隆德县民政局2021年度巩固拓展脱贫成果同乡村振兴有效衔接考核评估问题整改方案》，成立整改工作领导小组，对涉及民政局的防止返贫检测帮扶方面，存在通过低保“一兜了之”的倾向进行整改。利用民生领域惠民补助资金专项整治活动，对边缘易致贫户、脱贫不稳定户进行全面摸排，用好民政兜底保障政策，做到有出有进，动态管理。开展信息常态化推送，每月及时将低保对象、特困供养人员、低收入家庭成员、支出型困难家庭成员信息与乡村振兴部门共享，配合好乡村振兴部门及时将出现问题或风险的脱贫户纳入监测户范畴。

【专项治理】 全面梳理排查低保、特困和临时救助等社会救助政策落实情况和各项救助待遇发放标准，及时将符合救助条件的群众纳入救助保障范围，确保“应救尽救，应保尽保”。全面加强违规或重复享受社会救助问题排查治理，通过多部门联动协作、大数据共享比对，排查保障对象家庭收入或财产状况，加强低保、特困等人员信息与享受残疾人两项补贴人员、享受孤儿津贴人员信息比对，坚决纠正将特定群体纳入低保，杜绝重复享受社会救助问题。全面加强对骗取套取、挤占挪用救助资金等违规违纪问题排查治理，由民政局牵头，财政等部门配合，对救助资金管理使用情况开展专项检查，重点排查救助资金拨付、发放、使用等环节问题。

【养老服务设施建设】 投入资金3000万元对沙塘社会福利院水暖电、室内外粉刷、管网、消防设施进行改造；投入资金580万元对桃山敬老院、隆德县第二敬老院、沙塘敬老院进行附属管网、室内外装修、消防改造等，不断提升养老服务质量。发展居家养老适老化改造，投入资金100万元开展困难家庭适老化改造项目，适老化试点改造主要以改善居家生活照护条件，增强居家生活设施设备安全性、便利性和舒适性，提升居家养老服务品质。

劳动服务保障

【开展城镇居民收入提升行动】 坚持以发展产业、项目带动为支撑，扩就业、稳经济、兜底线、惠民生，紧盯城镇居民可支配收入和增幅两项指标，努力克服疫情带来的不利影响，稳步提升城镇居民收入水平，2022年全年城镇居民可支配收入达到30019元，增长6.1%，增速位于固原市第1名。

【就业创业概况】 2022年，积极应对疫情影响，就业局势保持总体稳定。转移就业43089万人，城镇新增就业1378人，城镇调查失业率控制在5.5%以内。

【稳定重点群体就业】 多措并举、综合施策，促进高校毕业生、农村转移劳动力、城镇困难人员等群体就业创业。深入实施高校毕业生就业创业促进计划，培育创业实体321个，创造新岗位270个，带动就业1544人，组织失业青年参加见习81人。通过“春风行动”“就业援助月”“金秋招聘月”等招聘活动20场次，为企业和求职者搭建就业对接平台，向福建输送务工人员100名(脱贫劳动力52名)。开发农村公益性岗位305名，增加了基层就业队伍。

【推进创业带动就业】 进一步优化创业担保贷款流程，发放创业担保贷款2665万元，开展创业能力培训7期210人，发放稳岗补贴32.15万元，惠及38家企业1164人。打造老巷子就业创业示范孵化园基地，充分发挥老巷子文化旅游创业示范基地的辐射带动作用，通过政策扶持，老巷子经营户达43家，带动就业310人。

【开展技能培训促就业创业】 全年组织开展城乡劳动力技能培训117期5812人，开展六盘山工业园区企业定向培训580人。

【社会保障概况】 完成基本养老保险参保91476人，其中，企业保11775人、机关保7385人、居民保72316人，分别完成全年目标任务的117.6%、100.9%、101.1%；失业保险参保5612人，完成目标任务100.2%；工伤保险参保12949人，达到目标任务的100.38%；企业职工基本养老保险、新增参保单位28个，较上年286个增长9.8%；被征地农民养老保险参保率、缴费率均达到100%；建设工程项目参加工伤保险155个，较上年96个增加59个，增长率61%；鼓励全县村集体经济组织和帮扶车间相关用人单位参加工伤保险，有效推进工伤保险优先参保政策的落实，2022年工伤保险参保单位由263家增加到323家，增长率达22.8%。20多家村集体经济和帮扶车间相关的用人企业、个体工商户参加了工伤保险，100多名职工得到了有效的职业伤害风险保障。

【社会保险制度改革】 深入推进机关事业单位养老保险制度改革。落实城乡居民养老保险缴费档次、补贴标准调整及困难群众代缴政策。率先创新并已实施调增县级基础养老金5元机制。落实阶段性降低社会保险费率政策,有序推进社会保险费征缴职能划转。

【社保待遇】 稳步推进社会保险扩面,全面实施全民参保登记计划,通过数据采集、信息比对、入户调查等手段,全面掌握全县人员参保底数,推进与公安等多部门的数据交换互联网共享。做好被征地农民参加养老保险工作。全面落实企业和机关事业单位退休人员基本养老金待遇调整政策,全县2688名退休人员受益。城乡居民基本养老保险基础养老金标准提高到每人每月225元。

【社保基金稽核和监管】 健全完善政策、经办、信息、监督四位一体的风险防控体系,按照“双随机、一公开”要求,加强社会保险基金的收支、管理情况的监督检查,规范社会保险基金管理使用行为,严格防控基金管理风险,稳步推进社保基金投资运营,促进社保基金保值增值和可持续发展。

（张瑛圆、吕菲菲、刘彩彩）

表彰奖励

隆德县2022年各部门获奖情况表

表2

序号	获奖主体	奖项名称	颁奖单位	获奖时间	获奖证明	奖励等级
1	隆德县农业农村局	全国农村集体产权改革工作先进集体	全国农村集体产权制度改革工作先进集体和先进个人评选办公室	2022年12月12日	网站公示	国家级
2	隆德县审计局	全国审计机关优秀审计项目三等奖	审计署优秀审计项目评选领导小组办公室	2022年12月26日	关于拟通报表彰2022年全国审计机关优秀审计项目的公示	国家级
3	隆德县人民法院沙塘人民法庭	全国法院先进集体	最高人民法院	2022年1月6日	网站公示	国家级
4	隆德县发改局	国家小型微型企业创业创新示范基地	中华人民共和国工业和信息化部	2022年1月6日	网站公示	国家级
5	隆德县工商联	2022年全国民营企业调查点工作基层先进单位	中华全国工商业联合会	2022年12月27日	全国工商联　关于2022年度民营企业调查点工作先进示范单位的通报	国家级
6	隆德县李士村	中国美丽休闲乡村	农业农村部	2022年11月10日	农业农村部办公厅关于颁布2022年中国美丽休闲乡村名单的通知	国家级
7	固原市生态环境局隆德分局	全国“绿水青山就是金山银山”实践创新基地	生态环境部	2022年11月11日	第六批生态文明建设示范区和“绿水青山就是金山银山”实践创新基地名单公示	国家级
8	隆德县人民政府	全国科普日活动优秀组织单位	中国科协办公厅	2022年12月22日	关于对2022年全国科普日有关组织单位和活动予以表扬的通知(科协办函普字〔2022〕139号)	国家级
9	隆德县科协	2022年全国科普日活动优秀组织单位	中国科协	2022年12月22日	《中国科协办公厅关于对2022年全国科普日有关组织单位和活动予以表扬的通知》(科协办函普字〔2022〕139号)	国家级

续表 2

序号	获奖主体	奖项名称	颁奖单位	获奖时间	获奖证明	奖励等级
10	隆德县	污染防治攻坚战优秀等次	区党委办公厅、人民政府办公厅	2022 年 12 月 12 日	关于 2021 年度自治区污染防治攻坚战成效考核的通报	省部级
11	隆德县科学技术协会	“‘蒲公英’科教育苗行动”科普研学活动优秀组织单位	中国科协办公厅	2022 年 12 月 22 日	关于对 2022 年全国科普日有关组织单位和活动予以表扬的通知(科协办函普字〔2022〕139 号)	省部级
12	隆德县教体局	“‘蒲公英’科教育苗行动”科普研学活动优秀组织单位	中国科协办公厅	2022 年 12 月 22 日	关于对 2022 年全国科普日有关组织单位和活动予以表扬的通知(科协办函普字〔2022〕139 号)	省部级
13	隆德县陈靳乡新和村党支部书记	2022 年度乡村文化和旅游带头人称号	文化旅游部	2022 年 10 月 25 日	《文化和旅游部办公厅关于开展 2022 年度乡村文化和旅游带头人推荐工作的通知》(办人发〔2022〕84 号)	省部级
14	城关镇人民政府	2021 年度自治区安全生产工作成绩突出集体	自治区安全生产委员会	2022 年 5 月 18 日	《自治区安全生产委员会关于表扬 2021 年度自治区安全生产工作成绩突出集体和个人的通报》(宁安委〔2022〕6 号)	省部级
15	隆德县博物馆	全国文物系统先进工作者	人力资源和社会保障部、国家文物局	2022 年 7 月 23 日	关于表彰全国文物系统先进集体、先进工作者和劳动模范的决定(人社部发〔2022〕47 号)	省部级
16	隆德县政法委	2019—2020 年平安宁夏建设先进集体	中共宁夏回族自治区委员会;宁夏回族自治区人民政府	2022 年 8 月 13 日	自治区党委　人民政府《关于表彰平安建设先进集体和先进个人的决定》(宁党发〔2022〕23 号)	省部级
17	隆德县委宣传部	2022 年度十佳通讯单位	中央广播电视台宁夏总站	2023 年 1 月 5 日	中央广播电视总台宁夏总站表彰“2022 年度十佳通讯单位”的决定	厅局级
18	隆德县城关镇	全国巾帼文明岗	自治区妇联	2022 年 12 月 27 日	宁夏 2022 年度拟推荐全国城乡妇女岗位建功先进集体(个人)公示	厅局级
19	隆德县疾病预防控制中心	2022 年中国居民营养与健康状况监测项目先进集体	中国疾病预防控制中心营养与健康所	2022 年 12 月 30 日	中国疾病预防控制中心营养与健康所关于表扬 2022 年中国居民营养与健康状况监测项目先进集体的通知	厅局级
20	隆德县文广局	宁夏全域旅游示范区	自治区文化和旅游厅	2022 年 12 月 15 日	《关于认定第二批自治区级全域旅游示范区的公告》	厅局级
21	隆德县党校	全区县级党校系统办学质量评估优秀县	自治区党委组织部、党校	2022 年 7 月 13 日	《关于全区市县党校(行政学院〔校〕)办学质量评估情况的通报》(宁党校发〔2022〕45 号)、荣誉证书	厅局级

续表 2

序号	获奖主体	奖项名称	颁奖单位	获奖时间	获奖证明	奖励等级
22	隆德县审计局	全区 2021 年审计项目质量等级评一等奖	自治区审计厅	2022 年 1 月 25 日	《自治区审计厅关于 2021 年审计项目质量等级评定和审计能手评选结果的通知》（宁审法发〔2022〕11 号）	厅局级
23	隆德县审计局	全区 2021 年审计项目质量等级评二等奖	自治区审计厅	2022 年 1 月 25 日	《自治区审计厅关于 2021 年审计项目质量等级评定和审计能手评选结果的通知》（宁审法发〔2022〕11 号）	厅局级
24	隆德县农业农村局	第五届宁夏农村创业创新项目创意大赛优秀组织奖	自治区农业农村厅	2022 年 11 月 2 日	关于公布第五届宁夏农村创业创新项目创意大赛获奖名单的通知（宁农（产）〔2022〕12 号）	厅局级
25	隆德县委组织部	“喜迎二十大 建功新时代”主题征文比赛优秀组织奖	自治区党委老干部局	2022 年 8 月 18 日	《关于“喜迎二十大　建功新时代”主题征文比赛获奖作品的通报》	厅局级
26	隆德县检察院	全区民族团结进步示范区示范单位	自治区党委统一战线工作领导小组	2022 年 4 月 17 日	奖牌	厅局级
27	隆德县检察院	2020—2023 年度自治区文明单位	自治区文明办	2022 年 4 月 29 日	奖牌	厅局级
28	隆德县委宣传部	隆德县“扫黄打非”领导小组办公室推荐的“护苗·绿书签”获得全区设计大赛三等奖、优秀奖和优秀辅导奖	自治区“扫黄打非”工作领导小组办公室、自治区教育厅	2022 年 4 月 25 日	荣誉证书	厅局级
29	隆德县城市公共服务中心	自治区三八红旗集体	自治区评比达标表彰工作领导小组	2022 年 6 月 13 日	网站公示	厅局级
30	隆德县卫健局	全区实施妇女儿童发展规划先进集体	自治区妇女儿童工作委员会	2022 年 7 月 14 日	《关于表彰全区实施妇女儿童发展规划先进集体和先进个人的决定》（宁政妇儿工委发〔2022〕3 号）	厅局级
31	固原市生态环境局隆德分局	全区生态环境系统 2021 年度工作成绩优胜单位	自治区生态环境厅	2022 年 1 月 24 日	关于通报表扬 2021 年度全区生态环境系统工作成绩优胜单位的通知	厅局级
32	隆德县体育中心	全区群众体育先进单位	自治区全民健身领导小组	2022 年 10 月 31 日	关于表彰 2018—2021 年度全区群众体育先进单位和先进个人的决定	厅局级

续表 2

序号	获奖主体	奖项名称	颁奖单位	获奖时间	获奖证明	奖励等级
33	隆德县教体局	宁夏首届工间操大赛优胜奖	自治区体育局	2022 年 8 月 26 日	关于宁夏首届工间操大赛成绩及奖项的通报	厅局级
34	隆德县教体局	“中国体育彩票杯”宁夏第五届农民篮球争霸赛优胜奖	自治区体育局	2022 年 8 月 1 日	关于“中国体育彩票杯”宁夏第五届农民篮球争霸赛决赛成绩及奖项的通报	厅局级
35	隆德县教体局	宁夏第九届社会体育指导员交流展示大赛健身气功·气舞项目三等奖	自治区体育局	2022 年 8 月 26 日	关于宁夏第九届社会体育指导员交流展示大赛成绩及奖项的通报	厅局级
36	隆德县教体局	宁夏第九届社会体育指导员交流展示大赛优秀组织奖	自治区体育局	2022 年 8 月 26 日	关于宁夏第九届社会体育指导员交流展示大赛成绩及奖项的通报	厅局级
37	隆德县教体局	宁夏第九届社会体育指导员交流展示大赛体育道德风尚奖	自治区体育局	2022 年 8 月 26 日	关于宁夏第九届社会体育指导员交流展示大赛成绩及奖项的通报	厅局级
38	隆德县乡村振兴局	自治区国家贫困地区重大专项普查先进集体	自治区脱贫攻坚普查领导小组	2022 年 1 月 19 日	宁夏脱贫攻坚普查领导小组关于表彰自治区国家贫困第五重大专项普查先进集体和先进个人的决定	厅局级
39	隆德县沙塘镇	自治区国家贫困地区重大专项普查先进集体	自治区脱贫攻坚普查领导小组	2022 年 1 月 19 日	宁夏脱贫攻坚普查领导小组关于表彰自治区国家贫困第五重大专项普查先进集体和先进个人的决定	厅局级
40	隆德县审批局	自治区政府办公厅“放管服”改革奖励三等奖	自治区推进政府职能转变和“放管服”改革协调小组办公室	2022 年 8 月 24 日	自治区推进政府职能转变和“放管服”改革协调小组关于兑现 2021 年度全区深化“放管服”改革以奖代补政策有关情况的通报	厅局级
41	隆德县农业农村局	第五届宁夏农村创业创新项目创意大赛优秀组织奖	农业农村厅	2022 年 11 月 2 日	关于公布第五届宁夏农村创业创新项目创意大赛获奖名单的通知	厅局级
42	隆德县工会	全区百家“工会户外劳动者服务(法律援助)站”	自治区总工会	2021 年 12 月 23 日	关于确认全区百家“工会户外劳动者服务(法律援助)站”的通知	厅局级
43	隆德县公安局交警大队联财中队	全区党的二十大安保维稳工作集体二等功	公安厅	2022 年 11 月 8 日	关于对全区公安机关党的二十大安保维稳表彰奖励对象公示的公告	厅局级

续表2

序号	获奖主体	奖项名称	颁奖单位	获奖时间	获奖证明	奖励等级
44	隆德县公安局指挥中心	全区党的二十大安保维稳工作嘉奖集体对象	公安厅	2022年11月8日	关于对全区公安机关党的二十大安保维稳表彰奖励对象公示的公告	厅局级
45	隆德县公安局杨河派出所	全区党的二十大安保维稳工作嘉奖集体对象	公安厅	2022年11月8日	关于对全区公安机关党的二十大安保维稳表彰奖励对象公示的公告	厅局级
46	隆德县公安局治安大队	“9·20”疫情防控集体三等功	公安厅	2022年10月9日	关于表彰全区公安机关“9·20”疫情防控工作有功集体的命令	厅局级
47	隆德县公安局青兰高速隆德收费站检疫点	“9·20”疫情防控集体嘉奖	公安厅	2022年10月9日	关于表彰全区公安机关“9·20”疫情防控工作有功集体的命令	厅局级
48	隆德县公安局G312联财毛家沟检疫点	“9·20”疫情防控集体嘉奖	公安厅	2022年10月9日	关于表彰全区公安机关“9·20”疫情防控工作有功集体的命令	厅局级
49	隆德县公安局S203温堡新庄村检疫点	“9·20”疫情防控集体嘉奖	公安厅	2022年10月9日	关于表彰全区公安机关“9·20”疫情防控工作有功集体的命令	厅局级
50	隆德县禁毒办	全区禁毒短视频大赛二等奖	区禁毒委	2022年9月1日	关于全区禁毒短视频大赛作品评选结果的通报	厅局级
51	隆德县政法委	2021年度平安宁夏建设优秀县	平安宁夏建设协调小组	2022年1月24日	关于通报表扬2021年度平安宁夏建设优秀市、县(区)和部门(单位)的通知	厅局级
52	隆德县第四中学	青春爱运动　健康强中国　一起云支教　共同迎冬奥全国大学生2022年寒假“返家乡”社会实践活动优秀组织奖	中国光华科技基金会;共青团北京市委员会	2022年3月8日	获奖奖牌	厅局级
53	隆德县第二小学	第十一批全区民族团结进步示范校	中共宁夏回族自治区委员会统一战线工作领导小组	2022年4月17日	自治区党委统一战线工作领导小组关于命名第十一批全区民族团结进步示范区示范单位的决定	厅局级
54	隆德县张程乡桃园村	第十一批全区民族团结进步示范村	中共宁夏回族自治区委员会统一战线工作领导小组	2022年4月17日	自治区党委统一战线工作领导小组关于命名第十一批全区民族团结进步示范区示范单位的决定	厅局级
55	隆德县人民法院	平安宁夏建设优秀单位	宁夏高级人民法院	2022年2月10日	网站公示	厅局级

续表 2

序号	获奖主体	奖项名称	颁奖单位	获奖时间	获奖证明	奖励等级
56	隆德县人民法院	全区法院先进集体	宁夏高级人民法院	2022 年 1 月 29 日	网站公示	厅局级
57	隆德县人民法院沙塘人民法庭	塞上枫桥人民法庭	宁夏高级人民法院	2022 年 1 月 29 日	网站公示	厅局级
58	隆德县统计局	自治区第七次全国人口普查先进集体	自治区第七次全国人口普查领导小组办公室	2021 年 12 月 28 日	荣誉证书	厅局级
59	隆德县融媒体中心	2021 年度宁夏广播电视奖新闻类三等奖	宁夏广播电影电视协会	2023 年 1 月 10 日	关于公布 2021 年度宁夏广播电视奖获奖作品的通知	厅局级

隆德县2022年创新工作一览表

表3

序号	创新名称	申报证据简述
		国家级
1	强化党建引领　持续深化"委员红色讲堂"	隆德县政协以"传承红色基因、弘扬长征精神、坚守初心使命、广泛凝聚共识"为宗旨，坚持党建引领、赓续精神血脉、汇聚奋进力量，创办"委员红色讲堂"阵地，推动"委员红色讲堂"在服务隆德高质量发展的新征程上展现新作为、创造新业绩。5月25日，全国政协召开贯彻落实中央政协工作会议精神进展情况"回头看"视频调研会，隆德县围绕"强化党建引领　持续深化'委员红色讲堂'"主题作了交流发言
2	《用好用足高效资源赋能区域产业发展——厦门大学建设隆德县康业扶贫产业园案例》成功入选"全球减贫案例征集活动"	11月11日，2022年全球减贫伙伴研讨会以线上线下相结合的形式在北京成功举办。研讨会上公布了"全球减贫案例征集活动"最佳案例，《用好用足高效资源赋能区域产业发展——厦门大学建设隆德县康业扶贫产业园案例》成功入选，并将被收录到《全球减贫案例集2022》
3	隆德县人民法院政治部主任张禄强被最高人民法院评为先进个人	2022年9月23日，中华人民共和国最高人民法院对人民政治工作先进集体和先进个人予以表扬，隆德县人民法院政治部主任张禄强被评为先进个人
4	隆德县联合接访模式被国务院副秘书长、国家信访局局长李文章给予充分肯定	8月3—6日，国务院副秘书长、国家信访局局长李文章到宁夏回族自治区调研督导信访工作，推动学习贯彻习近平总书记关于信访工作重要指示批示、第九次全国信访工作会议精神和《信访工作条例》，督促治理重复信访、化解信访积案专项工作，并强调全力做好党的二十大信访工作。在调研隆德县信访工作后，国务院副秘书长、国家信访局局长李文章对隆德县联合接访模式给予充分肯定
5	隆德县凤岭乡李士村党支部书记齐永新当选党的二十大代表	在以习近平同志为核心的党中央坚强领导下，党的二十大代表选举工作已经顺利完成。全国各选举单位分别召开党代表大会或党代表会议，选举产生了2296名出席党的二十大代表。其中隆德县凤岭乡李士村党支部书记齐永新当选党的二十大代表
6	隆德县城关镇杨店村、陈靳乡新和村、温堡乡杨坡村等5个村被列入第六批中国传统村落名录村落名单	根据《住房和城乡建设部办公厅等关于做好第六批中国传统村落调查推荐工作的通知》（建办村函〔2022〕271号）要求，住房和城乡建设部村镇建设司会同文化和旅游部非物质文化遗产司、国家文物局文物古迹司、自然资源部自然资源开发利用司、农业农村部农村社会事业促进司组织专家对30个省（自治区、直辖市）推荐上报的2138个村落进行评审。经专家评审，拟将北京市密云区大城子镇墙子路村等1352个村落列入第六批中国传统村落名录，其中隆德县城关镇杨店村、陈靳乡新和村、温堡乡杨坡村、凤岭乡齐岔村、凤岭乡于河村榜上有名
7	全国人大常委会环境保护法执法检查组对隆德县贯彻实施《中华人民共和国环境保护法》、加强环境综合治理工作高度肯定	2022年3月30日，全国人大常委会副委员长沈跃跃率全国人大常委会环境保护法执法检查组到隆德开展执法检查，对隆德县渝河流域环境综合治理及神林乡辛平村农村人居环境综合整治进行检查。执法检查组对隆德县贯彻《中华人民共和国环境保护法》、加强环境综合治理工作高度肯定，对隆德县人大常委会在推动环境保护方面作出的努力充分肯定

续表 3

序号	创新名称	申报证据简述
		国家级
8	隆德县农业广播电视学校“高素质农民培育草蓄产业培训班”入选中央农业广播电视学校高素质农民培育典型案例	2022 年 4 月 26 日，中央农业广播电视学校、农业农村部农民科技教育培训中心下发《关于推介发布高素质农民培育案例的通知》，确定 12 个案例为优秀案例、28 家单位为优秀组织单位、62 个案例为入选案例，其中隆德县农业广播电视学校“高素质农民培育草蓄产业培训班”入选中央农业广播电视学校高素质农民培育典型案例
		省部级
1	隆德县“托养+”残疾人帮扶模式入选全国东西部协作案例	10 月 18 日，国家乡村振兴局发布《关于推介社会帮扶助力巩固拓展脱贫攻坚成果同乡村振兴有效衔接典型案例（第一批）的通知》，推介了全国典型案例 36 个，隆德县“托养+”残疾人帮扶模式入选东西部协作案例
2	隆德县“136”残膜污染治理模式列入全国农业绿色发展典型案例	近年来，隆德县大力实施生态富民战略，创新推广“136”残膜污染治理模式，按照“应覆尽收”原则和人机结合回收方式，实现农膜有效回收，全县年均投入残膜回收机械 350 台以上，提高了机械化作业效率。回收残膜面积 24 万亩以上，回收率达 97%以上。乡村道路、农田地头、河坝堤岸和乡村旅游区等残膜堆放或漂浮现象得到了有效管制，农田“白色污染”得到有效治理，农村环境进一步净化美化。隆德县“136”残膜污染治理模式列入全国农业绿色发展典型案例
3	超额完成节约型机关创建任务，11 家单位顺利通过第二批节约型机关建设	组织开展节约型机关创建，隆德县发改局、民政局等 11 家单位成功创建节约型机关，被国家机关事务管理局、发改委、财政部授予“节约型机关”称号
4	隆德县被选为全国农民合作社质量提升整县推进试点单位	农业农村部农村合作经济指导司公布了河北省高邑县等 236 个县（市、区、旗、场）、北京市昌平区等 12 个市辖区为全国农民合作社质量提升整地区推进试点单位。宁夏固原隆德县被选为全国农民合作社质量提升整县推进试点县
5	隆德县盘龙山庄被推介为 2022 年中国美丽休闲旅游行精品景点	2022 年 4 月 21 日，农业农村部乡村产业司对固原市部分乡村风情体验精品点进行推介，其中隆德县盘龙山庄被推介为 2022 年中国美丽休闲旅游行（春季）精品景点
6	隆德县盘龙山庄被评为自治区级“五星级乡村旅游示范点”	为贯彻落实乡村振兴战略，提升隆德县乡村旅游发展质量和效益，丰富乡村旅游产品供给，依据《宁夏乡村旅游示范点评定管理办法（试行）》《宁夏乡村旅游示范点评定标准（试行）》，按照自治区相关验收程序，隆德县盘龙山庄被自治区文化和旅游厅评为五星级乡村旅游示范点
7	隆德县神林山庄被评为自治区级“五星级乡村旅游示范点”	为贯彻落实乡村振兴战略，提升隆德县乡村旅游发展质量和效益，丰富乡村旅游产品供给，依据《宁夏乡村旅游示范点评定管理办法（试行）》《宁夏乡村旅游示范点评定标准（试行）》，按照自治区相关验收程序，隆德县神林山庄被自治区文化和旅游厅评为五星级乡村旅游示范点
8	隆德县博物馆被批准为中国博物馆协会团体会员	2020 年隆德博物馆被中国博物馆协会批准为国家三级博物馆，2022 年 8 月 31 日在郑州举办的中国博物馆协会第七届理事会第四次会议批准隆德博物馆为中国博物馆协会团体会员（中博办函〔2022〕135 号）
9	六盘山长征景区入选全国旅游精品线路	六盘山长征景区被文化和旅旅游部入选“稻花香里说丰年”全国乡村旅游精品线路

续表 3

序号	创新名称	申报证据简述
		省部级
10	隆德县入选“中国民间文化艺术之乡”建设典型案例名单	2022 年 11 月 21 日，文化和旅游部公共服务司公示“中国民间文化艺术之乡” 建设典型案例名单，“隆德县高台马社火蹚出了文旅融合长效之路”，被入选“中国民间文化艺术之乡”建设典型案例名单
11	隆德县沙塘镇十八里村妇联主席杜春玲的故事入选全国妇联“我奋斗·家国美”双十佳优秀短视频	为贯彻落实习近平总书记重要讲话精神和党中央关于“疫情要防住、经济要稳住、发展要安全”的决策部署，按照《全国妇联“巾帼心向党　喜迎二十大”群众性主题宣传教育活动方案》安排，7 月以来全国妇联面向社会广泛开展“我奋斗　家国美”短视频征集活动。经复评环节确定的双百优秀短视频上线被投票选择后，隆德县沙塘镇十八里村妇联主席杜春玲的故事入选全国妇联“我奋斗·家国美”双十佳优秀短视频
12	隆德县陈靳乡新和村高台马社火入选中华体育文化优秀项目	2022 年中国体育文化博览会、中国体育旅游博览会期间将现场发布 2022 年中华体育文化优秀项目，并为入选中华体育文化优秀项目提供现场集中展示机会，现需各有关单位按照要求做好相关组织工作。隆德县体育中心推荐的中华体育文化优秀项目（陈靳乡新和村高台马社火）已经获评，请你单位抓紧上报补充材料
13	“凤凰花班”赋能乡村少年儿童志愿服务项目在第六届中国青年志愿服务项目大赛中获得银奖	第六届中国青年志愿服务项目大赛全国赛终评于 11 月 12 日至 13 日在北京和山东济南举办。1000 个项目入围全国赛终评，排名前 500 的项目通过线上路演答辩，评委、监委线下集中评审的方式进行了评审和交流。隆德县“凤凰花斑”赋能乡村少年儿童志愿服务项目在第六届中国青年志愿服务项目大赛中获得银奖
14	隆德县在全国人大常委会预算工委调研组固原座谈会上进行书面汇报	2022 年 9 月 19 日至 22 日，全国人大常委会预算工作委员会史耀斌主任到固原调研，并计划在固原召开座谈会。由于疫情影响，座谈会未召开，隆德县人大提交相关典型材料书面汇报
15	隆德县工作人员在全国科技活动周及重大示范活动中取得优异成绩	隆德县摆小龙、曹月娥在全国科技活动周及重大示范活动中，积极参与、热情服务、表现优异，取得优异成绩
16	隆德县人造花有限公司被评为 2022 年度自治区科技“小巨人”企业认定	根据《宁夏回族自治区科技小巨人企业认定管理办法》（宁科规发〔2020〕3 号）有关规定，经组织申报、形式审查、现场核查、专家评审及厅务会审定等程序，认定宁夏隆德县人造花有限公司为自治区科技“小巨人”企业
17	隆德县 7 类 15 条措施稳就业保增长促发展举措被中国新闻网刊登	为做好 2021 年度巩固拓展脱贫攻坚成果同乡村振兴有效衔接考核评估挂牌督办问题整改和稳经济保增长促发展各项工作，落实落细稳岗就业政策，稳定市场主体吸纳就业主渠道，增强托底保障能力保居民就业，切实稳住经济基本盘，隆德县结合实际进一步降低政策门槛，出台 7 类 15 条措施稳就业促增收，此项举措 2022 年 6 月 8 日被刊登在中国新闻网上
18	隆德县河长制办公室、水务局报送的《改变之河》在“守护美丽河湖——共建共享幸福河湖” 全国短视频公益大赛中获优秀奖	隆德县河长制办公室、隆德县水务局、银川澜视影视文化传播有限公司报送的《改变之河》在第三届“守护美丽河湖——共建共享幸福河湖”全国短视频公益大赛中荣获优秀奖

续表 3

序号	创新名称	申报证据简述
		省部级
19	隆德县《渝河水污染治理的经验和启示》入选水利部《全面推行河长制湖长制典型案例汇编》	在水利部河长制湖长制工作领导小组办公室、水利部发展研究中心编制的《全面推行河长制湖长制典型案例汇编》中，隆德县《渝河水污染治理的经验和启示》作为优秀典型案例被纳入其中
20	“隆德县林业站联合督查森林草原防灭火工作”等30条信息被国家林业和草原局、国家公园管理局官网采用发布	“隆德县林业站联合督查森林草原防灭火工作”“宁夏隆德县林业站开展‘农村人居环境整治　党员在行动’主题党日活动”“宁夏隆德县林业站接受固原市林业草原发展服务中心调研叶用枸杞产业发展情况”“宁夏隆德县林业站开展森林草原防火风险普查工作”等30条信息被国家林业和草原局、国家公园管理局官网采用发布
21	隆德县凤岭乡党委拟被表彰为第六届全区人民满意的公务员集体	为表彰先进典型、弘扬奋斗精神，激励动员广大公务员奋进新征程、建功新时代，自治区党委、政府决定表彰一批“人民满意的公务员”和“人民满意的公务员集体”。经自治区党委研究确定第六届全区“人民满意的公务员”30名和“人民满意的公务员集体”15个，隆德县凤岭乡党委被评为“人民满意的公务员集体”
22	隆德县“农旅融合、助农增收”被《中国三农报道》宣传报道	2022年8月25日，在CCTV节目官网《中国三农报道》栏目中，对宁夏固原市隆德县“农旅融合、助农增收”进行了宣传报道
23	“隆德县‘三个课堂’云端赋能闽宁协作”被央视新闻频道《遇到美好生活》进行报道	充分发挥“互联网+教育”的优势，依托“三个课堂”，实现名校名师资源共享，推进闽宁协作帮扶走向深入，帮扶带动隆德县教育事业步入快车道。3月8日下午，央视推出《遇见美好生活》特别节目，直播报道厦门大学海洋与地球学院师生在科考船上现场连线隆德县好水乡中心小学，为宁夏孩子讲授“空中的海洋生物课堂”。央视新闻频道以《宁夏福建开启教育共建“山海之约”跨越两千公里的海洋大讲堂》进行了报道
24	隆德县“大地循环杯”首届生态垂钓大赛被新华社、人民日报社、中央广播电视总台、光明日报等媒体报道	8月20—26日，隆德县举办了“大地循环杯”2022年隆德县首届生态垂钓大赛，并面向全国开展隆德县特色农产品、工业产品、文旅产品、特色美食的展示展销和优质旅游景点、旅游线路推介等活动，深入打造“千年古县　文化隆德”旅游品牌。新华社、人民日报社、中央广播电视总台、光明日报等22家中央、区、市等主流媒体对活动进行了宣传报道
25	隆德县“巩固拓展脱贫成果助力乡村振兴”中国体育彩票杯运动会被中国新闻网报道	2月底至3月初，隆德县举行了2022年“巩固拓展脱贫成果　助力乡村振兴”中国体育彩票杯运动会，展示全民健身成果，助推全县体育事业发展，推动全面巩固脱贫攻坚成果同乡村振兴战略有效衔接。2022年3月1日，中国新闻网以《宁夏隆德全民运动会火热开赛》为题对隆德县推进全民健身活动作宣传报道
26	隆德县文广局、融媒体中心圆满完成党的二十大广播电视安全播出保障任务被自治区通报表扬	《自治区广播电视剧关于对圆满完成党的二十大广播电视安全播出保障任务单位予以表扬的通报》（宁广电发〔2022〕63号）中，对完成安全播出保障任务圆满、安全大检查问题隐患整改彻底、重保期内未发生安全播出问题的单位予以通报表扬，其中隆德县文广局、融媒体中心榜上有名

续表 3

序号	创新名称	申报证据简述
	厅局级	
1	隆德县纪委监委 2021 年信访举报分析报告被评为全区优秀信访举报情况分析报告	在区纪律检查委员会办公厅《关于 2021 年全区纪检监察系统优秀信访举报分析报告评选情况的通报》中隆德县纪委监委 2021 年信访举报情况分析被评为全区纪检监察系统优秀信访举报分析报告
2	隆德县基层小微权力“监督一点通”平台应用推广工作被区纪委通报表扬	在区纪律检查委员会办公厅《关于我区基层小微权力“监督一点通”平台试点应用工作进展情况的通报》中隆德县基层小微权力“监督一点通”平台应用推广工作获区纪委三次下发通报表扬，指出经验性做法，各项排名名列前茅
3	隆德县在自治区妇联十一届九次执委（扩大）会议上交流发言	2022 年 3 月 15 日，自治区妇联十一届九次执委（扩大）会议在银川召开，隆德县作为代表在会上作交流发言
4	隆德县在自治区“美丽庭院”建设视频推进会上交流发言	2022 年 3 月 4 日上午 9 点，全区“美丽庭院”建设推进会采用“钉钉视频会议”形式，自治区妇联设主会场，各市、县（区）通过视频的形式参会。隆德县作为妇联代表在会上作交流发言
5	隆德县在全区市、县（区）书记工作交流会上作交流发言	2022 年 11 月 9 日下午 2 点 30 分，全区市、县（区）书记工作交流会以视频会议形式召开，固原市团委、中卫市团委，西夏区团委、平罗县团委、同心县团委、隆德县团委、中宁县团委书记交流发言
6	隆德县《关于贯彻落实中央和自治区党委政协工作会议精神情况督查调研通报问题整改工作开展情况的报告》被区政协主要领导给予肯定	2022 年 5 月 16 日，隆德县政协《关于贯彻落实中央和自治区党委政协工作会议精神情况督查调研通报问题整改工作开展情况的报告》被区政协主要领导批示，并给予肯定，要求予以宣传并以信息的方式发各市县
7	隆德县在全区政协系统党的建设工作经验交流会上作交流发言	2022 年 6 月 16 日，全区政协系统党的建设工作经验交流会在银川悦海会议中心 A 楼多功能厅召开，全区政协系统党建工作经验交流发言。隆德县政协作为代表在会议上作交流发言
8	隆德县在全区政协文史工作座谈会上作交流发言	2022 年 11 月 5 日上午，全区政协文史工作座谈会在银川召开，隆德县政协作为代表在会议上作交流发言
9	隆德县《巡察整改成效评估办法（试行）》获自治区肯定	在《关于 2022 年上半年纪检监察工作情况的通报》中写道：“隆德县出台《巡察整改成效评估办法（试行）》，构建日常监督、贴身监督、专项督办、领导督导立体衔接配合机制，形成齐抓共管、同向发力的巡察整改工作格局”，隆德县的做法获得肯定
10	《千年古县　文化隆德》入选新华社《千年胜景》视频展映活动	隆德县委宣传部、融媒体中心策划拍摄的《千年古县　文化隆德》入选新华社《千年胜景》视频展映活动，该视频以风景名胜为切入点，画面精美、节奏明快，充分展现了当地的地域美景和时代风貌，在新华社客户端点击量达 106.9 万次，起到了良好的宣传效果
11	隆德县新时代文明实践中心建设工作在全区新时代文明实践中心建设观摩推进会上做交流发言	全区新时代文明实践中心建设观摩推进会 5 月 11 日在银川召开，县委宣传部副部长惠方就隆德县新时代文明实践中心建设工作作了交流发言

续表 3

序号	创新名称	申报证据简述
		厅局级
12	中央级媒体及《宁夏日报》头版头条刊登隆德县新闻稿件	《人民日报》(34 篇)、人民网(12 篇)、新华社(8 篇)、新华网(9 篇)、中央广播电视台(12 篇)、《光明日报》(9 篇)、《经济日报》(4 篇)、中国新闻社(17 篇)、《中国日报》(6 篇)、《中国青年报》(4 篇)、国际在线(5 篇)、学习强国(103 条)、《宁夏日报》头版头条(3 篇)
13	隆德县积极总结盘点 7 个纯收益过 100 万元的村集体经济转型发展的探索和启示	向区市总结上报的《隆德县村集体经济转型发展的探索和几点启示》,得到自治区党委常委、组织部长石岱作出"隆德县委在发展壮大村集体经济上做了积极探索,有益实践,取得可喜成绩和经验,三点启示总结得好,2023 年思路对头"的批示
14	隆德县"挂联诺"新机制　架起农村党员服务群众"连心桥"被《共产党人》刊登	《共产党人》刊登了隆德县委常委、组织部部长张毅署名的《隆德县"挂联诺"新机制　架起农村党员服务群众"连心桥"》
15	《隆德县建立农村党员"挂联诺"机制　架起服务群众"连心桥"》典型材料被党委组织部领导肯定	2022 年 7 月 28 日,隆德县委组织部向区党委常委、组织部部长石岱同志报送《隆德县建立农村党员"挂联诺"机制　架起服务群众"连心桥"》典型材料,石岱常委批示"党员亮身份、践承诺、联系服务群众是党员履行义务、提高党员意识、有效监督和发挥作用的很好的探索和实践。希望久久为功、真联实做、扩大成果"
16	隆德县沙塘镇清泉村基层政权建设得到自治区民政厅蒋文龄厅长充分肯定	沙塘镇坚持以习近平总书记关于推进国家治理体系和治理能力现代化重要论述为引领,树立系统治理、依法治理、综合治理、源头治理理念,健全完善党委领导、政府负责、社会协同、群众自治、法治保障的现代治理机制,着眼推进乡村治理能力和治理体系现代化,探索出多方参与、共建共有、共治共享的"123456+"治理模式,有效夯实乡村振兴根基,广大村民安居乐业、农村社会安定有序。3 月 15 日,自治区民政厅蒋文龄厅长一行到隆德县清泉村调研基层政权建设情况,并对隆德县清泉村数字乡村和基层治理工作给予了充分肯定
17	隆德县沙塘镇党委在全区精神文明建设工作表彰大会作交流发言	沙塘镇坚持以习近平新时代中国特色社会主义思想和习近平总书记视察宁夏重要讲话精神为指导,大力弘扬和践行社会主义核心价值观,加强制度建设、协调部门联动、选树先进典型、完善村规民约、强化宣传引导,积极培育构建文明乡风、淳朴民风和良好家风。沙塘镇镇党委在全区精神文明建设工作表彰大会作交流发言
18	隆德县村级集体经济"3355"运行管理机制在全区作交流发言	2022 年 4 月,隆德县村级集体经济"3355"运行机制作为典型经验在全区扶持壮大村级集体经济会上作了交流发言
19	隆德县沙塘镇"四大提升行动"成效显著,在自治区"四大提升行动"座谈会上作交流发言	沙塘镇严格按照自治区党委和政府关于实施"四大提升行动"的决策部署,对标对表自治区确定的目标任务,结合镇情实际,逐项梳理研判,制定落实方案,细化工作措施,明确完成时限,坚持抓衔接、抓重点、抓统筹,确保既定的目标任务有落点、工作有抓手、落实有成效。2 月 9 日,沙塘镇党委代表沙塘镇在自治区"四大提升行动"座谈会上作交流发言,"四大提升行动"受到区市领导肯定
20	"隆德县'三强化'精准发力启动增收传动带"被人社厅城镇居民收入提升行动专刊 16 所刊登	为持续有效推进城镇居民收入提升行动目标有落点、工作有抓手、落实有成效,隆德县梳理细化任务,压紧压实责任,通过强化会商、监测、督查三把"利器"精准发力,逐步启动增收传动带,促进增收工作全面提升。其做法 2022 年 3 月 31 日被自治区人社厅办公室城镇居民收入提升行动专刊 16 所刊登

续表 3

序号	创新名称	申报证据简述
		厅局级
21	隆德县“七个一批”打好就业“组合拳”被经济日报新闻客户端报道	2022 年以来，宁夏固原市隆德县按照“稳就业、扩增量、提质量”的思路，凝聚各方力量，采取“七个一批”措施，打出稳就业、促创业、强技能“组合拳”。2022 年 11 月 21 日，经济日报新闻客户端对隆德县“七个一批”打好就业“组合拳”进行宣传报道
22	隆德县在全区农村户厕问题摸排整改“回头看”验收部署工作视频会上作交流发言	2022 年 10 月 31 日，自治区农业农村厅、乡村振兴局组织召开全区农村户厕问题摸排整改回头看验收部署工作视频会，隆德县因整改“回头看”工作扎实有力，推进质量较高，被选为会议交流发言单位，进行《精准聚焦 持续发力 推进农村户厕问题摸排整改“回头看”工作》的经验交流发言
23	《隆德县临时救助化身“及时雨”纾困难暖民心》被宁夏新闻网宣传报道	隆德县民政局与医保局对接，了解隆德县因突发事件、意外伤害、重大疾病等特殊原因导致生活陷入困境的家庭，并采取具体措施对人员给予扶持。2022 年 10 月 11 日，宁夏新闻网对《隆德县临时救助化身“及时雨”纾困难暖民心》进行报道
24	隆德县 R&D 经费投入情况被全区通报表扬	在《自治区实施创新驱动领导小组办公室关于 2021 年研发经费投入情况的通报》中，隆德县 R&D 经费投入增幅达到 60%，位居全区第二，被全区通报表扬
25	隆德县渝清水务有限责任公司获得给水栓防护装置等三个专利	隆德县渝清水务有限责任公司获得给水栓防护装置、防盗农用水利机井房、联户井房盗保险箱三项专利
26	隆德县水务局受邀参加“半月谈”访谈	在《半月谈》的文章《守住“生命线”，绿染黄土塬》中，隆德县水务局副局长张慧敏、水土保持工作站站长杜辉受邀参与访谈
27	隆德县河长办在全区河湖长制工作考核中取得优秀等次	在 2022 年 8 月 29 日下发的《自治区河长办关于 2021 年度河湖长制工作考核结果的通报》中县区考核中获得优秀等次
28	《法治日报》刊发隆德县多则信息	《隆德外流吸贩毒“双下降”》《隆德加强学生禁毒教育》《隆德举办禁毒书画作品展》《宁夏隆德县禁毒宣传植入传统文化》被《法治日报》刊发
29	隆德县在全区禁毒工作会议上作交流发言	2022 年 3 月 4 日上午 9 点，自治区禁毒工作电视电话会议召开，各市、县(区)禁毒委在本地党政视频会议室设分会场，隆德县禁毒委主要负责人作交流发言
30	隆德县公安交通管理工作被自治区领导给予肯定	2022 年 3 月 17 日，公安厅召开全区公安交通管理工作会议。会前，自治区副主席、公安厅厅长杨东专门审阅会议主报告并作出批示。公安厅党委委员、副厅长李德胜在会上作了讲话，讲道：“银川、石嘴山、盐池、隆德、海原 5 个公安局作了很好的交流发言，各地要相互学习借鉴，共同提高进步”
31	隆德县在全区公安局处长会议上作交流发言	全区公安局处长会议于 2022 年 1 月 18 日召开，公安厅设主场，各市、县(区)公安局及基层所队设分会场。隆德县公安局围绕改革和加强派出所工作作了交流发言
32	隆德县在全区禁毒名师作品评选中取得优异成绩	在 2022 年 9 月 28 日全区禁毒名师“一堂精品课”作品评选结果的通报中，隆德县第一小学夏静作品《健康人生 绿色无毒》被评为三等奖

续表 3

序号	创新名称	申报证据简述
		厅局级
33	“隆德县 3 宗集体经营性建设用地使用权入市交易拍卖会”被宁夏新闻网报道	11 月 14 日，宁夏隆德县成功举行 3 宗集体经营性建设用地使用权入市交易拍卖会，3 宗总面积为 26632.1 平方米的集体经营性建设用地以 176 万元的价格拍卖成交。11 月 15 日，宁夏新闻网对隆德县举行集体经营性建设用地拍卖会事宜进行报道
34	隆德县“五项举措齐发力 努力建设更高水平的平安隆德”“深化‘枫桥经验’延展服务触角‘1286’模式推动诉前调解高质量发展”入选《全区市域社会治理现代化试点优秀成果汇编（一）》；“完善市域社会治理体系 巩固毒品问题治理成果”入选《全区市域社会治理现代化试点优秀成果汇编（二）》	平安宁夏建设协调小组市域社会治理专项组组织各市、县（区）党委政法委和自治区市域试点相关单位，围绕市域社会治理现代化试点“13 个项目”（含 2 个区域特色项目），总结提炼自试点开展以来社会治理创新经验，从中评选出优秀成果 137 篇，形成《全区市域社会治理现代化试点优秀成果汇编》。其中，隆德县“五项举措齐发力 努力建设更高水平的平安隆德”“深化‘枫桥经验’延展服务触角‘1286’模式推动诉前调解高质量发展”“完善市域社会治理体系 巩固毒品问题治理成果”成功入选
35	“隆德县种下生态文明的种子”义务植树信息被宁夏日报客户端采用	3 月 31 日至 4 月 6 日，隆德县组织 86 个单位 1.1 万名干部职工及志愿者参与义务植树活动，在沙塘镇至神林乡北山塬栽植 2000 亩苗木，在春天种下生态文明的种子。宁夏日报客户端对隆德县义务植树情况进行报道
36	隆德县教育系统“弯腰行动”暨爱国卫生运动月活动被宁夏新闻网宣传报道	自 4 月 7 日起，隆德县教育系统深入开展“弯腰行动”即爱国卫生运动月活动，通过“小手拉大手”，倡导全县群众自觉践行爱国卫生理念和文明健康绿色环保的生活方式。4 月 13 日，宁夏新闻网对此做了宣传报道
37	隆德县在区教工委学习贯彻《关于建立中小学校党组织领导的校长负责制的意见（试行）》精神专题培训班上作交流发言	为深入学习贯彻习近平新时代中国特色社会主义思想，贯彻落实中共十九大和十九届历次全会精神，坚持和加强党的全面领导，不断提高中心学校党建工作水平，自治区教育工委决定举办学习贯彻《关于建立中小学校党组织领导的校长负责制的意见（试行）》精神专题培训班。5 月 19 日上午，在隆德县第一小学进行第一小学开展党组织领导的校长负责制试点工作的经验与成效交流。
38	隆德县教体局承办宁夏第九届社会体育指导员交流展示大赛	2022 年 8 月 22—24 日，宁夏第九届社会体育指导员交流展示大赛在隆德县龙泉苑广场召开，宁夏社会体育服务中心、隆德县教体局、宁夏社会体育指导员协会为此次大赛承办单位
39	隆德县被选为第二批自治区儿童青少年近视防控改革试点县区	2022 年 7 月 20 日，自治区教育厅下发了《自治区教育厅关于公布第二批自治区儿童青少年近视防控改革试验区和试点县（区）名单的通知》，固原市隆德县被选为第二批自治区儿童青少年近视防控改革试点县区
40	隆德县被选为第二批校园治理达标县	在中共宁夏回族自治区委员会教育工作领导小组办公室印发的《关于第二批校园治理达标县（校）验收考核情况的通报》（宁党教〔2022〕1 号）中，隆德县被选为第二批校园治理达标县
41	隆德县在全区校园安全工作视频调度会上作交流发言	2022 年 6 月 2 日在自治区教育厅召开，吴忠市教育局、固原市教体局、原州区教体局、永宁县教体局作表态发言，盐池县教体局、隆德县教体局作交流发言

续表 3

序号	创新名称	申报证据简述
		厅局级
42	隆德县在全区义务教育质量监测培训调度视频会议上作交流发言	2022 年 5 月 17 日在自治区教育厅召开，金凤区、平罗县、同心县、隆德县、沙坡头区对义务教育质量监测工作准备情况作交流发言
43	隆德县团委信息报送工作被团区委办公室通报表扬	2022 年 9 月 1 日，团宁夏区委办公室在《内部情况通报》中对银川市、固原市、兴庆区、西夏区、灵武市、永宁县、大武口区、泾源县、隆德县团委信息报送及时、质量较高，予以通报表扬
44	隆德县观庄乡美丽村庄建设被农民日报社(全国农村人居环境微信公众号)宣传报道	2022 年初，观庄乡召集返乡大学生和本土绘画人才在冬闲时间对全乡 12 个村实施墙体彩绘 1483.64 平方米，为美丽乡村新面貌增墨添彩。1 月 26 日，全国农村人居环境微信公众号(注册主体为农民日报社)对观庄乡墙体彩绘进行报道宣传
45	隆德县观庄乡前庄村美丽村庄建设被宁夏日报客户端进行报道宣传	观庄乡前庄村近年来持续推进基础设施提升，持之以恒推进农村人居环境卫生整治，村容村貌明显改善，乡村治理现代化取得明显进展，真正建设成为产业发展、生态宜居、乡风文明、治理有效、生态富裕的美丽乡村。11 月 6 日，宁夏日报客户端对前庄村美丽乡村建设进行宣传报道
46	隆德县观庄乡农村人居环境卫生综合整治工作被宁夏新闻网宣传报道	观庄乡不断加大开展农村人居环境卫生综合整治力度，扎实推进美丽乡村建设，积极开展“美丽庭院”评选活动，以人居环境提升、文明创建“升级”为抓手，为幸福生活不断“加码”，有效增强了群众的幸福感和获得感。10 月 20 日，宁夏新闻网对观庄乡农村人居环境卫生综合整治工作进行宣传报道
47	隆德县观庄乡乡村旅游产业发展情况被宁夏日报客户端宣传报道	2022 年，观庄乡依托隆张公路区位优势和北联池、伏羲崖等旅游景点优势，在前庄村、大庄村种植红花荞麦，构建养蜂蜜源基地，促进红花荞麦丰收。同时用好前庄村“全国乡村旅游重点村”亮丽名片。依托特色地理、气候优势，通过“错时播种”“引花上山”，巧用时间差，延长观景时间跨度，推动观赏性红花荞麦等彩色农业健康持续发展。7 月 29 日，宁夏日报客户端对观庄乡观光旅游产业进行了宣传报道
48	“隆德县统筹城乡发展 建设宜居环境”被中国经济网经济日报客户端报道	近年来，隆德县科学规划、全域推进，统筹加强城乡建设与管理，加快城乡水电、网络、公交、环卫一体化建设。建设宜居环境，不断推动经济社会向前发展。2022 年 6 月 11 日，中国经济网经济日报客户端对隆德乡村建设工作进行了宣传报道
49	隆德县复方颗粒制剂研发生产项目被自治区商务厅作为经验推广	隆德县复方颗粒制剂研发生产项目位于县工业园区，总投资额 1 亿元，为宁夏重点产业招商项目。2022 年 8 月 1 日，自治区商务厅官网对隆德县复方颗粒制剂研发生产项目进行宣传，并作为典型经验推广
50	隆德县在自治区养老服务“六大行动”视频调度会上作交流发言	2022 年 5 月 26 日，自治区民政厅组织召开养老服务“六大行动”视频调度会，石嘴山市、兴庆区、利通区、隆德县、海原县民政局主要负责同志对养老服务“六大行动”工作开展情况作交流发言
51	隆德县文旅产业综合开发项目被自治区商务厅作为经验推广	隆德县文旅产业综合开发项目位于固原市隆德县县城内核心区，规划建设以红色文化、非遗文化、田园休闲、传统手工艺、健康养生等为特色的文化休闲功能区，以工业旅游、文创体验为特色的文创旅游功能区，打造成为隆德县文化旅游的新标杆。2022 年 6 月 24 日，自治区商务厅官网对隆德县文旅产业综合开发项目进行宣传，并作为典型经验推广

续表 3

序号	创新名称	申报证据简述
		厅局级
52	隆德县财政局 2021 年度财政总决算工作被通报表扬	2022 年 12 月 5 日，自治区财政厅下发了《自治区财政厅关于 2021 年度预算执行分析和决算工作情况的通报》，其中隆德县财政局 2021 年度财政总决算工作表现突出，被通报表扬
53	“隆德县‘四统四分’打造肉牛产业联合体”被经济日报报道	2022 年以来，隆德县聚焦固原市打造全国百万头高端肉牛生产加工基地目标，联合县内民营企业、村集体合作社等 140 家综合竞争力强的新型经营主体，组建肉牛产业发展联合体，推动肉牛产业集约化、规模化、标准化发展，持续带动群众增收致富。2022 年 11 月 22 日，经济日报新闻客户端对“隆德县‘四统四分’打造肉牛产业联合体”宣传报道
54	“宁夏隆德多个村集体经济结硕果　村民分红笑开颜”被中新网宁夏新闻报道	2022 年 10 月 20 日，宁夏固原市隆德县神林乡杨野河村，奠安乡张田村、景林村，好水乡永丰村和凤岭乡薛岔村、李士村等村同步举办村级集体经济合作社收益分红暨新时代文明实践表彰大会，为入股村民发放股权红利。中国新闻网宁夏新闻对隆德县村级集体经济发展情况进行宣传报道
55	隆德县闽宁协作为乡村振兴添动力被光明日报宣传报道	近年来，宁夏隆德县在闽宁协作帮扶支持下，不断优政策、抓培训、稳就业、促增收、提质效，通过技能培训、稳岗就业、产业壮大、消费帮扶等联结方式，健全联农带农机制，促进群众稳定增收，巩固提升脱贫成果，让乡村振兴更有活力。2022 年 11 月 15 日，光明日报对隆德县闽宁协作为乡村振兴添动力进行宣传报道
56	隆德县公安局、税务局被命名为 2022 年第一批自治区健康细胞示范机关	在自治区健康水平提升领导小组办公室　爱国卫生运动委员会办公室《关于命名 2022 年第一批自治区健康细胞示范点(户)的通知》(宁健行组办发〔2022〕6 号)中，共评出自治区健康机关(事业单位)示范点 98 个，其中国家税务总局隆德县税务局、隆德县公安局榜上有名
57	隆德县国家安全主题公园被评为自治区国家安全宣传教育主题公园	2022 年 4 月 11 日，中共宁夏回族自治区委员会国家安全委员会办公室《关于命名 2022 年自治区国家安全宣传教育培训基地及主题广场、公园、街区的决定》(宁国安办〔2022〕15 号)中将隆德县国家安全主题公园命名为自治区国家安全宣传教育主题公园
58	隆德县第四中学被评为 2022 年自治区国家安全宣传教育示范点	自治区党委国安办　自治区教育厅　自治区党委党校《关于命名 2022 年自治区国家安全宣传教育示范点的决定》(宁国安办〔2022〕16 号)中将隆德县第四中学命名为 2022 年自治区国家安全宣传教育示范点
59	隆德县浩德纸业包装有限公司被认定为自治区科技“小巨人”企业	2022 年 11 月 29 日，自治区科技厅公布了 2022 年度拟认定的 103 家自治区科技“小巨人”企业，其中宁夏隆德浩德纸业包装有限公司被认定为自治区科技“小巨人”企业。
60	隆德县杨河乡政法专干被评为 2019—2020 年平安宁夏建设先进个人	2022 年 8 月，自治区党委　人民政府下发了《关于表彰平安建设先进集体和先进个人的决定》，其中隆德县杨河乡政法专干车怀娟被评为 2019—2020 年平安宁夏建设先进个人
61	隆德县在自治区市县药品监管能力标准化建设专题推进食品会议上作交流发言	2022 年 12 月 9 日，自治区市县药品监管能力标准化建设专题推进视频会议召开，自治区药品监督管理局会议室设主会场，各市、县(区)设分会场。银川市局、石嘴山市局、中卫市局、同心县局、隆德县局作交流发言
62	隆德县落实食品安全“两个责任”被自治区相关厅局肯定	在自治区“两个责任”工作专班《落实食品安全“两个责任”工作简报(第 3 期)》中，对隆德县落实食品安全“两个责任”推进举措给予肯定

续表 3

序号	创新名称	申报证据简述
厅局级		
63	隆德县委审计委员会办公室工作被自治区党委审计委员会通报表扬	2022 年 1 月 10 日、8 月 3 日、11 月 10 日，自治区党委审计委员会办公室《关于市、县(区)党委审计委员会重大事项请示报告工作情况的通报》《关于 2022 年上半年市、县(区)党委审计委员会重大事项请示报告工作情况的通报》《关于 2022 年第三季度市、县(区)党委审计委员会重大事项请示报告工作情况的通报》中对隆德县工作进行通报表扬
64	隆德县委审计委员会及办公室工作被自治区党委审计委员会通报表扬	2022 年 8 月 5 日，自治区党委审计委员会办公室《关于审计查出问题整改专项督察情况的通报》中点名表扬隆德县“研究制定了建立健全审计查出问题整改长效机制的实施方案，进一步规范审计整改”工作
65	隆德县委审计委员会及办公室工作被自治区党委审计委员会通报表扬	2022 年 12 月 26 日，自治区党委审计委员会办公室《关于审计管理体制改革落实情况“回头看”专项督察情况的通报》中点名表扬隆德县“健全制度规范和组织架构”“着力完善审计整改长效机制”工作
66	隆德县市监局 2021 年全国安全用药月宁夏系列活动被自治区通报表扬	隆德县认真贯彻落实区、市全域创建食品药品安全区工作会议精神，遵循“四个最严”要求，及时制定出台实施方案，强化责任落实，突出问题导向，创新监管机制，全县没有发生源头性、系统性、区域性食品药品安全事故。结合全域创建食品药品安全区工作，广泛开展创建宣传工作，提高了公众知晓率。隆德县市监局获评 2021 年全国安全用药宁夏系列活动暨全域创建食品药品安全区宣传工作优秀组织单位、优秀创新引导活动
67	隆德县医保局被自治区通报表扬为 2021 年度全区医保电子凭证激活推广工作成绩突出单位	隆德县落实医保电子凭证激活推广工作，成立工作领导小组，制定工作方案，举办培训班 2 期，联合农业银行、建设银行、各定点医疗机构开展“六进”活动，2021 年全县共激活医保电子凭证 115532 人，完成了户籍人口的 86.81%，超额完成了自治区 70%的目标任务，荣获成绩突出单位
68	隆德县发改局荣获“2021 年度全区技改　投资突出贡献单位”	隆德县认真贯彻落实《宁夏回族自治区技术改造及稳增长综合奖补专项管理暂行规定办法》(宁工信规发〔2021〕9 号)要求，进一步加快工业经济转型升级、提质增效，大力支持工业企业技术改造、创新发展，切实提高技术改造专项资金使用效益，隆德县争取自治区工业技术改造及稳增长综合奖补资金 642 万元，结合 2020 年技改结余资金 317.36 万元，共 959.36 万元，引导和组织县内 15 家工业企业实施技术改造项目，完成技改总投资 4935.9 万元，兑付综合奖补资金 855.05 万元。荣获“2021 年度全区技改投资突出贡献单位”
69	隆德县发改局荣获“2021 年度全区工业能耗双控突出贡献单位”	隆德县通过加快淘汰落后产能，依法依规推动落后产能退出，淘汰 29 家落后产能企业，推进易巨能、兴工热力等重点用能企业完成节能改造，工业企业绿色、节能、科技发展水平明显提升。严格落实污染物排放总量控制制度，积极推广节能环保、循环利用等技术，节能减排成效明显。严格控制工业领域排放，严格资源总量指标和强度指标控制，降低煤炭用量、电力消耗，2021 年度能源消耗用量控制在 8.2 万吨标准煤以内，单位 GDP 能耗同比下降 4%。预计全县能源消耗总量约为 8.1 万吨标准煤，万元 GDP 能耗控制在 0.58 目标值以内，较上年下降了 6.4%。加快发展新能源项目。荣获“2021 年度全区工业能耗双控突出贡献单位”

续表 3

序号	创新名称	申报证据简述
		厅局级
70	隆德县被确定为第二批自治区儿童青少年近视防控改革试点县	自治区教育厅确定隆德县为第二批自治区儿童青少年近视防控改革试点县
71	隆德县值班信息报送模式获自治区政府办公厅通报表扬	2022 年 12 月 23 日，区人民政府办公厅对隆德县与信访、公安、民政、交通运输、气象等部门建立沟通联络、信息资源共享机制，形成了“多路并行、同时上报、互为补充、相互印证”的报送模式进行通报表扬
72	隆德县首笔用水权质押贷款被中国新闻网宣传报道	2022 年 9 月 15 日，宁夏固原隆德县首笔用水权质押贷款签约仪式在县水务局会议室举行，隆德县水务局与隆德县六盘山村镇银行签订了《隆德县金融支持用水权改革工作合作协议》。人民日报客户端宁夏频道对此宣传报道
73	《隆德县整修龙泉苑广场：增人气旺财气》被宁夏日报宣传报道	2022 年，隆德县把项目建设与解决百姓急难愁盼结合起来，投资 386.78 万元整修龙泉苑广场，已成为居民和游客跳舞、娱乐、纳凉等的热门去处，人气有了，财气也旺了。2022 年 8 月 4 日，宁夏日报客户端对《隆德县整修龙泉苑广场：增人气旺财气》进行了宣传报道
74	《宁夏隆德县实现全城免费停车》被宁夏日报宣传报道	2022 年 3 月 20 日，隆德县城 8 个收费停车场、328 个停车位同一日全部免费开放。不仅缓解了停车难，私人、企业经营的停车场脏乱差等问题也有所解决。8 月 31 日，宁夏日报对《宁夏隆德县实现全城免费停车》进行了宣传报道

乡镇概览

城关镇

【综述】 城关镇地处六盘山西麓，为县人民政府驻地，是隆德县政治、经济、文化中心。总面积89.52平方千米，辖4个行政村、10个社区居委会，32个村民小组55个社区网格87个小区，有15303户47622人，常住17348户46890人，其中农业户籍人口977户3184人。共有党支部15个(其中农村党支部4个，社区党支部10个，机关党支部1个)，党员1278人。

【机构设置】 镇机关规格为正科级，财政全额拨款单位。核定领导职数10名，设党委书记1名，副书记2名(含兼任镇长1名)，人大主席1名，纪委书记1名，副镇长3名，组织委员1名，武装部长1名。内设行政机构5个，分别为综合办公室、党建工作办公室、经济发展办公室、社会事务办公室、综合执法办公室；下属事业单位4个，为农业综合服务中心、民生服务中心、综治中心、财经服务中心，按照事业编副科级配备中心主任。

【经济建设】 围绕“五特五新五优”，调整优化农业产业结构，在全镇发展以肉牛养殖为主的特色草畜产业带，隆庄公路沿线中药材种植产业带，清凉流域沿线马铃薯繁育基地和粮食生产区，由种植业向畜牧业、设施农业、农产品加工业延伸，促进特色农业提质增效。依托气候阴凉、降水充沛等区位优势，结合城关镇资源禀赋，发展林下中药材1000余亩。温室生产香菇、平菇、竹荪等17.5万棒，林下大球盖菇4.36亩。年收益400余万元，带动农民收入30万元以上。全镇中蜂养殖新增1122箱，实现经济效益130余万元。扶持农业经营主体，做大做强肉牛产业。坚持“草畜结合、以草定畜”原则，种植青贮玉米5070亩，肉牛养殖存栏980头，奶牛养殖存栏96头，全年新增见犊补母299头。全力推进“非粮化”整治，全镇非粮化整治完成3903亩，撂荒地整治181亩。免费发放玉米种子1.3万千克；发放地膜392户6686卷；种植马铃薯一级种薯繁育602亩，玉米大豆带状复合151亩，小杂粮1524亩。2022年农户享受各类农业补贴资金29.6万元。城关镇坚持培育和发展新型经营主体，扶持培育本土企业，做强特色产业。宁夏千峰兔业科技有限公司年出栏肉兔31.5万只，实现经济效益1134万元，吸纳就业70余人，带动养殖户户均增收2万元，辐射受益500余人。宁夏食添康现代农业科技开发有限公司，通过生产干品茶树菇、干品羊肚菌、大球盖菇等其他鲜菌菇，年收益200万元，纯利润60万元。带动当地群众就业30人，人均年收入15000元。

【文化建设】 推行文明实践积分卡制度，健全村规民约、“一约四会”等自治体系，开展“文明家庭”“最美庭院”“好婆婆、好媳妇”等各类评选表彰活动，对22名个人及集体进行表彰。利用海报、横幅、微信公众号、乡村大喇叭、电子显示屏、宣传手册等媒介，向社会发布相关信息，提高广大群众知晓率和参与度。举办红崖社区“迎中秋，促消费”展销会、“秦腔汇演”等大型活动，引导群众转观念、破旧俗、立新风，树立“主人翁”意识，主动投身美丽乡村建设。

【社会事业】 坚持“应保尽保、应缴尽缴”原则，大力动员居民参加医疗保险，基本实现全民参保。严格落实“党政同责，一岗双责”责任制，对消防安全、道路交通安全常抓不懈，组织各村（社区）安全协管员、义务消防员开展培训5场81人次，提升了安全监管和应急应变能力。开展“自建房”、交通道路、消防等安全专项整治活动，全年未发生安全生产事故，社会经济平稳发展。

【乡村振兴】 推动巩固拓展脱贫攻坚成果同乡村振兴有效衔接工作高效推进。镇上多次召开专题会议，制定工作方案，完善“领导包抓+专班推进+驻村帮扶”工作机制，建立健全上下贯通、精准施策、一抓到底的组织管理体系。在教育、医疗保障、安全住房和饮水安全方面，健全监测帮扶机制，为贫困学生申请雨露计划及补助金105人15.75万元，帮助116名患慢性病脱贫人口办理慢性病卡，为所有脱贫户和60岁以上老年人购买健康保，为341户脱贫户争取贴息产业贷款1743万元，为45户妇女落实创业贷款665万元，确保“两不愁三保障”全面实现。设立乡村振兴帮扶“三级网格化”管理体系，开展常态化监测，宣传农户自主申报、基层干部排查、部门筛查预警互为补充、相互协同的监测预警机制扎实落实。2022年组织开展“两次”防返贫监测帮扶集中摸排活动。坚持常态化“四查四补”机制，查损补实、查漏补缺、查短补齐、查弱补强，将查摆出的问题分类梳理，列出整改清单，明确责任人，全部整改到位并坚持常抓不懈。通过“十个一批”（发展生产脱贫一批、易地搬迁脱贫一批、生态补偿脱贫一批、发展教育脱贫一批、结对帮扶脱贫一批、培训转移脱贫一批、医疗救助脱贫一批、就业救助脱贫一批、社会保障兜底一批、城镇带动脱贫一批）保就业、惠民生、助增收，累计解决1601人就业难题。全镇脱贫劳动力978人，通过养殖业、转移就业、安置公益性岗位，实现有劳动能力的家庭确保1人稳定就业。建成咀头村马铃薯繁育基地，培育菌菇和肉兔两大产业。推广“企业经营+农户分红+利益分配”生产运营模式，带动56人发展种养业，年底户均实现分红1000元，从根本上解决单、双老户因年老体弱无产业收入生活困难的问题。发展壮大村集体经济，强化鼓励村集体实体经济的发展，以咀头、杨家店等村（社区）集体经济为带动，增加周边群众收入，实现双赢。

【基础设施】 全镇谋划实施各类项目6项，累计投入资金约4781万元。实施红崖移民致富提升工程，投资约2819万元，在红崖移民社区统筹建设14个主题公园，修建停车场、蔬菜市场大棚、劳务市场及2座旅游公厕，实施居民楼外立面维修和水管铺设修缮等工程，人居环境得到了持续改善，让移民安置区从“面子”美到“里子”。实施肉牛出户入园工程，投资392万元，修建标准化牛棚三座，采取“企业+合作社+大户+社区居民”模式，发挥移民致富带头人带动作用，稳步推进肉牛入园，带动15户移民入股17.5万元，年底获取收益分红，带动175户移民产业提质增收。实施杨家店红军村建设工程，整合撬动各类资金1000余万元，建成红色生态停车场、长征小道等，村集体流转院落两座，打造精品民宿，其中一座院落已于“七一”运行。提升红军驿站等7家农家乐和民宿，引进返乡人才打造两座集直播与民宿于一体的精品院落，杨家店“红色旅游”发展得到长足提升。实施“一村一年一事”项目工程，在全镇4个行政村确定“一村一年一事”行动事项4件，杨店村维修二组排水渠3千米，咀头村种植青贮玉米350亩，吴山村修建排洪渠350米，三合村安装太阳能路灯100盏，年底已全部完成。实施咀头村安全隐患整治工程，争取自然资源局地质灾害整治资金120万元，实施修筑板墙、护坡、硬化路面等。实施基础设施提升工程，争取乡村振兴项目硬化南河社区二组、六组道路2.3千米，硬化竹林社区巷道2.5千米，为各村和村改居社区安装太阳能路灯1100余盏，实现辖区路灯全覆盖。

【民生保障】 按照“守住底线、突出重点”的要求，着力加强保障制度的公平性。坚持“一窗受理，集成服务”工作机制，优化工作流程，着力提升群众办事体验感。低保保障2253户，新增受理发放城乡居民低保304户，停发低保725户，追缴低保资金66.7万元；临时救助发放721户，发放救助资金146万元，残疾人两项补贴申请受理1236人，社保受理认证2400多人，开展退役军人服务，每天接待居民30人次，综合办理事项2.65万件。人民群众的幸福感、获得感持续攀升。

【基层治理】 制定《城关镇“四清单一办法”普法责任制实施方案》《城关镇法治政府建设要点》，做实普法工作；落实“三重一大”相关制度，规范重大决策行为，提高决策水平；健全权力运行监督和制约机制，公开政务信息80余期，群众答复率和答复及时率均达100%。开展推进依法行政、建设法治政府宣传工作，组织开展法律、养老诈骗、电信诈骗、禁毒等宣讲近70场次，推送公众号、微视频120余条，张贴发放各种宣传资料3万余份，群众受教育面不断扩大、法治意识不断增强。落实基层治理“1+1+3”工作机制，完善基层治理体系，聚焦基层治理问题，突出矛盾排查化解，维护社会安全稳定。全年共组织召开联席会议12次，矛盾纠纷调解20余次、基层治理功能党支部会议8次，处理化解交办案件15件，受理门户网站投诉件、信访件62件，各级调委会共排查调处各类矛盾纠纷260余起，化解成功率98%。救助困难儿童80人，慰问走访现役军人、退役军人、军烈属。

【生态环境】 全镇以推进污水垃圾治理、村容村貌提升两大任务为主，建立镇、村(社区)、户三级保洁责任体系，新增城市小区保洁员37名、村(社区)保洁员53名，加强保洁队伍力量，明确责任区域，确保保洁成效。结合“五清三改一绿化”(清理农村黑臭水体、清理农业生产废弃物、清理有碍观瞻的建筑、清理乱搭乱建和乱堆乱放、清理废旧广告牌；改水、改灶、改厕；绿化庭院)等工程，投入资金60余万元，拆除土坯房9间，旱厕9个，残垣断壁750余米，清理垃圾2000余吨。加强乡风文明建设，进行多层次、多渠道、全方位的宣传动员，营造全民环境整治新氛围。

【疫情防控】 成立以镇党委书记为总指挥，镇长为副总指挥、镇职工为成员的新冠疫情防控指挥部，统筹协调和指导14个村（社区）落实各项防控措施。完善工作方案和应急预案，积极主动作为，多措并举、多管齐下，全方位、多渠道引领宣传工作，利用德顺城关微信公众平台，广泛宣传防控知识、科学引导舆论，累计发布宣传图文173篇，覆盖人群1万余人次；利用村民微信群、家族微信群、村小组微信群等新媒体发布疫情防控和宣传引导的政策及防护知识，实现14个村(社区)全覆盖。

【基层党建】 深入实施“基层党建持续提升年”活动，持续推进支部规范化建设，强化镇党委、社区党支部书记带头抓党建工作责任，落实“3322”机制，完善党员领导干部党支部联系点制度，镇党委会议专题学习中央和区市县重要党建会议及文件精神11次，召开党建工作专题会议工作11次，开展党支部书记和党务工作者素质能力提升培训9期。实行基层党建“导师帮带制”，切实提升履职能力。实施智慧社区建设，对已有87个小区进行分期分批智能化改造。在东关小区、红崖社区等5个小区试点，建成1个平台+N个应用模块，提升社区治理能力和服务水平。持续深化城市党建“四联四化”机制，健全完善组织链条，设置71个功能型(楼栋)党小组，设立35个党员示范岗，形成党组织领导下的共建、共治、共享社区治理。发挥“联合党委”资源优势，党建引领“1134”工作机制，激活红崖社区治理新动能，建成红崖社区劳务市场、菜市场，提供经营摊点30多个，解决就业200余人。全镇15个党支部分别开展“党员支部双承诺‘十大百小’暖民心”活动，竹林社区、东关社区、西苑社区等支部依靠共建单位、驻区单位资源优势，结合在职党员进社区活动，全员化认领“微心愿”，并帮助辖区空巢老人、留守儿童以及病残家庭等弱势群体家庭圆梦“微心愿”。

【党风廉政】 组织镇村干部深入学习中共十九大精神、十九届中央纪委历次全会精神及区市县纪委全会精神、《中国共产党章程》、《中国共产党廉洁自律准则》等，深入开展廉政警示教育3场次，廉政大讲堂、主题党日宣讲廉政党课8次、剖析身边违纪违法典型案例5起，组织党员干部在县廉政文化馆接受廉政教育1批次。在峰台社区、杨家店红色美丽村庄融入廉政文化元素，对村监会成员开展履职能力提升培训班2次，编写《勤廉监督室政策汇编》。推进源头治理，加强项目、资金审批审核和公开公示，将涉农惠农“331”监管平台和小微权力监督“一点通”主动融入全镇社会综合治理数字化建设治理新模式中，访问量位居全县首位。持续加大对违规公款吃喝、辖区内餐饮浪费等突出问题长期监督检查，坚决纠治在落实中央、区市县党委决策部署方面的形式主义、官僚主义突出问题。通过开展党内提醒谈话、谈心谈话等督促“关键少数”发挥关键作用，围绕2022年全面从严治党党风廉政建设和反腐败工作任务分工、2022年监督检查重点工作安排、2022年巩固拓展脱贫攻坚成果同乡村振兴有效衔接专项监督工作4个安排开展监督检查7次，发出通报4起，督促整改问题3条，履职谈话10人，提醒谈话9人，通报批评4人，为城关经济社会发展提供坚强保障。

（马得原）

沙塘镇

【概况】 沙塘镇位于隆德县渝河流域河谷川道区，距县城15千米，312国道和青兰高速贯穿全境。镇域面积78平方千米，耕地4.37万亩，退耕还林面积2.12万亩。辖11个行政村59个村民小组，其中脱贫村5个。户籍人口4665户14748人，常住人口2649户10129人，脱贫户及监测对象1085户3924人，监测户54户165人。全镇共有12个机关党支部，党员626人，其中机关党支部31人，农村党员595人，预备党员11人。2022年全镇人均可支配收入达到15089元，较2021年增长11.5%。

【机构设置】 核定领导职数10名，设党委书记1名，副书记2名（含兼任镇长1名），人大主席1名，纪委书记（县监委派出监察办公室主任）1名，副镇长3名，组织委员1名，武装部长1名。镇党委委员9名。民生服务中心和农业综合服务中心各1名主任，按照事业编副科级配备。沙塘镇设有“五办四中心”，即综合办公室、党建工作办公室、经济发展办公室、社会事务管理办公室、综合执法办公室，民生服务中心、农业综合服务中心、综治中心、财经服务中心。

【经济建设】 坚持因地制宜，通过整合资源、盘活资产，大力培育新型农业经营主体。全镇共有新型经营主体（合作社、家庭农场、村集体经济）98家，其中家庭农场42家，合作社45家，村级集体经济组织11家。通过新型农业经营主体带动，全镇共有300余户农户参与种养殖业发展，实现年均增收2万元以上。围绕县委和政府确定的“五特五新五优”产业，谋划全镇“一中心一轴两翼”产业布局，以街道村果蔬销售中心为龙头，带动渝河南北两县9个村抱团发展冷凉蔬菜种植产业带，种植瓜果蔬菜面积达12260亩，实现年收入达到1200万元。3个村抱团发展肉牛产业，累计基础母牛存栏2516头。截至2022年，已实现了11个行政村村集体经济全覆盖，其中集体经济收入达100万元以上1个，50万元以上2个。

【文化建设】 坚持以人民群众文化需求为导向，面向基层、服务群众，不断满足人民群众对文化生活的新需求、新期待，大力发展人民群众喜闻乐见的文化活动，开展送戏下乡惠民演出15场、公益电影放映110余场、农家书屋主题阅读活动32场，开展广场舞比赛、书法作品展、各类文化文艺培训活动等，广泛开展新时代文明实践活动，组织志愿者开展“春送春联”“学雷锋”“义务植树”“爱心助老”等志愿服务活动20余次,发放各类宣传资料5000余份,服务群众4000余人,有效满足了辖区村民的精神文化生活需求。

【社会治理】 完善“1+1+3”工作机制,推动长治长效。成立基层治理功能性党支部,以“三个清单”为抓手,坚持周碰头、月研判制度,深入分析研判各类突出问题,2022年,召开周碰头会议19次,月研判会议10次,共排查各类问题18件,共排查化解各类矛盾纠纷88起,化解率为100%。开展打击整治养老诈骗,进行集中宣传23场,发放宣传册8630份,参与群众7600人。统筹社会安全,扎实开展防溺水安全和农村道路交通安全专项整治。划分38个责任区,对防溺水与道路交通安全开展大宣传、大摸排、大整治工作,设立安全警示标识和防护网5处;深入开展“法律进乡村”活动,共开展国家安全教育日、禁毒、打击预防电信网络诈骗、打击防范非法集资等综治宣传活动36场次,切实营造出了办事依法、遇事找法、解决问题用法、化解矛盾靠法的法治环境。

【乡村振兴】 强化防返贫预警监测帮扶责任考核“四项机制”,常态化开展“四查四补”,通过动态查、深入找、精准补,找准短板弱项,精准制定帮扶措施,消除返贫致贫风险,精准落实“社会帮扶+产业(就业)扶持”“双兜底”等帮扶机制,依托企业、扶贫车间等提供就业岗位,提高自我发展能力,持续巩固“三保障”和饮水安全成果。围绕“五新五特五优”产业布局,因地制宜发展冷凉蔬菜、肉牛、中药材等产业,完成高标准农田建设1150亩,腾退苗木450亩,新建设施拱棚1600亩,全镇蔬菜种植面积达到1.5万亩以上,继续推广设施大棚2茬、3茬轮作,不断提升土地产出率。种植小麦1400亩、玉米2万亩、其他农作物2000亩。建成马河村千亩中药材种植基地,2022年肉牛存栏1800头、基础母牛存栏2300头,为农业注入科技力量,以科技促进农业发展。落实“引凤还巢”和“回归六盘”工程,通过厦大支持,成立了张树村人才工作站,柔性引进厦门大学、中国农业科学院、西北农林科技大学、新疆石河子大学等博士研究生导师、博士后、博士等科研人才16人,研究生57人,有效攻克了胡萝卜减肥与受制剂改良青贮饲料霉变技术,为沙塘镇农业注入了科技力量,带动全镇“土专家”“田秀才”“镇创客”400余人参与农业发展,进一步夯实了人才赋能基础。

【基础设施】 深入实施美丽村庄建设,新建清泉、张树村人居环境改造提升项目,重点实施粮场改造、道路维修、水渠配套、房前屋后环境卫生整治。实施光联、十八里、和平、张树等312国道沿线苗木腾退及绿化提升工程,进一步夯实乡村基础。建设高质量美丽庭院300户,将美丽庭院示范创建与庭院经济相结合,实现美家园、拓财源的“双丰收”。以水系为脉络,打造生态绿廊、宜居绿岸和风景长廊,积极争取项目支持,落实小河子治理工程,对清泉至张树村流域进行治理,形成“水清、岸绿、景美、游畅”的自然生态水系,高质量美丽宜居村庄建设项目全面发力。全面推进“四权”改革,在街道、张树、马河村实施高标准化农田建设项目,在张树、许沟、和平、十八里、清泉村实施农村特色产业发展设施以工代赈项目,田间铺沙10千米、新建排水渠8千米、水渠盖板420米。对乱堆砂石料、侵占公共场所、煤炭露天堆放等现象进行了大整治。实施生态林项目工程,落实环境保护准入清单制度,一体化推进生活污水、垃圾、医疗废弃物规范化处置,推动实施化肥农药“减量增效”行动,推广使用可降解农膜,推进生活垃圾、畜禽粪污、农作物秸秆等资源化利用。

【民生保障】 提升改造沙塘中心小学、清泉村幼儿园,全镇适龄儿童入学率达到100%,义务教育阶段无辍学学生,987人享受“雨露计划”或燕宝基金资助。提升11个行政村村卫生室标准化运营水平,家庭医生应签尽签,医疗保险收缴率达到100%;持续完善居民最低生活保障和社会救助制度，发放农村妇女创业贷款1485万元、农村最低生活保障资金534.612万元、临时救助资金120.56万元、残疾人“两项”补贴106.968万元，发放各类种养殖产业补贴475.06万元，全面落实孤寡老人、残疾人等特殊人群救助政策，有效保障了困难家庭的基本生活；进一步深化“放管服”改革，成立沙塘镇劳务工作站、思博劳务公司和11个村级劳务工作站，累计转移就业3132人，区内稳定就业2670人，向福建、新疆等地输送务工人员462人，其中赴闽264人，发放点对点服务交通补贴23.1万元。疫情期间集中组织返岗出行服务169人，补贴交通费8.45万元。通过自治区购买、闽宁扶贫项目和县财政筹资等方式累计安排公益性岗位313人，聘用环境保洁员192名，生态护林员66名，完成技能培训420人，农业产业园区辐射带动就业600余人，让群众真正做到“挣钱持家双丰收”，人民群众的幸福感、获得感大幅提升。

【基层组织建设】 选优配强各村党支部班子，妥善推进村党组织书记、村委会主任“一肩挑”和“两委”班子成员交叉任职，全镇11个行政村中有8个实现了村党支部书记、村委会主任“一肩挑”。吸纳村里致富能力、有想法、有技术的年轻人加入党组织，按照“党支部+”，设置特色种植、劳务输出、民风建设、疫情防控等功能党小组，吸纳党员50余人次。以村委会为依托，健全完善村级议事会、村民理事会等村民自治组织体系，全镇共召开村民议事会80余次，累计参与4000人次。

【便民服务】 对便民服务中心进一步优化，整合办事环节，实施“一站式”服务，民生服务中心可办理事项达124项，抓好村级便民服务代办点建设，实现全镇11个村级便民服务站、代办点全覆盖，48项便民服务实现“不出村办理”。试点建设清泉村乡村综合治理信息化平台，打造“一站式”村级便民服务体系，推行“互联网+”和预约、延时服务等，依托民生服务代办点，按照“马上办、网上办、一次办、就近办”的原则，建成街道村、清泉村综合治理服务中心，坚持“生活小事不出村，办事服务在身边”；依托新时代文明实践所活动，致力形成“一乡一特色”“一村一品牌”的目标，全镇累计注册志愿者3156人。共开展志愿服务活动260余场次，直接受益群众8200多人次，持续开展好邻居、好媳妇、好婆婆、道德模范、民风建设示范村等先进典型选树评定活动，评出各类模范人物40余人。

【生态环境】 开展环境卫生整治行动，清理边沟(渠道)6千米，清理清运生活垃圾130吨、建筑垃圾等500方，清理“三堆五乱”35处。通过用好公益性岗位人员，规划垃圾收运箱的线路，做到所有垃圾收储设备应用尽用、应转尽转，保持各类垃圾箱的整洁。完善了农村环境综合整治监管、保洁、执法“三位一体”长效机制，成立了镇领导小组，按照“网定格，格定责，责定人”的模式，全镇整合护林员、养殖户、党员组成156人的队伍，划分为26个责任区域，建立有制度、有标准、有队伍、有督查的管护机制。立足改变影响农村人居环境的不良习惯，加强卫生健康教育，完善村规民约，修订沙塘镇各村家风家训，着力培育文明村风和淳朴民风，探索建立“黑红榜”、积分兑换机制、纳入村规民约管理，开展文明家庭、道德模范等评选表彰活动，鼓励群众讲卫生、树新风、除陋习，减少不文明行为。

【疫情防控】 制定疫情防控网格化管理表、疫情防控值班表，着力构筑上下联动、信息公开、行动迅速的防控大网，按照县、镇、村、组、户，划分责任网格，“两委”干部包网格、党员包户(院落)，干部下沉，定责定岗，每名网格员明确责任区，联系服务包干到户，把所有村民划分进网格，把联防联控措施落实到每一个网格，做到全覆盖、无遗漏，形成覆盖全面、规模合理、分工明确的疫情防控工作网格。全镇共设立11个二级网格区、64个三级网格，细化落实市场监管疫情防控工作措施。督促农贸市场、商场超市、食品药品经营单位等经营性场所落实各项防控措施。

【基层党建】 严格落实党委书记抓基层党建和全面从严治党工作"第一责任人",年初定计划定目标定措施,强化"三会一课制度""主题党日制度"等各项制度落实。每月召开党建业务培训会,指导安排党建工作任务。加强驻村第一书记"十个一"工作台账日常管理,每月召开第一书记工作汇报会,通报问题、明确任务。深入开展"干事创业提精神、担当作为树形象"教育活动和违规收送红包礼金和不正当收益及违规借转贷或高额放贷专项整治工作。全年党委会议研究党风廉政建设工作5次。落实中央和区市县党委关于意识形态工作的决策部署及指示精神,全年党委会议听取意识形态工作汇报2次,全年排查并防范化解风险隐患点16个。以"隆德先锋"党建品牌引领,深入实施"一抓两整"示范创建行动,培育"隆德先锋、产业村镇"党建品牌。按照"一村一特色"的工作思路,形成张树村"科级赋能、人才振兴"等各具特色的11个村级党建亮点。安排村党支部书记及五职干部参加区市县委党校培训56人次、学历提升38人等。各村严格落实党员发展程序,接收入党积极分子20名,发展党员11名。在村"两委"换届"回头看"工作中,镇党委同党员群众谈话290多人次,满意度达100%。深化党员帮扶机制,开展党员"挂联诺"服务群众活动,全镇党员户挂牌478户,其中264名有带动能力的党员联系农户1255户,承诺为联系农户办理产业发展、务工、安全防范等多方面的事项1099项。落实"1+1+3"基层治理机制,充分发挥村民代表会议机制和"一约四会"作用,全年排查化解矛盾纠纷87件。

【党风廉政】 坚持把党的政治建设放在首位来抓,坚决贯彻中央和区市县各项决策部署和要求,坚持把党风廉政建设纳入党委理论中心组学习,利用周一、周五工作例会和镇村干部会议,组织干部职工学习中央及区市县纪委全会的精神,及时传达学习中央、区市县纪委关于基层干部违规违纪案件的通报,以案示警、以案促改。制定《沙塘镇领导班子成员及"五办四中心"廉政风险防范措施》,明确风险点、风险等级、防范措施等,增强领导干部防范风险意识和廉政意识。制定《领导干部违规吃喝隐形变异廉政风险防范点》,做到领导干部自我监督和互相监督,将作风建设不断推向深入。全年理论中心组集中学习13次,交流研讨7次,召开廉政警示教育大会1次,专题警示会1次,集中观看《警钟长鸣》等警示教育片,通过微信在镇领导班子群、干部职工群、村干部群转发《零容忍》等警示教育专题片27次,签订党风廉政建设责任书20份。完善《村干部管理办法》《沙塘镇制度汇编》,用制度管人、用流程管事,确保工作高效率、高质量。定期开展干部职工上班纪律、干部作风、值班值守监督检查,突出对疫情防控、森林草原防灭火、人居环境综合整治、涉农惠农资金使用、村集体经济产权改革、项目资金使用等专项整治工作的监督。镇纪委开展廉政约谈11人,廉政提醒谈话8人。

神林乡

【综述】 神林乡地处六盘山西麓,渝河中游,属河谷川道区,312国道及青兰高速穿境而过,交通便捷。全乡总面积54平方千米,耕地面积35371亩,其中退耕还林10660亩。辖5个行政村,19个村民小组,贫困村4个,户籍人口2430户7939人,其中常住人口1161户4154人,脱贫户703户2703人;全乡有党支部7个,党员456人,其中机关党支部1个,农村党支部5个,非公有制企业党支部1个。2022年全乡人均可支配收入达到14616元。

【经济建设】 农业总产值增长7%,农民收入增长10.5%,贫困人口减少693户2721人,所有贫困人口全部实现脱贫。全乡共有新型经营主体(企业、合作社、家庭农场、村集体经济)60家,其中家庭农场

18家,合作社26家,企业16家。依托神林乡蔬菜协会组织,建设神林—辛平蔬菜产业园区1000亩,推动实现联村经营;新引进1家龙头企业种植西瓜260亩,辐射带动全乡稳定务工90人,季节性务工220人,年务工收入达到431万元;建立"村集体+基地+农户"发展模式,带动41户农户种植辣椒280亩,2个村集体经济组织种植辣椒310亩,4户大户种植辣椒150亩,流转土地5717亩,按照每亩每年50—400元流转费,农户既有了"租金+薪金+股金"收益,又学到致富技术,农民财产性收入提高。激活村级集体经济示范引领作用,把组织优势转化为发展动能,全乡村集体经济收益达到217万元。依托神林山庄,改造提升辛平民俗旅游示范村,大力发展乡村旅游产业,带动周边农户休闲旅游收入10万元以上。经济总量持续壮大,经济发展步入结构优化、多元驱动、质效并重的新阶段。

【文化建设】 加快农村文化改革步伐,不断创新文化引领社会经济发展体制机制,加强文化基础设施建设,满足农民群众多层次多方面精神文化需求,改造提升神林村小城镇建设项目,建成神林乡体育广场1座,配备基本锻炼设施、器材向群众开放;建立村级文娱室和图书馆,方便群众娱乐、查询农业科技知识;成立5个文化服务中心,不定期开展宣传教育、科技推广、农业知识培训等服务活动160余场次;成立"学雷锋志愿服务队",开展"送法进校园""学雷锋纪念日""情暖端午"志愿服务等100余次;以春节、清明节、端午节、中秋节等中华传统节日为切入点,组织开展丰富多彩的传统节日文化活动;依托神林山庄"文化梨园",开展农村电影放映、戏曲进村等活动,极大丰富人民群众精神生活,改变农民精神面貌,为神林乡社会经济发展提供了良好文化环境。

【社会事业】 以社会保障为重点,立足为民服务目标,开展丰富多样的为民服务活动。利用"三八"妇女节、母亲节、国际家庭日、重阳节等节点活动,关爱关心困难妇女,全年开展活动10场次;深化"创业担保贷款+创业培训+创业服务"帮扶机制,鼓励有创业意愿从事特色优势产业、设施农业的农村妇女申请农村妇女创业担保贷款扶持,发放农村妇女创业担保贷款630万元。深入贯彻落实习近平总书记关于加强退役军人服务保障工作的重要指示精神,将退役军人相关工作落到实处,全乡6个退役军人服务站落实办公场所并完成阵地建设,为到访退役军人提供规范化、亲情化服务。根据退役军人基本情况和实际需要,精准推送政策服务,为退役军人建档立卡,并为他们办理退役军人优待证,为36名优抚对象完成资金申领,开展退役军人返乡创业帮扶工作,帮助"零就业"困难退役军人家庭实现上岗再就业。

【乡村振兴】 全面落实中央1号文件精神,加快实施乡村振兴战略,聚焦后评估问题整改,纵深推进"四查四补",健全防返贫预警监测和帮扶机制,聚焦"一收入两不愁三保障"及饮水安全,通过发展特色产业致富、龙头企业带动务工、联农带农增收,做到早发现、早干预、早帮扶,坚决守住不发生规模性返贫底线,全面推进乡村振兴。常态化开展"四查四补"。2022年新纳入监测户17户53人,坚决杜绝"应纳未纳"和"体外循环"的发生,共有脱贫户和监测户703户2703人,其中监测户37户125人,监测户未消除风险20户70人。

【产业发展】 围绕"五新五特五优"产业布局,因地制宜狠抓肉牛、冷粮蔬菜、中药材产业,实现群众增收致富。全乡实现特色冷凉蔬菜种植3000亩,其中设施蔬菜1000亩、露地蔬菜2000亩,新建神林村400亩集育苗、种植、观光、加工于一体的村集体农业示范园区,辐射带动周边农户增收10万元以上。新建1个千亩中药材核心展示区,全乡中药材种植面积达到5000亩。发展草畜产业,种植青贮玉米2000亩、籽粒玉米12000亩、小杂粮6000亩,养殖肉牛2300头、蜜蜂442箱,种养殖业规模不断扩大。立足“引才、育才、留才、用才”,推行“人才+平台+产业+服务”机制,发展农村电子商务,开展绿色食品认证,延长产业链,提升附加值,利用电商服务平台,发掘直播人才采取直播带货方式加快产品输出,并积极引导大学生、企业家、创业青年等各类人才返隆德回乡,带动企业进乡、资本下乡,使各类发展要素涌流乡村。

【基础设施】 全乡5个行政村道路全部实现硬化,自来水入户率达到100%,户户住上了安全房、喝上了放心水、用上了太阳能热水器;5个行政村实现宽带全覆盖、4G网络信号全覆盖;建成扶贫车间4个,发展村集体经济合作组织5个,改造提升神林村小城镇建设项目,建成神林乡体育广场1座、农资综合服务中心1个、标准化卫生室7所、村级便民服务站5个、老年饭桌6个、乡级文化活动场1处、新时代文明实践站5个、公共卫生厕所5座,人民群众的幸福感、获得感大幅提升。

【基层治理】 高效利用“三区三线”划定成果,加大耕地“非农化”、基本农田“非粮化”整治力度,有序腾退苗木870亩,整治撂荒地785亩,坚决守住粮食安全底线。坚持和发展新时代“枫桥经验”,推行“1+1+3”基层治理机制,落实“125”“411”矛盾纠纷排查化解机制,共排查各类矛盾纠纷65起,化解65起,化解率达100%。开展《中华人民共和国民法典》宣讲、“八五”普法、禁毒、防电信诈骗、打击整治养老诈骗等宣讲教育活动50余场次,群众法治意识和安全意识显著提升。发挥新时代文明实践站(所)作用,巩固提升辛平村自治区文明村镇,创建双村、庞庄村和杨野河村自治区文明村镇,以榜样模范的力量示范引领农村精神文明建设,文明乡风进一步彰显。组织开展党员“挂联诺”活动,每名党员联系5—10户群众,公开进行承诺、示诺和践诺,每月上门服务,为群众送知识、送技术,帮助他们解决生产生活及产业发展中的各种困难,村党支部战斗堡垒作用和党员先锋模范作用得以充分展现,基层治理能力和服务水平得到进一步提升。

【生态环境】 按照“多规合一”实用性村庄规划目标,建成辛平村、双村两个高质量美丽宜居村庄。新建巷道100米,硬化村组道路7千米,维修水渠1千米,建成护坡4500立方米,安装太阳能路灯109盏。实施庞庄、辛平、双村污水管网铺设工程1.1千米,惠及群众200余户。新建卫生厕所25户,对已改造的1513座卫生厕所使用情况开展全面排查,共摸排出4类943个问题,已全部整改完成。履行乡村两级河长职责,加强辖区流域日常巡河管护,在“河长制”App打卡巡河777次,切实保障神林段河湖流域水清岸绿。全面推行环卫保洁“网格化”管理和农户门前“三包”,充分发挥“环境卫生监督员”监督作用,定期上门入户宣传、指导垃圾分类,扎实开展“积分卡”评选活动,发展庭院经济20户,人居环境持续改善。

【基层党建】 严格组织生活会、“三会一课”等基本制度,抓实党员教育管理,开展“双评双定”活动,持续整治党员信仰宗教和参与宗教活动问题。研究部署党建工作8次,新发展党员5名,转正党员5名,确定入党积极分子12名,新递交入党申请书5名,“评星定格”亮黄星19人。以党建“3322”机制为总抓手,持续落实基层党建“六项行动”各项内容,开展“一抓两整”示范县乡创建行动,推动“两个带头人”工程提质增效,培育党组织带头人5名、致富带头人58名、后备干部17名,“导师帮带”实现14名帮带对象能力提升。开展党员“挂联诺”服务活动,推动形成群众“有事找党员”的新格局,切实发挥党员先锋模范作用。全乡完成共产党员户挂牌260户,126名党员联系服务农户629户,承诺事项260余件,已全部完成践诺。强化党内关怀帮扶,为6名“光荣在党50年”党员颁发纪念章,先后慰问生活困难党员36名。开展党建示范乡镇创建,五个村党组织全部达到三星级以上。

【党风廉政】 聚焦巩固拓展脱贫攻坚成果、推进乡村全面振兴等重大战略任务及部署要求，加强政治监督，开展监督检查6轮次，督促整改责任、政策、成效不到位等问题，确保政令畅通、令行禁止。坚持将党风廉政建设与业务工作同研究同部署同落实，先后召开党委会议研究党风廉政建设工作6次，坚持每半年与领导班子成员、各办公室（中心）负责人、各党支部书记开展廉政谈话，累计谈话16人次，召开党员干部廉政谈话会2次，对乡村干部提醒谈话6人次、廉政约谈3人次，通过抓早抓小、动真碰硬，使党员干部受到警醒，有效遏制了干部违纪违规问题的发生。开展群众身边的腐败和不正之风专项治理、农村集体“三资”腐败问题开展专项治理、违规收送红包礼金和不当收益及违规借转贷或高额放贷专项整治等，切实维护广大群众切身利益。开展“干事创业提精神　担当作为树形象”教育活动，开展廉政教育和警示教育，组织全乡党员干部集体学习《中国共产党廉洁自律准则》《中国共产党纪律处分条例》6次，开办廉政讲堂2场次，召开廉政警示教育暨干部作风整顿会2次，组织乡村干部观看廉政警示教育片2场次，到县警示教育基地接受警示教育1次，学习各类违纪违法典型案例通报8期，引导全乡党员干部守住边界、不碰红线、不触底线。

（张婷婷）

联财镇

【综述】 联财镇位于隆德县最西端的渝河河谷川道区，地处两省（宁夏、甘肃）三县（隆德、静宁、西吉）交接地带，312国道穿境而过，交通便利，经济繁荣。全镇辖6个行政村、26个村民小组，户籍人口10048人，常住人口6079人。镇域总面积45.5平方千米，耕地面积28443亩，退耕还林面积10429亩。主导产业以冷凉蔬菜和中药材种植为主。2022年联财镇居民人均可支配收入14789.4元，同比增长12.21%。

【经济建设】 全镇经济发展主要依靠产业拉动，形成了以冷凉蔬菜种植为主导，粮食作物、中药材、青储饲料、养殖业等多种产业为补充的产业布局结构。种植业规模持续扩大，总量增长约24.7%。持续巩固提升张楼、恒光、联合3个蔬菜园区，带动全镇产业提质增效。种植蔬菜8326亩，中药材大田及林下种植共536亩，种植玉米13800亩、马铃薯1400亩、小杂粮2400亩、经果林近3000亩。养殖业稳步推进，总量增长约26.53%。新建中普盛肉牛养殖园区1个，新增养殖肉牛500头。养殖基础母牛2200头，羊13000只、猪3700头、鸡13250只、蜜蜂869箱。产业联农带农机制不断完善。创新“企业+合作社+农户”的模式，积极发挥隆德县民安农产品综合开发有限公司、旺民蔬菜专业合作社、赵罗蔬菜专业合作社、联益蔬菜专业合作社等4家龙头企业作用，订单种植冷凉蔬菜1200亩，签约销售蔬菜量7000吨左右。对接联系全镇11家重点龙头企业、56家合作社、6个村集体经济建设项目，带动全镇886人稳定就业。

【文化建设】 全镇共有6个新时代文明实践站和6个村级图书室。按照“一乡一品牌”创建要求，深入挖掘红色文化和乡土农耕文化，创新规划打造赵楼村“小圆井”红色旅游教育基地。以春节、元宵节、端午节等中国传统节日为契机，打造地域性、民俗性的节庆文化活动，举办广场舞比赛、秦腔演奏、象棋比赛、书法展示等活动，丰富村民日常生活，提升村民文化素养。参加隆德县第五届农民篮球争霸赛，联财镇球队获得第一名。参加隆德县首届罐罐茶制作大赛暨“端午盛宴”新时代文明实践系列活动，联财镇代表队获得三等奖。

【社会事业】 全镇共有中小学校2所、幼儿园1所、共有师生911人。建有乡镇卫生院1所，村级标准卫生室6个，共有医护人员14名。社会保障体系、医疗卫生体系、教育普及水平实现新跨越。基本医疗参保率稳定在98%。根据计划生育政策调整后新要求，大力宣传最新三孩生育政策。

【乡村振兴】 全镇共投入资金633.51万元，实施教育（雨露计划）、农村基础设施建设、金融保险配套（小额信贷贴息）、农村人居环境整治、壮大村集体经济等25个项目。完成联财、联合、恒光3个村闽宁项目资金兑付300万元。扶持发展壮大6个行政村村集体经济，2022年村集体经济收入422.94万元，收益325.77万元。特色产业到户补贴落实到位。坚持“宜种则种、宜养则养、宜工则工”原则，“一户一策”制定到户产业扶持发展方案。全面落实奖补资金，完成耕地保护验收29027.01亩、兑付资金1498167元，种粮补贴17643亩25.85万元。2022年全镇有劳动力5254人，转移就业人员3544人，其中脱贫户和监测对象劳动力1355人，6个月以上稳定就业2339人，共实现劳务收入4447.08万元。

【基础设施】 2022年持续推进小城镇统抓统建，群众生产生活水平进一步提高。全镇6个行政村村组道路全部硬化，安全住房和宽带及4G网络通信全覆盖，自来水入户率100%。完成联财镇高标准重点小城镇建设项目二期和三期工程。完成项目投资3200万元，实施主街面拓宽、雨污分流、污水集中处理等工程。全力配合实施青兰高速毛家沟收费站改扩建项目，完成征地拆迁以及项目实施期间各项配合工作。完成村庄道路硬化32千米、绿化29.5千米，新建排水渠13.55千米，修建文化广场2680平方米、文化舞台3400平方米。

【民生保障】 鼓励就业创业促增收，发放创业贷款1300余万元，脱贫小额贷款1500余万元，完成农村劳动力转移就业3571人、实现工资性收入3544万元。持续巩固脱贫攻坚成果，开展防返贫动态监测排查，识别“三类监测对象”38户111人，对接11家企业与全镇38户监测对象、51户收入较低的脱贫户开展结对帮扶，累计发放务工奖补50余万元。强化生活困难群众救助帮扶，发放临时救助554户1866人976500元；新增低保25人，退出低保132人；高龄老人新增27人，退出22人；强化残疾人两项补贴服务，其中享受残疾人生活补贴137人，重度残疾人护理补贴221人。整合8类123项政务服务事项进驻镇民生服务中心，延伸村级代办服务事项7类48项，基本实现了群众办事“不出村”，真正打通了服务群众“最后一公里”。

【基层治理】 牢固树立安全发展理念，统筹做好发展与安全两件大事，切实维护社会和谐稳定。着力防范安全风险，深入开展安全生产领域风险隐患排查整治，累计检查、复查商户企业126家；深入开展自建房安全专项整治，排查镇区房屋7186栋，整改存在安全隐患房屋3栋。开展平安建设，加大矛盾纠纷排查化解、反诈等工作力度；开展公共法律服务建设，实现各村公共法律服务工作室全覆盖。巩固军政军民团结，为现役军人发放优抚金、为退役军人发放优待证。

【生态环境】 严格落实河湖长制、林长制，严厉打击秸秆焚烧、偷牧行为，开展巡逻12次，全力守护联财镇蓝天碧水净土。开展城乡人居环境整治行动，高标准完成6个村“多规合一”实用性村庄规划编制，完成6个村、312国道等人居环境整治项目，全面提升农村人居环境品质。高质量完成6个村“一村一年一事”项目，配备分类垃圾桶，硬化铺装路面，安装路灯，全面提升农村基础设施水平，形成共建、共治、共享的环境卫生新格局。

【疫情防控】 牢固树立“人民至上、生命至上”的理念，全力以赴打赢“9·20”等疫情防控歼灭战，从严从紧落实防疫措施。

【基层党建】 坚持以习近平新时代中国特色社会主义思想为指导，认真学习宣传贯彻中共二十大精神，为党员干部发放学习书籍800余本，制定《联财镇党的二十大精神宣讲工作方案》，开展专题宣讲

30余次。聚焦基层党建“3322”工程，深入推进基层农村党建“一抓两整”等重点工作，创建五星级党支部1个，四星级党支部1个，三星级党支部4个。严格落实“三会一课”、“3+X”主题党日、组织生活会等基本制度，规范设置党小组28个，开展主题党日60余次。全年发展党员7人，培养积极分子21名，排查流动党员118名。严格落实导师传帮带制度，19名实践经验丰富、业务能力强的帮带导师与年轻干部结成22对帮带对子，在推进基层党建、疫情防控、服务群众等方面发挥重要作用。

【党风廉政】 牢固树立“打铁还需自身硬”的理念，以刀刃向内的勇气和自我革命的决心，全面推进党风廉政建设。加强政治学习，深入贯彻落实中共二十大精神，扎实开展习近平总书记视察宁夏重要讲话和重要指示批示精神“大学习、大讨论、大宣传、大实践”活动，推动全镇干部深刻领悟“两个确立”的决定性意义，进一步增强“四个意识”、坚定“四个自信”、做到“两个维护”。深化法治政府建设，严格执行重大行政决策程序和政府法律顾问制度，推进行政执法体制改革，切实规范行政行为。深入贯彻落实中央八项规定及其实施细则精神，扎实开展违规收送红包礼金和不当收益及违规借转贷或高额放贷专项整治，切实增强干部廉政意识和纪律意识。强化作风建设，将忠诚、创新、担当、服务的理念贯穿到政府工作各方面和全过程，进一步提升政府系统运行效率和治理能力。

陈靳乡

【综述】 陈靳乡位于隆德县南部，乡政府驻地距县城6千米，位于北纬35°34′21.50164″、东经106°9′28.93563″，东接泾源县六盘山镇，南邻山河乡，西靠凤岭乡、沙塘镇，是全县地理位置最优越的乡镇之一，城乡公交贯通，隆庄公路、福银高速穿境而过。全乡面积69平方千米，耕地面积18178.66亩，退耕还林17401.36亩，森林覆盖率达31.2%。全乡共有陈靳、清凉、新和、新兴、何槐、民联、高阳7个行政村，24个村民小组，总人口1233户4090人，常住人口656户2537人，其中低保户370户460人，五保户20户20人。2022年，陈靳乡新和村荣获第六批中国传统村落名录；陈靳乡新和村高台马社火被列入中华体育文化优秀民俗民间项目称号。

【文化建设】 深入推进公民思想道德建设，扎实开展先进典型选树宣传，积极推进文明创建工作。组织开展“文明家庭”“最美家庭”“移风易俗模范户”“孝老爱亲”“好媳妇”等评选表彰活动，评选出卫生先进户17名、“好媳妇”14名、“好婆婆”11名、十星级文明户5户、五好家庭5户、移风易俗模范户4户、文明家庭1户、道德模范1人。改造提升乡村两级新时代文明实践所(站)，推动志愿服务活动常态化。2022年，全乡共开展乡级文明实践所宣讲20余次，村级文明实践站宣讲50余次，乡村新时代文明实践志愿服务活动300余次，切实打通了服务群众“最后一公里”。切实做好移风易俗工作。充分发挥“一约四会”作用，修订完善村规民约，持续加强反对大操大办、抵制高价彩礼、摒弃陈规陋习宣传教育引导，举办全乡移风易俗培训班，规范红白理事会工作运行流程。

【乡村振兴】 围绕产业升级促振兴。发挥历史、文化、生态等资源优势，打造特色乡村旅游景点，发展民宿和特色餐饮。建成清凉、新和、高阳房车营地，新建及改造民宿51间，其中参与农户6户，餐饮3户；发展优质高效的马铃薯、小杂粮产业和养殖产业，进一步加大产业扶持力度，夯实脱贫群众产业发展基础，推进特色产业与乡村旅游、电子商务等有机融合、一体发展。2022年共种植马铃薯3316亩、青贮玉米2180亩、小杂粮2120亩。牛存栏624头，羊存栏953头，养殖中华蜂1982箱。围绕“联农带农”促振兴。通过“企业+合作社+农户”“村集体+基地+农户”等模式，依托企业、村集体经济、扶贫车间等主体，带动脱贫群众发展产业，解决剩余劳动力206余人，拓宽了收入渠道，提高了脱贫人口收入；针对特殊人群发展种植业难的问题，通过联农带农机制由村集体代耕代种帮扶农户28户。通过土地流转5717亩，每亩50—400元流转费，以提高收入。围绕保障就业促振兴。成立隆德县顺农劳务公司，全年共转移就业1904人，其中脱贫户和监测对象劳动力698人，6个月以上稳定就业1367人。结合劳动力素质提升培训工程，累计开展就业帮扶车间岗前培训、职业技能培训共培训劳动力220人次，取得资格证的有180人次。截至年底，新增公益性岗位38个，累计达到136人，购买铁杆庄稼保910人，申报务工补贴274人13.7万元、交通补贴11人6200元、产业促进就业奖补40户50人。

【基础设施】 完成陈靳乡小城镇建设项目，近五年硬化村组道路21.6千米，新建巷道14.8千米，拆除危旧房屋814户，改造危房228户，改造围墙11062米，新建围墙1400米，改造大门227幢，新建大门34幢，维修水渠3200米、护坡890米，建成护坡4466米，安装太阳能路灯200盏，新建过水桥1座。

【民生保障】 落实卫生健康各项政策措施，建成运营7个村级卫生室，配备基本医疗设备、药品和专业人员，实行所有农户大病慢性病医生签约服务，有力落实医疗报销、大病救助及大病补充保险政策。按照“应保尽保、应纳尽纳”原则，新增低保36户39人，全乡共有高龄43人、五保20人、孤儿7人、残疾人两项补贴101人，取消低保81户90人；发放临时救助315户43.04万元，妇女创业贷款315万元；落实教育补助政策，脱贫户及“三类人员”家庭学生资助、“国家助学金”“国家免学费”“雨露计划”等资助政策应补尽补，建立资助清单，确保家庭经济困难学生100%得到资助，完成春季雨露计划补助发放39人5.85万元；完成65岁以上老人健康体检376人；养老保险覆盖面100%，两险参保率达到98%以上（其中建档立卡户缴费率达100%）；落实退役军人事务管理“五有”要求，设立乡级服务站1个、村级服务站7个。

【基层治理】 全面推进“网格化”管理，把全乡划分为58个网格，将综治网格、党建网格、河长制网格、环境卫生整治网格、森林防灭火网格等网格深度整合，构建乡党委牵头抓总，综治中心统筹推进，各村党支部共同参与的“一网通治”治理体系，打通服务群众“最后一米”。深入开展平安陈靳建设，有效结合基层治理“1+1+3”工作机制，成立基层治理功能型党支部，认真贯彻落实“125”“411”矛盾纠纷排查化解机制，实现矛盾纠纷“一揽子”“一体化”调处化解，“一站式”跟踪服务，最大限度消除不稳定因素。2022年共排查各类矛盾纠纷25起，调解25起，调处成功21起，化解率达100%，成功率达84%。认真贯彻落实全国深化“放管服”改革转变政府职能会议精神，稳步推进乡镇机构改革，组建“五办四中心”，承接上级下放审批事项123件，实现“一个入口、一窗受理、一网通办”，让数据多跑路、群众少跑腿。

【生态环境】 全乡共整治粮场31个，公共区域乱堆乱放173余处，禽畜粪污300吨，完成改厕613户。落实“两次六分、四级联动”垃圾分类和资源化利用机制，开展农村垃圾分类和资源化利用工作，配备垃圾箱76个、各类转运收集车辆2辆。新建小花园、小广场、小菜园315座，打造美丽庭院98个，在乡村道路两侧种植景观花卉绿化带4.5千米。常态化开展“美丽庭院”评比，建立“流动红/黄旗”评比机制，对各村人居环境整治质量效果进行评分，并授予卫生先进村流动红旗和卫生后进村流动黄旗，倒逼后进村积极整改。持续推进清理拆除农村不安全土坯房和自建房安全专项整治工作，对影响村容村貌的闲置、有安全隐患的房屋及圈舍进行拆除清理；拆除危旧房屋107座，断壁340米，改造提升老旧卫生厕所229座，村容村貌进一步提升。

【疫情防控】 坚持人民生命至上，有效应对新冠疫情带来的不利影响，严格落实外防输入、内防反弹的各项举措，制定细化“四包一”责任体系和“十户联防”网格化责任制，强化各项防控举措，织密织牢疫情防控网。抓好新冠疫情防控常态化工作。

【基层党建】 落实乡党委政府主体责任，每月召开党委会议研究部署整改工作，明确整改任务。坚持党建引领，乡村治理合力凝聚紧密。落实基层党建“3322”机制，党委书记抓党建“第一责任人”职责，真正将抓党建作为第一实绩、第一任务、第一保障。印发《农村党建务实手册》，在周一、周五工作例会上组织机关党员、村党务工作者集中学习，有力规范了“三会一课”、主题党日、民主生活会、组织生活会、民主评议党员、谈心谈话等制度，制定责任清单和问题清单。结合“三会一课”、主题党日等，开展党性教育、学历教育、技能培训，提升党员能力素质；结合工作实际，以“六盘先锋”党建品牌为统揽，创建“到群众最需要的地方去”主题党日党建品牌，全面提升基层党组织的规范化水平，促进支部工作的标准化、规范化、制度化、常态化建设。认真开展机关党建“三强九严”（强化党组党委书记领导责任，强化机关党委书记直接责任，强化党支部书记主体责任；严格落实党组织设置规定，严格落实“三会一课”制度，严格落实组织生活会制度，严格落实民主评议党员制度，严格落实谈话谈心制度，严格落实支部主题党日制度，严格落实党员组织关系和党费处理规定，严格落实党组织星级评定办法，严格落实换届规定）工程，创建模范机关。

【党风廉政】 坚持把落实全面从严治党主体责任作为乡党委的政治责任、首要责任，充分发挥“头雁效应”，以上率下、务实担当。乡党委书记带头履行全面从严治党第一责任人的责任，党政班子成员严格落实“一岗双责”，认真履行分管责任，对所包抓村全面从严治党工作开展情况进行督促检查，坚持定期与各村党组织书记开展廉政谈话。坚决纠正“四风”问题，持续开展纪律作风整顿工作。紧盯重要时间节点，聚焦隐形变异“四风”问题，坚持节前廉政预警、纪律明示，节中密集检查、严格监督，节后跟踪问效、完善制度，持续巩固作风建设成果。扎实开展“干事创业提精神、担当作为树形象”教育活动，把干事创业、为民服务作为检验干部能力的标准，深入查找问题，以思想解放助推工作作风转变。坚持民主集中制，严肃党内政治生活。充分发挥班子集体领导的作用，切实加强对权力运行的监督和制约，在重大项目、财务公开、人事安排等方面，实行党委集体讨论决策，促进乡领导班子科学决策、民主决策、依法决策。按照“五着力五推进”（“五着力五推进”工作机制：在“学习+制度”上着力，推进守“土”担责；在“清单+台账”上着力，推进照“单”履责；在“权力+防控”上着力，推进按“章”尽责；在“巡视（巡察）+整改”上着力，推进用“督”促责；在“问效+督办”上着力，推进从“严”追责）工作机制，制定陈靳乡权力运行责任清单等，建立副科级以上领导干部和全乡村干部廉政档案。保持高压态势，严格落实党风廉政建设责任制。始终坚持把廉政建设作为第一防线，严格落实党委主体责任。定期开展警示教育活动，营造“以廉为荣，以贪为耻”的良好氛围，形成“自觉受监督、习惯被监督”的良好心态。

（周航宇）

山河乡

【概况】 山河乡位于隆德县东南部，总面积105.6平方千米，全乡森林覆盖率达74%，全年阴湿多雨，气温偏低。有耕地4000余亩，历年退耕还林3.9万亩。距离隆德县15千米，西与温堡乡相连，东与泾源县大庄乡分界，北与陈靳乡接壤，南与县奠安乡相邻。隆庄、隆泾两条公路穿境而过，交通便利。现辖4个行政村，12个村民小组，户籍人口616户1203人，常住人口178户502人，脱贫户138户369人，低保户123户183人；现有人口中老弱病残人口比例高，年龄在60岁以上492人，占户籍人口的40%以上。2022年，全乡人均可支配收入11734

元,同比增长11%;脱贫人口可支配收入15446元,同比增长15.03%,实现"两个高于"目标任务。

【机构设置】 山河乡人民政府下设机构有综合办公室、党建办公室、经济发展办公室、社会事务管理办公室、综合执法办公室(应急管理办公室)、民生服务中心(退役军人服务站)、农业综合服务中心、综治中心、财经服务中心;县直部门下派机构有司法所、卫生院、市场监督管理所。

【乡村振兴】 2022年全乡从事家庭种养殖业20人,转移就业361人。其中务工3个月以上317人,6个月以上219人;县内务工147人,县外区内务工149人,区外务工65人,与2021年同期相比,转移就业人数增加71人,增长率为20.4%。成立山河乡劳务公司,输送到工业园区务工2人、外省务工3人。各村集体经济稳定务工岗位30个,全乡户均稳定就业1人以上。全乡新增公益性岗位22人,各类公益性岗位达80人,申报务工补贴45人2.25万元,享受交通补助1800元;购买"铁杆庄稼保"198人;申报产业促进就业奖补39户46人1.17万元,务工补贴10人6200元。对全乡低收入农户基础信息进行筛查比对,完成139户脱贫户(包括监测对象)、58户一般户的摸排工作,发现存在低风险家庭3户,增长率低于15%的15户,全乡"九类人员"逐一筛查审核后,已分门别类建立台账并制定"一户一策"帮扶措施,确保"早发现、早干预、早帮扶",坚决守住防止规模性致贫返贫底线。严格按照驻村干部"十个一"要求,抓实日常监督管理,各村第一书记和驻村工作队每天到岗签到,每月驻村不少于20天。督促第一书记和驻村工作队每年制订工作计划,履行"五大员"工作职责。加强驻村干部业务培训,组织乡村干部和帮扶队员学习乡村振兴相关知识,开展应知应会知识考试,提升驻村干部巩固脱贫攻坚成果和乡村振兴工作的使命感和责任感。加强社会主义核心价值观,将农村文化墙、文化广场作为社会主义核心价值观宣传的主阵地,绘制法治、党建、民族团结、乡风文明为主题的宣传画,让群众抬头即见、耳熟能详,内化于心、外化于行。扎实培育乡风文明,评选表彰道德模范、最美家庭、孝老之星等先进典型,引导农村群众向上向善。发挥新时代文明实践站所作用,围绕"传思想、传政策、传道德、传文化、传技能"的主线,通过"讲、帮、乐、树、行"全方位开展宣讲与志愿者实践活动,以群众喜闻乐见的方式,有效激发群众积极致富的内生动力。

【产业发展】 坚持将产业发展作为巩固提升脱贫成果、促进脱贫人口增收、推动发展的重要措施,2022年全乡产业收入248.9万元。通过"联农带农"、代耕代种等方式,破解辖区群众缺劳动力、无劳动力占比高、农户自身发展产业动力不足等难题和短板;通过与龙头企业合作、土地流转等方式,多措并举发展优势产业,不断提高产业收入占总收入的比例。通过与千峰兔业合作,发挥企业"联农带农"作用,让群众共享发展红利。2022年全乡饲养肉兔6850只,其中为76户村民代养肉兔3850只,产业补贴和经营利润共计14.7万元。全乡中蜂存栏1064箱,其中新增760箱,享受产业补贴30.4万元,蜂蜜销售盈利30万元以上,中蜂产值达60.4万元以上。全乡种植各类农作物3030亩,全乡农业产值152.4万元。种植马铃薯910亩,享受产业补贴9.07万元,经营收入30余万元。种植小杂粮1598亩,其中红荞898亩、糜子700亩,享受产业补贴40.9万元,经营收入32万余元。全乡流转土地2140亩,租金21.4万元。全乡4家村集体经济合作社,通过村企联营、自主经营、投资收益等方式,发展山货炒制、肉兔养殖、小杂粮种植等产业,4个村集体经济合作社盈利全部超过10万元,总盈利达66万元。

【基础设施】 2022年全乡修建卫生厕所20户、提升改造130户,房屋换瓦维修39户,整治疏通甘渭河王庄村段河道600米。美丽乡村建设粉刷墙面

12000平方米，乡政府院子硬化3500平方米。王庄村经济合作社新建标准化日光温室大棚4座2800平方米，硬化场地700平方米，新建化粪池2座60立方米，储粪棚2座48平方米；修建排水渠300米，过水桥1座，护坡150平方米，围墙300米，硬化道路50米。山河村硬化场地300平方米，修建巷道200米。二滩村修建村道500米，拓宽田间道路2千米。莱子川村改造装修运营饭馆1处，维修过水桥1座，拓宽田间道路100米。

【民生保障】 全乡享受低保123户183人，其中2022年新增11户21人，发放低保资金72.38万元；持证残疾人生活补贴发放64人6.49万元，护理补贴发放56人6.67万元；孤儿津贴发放3人2.62万元；享受农村特困供养25户26人16.91万元；享受养老金492人，其中享受高龄10人，领取养老金311人；农村困难家庭发放社会救助资金211人24.31万元；享受高龄津贴10人3.29万元；雨露计划资助在校大学生13名1.95万元。落实各项惠民政策。全乡“两险”参保率100%，建档立卡户家庭医生签约服务率100%。各村老年饭桌有效解决了孤寡老人吃饭难的问题，运行模式获得多方好评。慰问生活困难退伍军人3名，发放慰问资金3000元，并为全乡退伍军人办理优待证。各项民生保障资金的乡村会议记录、公示照片、银行发放明细表逐一分类整理存档，并在“331”监管平台、小微权力一点通小程序公开公示，接受群众监督。

【社会治理】 开展防电信网络诈骗工作，全乡注册“国家反诈”App软件492人；扎实开展防范养老诈骗工作，每周选一行政村，轮番开展养老诈骗宣传教育；坚持开展常态化扫黑除恶斗争，从严整治各类社会乱象，群众安全感和满意度不断提升。全面推进平安山河建设，开展“八五”普法工作任务，法治观念深入人心，法治建设全面加强。持续推进民风建设，宣传孝老爱亲典型，倡导家和邻睦良好家风，打造文明乡风。进一步规范民生服务中心和代办点阵地建设和办事流程，提高办事效率，提升群众满意度。加强法治政府建设，全面提升依法行政能力，着力提高政府决策科学化、民主化、法治化水平。主动做好政务公开工作，自觉接受乡人大监督、主动接受民主监督和社会监督，保障广大群众的知情权、参与权和监督权。通过乡村文化墙、宣传栏、文化演出等多种形式广泛宣传文明新风，开展高利贷、电信诈骗、养老诈骗专项宣传教育，提升防骗意识，维护群众切身利益。

奠安乡

【综述】 奠安乡地处隆德县最南端，位于甘肃、宁夏两省三县插花地带，南邻甘肃省庄浪县通化乡，西接甘肃省庄浪县岳堡乡。全乡辖7个行政村25个村民小组，有户籍人口1353户3926人，常住人口695户1584人。乡域面积72平方千米，实有耕地面积10939亩，退耕还林面积29742亩，森林面积43155亩，森林覆盖率40.2%。属黄土丘陵沟壑区和六盘山外围砂石山区，地势东高西低，海拔介于1500~2400米之间，年平均气温5.6℃，年平均降水量520毫米。崇岳（崇安—岳堡）公路、唐杨（唐山梁—杨沟）公路横穿全境，交通条件便利。

全乡7个行政村全部通沥青水泥路，自然村道全部实现硬化，自来水入户率达到100%、水质达到国家农村人饮标准，户户均有安全住房，行政村宽带全覆盖、4G网络信号全覆盖。科教文卫事业不断发展，有幼儿园、小学各1座，在校师生68人。乡卫生院1座，7个村均有标准卫生室，全乡共有15名卫生工作者。全乡产业以种养殖业、劳务输出为主，境内自然资源丰富，野生中药材、山桃、沙棘等可利用山货资源丰富，发展潜力大。2022年农民人均纯收入14156元，脱贫人口人均纯收入13773.54元，增速分别为10.67%、16.34%。

【产业发展】 2022年全乡种植小麦490.7亩，青贮玉米1780.1亩，籽粒玉米1014.8亩，小杂粮297.84

亩，种植特色乌龙头580亩，玉米大豆带状复合种植500亩，种植多年生牧草6275.56亩，种植业年总产值350万元。全乡有500头规模肉牛养殖园区2个、500箱中蜂养殖基地1个，肉牛饲养量1153头，基础母牛545头，肉兔饲养量28800只，养殖中蜂1158箱，羊饲养量1655只，青贮饲草9500吨，散养土鸡5132只，养殖业年总产值1700万元。全乡共有劳动力1881人，共转移就业1471人，其中脱贫户和监测对象劳动力851人，就业703人，6个月以上稳定就业1353人，共实现劳务收入3148万元。

【基础设施】 2022年新建水泥路24千米，硬化巷道20千米，维修（新建）排水渠18千米，道路拓宽铺沙50千米，新建污水管网16千米，安装65盏太阳能路灯，硬化广场740平方米。加强范家峡饮用水源地贯通供水设施管护和维护管理，提高居民用水保障。庄浪河、乐正川河等流域综合治理初见成效，严格落实河长制，实施全域山洪灾害防治，常态化开展山洪灾害等安全隐患排查整治工作，完成杨沟淤地坝除险加固工程。全面开展农村房屋安全隐患及自然灾害风险排查，全乡共排查录入房屋建筑3260幢。对存在安全隐患的17座经营性自建房进行了拆除，加固房屋2座，新建3座。推进数字乡村建设，在景林村、各森林草原防火关键路口安装摄像头68个，数字乡村信息化平台1处，森林草原防火指挥平台1处。持续完善“数字乡村”建设，推动“数字乡村”视频点位向村延伸，逐步覆盖农村道路沿线及人员聚集场所。

【环境整治】 实施农村人居环境整治提升五年行动。以“五清五净”、美化亮化为标准深入推进环境综合治理、打造房前屋后小花园小菜园67处。加大农村面源污染防治整治力度，禁止焚烧秸秆行为，常态化开展网格化管理工作，人居环境连续被评为优秀等次。合理确定年度改厕任务，2022年维修改造166座，新建35座。

【基层党建】 实施抓党建促乡村振兴，发挥农村基层党组织领导作用和党员先锋模范作用。全乡共有7个农村党支部，293名党员，有四星级党组织2个，三星级5个，“致富带头人”84名。开展乡村治理示范乡创建，完善党组织领导的乡村治理体系，7个村全部创建为“平安村”。按照“六有”标准，建成规范化综治中心，配备固定工作人员3名；村文化活动场所、新时代文明实践站（所）全覆盖；按照“三规范、七统一”要求，全乡7个村民生代办点“标准化”建设全覆盖。

【精神文明建设】 深入开展习近平新时代中国特色社会主义思想学习教育，铸牢中华民族共同体意识，建成新时代文明实践站所8个，积极弘扬和践行社会主义核心价值观。创新开展“听党话、感党恩、跟党走”“梦想有约·大家谈”宣传教育活动，充分发挥“一约四会”作用，加大对高价彩礼、厚葬薄养、封建迷信、铺张浪费等不良风气常态化治理，牢牢占领农村思想文化阵地。

【乡村治理】 坚持党的领导，夯实乡村治理基础。始终把党的领导贯穿于乡村治理全过程、各方面，不断创新党建模式、加强干部队伍建设，高质量完成换届选举工作，选优配强村“三委”，实现了基层党建与乡村治理的深度融合。大力推进“一抓两整”示范县乡创建，不断深化“6322”工程，广泛开展“我为群众办实事”，发挥农村基层党组织的战斗堡垒作用，及时有效解决群众关心关注的问题。依托乡综治中心、派出所、司法所、民生服务中心等资源力量，建立乡村治理中心，设立接待和综治调解区、司法所办公和社区矫正区、民生大厅综合服务区、派出所办公办案区，做到岗位工作职责、工作制度统一上墙，实现乡村治理资源力量统筹优化，进一步提高乡村社会治理水平。

【村民自治】 充分发挥村委会、村监会、村集体经济组织在监督、管理、服务等方面的功能和作用，严格落实村级重要事项、重大问题“四议两公开”制度，全面推行“55124”村级治理模式，将决策、管理、落实、监督融为一体，逐步实现“为民做主”向“由民做主”的根本转变。

【推行“网格化”管理制度】 通过整合基层党建、社会保障、综合治理、环境整治、返贫监测等各类管理资源，划分出一级网格1个、二级网格7个、三级网格39个，构建起“村在网中、户在格中、人在其中”的覆盖格局。

【乡风文明】 坚持德治为本，筑牢乡村治理根基。坚持教育引导、实践养成、制度保障三管齐下，打出一套“讲、帮、乐、树、行”五种形式的组合拳。积极开展脱贫标兵、致富能手等先进典型评比活动，焕发乡风文明新气象。创新开展“梦想有约大家谈”新时代文明实践活动，紧扣道德讲堂、红色讲堂等载体，在全乡树起了一面面“道德旗帜”，示范带动更多的农民做好事、当好人。开展“立家规、传家训、树家风”活动，在村头晒“好家规好家训”，在家中摆放新家规，积极倡导勤俭持家家风祖训，推动农村移风易俗。

【提升法治水平】 全面建成乡级数字化综治中心1处，按照“六有”目标，充分发挥“125”“411”机制及“1+1+3”功能型党支部的作用，以人民调解、法律明白人为载体常态化开展矛盾纠纷排查调处，2022年共调处矛盾纠纷23起。建成7个行政村集政法、法院、公安、司法于一体的综治工作室，实现了公、检、法、司远程在线开展法律咨询、人民调解。紧盯平安乡村建设目标，全力做好矛盾纠纷排查化解，确保社会和谐稳定。

【新型农业经营主体发展情况】 全乡村集体经济合作社共5家，股份经济合作社2家，专业合作社5家，辐射带动全乡203户农户从事种养业。2022年各类新型经营主体全面开展联农带农机制，充分发挥合作社带动效益，共带动全乡175户低收入户参与联农带农，其中脱贫户115户、监测户26户、一般户34户、户均增收1308元。

（李一功）

凤岭乡

【概况】 凤岭乡位于隆德县西南，乡域面积59.8平方千米，共全乡辖8个行政村、43个村民小组。2022年，凤岭乡坚持以习近平新时代中国特色社会主义思想为指导，深入学习宣传贯彻中共二十大精神和习近平总书记视察宁夏重要讲话及重要指示批示精神，紧紧围绕十八届县委三次会议确定的各项重点工作，大抓发展、抓高质量发展，为全面建设社会主义现代化美丽新宁夏隆德画卷做出凤岭贡献，着力在推动高质量赶超式发展上再创佳绩。严格按照党中央和国务院以及区、市、县党委和政府各项决策部署，紧紧围绕经济发展中心，团结带领干部群众，埋头苦干、奋勇争先，高质量完成各项工作，完成各项任务，人均可支配收入9885元。

【乡村振兴】 围绕“五大振兴”，编制《凤岭乡乡村建设示范乡战略规划》，建成冯碑特色小城镇，李士、齐兴、冯碑、于河4个美丽村庄，凤凰岭地标公园、胜利新石器遗址公园、于河农耕文化展示园和魏氏砖雕非遗文化展示园4个景观节点，建成文化广场8座、文化舞台8座，补齐基层文化设施短板，实现运动场所全覆盖；进一步完善街道交易市场，修建公共厕所7所，增设便民垃圾箱50个等基础便民设施，提高民生福祉。

【巩固脱贫攻坚成果】 紧盯国家巩固拓展脱贫攻坚成果同乡村振兴有效衔接考核评估反馈的14类57个问题，主动认领14项49个具体问题，细化措施，精准施策，逐项销号。排查走访1445户4864人，新纳入监测户9户32人，精准制定一户一策帮扶措施。通过村集体合作社联动带农等措施，全乡劳动力转移就业3866人，人均月工资2400元。

【特色产业】 全乡种植青贮玉米2.5万余亩，占耕地总面积的52%以上；肉牛存栏量5900余头，其中8个合作社共700余头，李士村养牛园区千头牛场800余头，实现户均2头以上的目标，农户养牛每年至少可获得纯收入2万多元，助农增收效益明显。按照"以强带弱、循环经济、抱团发展"的思路，多元化发展纯手工醋、土方榨油、石磨面粉、健康枕头、窑洞土蜂蜜、生态禽蛋、肉鸽养殖、休闲垂钓、中药材及桃仁杏仁加工等村集体经济产业，全乡村级集体经济经营性收入累计达到1850万元，收益480万元，分红130万元。

【疫情防控】 调整凤岭乡领导小组和指挥部，实施疫情防控网格化管理，及时落实防控责任，成立临时党支部8个，有效开展防控宣传工作。购买储备帐篷、床、口罩、酒精、消毒液等防疫物资，优先分发给基层医疗卫生人员和辖区群众。

【生态环境】 坚持"绿水青山就是金山银山"的发展理念，扎实推进精准造林、天然林资源保护、乡村绿化等生态工程，对农村闲置空地、道路两侧、荒坡沟道及院前屋后进行全面绿化美化。扎实推进人居环境整治共建共享机制，健全完善"月整治、周清理、日保洁"和"月观摩、季评比"制度，上半年开展环境卫生督查50余次，排查住房安全隐患25户，发现问题全部整改到位。一体推进畜禽粪污、作物秸秆和农用残膜综合利用，全力构建起网格化环卫保洁、垃圾分类、污水处理一体化格局，新建排污管道11千米，新改造节能环保户厕24户、整改卫生户厕256户、回收残膜30余吨，助推群众美好家园建设上台阶。充分发挥新时代文明实践站作用，全方位加强生态文明宣传教育，倡导简约适度、绿色低碳的生活方式。

【基础设施】 进一步完善交通道路，持续硬化农业生产道路5千米，尤其做好路况较差耕地道路硬化，建立良好的交通道路，为农业生产保驾护航。继续加强自来水管道维护、修缮，避免出现水管破裂、冬季冻管等现象发生，产生断供现象，下水管道将持续铺设25千米，争取早日实现下水管道户户通，完善全乡排水系统。完善快递便民服务系统，促进消费，做好环境保护、文化教育、医疗卫生服务。

【民生保障】 为28户患大病家庭申请大病救助8.4万元，募捐资金4万元；为17户因病欠款户每户给予2000元救助；为109名脱贫户家庭中的中职、高职、大专学生申请雨露计划补助资金16.05万元。凤岭乡工程项目吸纳54名劳动力家门口务工，累计收入81万元。截至年底，全乡劳动力4475人，已转移就业3866人，其中务工3个月以上2969人，同比增加831人，增长28%；务工6个月以上1607人，同比增加369人，增长23%。

【社会治理】 发挥司法所法律服务和司法保障职能作用，向各村群众提供一定范围内的法律援助等司法行政服务，配合开展法治宣传教育，着力维护合法权益，保障社会稳定，促进经济发展。发挥民生服务中心职能作用，将与群众生产生活密切相关的政务服务事项全部纳入乡村治理中心，实现"一窗受理、一站办结"。

【重大事项公开】 按照"扣好两个环、做好三个融合"的思路，推进种养产业、村集体经济产业、乡村旅游产业协同发展；依托智慧乡村平台，推进乡村治理、民风建设等各项工作高效落实，着力推动"六大提升"出实效，助力乡村振兴。严格按照权力公开透明运行要求，推进源头治理，加强项目、资金审批审核和公开公示，完善腐败治理监控体系。

（马　军）

温堡乡

【综述】 隆德县温堡乡位于隆德县西南，距县城45千米，总面积92平方千米，东与山河乡接壤，南与甘肃省庄浪县岳堡乡相接，西与甘肃静宁县古城乡毗邻，北与甘肃省静宁县曹务乡接壤，因西、南、北三面被甘肃省包围，仅东部与本土相连，被称为“飞地”。气候温和，属温带半阴湿半干旱区，囊括了隆德县乃至西部地区的各类地貌类型，既有六盘山土石山区，又有甘渭河河谷川道区，也有黄土丘陵沟壑区。东部最高海拔2400米以上，西部最低海拔1740米。温堡乡境内最大的河流为甘渭河，从东至西流经境内杜堡村、杨坡村等7个村，长28千米，流域面积2.8平方千米。全乡下辖13个行政村，62个村民小组，户籍户数4801户17627人、党员783人。全乡耕地面积52794亩，退耕还林10321亩。产业发展以冷凉蔬菜、肉牛和劳务为主导，2022年全乡已脱贫户人均纯收入13661.27元，同比增长17.27%；全乡农民人均纯收入14351元，同比增长11%，实现收入增速“两个高于”（指脱贫人口收入增速高于当地农民收入增速，脱贫地区农民收入增速高于全区农民收入增速）目标。

【经济建设】 温堡乡坚持把产业培育作为乡村振兴和农业增效、农民增收的关键，调优产业结构，大力发展肉牛、冷凉蔬菜产业，川地冷凉蔬菜产业带、山地草畜产业带、山顶生态产业带，三带产业基本成形。新建前进至杨坡10个村3.05万亩高标准农田，配套灌溉管网1.6万亩，新建设施大棚570余亩、日光温室5.6亩。冷凉蔬菜面积4252亩、地膜玉米22324亩、马铃薯3827.35亩、大豆玉米套种3211.5亩、中药材857亩、小杂粮2453亩。以草定畜，全乡见犊补母1243头，新增中蜂1152箱，全乡肉牛饲养量6387头、羊饲养量3775只、猪饲养量2259头、鸡饲养量55627只，养殖业产值达3650余万元。依托杨氏彩塑、“盘龙山庄”发展生态文化旅游业，杨坡村传统村落保护项目申报成功，新庄村集体经济民宿改建完工，文旅产业持续推进，开创出“以农促游、以游带农”的良好局面，带动文旅产值400万元左右。持续壮大村集体经济，围绕全乡产业布局，支持各村在生产、经营、加工、运输、服务等方面延链补链、优化模式、示范引领，通过新庄村发展乡村旅游民宿，杨堡村建设蔬菜育苗日光温室，前进村建设饲草料加工厂，吴沟村、杜堡村蔬菜大棚改造，吕梁、杜川等7个村肉牛规模养殖等村集体经济项目，使村集体经济进一步扩大规模、创新模式、联农带农，2022年累计投入资金570万元，总收益324.3万元。

【文化建设】 加强农村美丽乡村建设，强化农村思想道德建设，丰富农村群众特别是青少年的精神文化生活，培育文明乡风、良好家风、淳朴民风。开展“五好家庭”“最美家庭”“星级文明户”和好媳妇、好儿女、好公婆等推选活动。积极利用乡村宣传栏、电子屏、广告牌，弘扬社会主义核心价值观；开展“褒扬文明　听见乡音”活动，每月农历初九举办“孝老日”活动，围绕庆祝党的二十大、中华传统节日等主题主线，深化拓展“我们的节日”主题活动，以春节、元宵节、清明节、端午节、七夕节、中秋节、重阳节等中华传统节日为切入点，组织同升国旗、同唱国歌、诗词朗诵、爱国歌曲大家唱等主题鲜明、富有时代气息的节日文化活动。以杨氏彩塑为依托，通过实地观摩，实地体验，将传统文化保护做实。持续开展农村电影放映，拓展文化“大篷车”内涵和形式。进一步推动了文化繁荣发展，丰富群众精神文化生活。

【社会事业】 强化安全生产管理，完善森林草原防灭火应急预案，细化管护责任区，签订各行政村、各机关站所、农户、寺庙、护林员、个体商户和企业《森林草原防灭火责任承诺书》共计232份，做到“山有人管，林有人护，火有人看，责有人担”。对全乡范围内种植养殖企业、出租屋、加油站、商户、重点农户进行全面排查检查3次，与农户签订《安全生产责任书》5226份，制作安全生产标语34条、张贴宣传海报334张，入户发放宣传彩页2355张，通过多种形式，普及安全用火用电常识以及自防自救知识，营造浓厚的安全氛围。

【乡村振兴】 持续巩固拓展脱贫攻坚成果同乡村振兴有效衔接，加强动态监测与帮扶，对照中央及区市县各级考核评估发现的14个方面57个具体问题逐项整改，紧盯“8必访”重点人群风险摸排研判，聚焦无产业户、零就业户发展，采取产业帮扶、就业帮扶、金融帮扶、社会帮扶、社会兜底、“两不愁三保障”6个途径，精准落实帮扶措施。2022年全乡已脱贫户人均纯收入13661.27元，同比增长17.27%，全乡农民人均纯收入14351元，同比增长11%，实现了收入增速“两个高于”目标。发展了“文化旅游+电子商务+快递物流”的文旅产业，电商服务站作用日益凸显，形成了农民一起干、一起赚的良好氛围。持续落实金融扶贫惠民政策，全乡累计发放金融扶贫贷款847户4114.32万元。大力发展劳务经济，开展致富带头人技能培训98人次，适宜劳动力培训28期2150人次，农民实用技术培训5000余人次，转移就业6385人次。劳动者职业技能素质持续提升，稳定就业能力不断增强，就业形势保持总体稳定，形成“户户有产业，家家无闲人”的乡村繁荣新局面。

【基础设施】 结合基础设施建设巩固提升、党史学习教育“我为群众办实事”、水毁维修工程和政协提案事项办理等工作，持续完善各村基础设施建设和公共服务水平。完成桃威公路温堡段改扩建工程，改造大门1220个、围墙45443平方米，安装太阳能热水器3000余盏，危房改造5009户，自来水管网84千米，安装太阳能路灯2100多盏，铺设蔬菜大棚及周边砂砾路16.057千米，全乡“水电路房”等基础设施全覆盖；加强公共服务设施配套。吴沟村自来水管网改造120户10.3千米，铺设污水管网65.4千米、硬化文化广场36000平方米。

【民生保障】 按照“守住底线、突出重点”要求，坚持公平保障原则，落实好农村低保、社会救助、医疗报销、大病救助、残疾津贴等政策，不断织密社会保障网，让更多困难群众享受到党和国家的惠民政策，发放低保1368户1947人778.9万元、残疾人生活补助444人114.3万元、困难补助772户108.2万元、孤儿补贴14人18.8万元、特困供养金83人69.5万元、临时救助81万元、救灾资金56万元，惠及困难群众840户2182人。持续推进卫生健康服务农村奖励帮扶对象67人，农村计生特别扶助对象8人。通过公益性岗位、工业园区务工、帮扶车间吸纳、劳务公司组织、“点对点”就业帮扶、重点项目工程带动等途径，实现稳定转移就业4529人，同比增长19.2%，发放就业补助1079人53.9万元，交通补贴185人7.5万元，实现了就业增收致富。

【基层治理】 持续加强和创新社会治理，贯彻落实市委“1+1+3”治理机制和县委“125”“411”矛盾纠纷排查化解机制，依托乡综治中心、派出所、司法所、民生服务中心等资源力量，成立乡村治理中心，及时调处各类矛盾纠纷，建设标准化村级民生服务代办点，强化村级民生事务办理，实现乡村治理资源力量统筹优化，进一步提高了乡村社会治理水平。紧盯平安乡村建设，持续推进“平安温堡”建设，充分发挥“125”和“411”矛盾纠纷化解机制，排查化解各类矛盾纠纷299件，办理“12345”便民服务热线181条，满意度达到96.13%。全面开展村级文化活动，利用各村新时代文明实践站、文化舞台，13个村在元旦、春节、“七一”建党节等节日积极开展红色教育、传统民俗、戏曲文化等丰富多彩的群众文化活动，进一步满足广大群众日益增长的精神文化需求。

【生态环境】 坚持以乡村“五清、五净、五美”为目标，以“五大工程”提升为重点，不断提升农村人居环境质量。实施了桃威公路沿线环境卫生综合整治，美化道路36千米，绿化栽种苗木2.5万株。对新庄、吴沟村人居环境进行了全面改造提升。完成甘渭河河道治理及生态修复工程，清淤河道1128米。依法打击违法采砂行为，整改养殖场违规排污问题3起。铺设污水管网63千米，建成水冲式厕所

72户，改造提升2013年以来新建和改造问题水冲式卫生厕所1295户。落实卫生保洁、巡河、护林等网格化管理制度，推行“门前三包”和“周督查、月评比”工作机制，加强保洁员管理和督查考核，全民投身美丽家园建设，使环境卫生更加优美。

【疫情防控】 温堡乡党委、政府积极落实国家二十条优化措施、自治区十一条具体要求，落实固原市、隆德县疫情防控各项政策，同时结合全乡实际，扎实做好疫情防控工作。坚定不移坚持人民至上、生命至上，落实“外防输入、内防反弹”总策略，上下同心、共克时艰，最大限度保障人民群众生命安全和身体健康，最大限度减少疫情对经济社会发展的影响。

【基层党建】 建立第一议题制度，充分利用乡党委会议、理论学习中心组、职工例会、乡村干部大会等，认真学习中共二十大精神和习近平总书记视察宁夏重要讲话精神。2022年以来，召开党委中心组理论学习12次，开展专题研讨4次，班子成员每人撰写心得体会6篇；成立党委宣讲队伍，到村宣讲中共二十大精神以及中央、区市县各类重要会议精神50余场次，举办各类培训班10期、600余人次。以“初九孝老日”志愿活动为载体，深入开展党员服务群众“挂联诺”活动。按照县委组织部“一抓两整”创建行动任务清单，提出温堡乡“示范性主题党日”党建亮点工作，创建温堡乡农历“初九孝老日”“褒扬文明　听见乡音”新时代文明实践活动。坚持以孝治村，每月农历初九，以“与孝同行、志愿帮扶”为主题，以关爱老党员、空巢老人、单双老户、五保户为服务对象，组织党员志愿服务队开展清洁卫生、免费理发、集体“过寿”、维修家电等服务活动，各村已累计开展活动20余次。

【党风廉政】 增强全面从严治党政治自觉，抓好党的政治建设。压实班子成员“一岗双责”责任，村级严格落实重大事项报告制度，严格履行“四议两公开”程序，坚持“三重一大”事项集体讨论决定，实行主要领导“五个不直接分管”（不直接分管人事工作；不直接分管财务工作；不直接分管物资采购、资产处置工作；不直接分管工程建设工作；不直接分管行政审批工作），对重大事项坚持由党委会研究统一决策部署。每年初，乡党委书记代表党委与各村、站（所）签订《党风廉政建设责任书》39份、签订党员干部廉政承诺书160份。全面加强对草畜产业补助、低保发放、农资补贴等涉农惠农资金发放工作的执纪监督检查。加强党风廉政建设，加大执纪问责力度，累计立案查处案件23起，其中给予党内警告处分13人，党内严重警告处分3人，开除党籍7人。党支部战斗堡垒和党员先锋模范作用得到了充分发挥。

好水乡

【概况】 好水乡位于隆德县城以北7千米处，辖8个行政村40个村民小组，全乡总面积71.8平方千米，耕地面积2.25万亩，退耕还林面积1.82万亩，全乡现有农业户籍人口1943户6103人；常住人口1063户3560人，其中脱贫人口530户1902人。

【巩固脱贫成果】 严格落实“四个不摘”要求，深入推进防返贫监测预警网格化管理机制，按照村组日常监测、乡镇研判预警、调度帮扶措施工作流程，将全部农户纳入一网监测管理，每月进行核查，及时消除返贫预警风险。开展防止返贫动态监测和帮扶机制大排查。全乡8个行政村111名网格员参对全乡1813户进行了全覆盖核查，共核查出突发困难户1户4人，脱贫不稳定户2户3人，全部纳入监测对象予以扶持。持续深入开展“四查四补”工作，查清漏洞缺项，找准问题短板，通过清查摸底、普查登记、集中审核、问题整改等方式，对查找的村内巷道、排水渠破损等问题及时予以解决。

【特色产业】 按照“普惠+特惠”原则，出台特色产业扶持政策，采取“龙头企业+合作社（致富带头人）+农户”等多种发展带动模式，大力发展肉牛、马铃薯等特色主导产业。种植地膜玉米11266亩（青贮玉米6740亩，籽玉米4526亩），基础母牛补栏158头，存栏2589头。实施养殖大户培育计划，发展50头以上养殖大户10户，20头以上养殖户23户。种植马铃薯6448亩（原原种1100亩，原种5348亩）。后海、水磨、张银等沿六盘山西麓阴湿区大力发展马铃薯繁育种植产业6448亩（原原种1100亩，原种5348亩）。打造后海村马铃薯产品示范基地，种植马铃薯3500亩，建设305亩马铃薯原原种繁育种植基地、1700亩原种种植基地，修建马铃薯贮藏窖3200平方米，机械式冷库1500平方米，建立“合作社+马铃薯种植基地+农户”的利益联结机制，带动农户增收120余户。完成高标准农田建设1.9万亩，有效解决了土地利用率不高、撂荒等问题，实现农户收入逐步“多元”。累计各类劳动力技能培训500多人次（其中建档立卡贫困户培训250多人次），实用技能培训3期180人次，贫困户务工技能和科学种养能力不断增强，就业质量逐步提高，实现了每户农户至少有1人真正掌握1门以上就业技能，促进农民工多渠道转移就业。通过劳动力技能培训提升，全乡务工人数达到2000余人（其中建档立卡脱贫户务工人员540余人）。

【疫情防控】 统筹疫情防控和经济社会发展，坚持常态化疫情防控。依托微信群、小喇叭等多渠道多形式进行正面宣传，积极引导群众注重个人健康防护，进行疫苗接种，不信谣、不造谣、不传谣，持续巩固群众支持、参与疫情常态化防控的良好氛围。坚持物资储备常态化，提供坚强保障。及时准备医用口罩、消毒液等防控物资，并对帐篷、测温仪等应急物资登记造册，实行专库存放、专人保管，确保防控物资真正用到战“疫”工作上。

【环境整治】 推进农村环境综合整治三年行动计划，落实环境卫生网格化管理制度，加强公益性岗位人员管理，教育群众养成良好的卫生习惯，彻底解决环境卫生“脏、乱、差”问题。开展粮场、房前屋后整治工作，组织公益性岗位和护林员95人，机械22台，投入人力764人，整治粮场82个，打草捆11044捆，农户房前屋后1470户。村组道路、村庄周围的乱堆乱放、垃圾杂物集中进行清理整治，人居环境明显提升。扎实推进“厕所革命”，改造提升2018年卫生厕所400多户，新建卫生厕所10户，全乡人居环境更加清洁美丽。全面落实河长制，巩固好水河治理成果，严格落实乡村两级河长和巡河员职责，禁止河道非法采砂，制止乱挖乱倒乱占河道现象，严禁向河道排污。

【民生保障】 全面落实义务教育“三免一补”政策，强化义务教育控辍保学，全乡没有义务教育阶段辍学学生。建成8个村村级卫生室，村级基本医疗服务能力有效提升。实行所有农户大病慢性病医生签约服务，医疗报销、大病救助及大病补充保险政策有力落实，群众健康得到守卫护航。举办庆祝建党100周年朗诵比赛、春节篮球比赛等文化活动23场次，群众性文体活动繁荣活跃。设立村级退役军人事务服务站8个，乡级服务站顺利通过“全国示范型退役军人服务站”验收，完成征兵任务。打造关爱阵地，建设村级老年饭桌8所、留守儿童之家8家。坚持“应保尽保、公平公正”原则，认真开展全乡最低生活保障摸底排查工作，共确定保障对象709户889人；为183名重度残疾人发放护理津贴、生活津贴40余万元，为766户困难群众发放救灾款和临时救助300余万元；积极开展养老认证工作，全乡共认证60岁以上老人1107人，切实维护享受待遇人员的合法权益，困难群众的生产生活得到较好保障。

【社会治理】 认真落实矛盾纠纷排查化解“125”机制，累计排查化解各类矛盾纠纷23件，解决重点信访问题1件，群众信访事项办复率达100%。扎实推进新时代文明实践中心建设试点工作，建成好水乡新时代文明实践所和7个村新时代文明实践站，组建乡村两级志愿服务队49支，累计开展环境卫生清洁、产业结对帮扶、移风易俗、社会综合治理系列文明实践活动20场次。开展常态化扫黑除恶斗争、禁毒宣传月、反邪教、防范金融诈骗、国家安全、普法宣传等主题活动，进一步增强全民法律意识和法律素质，营造群众自觉学法守法用法的社会环境，顺利通过“七五”普法验收，群众安全感和满意度不断提升。

【政府自身建设】 从严抓好政府自身建设，加强执政能力和作风建设，自觉接受人大法律监督、群众监督、社会监督。不断坚定政治立场，开展党史学习教育主题活动，将干部理论学习作为提高执政能力和领导水平的重要途径，增强“四个意识”、坚定“四个自信”、做到“两个维护”，更加自觉地在思想上政治上行动上同以习近平同志为核心的党中央保持高度一致。坚持民主，努力提高科学决策水平，认真贯彻执行民主集中制各项规定，认真贯彻落实全国深化“放管服”改革转变政府职能会议精神，稳步推进乡镇机构改革，组建“五办四中心”，实现“一个人口、一窗受理、一网通办”，让数据多跑路、群众少跑腿。认真履行党风廉政建设“一岗双责”，树立“底线”思维，坚持把纪律和规矩挺在前面，强化监督执纪问责，深入整治“四风”，政府廉政建设提高到一个新水平。

（赵向东）

观庄乡

【概况】 观庄乡总面积120.35平方千米，辖12个村民委员会76个村民小组，总人口4529户16003人，常住人口3027户11567人。全乡脱贫人口1357户5269人，监测户65户260人，其中脱贫不稳定户25户118人、边缘易致贫12户35人、突发严重困难户28户107人；共有低保1273户1695人；分散特困人员88人，集中特困人员18人；高龄老人247人；残疾人生活补贴416人，残疾人护理补贴479人；孤儿9人。全乡耕地8.5万亩，其中退耕还林3.92万亩，2022年农村人均可支配收入达到12754.07元，较2021年增长12%。

【产业发展】 2022年全乡种植青贮玉米1.06万亩，冷凉蔬菜种植项目971.23亩；小杂粮种植项目6346.95亩；建成马铃薯原种繁育基地1600亩、一级种薯繁育基地2400亩、全乡种植马铃薯1.05万亩，马铃薯一级种薯推广项目5768.67亩；马铃薯原种种植项目2964.5亩；蔬菜种苗培育项目103.06万株；饲草调至项目27826吨。全年实施“见犊补母”2553头，建成“50”模式养殖大户3家，全乡肉牛饲养量达到0.8万头，草畜产业发展规模和效益同期相比有较大提升；引进宁夏诗森果蔬有限公司，在观堡村种植露地蔬菜600亩；在石庙、大庄建成设施农业630亩，主打种植麒麟西瓜。深入推进“345”联农带农机制，带动观堡、石庙、大庄、阳洼农户500余人，农民增收成效显著；在六盘山西麓隆张公路沿线及前庄村、大庄村种植红花荞1200亩，打造彩色农业景观带，发展红荞蜜源基地，饲养中蜂3219箱，新增1948箱，形成红花荞高产、蜜源增加的双赢格局，打造观光农旅产业，推进乡村旅游高质量发展，实现产业、旅游与民富有机统一。

【乡村人才发展】 培养本土人才，鼓励大学毕业生、返乡能人扎根本乡，积极培养致富带头人，涉及种植养殖多个方面；深入实施农村劳动力素质提升工程，开展电焊、家政服务、手工制作等各类技能培训12场次，培训劳动力516人次，促进群众更好就业；为贫困户发放扶贫小额信贷资金1298.33万元，申请妇女创业贷款765万元，解决群众产业发展资金短缺难题。

【乡村文化建设】 以社会主义核心价值观为引领，培育文明乡风、良好家风、淳朴民风，改善乡村农民精神风貌。2022年依托前庄村百联池伏羲崖旅游景点优势，举办“六月六”活动，带动农产品销售，促进经济消费，丰富人民精神活动。加强新时代文明实践工作，利用乡村大喇叭、微信群、横幅、折页宣传村规民约、安全生产、森林草原防灭火、疫情防控等各类防控措施及政策制度，提高村民知晓率。全乡共有爱心超市12个，推行积分制。完善配套设施，积极开展志愿服务活动，全乡全年共开展志愿服务活动20次。扎实推进文化惠民工程，配合县文联开展迎新春送万福文艺惠民活动，并组织开展各类文化活动30余场次，丰富群众文化精神，满足了群众文化生活需求。

【社会保障】 坚持教育优先发展，义务教育巩固率100%，无义务教育阶段辍学学生；认真落实教育惠民政策，全年享受雨露计划361人。深入实施基本公共卫生服务项目，脱贫户（监测户）家庭医生签约率达100%。居民养老认证率达100%，脱贫户“两险”和“全家保”参保实现全覆盖。落实社会保障各项政策，共计发放临时救助114.06万元，解决691户群众生活困难问题；发放重度残疾人生活补贴75万元、高龄津贴等各类社会保障资金1101.33万元，残疾人换证352人，残疾人认证16人，新增公益性岗位125个，农村老饭桌正常运行，解决老无所依的问题，特困群体生活保障得到全面加强。

【基础设施建设】 深入实施村级基础设施巩固提升项目，新改建农村公路1千米，安装太阳能路灯970盏，惠及全乡1036户群众。新建中梁村卫生室，在林沟、倪套、红堡、观堡、石庙、后庄、大庄7个村开展护坡维修、道路硬化、水渠维修等项目，村级基础设施日趋完善。

【人居环境整治】 稳步推进“厕所革命”，新建卫生厕所62户；问题厕所摸排992户，实际维修1028户，卫生厕所普及率大大提高。扎实开展环境卫生综合整治，深入推进垃圾分类，配置3立方米垃圾箱205个，垃圾无害化处理率达到100%，拆除土坯房5户，农村环境卫生难点、痛点问题得到有效解决，农村居民生活品质得到提升。落实环境卫生网格化管理制度，全面推行环卫保洁“网格化”管理和农户门前“三包”，与农户签订门前三包责任书4000份，农村人居环境持续改善。实施北方地区冬季清洁能源取暖项目，完成乡政府煤改电。实施红堡小流域综合治理工程，新增治理面积12平方千米，扎实推进农业面源污染防治，畜禽粪污、残膜回收、作物秸秆得到高效利用。加大爱护环境卫生宣传教育，选派342名保洁员，环境卫生清扫、保洁能力和水平显著提升，群众环保意识明显增强。全面推行河长制，落实绿色发展理念，各级河长责任明确，有效巡河，全年乡级河长巡河172次，村级河长巡河151次，村级巡河员巡河98次，确保什字河、观堡河、唐家河流域环境健康安全。

【疫情防控】 坚持做好疫情防控常态化工作，按照疫情防控政策，落实各项措施。持续做好农村地区疫情防控工作，落实“乙类乙管”各项措施，成立暖心服务小分队12支，加强日常健康服务，保障村民身体健康和生命安全。

【基层党建】 突出党建引领示范作用，发挥党员模范带头和党支部战斗堡垒作用，不断提升党支部规范化建设，推动重点工作落地。深入落实“3322”工作机制，坚持每月召开一次党建工作推进会，听取各党支部党建工作落实情况，专题研究推进党建工作，专题共研究党建工作11次，全面压实党委书记和党支部书记抓党建主体责任；严格按照《观庄乡2022年基层党建工作要点》要求，扎实推进“一抓两整”示范创建行动、导师帮带制等重点任务落实；创新开展“三会一课”和主题党日活动，严把发展党员入口关，2022年发展党员任务10人，接收预备党员10名，按期转正19名，确定入党积极分子14名；落实党员“挂联诺”活动，党员“亮身份、作表率”，结合新时代文明实践活动，组织党员每月开展各类志愿服务活动；持续深化流动党员管理机制，共排查流动党员175名，全部通过微信、电话等手段纳入支部管理，党支部委员分别联系流动党员，每季度电话联系一次；加强软弱涣散村党组织整顿工作，严格落实“四个一”整顿措施，形成县乡村三级联动、齐抓共管的工作局面。

【党风廉政建设】 紧扣“十四五”规划、先行区建设、“六权”改革、“六大提升行动”、常态化疫情防控等重点任务，加强监督检查，强化政治监督。深入开展警示教育活动，在各村开展廉政大讲堂、主题党日宣讲廉政党课、组织观看廉政教育视频、推送廉政教育小故事、剖析身边典型违纪违法案例等警醒身边人。不断提升前庄村廉政文化广场建设，巩固提升前庄村村级勤廉监督室规范化建设和提级监督模式，有效衔接涉农惠农“331”和基层小微权力“监督一点通”平台，及时公开公示，确保基层权力在阳光下运行，民生项目在网络中监管，群众诉求在监督下解决。深入开展巩固拓展脱贫攻坚成果同乡村振兴有效衔接考核评估发现问题整改专项监督检查，坚决纠治低保、临时救助、救灾资金、养老保险和耕地保护等领域腐败和作风问题，持续开展惠民富农财政补贴资金“一卡通”问题专项治理，解决群众急难愁盼。加强对党员干部的约束要求，深化内部正风肃纪反腐，严肃查处执纪违纪、执法违法行为，坚决防止“灯下黑”，增强党员干部拒腐防变的思想防线，组织乡村干部签订八小时外廉洁纪律承诺书。

杨河乡

【概况】 杨河乡地处隆德县西北部，距离县城22千米，东邻好水乡，西接西吉县兴隆镇，北靠西吉县什字乡，是隆德县肉牛产业发展核心区和南部山区回族特色商贸物流集散地。全乡辖5个行政村，20个村民小组，户籍人口3167户12976人，常住人口2227户9652人，其中回族人口12716人，占总人口的98%，是全县两个回族聚居乡之一。2022年全乡农民人均可支配收入达到15149元，较2021年增长了11%。

【经济建设】 2022年杨河乡新建红旗、玉皇岔、杨河3个村高标准农田2.86万亩。种植地膜玉米6.2万亩。一年来，全乡新增养牛户300户，牛存栏达4.8万头；千头肉牛养殖园区3家，百头规模肉牛养殖场13家，养牛专业合作社18家，家庭农场44家，“50”模式85家；肉牛养殖效益达4.5亿余元。发挥龙头企业、合作社、家庭农场、能人大户等新型经营主体作用，促进脱贫人口就近就地就业。鼓励各村针对弱劳力、半劳力等低收入家庭，根据实际需要精准落实公益性岗位政策，推动帮扶工作由“输血式”变为“造血式”。一年来，全乡已就业脱贫劳动力911人，高于上年同期水平的16%，“点对点”输送12人，实现138名公益岗位困难劳动力就近就业，经纪人带动县内就业124人。

【文化建设】 充分发挥先进典型人物示范引领作用。2022年，各站所开展“好媳妇好公婆”、文明家庭、脱贫光荣户评比等各类活动引导群众自觉践行社会主义核心价值观，丰富新时代文明实践活动载体，提高乡风文明建设水平，共开展活动120场次，参与群众7800余人次，群众满意度高、认可度高、支持力度大。特别是穆沟村“七彩假期”公益助教活动组织有序，内容丰富，效果显著，连续两年吸引了本村及邻县240余名儿童参加。切实起到了凝聚群众、引导群众、以文化人、成风化俗的作用。发挥“一约四会”作用，积极宣传身边好人好事、乡贤先进事迹，调动群众参与乡风文明建设的积极性和主动性，引导群众自觉抵制腐朽落后文化，推进移风易俗，弘扬时代新风。组织乡村干部集中宣讲学习22场次，参与人数达600余人。

【社会事业】 按照“综治中心+网格化+信息化”运行体系，巩固提升“125”“411”矛盾纠纷排查化解机制，以婚姻家庭、土地邻里等纠纷为重点，深入开展法律法规和政策宣传、梳理归纳各类问题，确保把风险隐患防范在先、处置在小，将矛盾纠纷解决在基层，化解在萌芽状态。深入贯彻党的民族政策和宗教基本方针，深入开展宗教场所“五进”活动，开展铸牢中华民族共同体意识示范乡创建活动。全乡共排查化解一般矛盾纠纷共185起，矛盾风险点7处，化解率达98%以上，群众安全感和满意度显著提升。始终将人民群众生命财产安全放在第一位，冬春季节，做好森林草原防火、道路交通等安全防范。进入汛期以来，常态化开展地质、塘坝、住房等隐患点巡查，严格落实防汛值班值守，随时做好应急准备，全面排查整治妨碍河道行洪突出问题，对全乡8座淤地坝、7座塘坝、7个地质灾害点进行全面巡查，确保河道行洪通畅，守住防洪安全底线。

【乡村振兴】 一体推进国家2021年度巩固拓展脱贫攻坚与乡村振兴有效衔接反馈问题整改工作，积极认领14个方面54条问题。紧盯“八必访”（家庭人均纯收入较低和明显减少特别是收入在当地监测范围内的家庭必访、大病重病患者或负担较重的慢性病患者家庭必访、分散供养特困人员特别是单人户等特殊困难家庭必访、农村低保对象特别是新识别和申请低保的家庭必访、农村残疾人家庭特别是新致残和重度残疾人家庭必访、多子女特别是非义务教育阶段在读子女较多的家庭必访、务工收入占比高且务工时间不稳定的家庭必访、遭遇重大变故和自然灾害的家庭必访）重点人群风险摸排研判，新纳入监测户11户51人，聚焦无产业户、零就业户两类农户和三类风险人群，拓宽防返贫预警渠道，采取就业帮扶、产业帮扶、金融帮扶、社会帮扶、社会兜底、“两不愁三保障”等13项具体措施，精准落实帮扶成效，全乡33户三类监测户、622户脱贫户群众收入达13148元，实现了脱贫群众收入增速高于全县收入增速、脱贫地区农民收入增速高于全国农民收入增速“两个高于”目标，顺利通过了自治区脱贫整改验收。

【基础设施建设】 加强水利、农田、公路、卫生厕所等基础设施建设，积极争取河道治理等人居环境整治建设项目7个，提质改造村组公路30.55千米，新建完成三杨公路穆沟至杨河段7.5千米，危房改造49户，自来水入户38户，卫生厕所维护1468户。实施串河“十二五”生态移民村改造提升工程，修建公共卫生厕所1座、排水渠2千米，安装太阳能路灯500盏，完成护坡建设2700立方米。

【民生保障】 2022年累计发放低保1104户1621人811.24万元；残疾人生活补助276人36.2万元，护理补贴226人32.2万元；孤儿补贴44人54.9万元；特困供养金7人7.2万元。持续推进卫生健康服务农村奖励帮扶对象4人，农村提前奖励扶助6人。全面完成“两险”收缴任务，养老保险、医疗保险参保人数分别达到1403人和11224人，居民养老认证率达95%以上，脱贫户等特殊户“两险”参保实现100%。

【基层治理】 以争创“全国农村环境综合整治示范乡”为契机，加快建设河道内生活垃圾收集转运设施。一年来，共收集处理农村生活垃圾450吨，清理河道15千米，清除面源污染垃圾380吨，栽植绿篱9千米，绿化村庄道路21千米，修建花园围栏14.6千米。建立乡村环卫一体化运行机制和“村收集，县、乡统一转运处理”的河道垃圾收运处置体系。严格按照县级有关制度落实巡河任务，实行“打卡点”巡河，全乡巡河累计636次，其中乡级巡河270次、村级河长巡河161次，村级巡河员巡河205次。切实抓住国家强化农村基础设施建设的机遇，加大投入力度，努力提高农业综合生产能力和防灾减灾能力，为农村发展和农民持续增收奠定物质基础。依托隆德县冬季清洁取暖项目，完成杨河乡冬季清洁取暖改造，先从公共服务部门开展试点改造工程，逐步拓宽到全体农户燃煤锅炉改造。

【生态环境】 以道路绿化为重点，发展庭院经济，动员农户开展春季绿化造林和义务植树，加大环境卫生公共区域、好兴公路沿线、农户院内及房前屋后的绿篱栽植力度，打造美化绿化示范乡。增加村级保洁员 50 人，共同负责辖区内公共区域清理和垃圾清运联络工作，按片区划分，开展公共道路清扫、水渠疏通、进户宣传，教育引导群众形成良好的卫生习惯。扎实推进残膜回收工作，投资粪污资源化利用项目，回收全乡养殖产生的粪污，统筹发展，减少污染。在玉皇岔、穆沟等村实施人居环境、基础设施补短板项目，完成到户路加宽硬化，农户房前屋后花园围栏及护坡修建，大力实施农户环境卫生“黑红榜”、积分制管理制度，引导群众通过再生资源分拣兑换生活用品的方式，增强群众维护公共环境卫生自觉性。

【疫情防控】 常态化做好疫情防控工作，按照疫情防控政策，修订完善杨河乡疫情防控工作预案，做好各项工作，动员各村加强对疫苗接种工作的宣传。

【基层党建】 充分发挥理论学习中心组作用，结合“三会一课”等活动，开展讲党课宣讲 40 余次，有针对性谈心谈话 4 次。促学习增强党性修养，定期研究部署党建工作，听取党建工作汇报。全年共听取党建工作汇报 12 次，开展专题学习 12 次，撰写班子集体调研报告 3 篇，交流研讨材料 58 篇。以政治建设为统领，牢牢把住党支部建设的根本方向。2022 年，共召开党建专题会议 2 次，研究薄弱村党组织整顿、党建基本制度等落实情况。结合中共二十大精神和习近平总书记系列重要讲话精神讲党课 7 次。开展“两个带头人”工程，做好党员发展工作，吸纳入党积极分子 8 名，发展党员 4 名，预备党员转正 2 名，切实加强杨河乡基层党组织和党员队伍建设，保持党员先进性。围绕重点工作发挥引领作用发展壮大村集体经济，积极构建“党支部+合作社+脱贫户”发展模式，带领全乡 5 个村集体经济共同发展，实现牛存栏 345 头，带动脱贫户稳定就业 20 人，发展种草户 120 余户，推动村集体经济与脱贫户增收双赢。

【党风廉政】 自觉履行党风廉政建设和反腐败工作主体职责，始终把党员干部队伍建设、党风廉政建设和反腐败工作扛在肩上、落在实处，年初制订全乡党风廉政建设工作计划，召开述廉述责会，与班子成员及各村签订党风廉政建设责任书，把责任细化分解到每个廉政风险领域，将压力传导至岗位、个人，形成“齐抓共管、人人担责、人人尽责”的党风廉政建设格局。全年主持召开乡党委会议 24 次，专题研究党风廉政建设和反腐败工作 4 次，开展乡党委理论学习中心组学习 12 次。用好监督执纪“四种形态”，落实“一把手”谈话 7 种办法，对乡村干部进行履责谈话；对工作作风不实干部开展提醒谈话；对违纪村干部给予党内警告处分，力求惩前毖后，治病救人。召开党员干部严禁酒驾、醉驾、赌博专题会议 3 次，开展酒驾、醉驾、赌博危害性法律讲座 3 次。坚持以上率下、以身作则、率先垂范，主动接受班子成员和全体干部职工监督，在全乡范围内营造风清气正、团结干事的良好氛围。

张程乡

【综述】 张程乡位于隆德县城西北 30 千米处，地理坐标为北纬 35°35′、东经 105°50′，地处宁夏黄土高原的北部边缘，境内山脉为六盘山余脉，地势呈东高西低之势，大部分海拔在 1760~2526 米。气候属温带大陆性气候，年最高气温 26℃，最低气温-12.8℃，年平均气温 6.8℃，年平均降水量 400 毫米。南与神林乡相接，西与西吉县兴隆镇毗邻，北接杨河乡，总面积 82 平方千米，实有耕地面积 69856.95 亩，退耕还林草面积 1.1 万亩，林地 12864.56 公顷，其中森林面积 3487.58 公顷，森林覆盖率达到 27.11%，草原综合植被盖度达到 97%。辖 8 个行政村 46 个村民小组，其中脱贫村 5 个（崔家湾、李哈拉、马儿岔、张程、赵北孝），“十三五”县内移民安置点4个(133户470人)。全乡共有户籍人口2683户10011人(农业户口2582户9856人,城镇散居101户155人),其中常住人口1536户6537人。乡党委下辖9个党支部,其中1个机关党支部,8个村党支部,共有党员409人。

全乡8个行政村全部通沥青(水泥)路,自然村道全部实现硬化户户通,道路状况优良,交通便利。自来水入户率达到100%、水质达到国家农村人饮标准,户户均有安全住房,家庭通电覆盖率100%,行政村宽带覆盖率100%,4G网络覆盖率100%。张程街道现建有幼儿园、小学各1座,除五龙村外,其余7个行政村均设有小学1座。乡设卫生院1座,8个村均有标准卫生室,全乡共有22名医疗工作者。乡内设有物流配送点共9处,超市、便利店和经销农资商店共15余家,电商帮扶网点8个行政村各1处。同时,设农村信用社、水管所和畜牧服务站各1座,学校3所。

【特色产业】 地膜玉米种植稳定在5.5万亩,按照"五十百千万"发展目标,培育肉牛养殖示范村5个,100头以上肉牛规模养殖场10个,50头以上养殖大户达到100户以上,10头以上养殖户达到1000户以上,肉牛饲养量突破5万头,为肉牛提质增效提供基本保障。积极招引集聚并重点支持5家以上龙头企业,加快种养加销一体化融合发展,推动产业向高端化、绿色化、智能化、融合化方向发展。以市场需求为导向,优品类、提品质、打品牌,构建现代农业产业体系、生产体系和经营体系。建设张程乡肉牛交易市场、饲草配送中心,打造全县千头高端肉牛生产加工基地,多渠道增加农民收入,让人民群众享有更加殷实的生活。

【项目建设】 高站位谋划项目、高质量招引项目,充分发挥张程区位、产业、交通等优势,加快以人为核心、以政府驻地为中心、以神杨公路张程段为支撑的乡域体系建设,扩大区域交通枢纽地的辐射力,推动现代物流与农业、交通、商贸等衔接融合,打造张程段重要物流节点和区域性商贸中心。高效率推进项目,确定2023年建设项目14项(其中农业农村7项、基础设施6项、民生保障1项),总投资1.85亿元,主要建成张程乡第二街道、加油站和商业广场,全面贯通乡政府驻地三纵三横交通路网,开工建设张程幼儿园至赵北孝村部主干道建设,彻底解决张程乡群众道路交通出行困难和长远发展瓶颈问题;力争建设筛子河流域库坝连通暨万亩农田灌溉、崔家湾至西吉县陈田玉、沙塘至天桥天沙公路等县乡村组道路改造提升项目,促进乡村功能互补、产业互融、发展互促。

【文化建设】 以人才引领强化发展支撑,突出农村实用需求导向,用好用活本土人才,培养专精特人才,让工匠精神成为张程地域文化的新亮点。进一步完善《张程乡村干部考核管理办法》《村"两委"负责人学历提升专项工作方案》等制度,为全面推进乡村振兴储备源头活水、积蓄充足动能。引导群众树立新观念和文明意识,全面推广新时代文明实践活动,实施乡风文明实践积分卡制度,建立"爱心超市"。先后举办中国农民丰收节、"民族团结进步月"等主题活动,表彰文明家庭25户,涌现先进典型和致富能手37人,马儿岔村张国珠零彩礼嫁女先进事迹被宁夏新闻网等媒体专题报道。

【社会事业】 增加护林员、保洁员等就业岗位,完善乡劳务公司+村劳务工作站服务体系,分层次开展订单、定岗、定向精准技能培训2000人次,实施特色产业基础设施建设等以工代赈项目,农村劳动力转移就业4000人以上,发放贷款1亿元、就业奖补30万元以上,鼓励支持退役军人、高校毕业生等重点群体返乡创业。全面提高教育质量,坚持教育优先发展,让"上学在张程"教育品牌更亮,努力满足群众"家门口上好学"的愿望。建设健康张程,树立大卫生大健康理念,提升基层卫生服务能力,推动医疗服务以治病为中心向健康为中心转变,做优做强"看病在张程"。深入推进听党话、感党恩、跟党走等感恩奋进活动，开展高价彩礼、薄养厚葬等问题专项治理行动。

【乡村振兴】 “五特五新五优”产业提档升级，坚持肉牛产业全域发展理念，着力发展万亩旱作节水农业和万头肉牛养殖，累计兑付涉农资金6000万元，外调优质基础母牛(补栏)2800头，“见犊补母”1150头，调制青贮玉米饲草40余万吨，建成“出户入园”养殖园区4个，全乡肉牛年饲养量突破5万头，户均达到20头以上，肉牛产业收入占农民人均可支配收入的90%以上，全乡肉牛产业规模化、规范化、机械化发展，赵北孝村、李哈拉村分别被评为自治区、固原市肉牛养殖示范村。积极争取高标准农田建设项目，已投入资金7000万元，年底共完成平田整地5万亩。张程文化活动广场、商业街等特色功能区积极筹建，电子商务等新兴业态全面加速，收发快递包裹5万余件，参与多多买菜4000余单次，销售额达110万元。项目建设牵引有力，共争取工程项目16项，总投资1.97亿元，其中投资1100万元建成天桥至马儿岔村四级沥青公路，投资500万元整村推进马儿岔、赵北孝和张程村基础设施建设，投资3000万元建设张程第二街道，乡政府驻地三纵三横交通路网开足马力加速推进，项目支撑能力和投资关键作用全面增强。

【基础设施】 2022年实施危房改造3户，排查自建房7700间，其中有安全隐患27户，加固维修16户，拆除重建11户，已完成3户维修改造，建设五龙村旅游厕所1座。实施2022年排污管网连接工程，其中五龙村排污管网自来水接通480米，桃园村户内厕所至户外主管网连接1400米，杨袁村户内厕所至户外主管网连接510米，马儿岔村户内厕所至户外主管网连接750米，配备桃园、杨袁2村吸污车各1辆。

【民生保障】 全面推行“163”政务服务模式，“一窗受理、集成服务”成效显著，新增低保对象117人，取消256人，实现了应保尽保、应退尽退动态管理目标，为残疾人、高龄老人等特殊群体发放救助救灾和各类补贴、津贴，保障了特殊人群生活稳定。建档立卡户全员参保，参保率100%，农村医疗保险参保率100%，社会保障能力不断提升。落实小额信贷，累计贷款1500万元，妇女创业贷款400万元、各类救助资金3230万元，确保民生基本保障。

【基层治理】 深入开展“八五”法治宣传教育，创新推行“1+1+3”基层治理机制，杨袁村被评为隆德县无诈村组，崔家湾等7个村被评为隆德县无毒示范村，桃园村被评为固原市民主法治示范村。全面推进平安张程建设，重复信访治理、积案化解进度质量居全县前列。规范行政村公共法律服务工作室，全乡公共法律服务网络、“一村一法律顾问”实现全覆盖，法治化水平全面提升。2022年，全乡共处理到乡来访及各村排查初信初访矛盾85件，成功化解81件，化解率95.29%，对群众反映的合理诉求全部解决到位，共处理“12345”政府热线转办件316件，办结率100%。为筑牢群众安全根基，扎实推进安全生产百日专项整治行动，深入开展自建房、危化品、地质灾害等领域隐患排查治理，安全形势稳定，群众安全感显著提升。高效开展全域食品药品安全区域创建，群众饮食用药安全得到有效保障。推进基层整合审批服务执法力量改革，建设乡综治工作中心，完善综治中心矛盾纠纷调处机制，坚持乡领导干部定期接待群众来访制度，在重大疑难复杂矛盾纠纷中发挥“125”和“411”工作机制，联调联动处理到乡来访及各村排查初信初访矛盾13件，处理“12345”政府热线转办件7件，办结率100%。创建隆德县民族团结进步示范单位2个，桃园村被评为自治区第十一批民族团结进步示范村。全面加强安全生产和消防安全，持续强化道路交通、建筑施工、自建房等重点领域安全隐患专项整治，坚决防范和遏制重特大事故发生。强化食品药品安全监管，创建全域食品药品安全区，保障人民群众“舌尖上的安全”。

【生态环境】 深入践行习近平生态文明思想，统筹推进山水林田湖草一体化保护和系统治理，新增绿化0.6万亩，杨袁村被提名为自治区“绿水青山就是金山银山”实践创新基地。科学编制国土空间规划，划定“三区三线”。启动实施乡村建设示范行动，编制“多规合一”实用性村庄规划4个，打造美丽村庄2个、人居环境整治示范村4个，宜居宜业和美乡村新画卷徐徐展开。扎实推进农业面源污染防治，畜禽粪污资源化、残膜回收和农作物秸秆综合利用。每年梯次推进各村在三年内100%通过全区人居环境整治提升验收，将8个行政村全部创建为“人居环境整治示范村”。强力推进人居环境整治提升，一体规划、分步实施，积极争取村庄沿线绿化、污水治理、道路整修等绿化、亮化、美化、净化、硬化项目，点面结合，打造建设赵北孝、张程村美丽村庄2个。持续推进“河长制”“林长制”，加大水环境和水土流失综合治理力度，实现土地、山林等资源全面保护。持续推进在崔家湾、赵北孝等村高标准农田建设4万亩；移民点排污管网改造提升工程8千米，积极做好小流域综合治理；充分利用张程水库、天桥骨干坝等9座水库(坝)，建设张程灌区万亩低压管灌示范项目(扬水站10座，铺设上水管道8千米，铺设引水管道5千米，输水干管30千米，配水支管道80条长50千米，分支管35条长10千米，灌溉高标准农田面积10000亩)，变旱田为水地，有效提高耕地质量。

【疫情防控】 坚定不移贯彻“动态清零”总方针，全乡上下众志成城、共克时艰，上下同心，最大限度保障了人民群众身体健康和生命安全，最大限度减少了疫情对经济社会发展的影响。

【基层党建】 乡党委严格落实“三会一课”、主题党日、组织生活会等党建基本制度，累计开展党委中心组学习34次，干部例会学习150次，讲党课110场次，宣讲85场次，撰写心得体会280余篇。培育“两个带头人”74名，发展党员16名，培育村级后备干部17名。充分发挥“1+1+3”功能性党支部作用，注重强化基层治理成效，建立农村三级网格化管理责任体系，把全乡划分为8个大网格24个小网格，落实202名党员结对，联系服务群众1980户，积极妥善化解各类矛盾纠纷200余起。聚焦群众普遍关心的操心事、烦心事、揪心事，把“我为群众办实事”做到群众心坎上，带头深入一线协调解决重难点问题43个，带动全乡上下办理民生实事128件。实行“党建+社会救助”，全面提升社会救助水平和服务群众能力，全年新增农村低保14户、发放临时救助2539人，为8名党员颁发“光荣在党50年”纪念章，走访慰问困难党员26人。

【党风廉政】 开展张程乡关于群众身边腐败和不正之风专项整治行动，着力排查侵害群众利益的问题，着力解决群众反映强烈的重点难点问题，着力查处违规违纪的党员干部，推动乡村两级党组织认真履行主体责任，解决好群众的急难愁盼问题，让人民群众感受到公平正义。严格执行中央八项规定精神和中央及区市县相关规定，遵守外出请假、公务接待、公务出差、办公用房使用等制度，八小时之内与之外都能严格自律，坚持把纪律挺在前面。认真履行党风廉政“一岗双责”，落实“五着力五推进”机制，坚持把纪律规矩挺在前面，认真落实党风廉政建设党委主体责任和纪委监督责任，精准运用监督执纪“四种形态”，严肃查处扶贫领域腐败和作风问题，持之以恒纠治“四风”问题，扎紧制度笼子，从源头上防治腐败，始终保持惩治腐败的高压态势。

【重大事项】 坚持“三重一大”事项集体讨论决定，严格落实主要领导“五个不直接分管”、末位表态制，对重大事项坚持由党委会集体研究决策。坚持把“三务”公开作为党委、政府与党员、群众沟通的桥梁和纽带，严格落实“三务”公开制度，自觉接受群众监督；全面加强对扶贫领域、民生领域、工程建设领域等项目资金监督检查，严格落实“四议两公开”、村财乡管等制度，充分运用“331”监管平台、基层小微权力“监督一点通”进行公开公示，拓展全社会监督渠道等制度，确保危房改造、低保发放、扶贫资金、农资补贴等涉农惠农项目资金公开公平公正发放；坚持做好领导干部个人重大事项报告等制度，领导班子成员、村“两委”成员对婚丧嫁娶、子女入学、财产收入等事项都能如实报告，做出廉洁承诺；严格按照权力公开透明运行要求，推进源头治理，加强项目、资金审批审核和公开公示，完善腐败治理监控体系。

（李　璐）

